Freude am Reisen

INDIEN

NORD-, NORDOST- UND ZENTRALINDIEN

Autoren:
Shalini Saran, Ravinder Kumar, Nirmal Ghosh,
Sumita Paul, Bill Aitken, Hamdi Bey,
Zothanpari Hrahsel, Varsha Das, Probir Sen,
Ashis Banerjee, R. Nagaswamy, Poonam Kulsoom

Ein aktuelles Reisehandbuch
mit 95 Abbildungen und 31 Kartenausschnitten

Fünfte aktualisierte Auflage
1998

IMPRESSUM / KARTENLEGENDE

Liebe Leserin, lieber Leser,

„Aktualität" wird in der Nelles-Reihe großgeschrieben. Um die Nelles Guides immer auf dem neuesten Stand zu halten, dokumentieren unsere Korrespondenten laufend die Veränderungen in der weltweiten Reiseszene, und unsere Kartographen berichtigen ständig unsere auf den Text abgestimmten Karten.

Speziell auf die Reisekapitel bezogene Infos finden Sie jeweils am Ende der Kapitel, allgemeine praktische Hinweise von A-Z am Ende des Buches. Da aber die Welt des Tourismus schnellebig ist, können wir für den Inhalt keine Haftung übernehmen (alle Angaben ohne Gewähr). Sollten Sie feststellen, daß eine Information nicht mehr aktuell ist, so teilen Sie uns bitte Ihre Korrekturhinweise mit. Unsere Adresse: Nelles Verlag, Schleißheimer Str. 371 b, D-80935 München, Tel. (089) 3571940, Fax (089) 35719430.

LEGENDE

★	Sehenswürdigkeit	Kargil	im Text genannter Ort		Staatsgrenze
■	Öffentliches bzw. bedeutendes Gebäude	✈	Internationaler Flughafen		Verwaltungsgrenze
■	Hotel	✈	Flugplatz		Schnellstraße
○	Markt	🐘	Wildtierreservat		Fernverkehrsstraße
✝	Kirche	🌳	Nationalpark		Landstraße
☪	Moschee	6	Straßennummer		Nebenstraße
ॐ	Hinduistischer Tempel	Nanda Devi 7817	Berggipfel (Höhe in Meter)		Eisenbahn
⛩	Buddhistischer Tempel			\ 18 /	Entfernung in Kilometer

INDIEN
Nord-, Nordost- und Zentralindien
© Nelles Verlag GmbH, 80935 München
   All rights reserved

Fünfte aktualisierte Auflage 1998
ISBN 3-88618-345-9
Printed in Slovenia

Herausgeber:	Günter Nelles	**Übersetzung:**	G. Berkele, E. Erpf, E. Scholz
Project Editor:	Shalini Saran		
Chefredakteur:	Bertold Schwarz	**Kartographie:**	Nelles Verlag GmbH
Redaktion:	Dr. Jürgen Thiel, I. Wagner	**Lithos:**	F. Priegnitz, München
		Druck:	Gorenjski Tisk

Reproduktionen, auch auszugsweise, nur mit schriftlicher Genehmigung des Nelles Verlages
- X07 -

INHALTSVERZEICHNIS

Impressum / Kartenlegende 2

Kartenverzeichnis 7

GESCHICHTE UND KULTUR

Streifzug durch die indische Geschichte 15

REISEN IN NORDINDIEN

DIE FRUCHTBAREN EBENEN DES NORDENS

Delhi 67
INFO: Hotels, Restaurants, Sehenswürdigkeiten 78
Haryana und Punjab 80
INFO: Hotels, Restaurants, Sehenswürdigkeiten 83
Die Ebenen von Uttar Pradesh 84
INFO: Hotels, Restaurants, Sehenswürdigkeiten 96

MAJESTÄTISCHE GIPFEL

Jammu und Kashmir 100
Ladakh und Zanskar 108
INFO: Hotels, Restaurants, Sehenswürdigkeiten 111
Himachal Pradesh 113
INFO: Hotels, Restaurants, Sehenswürdigkeiten 117
Die Berge von Uttar Pradesh 118
INFO: Hotels, Restaurants, Sehenswürdigkeiten 123

LAND DER WEISEN UND DICHTER

Bihar 126
INFO: Hotels, Restaurants, Sehenswürdigkeiten 133
Calcutta 134
INFO: Hotels, Restaurants, Sehenswürdigkeiten 143
Westbengalen 144
INFO: Hotels, Restaurants, Sehenswürdigkeiten 149

INHALTSVERZEICHNIS

VERBOTENE GRENZEN

Sikkim und der Nordosten 153
INFO: Hotels, Restaurants, Sehenswürdigkeiten 161

IM REICH DER PHANTASIE

Rajasthan 165
INFO: Hotels, Restaurants, Sehenswürdigkeiten 182
Gujarat 184
INFO: Hotels, Restaurants, Sehenswürdigkeiten 191
Madhya Pradesh 194
INFO: Hotels, Restaurants, Sehenswürdigkeiten 199

AUSGEWÄHLTE REISEZIELE

Zur Quelle des Ganges 204

Auf Buddhas Spuren 208

Trekking im Himalaya 213

Nostalgische Reise 216

Die sieben heiligen Städte 220

Nationalparks 224

FEATURES

Landflucht 230

Kommunalismus 231

Satelliten, Raketen und Atombomben 232

Gurus und Asketen 233

Heilige Kühe 234

Pantheon des Hinduismus 235

REISE-INFORMATIONEN

Vorbereitungen
Klima / Reisezeit / Bekleidung 236
Einreisebestimmungen 236
Währung / Geldumtausch / Devisen 237
Gesundheitsvorsorge 239
Ausreise 239

Reisewege nach Indien
Mit dem Flugzeug / Schiff 239

Reisen innerhalb Indiens
Fluglinien 239
Eisenbahn 241
Rundreisen 241

Praktische Tips
Alkohol 241
Banken 242
Buchhandlungen / Büchereien 242
Einkaufen / Essen 242
Feste / Ferien 244
Führer 244
Gewichte und Maße 245
Kino / Museen und Kunstgalerien 245
Nahverkehr 245
Netzspannung 245
Fotografieren 245
Post / Telekommunikation 246
Presse 246
Touristen-Information 246
Unterkunft 246
Verhaltensregeln 246
Zeit 247

Indien in der Statistik 247

Adressen
Botschaften und Konsulate 247
Fluggesellschaften 248
Informationsbüros 248

Redewendungen in Hindi 249
Autoren / Fotografen 250
Register 252

INDIEN

KARTENVERZEICHNIS

Indien	6 / 7
Nordindien	18 / 19
Das Mogul-Reich	47
Der Raj (1939)	53
Die Ebenen des Nordens	68 / 69
Delhi	72
Agra	86 / 87
Varanasi	94
Sarnath	95
Srinagar	102 / 103
Jammu / Kashmir	106 / 107
Himachal Pradesh	112
Die Berge von Uttar Pradesh	118 / 119
Bihar / Westbengalen / Sikkim	128 / 129
Calcutta	137
Assam	152
Sikkim	155
Jaipur	168
Rajasthan	172 / 173
Ahmadabad	184
Gujarat	186
Madhya Pradesh	192 / 193
Auf den Spuren Buddhas	208
Trekking im Himalaya	212
Trekking im Himalaya	214 / 215
Nostalgische Reise	219
Die sieben heiligen Städte	223
Nationalparks	225
Beginn der Monsunzeit	237
Flugverbindungen	238
Bahnverbindungen	240

Hinweis: In einigen Fällen ist die Schreibweise der Ortsnamen in den Karten nicht identisch mit der im Text, weil für die Kartennamen (und die Grenzen) die UNO-Richtlinien zugrundegelegt wurden, während im Text die im Deutschen gebräuchliche Schreibweise verwendet wurde.

"The external boundaries of India, as depicted here and in other maps of this book, are neither correct nor authenticated."

STREIFZUG DURCH DIE INDISCHE GESCHICHTE

STREIFZUG DURCH DIE INDISCHE GESCHICHTE

Indien ist ein Land voller Widersprüche. Einerseits begegnet man einer überraschenden Aufgeschlossenheit gegenüber modernen Ideen und Herausforderungen der westlichen Welt, andererseits aber herrscht ein geradezu defätistischer Gleichmut in vielen Lebensbereichen.

In über 5000 Jahren haben die Inder durch ihr handwerkliches Geschick, durch unablässiges Arbeiten und durch die Entwicklung intellektueller und philosophischer Eigenständigkeit eine einzigartige Kultur und eine in der Welt beispiellose Gesellschaftsordnung geschaffen, deren Merkmale sowohl Beständigkeit und Hartnäckigkeit, als auch Lebenskraft und Überschwenglichkeit sind. Auf unvergleichliche Weise wird heute in Indien Altes und Neues miteinander verknüpft; jahrhundertalte Moralvorstellungen, Bräuche und Arbeitsmethoden existieren gleichwertig neben modernen Ideen und Produktionsmitteln. Die unübersehbare Vielfalt der gesellschaftlichen Schichten und Gemeinschaften bildet ein spannungsgeladenes und gleichzeitig fest zusammengeschweißtes Sozialgefüge; dennoch, oder gerade deswegen, ist Indien sich selbst auch heute, im Zuge einer extrem schnellen gesellschaftlichen Veränderung, treugeblieben.

Will man Indien in all seinen Schattierungen verstehen, seine Sozialstruktur und Politik, seine Kultur, Kunst und Philosophie begreifbar machen, muß man zunächst einen Blick auf die topographische Lage des Subkontinents werfen. Die Nordgrenze des Landes verläuft mitten durch das majestätische, von ewigem Schnee bedeckte Himalaya-Gebirge, das geologisch betrachtet eines der jüngsten Gebirge der Erde ist. Im Nordwesten erreichen die Berge nicht mehr die imposante Höhe der zentralen Massive, und ab hier ziehen sich mittelhohe Sandsteingebirge in einem weiten Bogen zum Arabischen Meer hin. Die Längsachse dieser Gebirge markiert zugleich die Westgrenze des Subkontinents.

Lebensadern Indiens

Die fruchtbaren Ebenen des Ganges und des Indus, die einen wesentlichen Teil Indiens ausmachen, verdanken ihre Entstehung dem Himalaya. Ein weit verzweigtes Netz von kleinen und großen Flüssen aus dem Gebirge hat fruchtbaren Schlamm in die Ebenen geschwemmt und hier abgelagert.

Die Quellen der drei großen indischen Flüsse liegen im Zentralgebiet des Himalaya: Indus, Ganges und Brahmaputra. Auf ihrem Weg zum Arabischen Meer oder zum Golf von Bengalen durchziehen diese drei mächtigen Flüsse, die Lebensadern des Subkontinents, die vielfältigsten Landschaften.

Der Indus fließt zunächst nach Westen, macht dann einen Bogen und lädt schließlich seine mitgeführten Feststoffe in der Ebene ab, die sich als Schwemmland seiner Nebenflüsse Jhelum, Chenab, Ravi, Beas und Sutlej über Jahrtausende hinweg gebildet hat. Dieses Schwemmland unterscheidet sich jedoch in einem Punkt von den Ebenen des Ganges oder des Brahmaputra: Hier fehlen der Regen und die fruchtbare Erde, die die Ganges-Ebene zu einem der am dichtesten besiedelten Gebiete und einem lebendigen Zentrum ganz Indiens gemacht haben.

Die Quellen des Ganges und des Brahmaputra entspringen beide unweit der Indusquelle im zentralen Himalaya. Der Ganges fließt zunächst in südöstlicher Richtung und erreicht bald die ersten

Vorherige Seiten: Tal bei Lamayuru, Ladakh. Kerzenlicht beim Diwali-Fest. Der Taj Mahal bei Sonnenuntergang. Links: Vishnu und Lakshmi – Steingewordene Verzückung eines göttlichen Liebespaares.

15

Ausläufer der Ebenen seines Schwemmlandes. Dann fließt er über 1000 Kilometer weiter in östlicher Richtung und mündet schließlich in den Golf von Bengalen. Durch den Zufluß seiner wichtigsten Nebenflüsse Yamuna, Gomti, Sone und Rapti vergrößert er sich ständig, und noch bevor er ins Meer mündet, öffnet er sich den gewaltigen Wassermassen des Brahmaputra, der auf seinen Schwemmlandebenen ebenso fruchtbar wie zerstörend wirken kann.

Die ausgedehnten Ebenen des Ganges und seiner Nebenflüsse bilden das Kernland der indischen Zivilisation. In diesem in sich geschlossenen Teil des Subkontinents – 400 Kilometer in seiner Nord-Süd-Ausbreitung und etwa 1200 Kilometer entlang einer West-Ost-Achse – konnte sich eine eigenständige Gesellschaftsordnung entwickeln, die beispiellos auf der Welt ist. In den vergangenen Jahrtausenden haben sich die Inder ein Sozialsystem, eine Kultur und Traditionen geschaffen, die sie von allen anderen Zivilisationen unterscheiden. Die Ebenen des Ganges standen dabei von Anfang an im Mittelpunkt der indischen Geschichte. Da die Landwirtschaft und damit das Leben entlang des Flusses auf Gedeih und Verderb auf ihn angewiesen sind, versteht es sich fast von selbst, daß der Ganges eine nicht wegzudenkende Rolle in den Mythen, den Träumen, den Hoffnungen und Wünschen der Inder spielt.

Jawaharlal Nehru hat einmal gesagt, daß die indische Gesellschaft durch eine Nabelschnur mit dem großen Fluß verbunden sei. Durchtrennt man sie, zerstört man die indische Kultur:

"Vor allem der Ganges, von den Indern am meisten geliebt, ist der Fluß, mit dem sie die Gedanken an die Vergangenheit, ihre Hoffnungen und Ängste, ihre Lieder vom Triumph, von den Siegen und Niederlagen verbinden. Er ist Sinnbild der jahrtausendealten indischen Kultur und Zivilisation, Sinnbild des ewigen Wandels und des immerwährenden Fließens, und trotzdem bleibt er immer – der Ganges. Er erinnert mich an die schneebedeckten Bergrücken und die tiefen Täler des Himalaya, die ich so liebe; er erinnert mich an die fruchtbaren und weiten Ebenen, wo ich lebte und arbeitete. Im frühen Morgendunst tanzt und lächelt er und wird, sobald die Schatten länger werden, schwermütig und geheimnisvoll. Im Winter ist er ein schmaler, langsamer und majestätischer Fluß, während er in der Monsumzeit zu einem wilden Ungeheuer wird, ausufernd wie das Meer und mit all dessen zerstörerischer Kraft. Der Ganges war für mich stets ein Symbol und eine Erinnerung an die Vergangenheit Indiens, er fließt durch die Gegenwart in den Ozean der Zukunft."

Kein Fluß dieser Erde, so glauben die Inder, läßt sich mit dem Ganges vergleichen. Die Zivilisationen, die an seinen Ufern entstanden und deren Sitten und Bräuche er prägte – wie er es übrigens auch heute immer noch tut – verkörpern menschliche Schaffenskraft und menschliches Streben. Hier vermochte sich die schöpferische Kraft des Menschen auf wundervolle Weise zu entfalten.

Ein entscheidender Faktor, der das Klima Nordindiens und des gesamten Subkontinents prägt, ist der Monsun. Dieser saisonale Regen entsteht durch die feuchten Winde, die in den Sommermonaten vom Arabischen Meer und dem Golf von Bengalen in nordöstlicher Richtung auf das Festland ziehen. Während der Monsun über das Schwemmland des Ganges und auch über das Indus-Tal fegt, schafft er die Voraussetzungen für das Wachstum auf den Feldern und hält so den jährlichen Kreislauf aufrecht, der den Rhythmus der hier lebenden Menschen prägt.

Allerdings gestaltet er nicht allein das Leben – Landschaften und Flüsse sind von ebenso großer Bedeutung. Diese drei

Rechts: Der Alaknanda und der Bhagirathi verschmelzen bei Deoprayag zum Ganges.

Faktoren zusammen haben immer die Religion wie auch die Kunst der Inder geprägt. Obwohl die Ebenen des Ganges und des Indus die Zentren des Landes darstellen, beschränkt sich die ökologische und kulturelle Vielfalt nicht auf diese beiden Regionen.

Den Süden dieser Stromgebiete begrenzt das Vindhya-Gebirge, dessen Gipfel eine beachtliche Höhe erreichen. Dieses Gebirge trennt die Ebenen Nordindiens vom Rest des Subkontinents. Das halbinselförmige Land südlich des Gebirges wird von mehreren Flüssen durchzogen, die allesamt in den Gebirgen entlang der Westküste, namentlich den West-Ghats entspringen.

Sie fließen in östlicher Richtung und münden in den Golf von Bengalen. Die Flüsse südlich der Vindhya-Berge – Mahanadi, Godavari, Krishna und Kaveri – können es mit den Flüssen des Nordens weder hinsichtlich ihrer Wasserkapazitäten noch hinsichtlich der Fruchtbarkeit ihrer Schwemmlandebenen aufnehmen. Damit soll ihre Bedeutung und die ihrer Ebenen für die Landwirtschaft und Kultur Indiens keineswegs geschmälert werden, denn zweifellos entstanden auch hier vorherrschend agrarische Gesellschaftsformen, die durchaus mit den Kulturen des Nordens verglichen werden können. Sie sind ebenfalls ein integraler Bestandteil der indischen Gesellschaft.

Frühgeschichtliche Kulturen

Obwohl sich die ersten Zeugnisse einer prähistorischen Kultur bis weit in die Steinzeit zurückverfolgen lassen, spricht die Altertumsforschung erst ab dem 3. Jahrtausend v. Chr. von einer Hochkultur auf dem Subkontinent, die sich im Indus-Tal entwickelt hatte, etwa im Gebiet des heutigen Pakistan. Das Siedlungsgebiet dieser vorwiegend städtischen Kultur reichte jedoch auch bis zum heutigen Rajasthan und Punjab und der Hafenstadt Lothal an der Arabischen See.

Von ca. 2300 bis 1500 v. Chr. standen die Städte des Landesinneren und an den Küsten in voller Blüte. Lebensgrundlage

NORDINDIEN

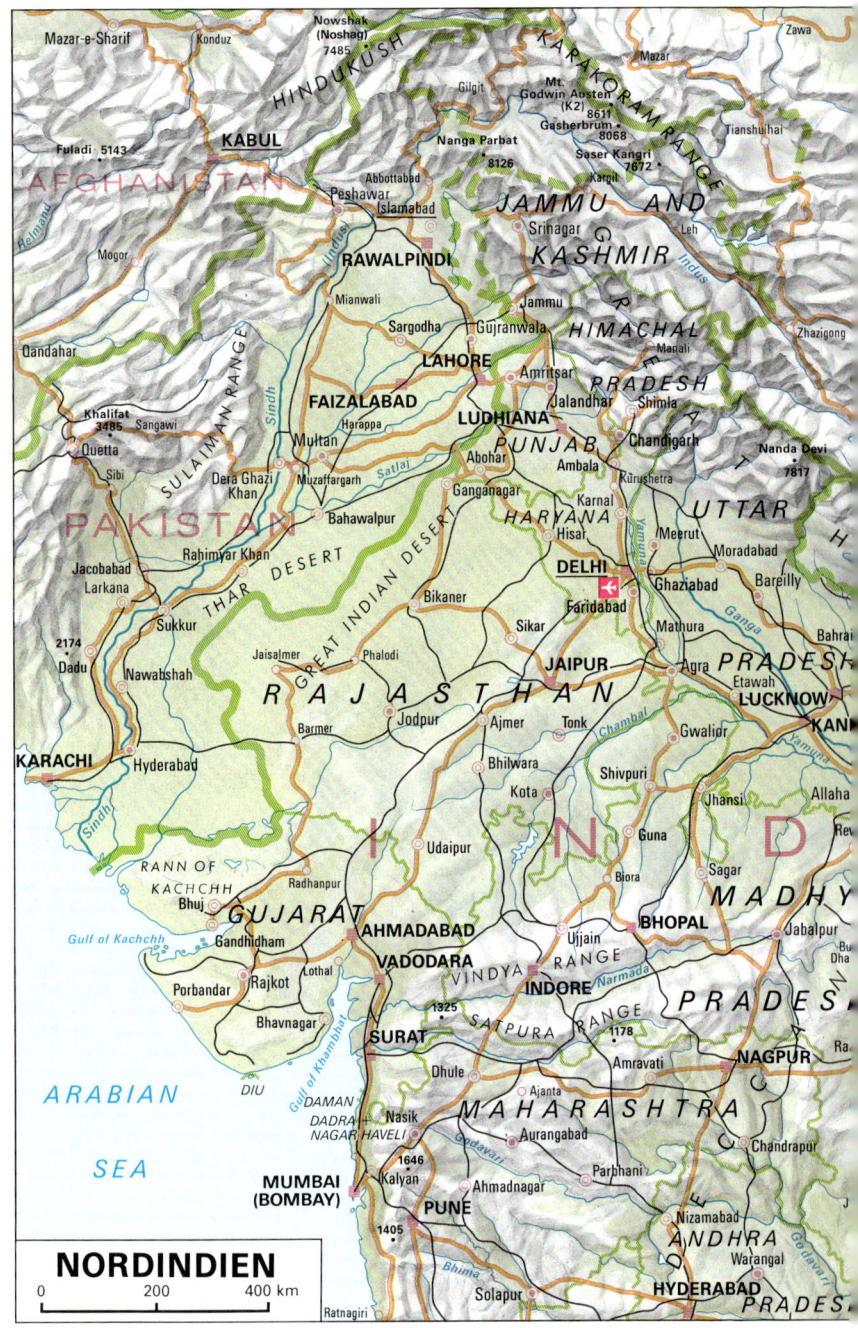

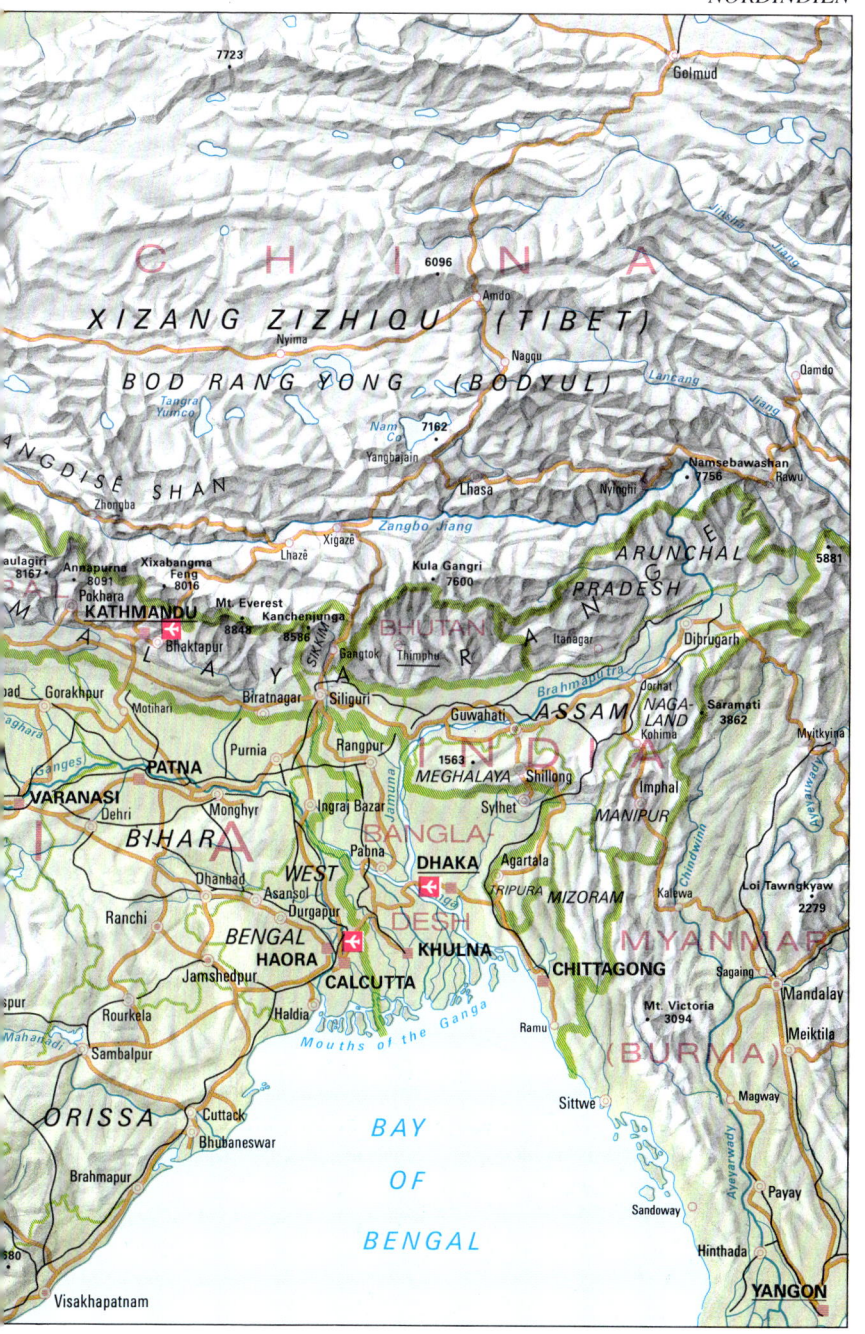

waren die Landwirtschaft und der Handel, Hauptanbaugetreide war der Weizen. Vermutlich herrschte damals, im 3. Jahrtausend v. Chr., im Fünfstromland weitgehend noch tropisches Klima; die Niederschlagsmenge muß weit über dem heutigen Jahresdurchschnitt gelegen haben, um die Lebensvoraussetzungen der zu dieser Zeit existierenden Flora und Fauna zu sichern.

Doch richten wir unser Augenmerk noch einmal auf die wesentlichen Merkmale dieser Zivilisation, da sie von nicht zu unterschätzender Bedeutung für die Entwicklung der Kultur Indiens waren.

Die größeren und kleineren Siedlungen und Städte der Indus-Kultur entstanden nicht ohne ihre prähistorischen Vorläufer. Archäologische Grabungen und Funde machen die schrittweise Entwicklung der Ansiedlungen anschaulich und verdeutlichen zugleich den langen Zeitraum, in dem sie sich vollzog.

Wie schon erwähnt, war der Ackerbau Grundlage der Indus-Kultur. Zwar gab es vereinzelt auch Viehzucht, doch brachte gerade die Hinwendung zum Ackerbau die Entwicklung der prähistorischen Gesellschaft entscheidend voran. Im Indus-Tal erblühte die bronzezeitliche Gesellschaft vor allem in den Städten Mohenjodaro und Harappa, die beide am Ufer des Indus und nur 600 Kilometer voneinander entfernt lagen.

Die kulturelle Entwicklung wie auch die Sozialordnung der damaligen Gesellschaft kann man anhand der Überreste ihrer Städte rekonstruieren. In den beiden Städten Mohenjodaro und Harappa existierte eine sozial differenzierte Gesellschaft. Die Planungen und Anlagen dieser Städte, deren Straßen schachbrettartig nach allen vier Himmelsrichtungen ausgerichtet waren, blieben auf dem indischen Subkontinent bis ins späte Mittelalter unübertroffen.

*Oben: Die Stadt von Mohenjodaro, rekonstruiert mit den Augen eines Künstlers.
Rechts: Überreste einer untergegangenen Zivilisation – ein Speckstein-Siegel aus Mohenjodaro.*

Hier gab es bereits kommunale Einrichtungen, die zum Beispiel für die Wasserversorgung der Stadt und der öffentlichen wie auch privaten Bäder verantwortlich waren. Diese Administration kontrollierte auch die Nutzung der natürlichen Ressourcen, die für die Gemeinschaft lebensnotwendig waren. Dafür wurden öffentliche Getreidespeicher und Hafenanlagen gebaut. Einer dieser Häfen war Lothal, von wo aus die Schiffe aufbrachen, um mit den anderen Kulturen Westasiens Handel zu treiben.

Das vielleicht auffallendste Vermächtnis der Indus-Kultur ist eine große Anzahl von Siegelbildern. Gefertigt wurden die Siegel aus Steatit und anderen Materialien; in Form kleiner Reliefs sind Götter, Göttinnen und Tiergottheiten, Totemzeichen, rituelle Symbole oder einfach Szenen aus dem Alltag dargestellt. Diese Siegel tragen Inschriften, die bisher noch nicht entschlüsselt werden konnten.

Mag die Indus-Kultur auch in einigen Aspekten rekonstruiert worden sein, so bleiben trotzdem immer noch viele ungelöste Rätsel. Vermutlich könnte die Dechiffrierung der Siegelinschriften weiterhelfen, die ethnische Herkunft dieses Volkes und seine Rolle in dem nachfolgenden Aufbruch der Völker nach Indien zu klären.

Das archäologische Erbe wäre unvollständig aufgelistet, würde man nicht auf die Kleinplastiken hinweisen: Unter ihnen findet man schlichte Bronzefiguren wie das tanzende Mädchen, einen Torso mit fehlendem Kopf oder den berühmten „Kopf des Priesterkönigs". Doch damit nicht genug – die Ausgrabungen brachten überdies unzählige Terrakottafiguren von Muttergöttinnen ans Licht.

Zweifelsohne beeinflußte die Indus-Kultur die indische Geschichte nachhaltig. Ihr Wesen wurde ein Merkmal der indischen Gesellschaft und der Bewohner des Subkontinents und verlieh ihr die Gelassenheit und das Durchhaltevermögen, das Indien für seinen Weg in die Zukunft mit seinen tiefgreifenden sozialen Umwälzungen und enormen Herausforderungen benötigte.

Die Ankunft der Arier

Die Ursachen, die zum Untergang der Indus-Kultur geführt haben, sind noch nicht restlos geklärt. Aber möglicherweise spielte das Auftauchen eines neuen Hirtenvolkes, das sich selbst ,,Arier" nannte, etwa 1500 v. Chr. eine entscheidende Rolle. Die Herkunft der Arier – die zeitweise von der Geschichtsforschung für Einheimische gehalten wurden – liegt nach wie vor im Dunkeln. Es spricht jedoch einiges dafür, daß sie aus dem Gebiet des Kaspischen Meeres oder den südrussischen Steppen stammen, von wo sie in südöstlicher Richtung abwanderten. In der ersten Hälfte des 2. Jahrtausends v. Chr. erreichten sie Kleinasien, zogen durch das Gebiet des heutigen Iran und wanderten schließlich über den Gebirgsgürtel, der den Nordwesten Indiens umschließt. Sie drangen schließlich in das Fünfstromland vor und besiedelten die großen Ebenen des Indus und seiner Nebenflüsse.

Die Beziehungen zwischen dem Hirtenvolk der Arier und den Einheimischen des Nordwestens Indiens, ob sie der Indus-Kultur angehörten oder einem weniger entwickelten Volk, konnten bis heute noch nicht eindeutig geklärt werden. In von Ariern verfaßten Schriften findet man Schilderungen, in denen die arischen Führer als Götter beschrieben werden – Indra war nur einer von ihnen –, die schon existierende befestigte Siedlungen, sogenannte *pura*, zerstörten. Es könnte sich um Siedlungen und Städte der Indus-Kultur gehandelt haben. Daneben werden auch Auseinandersetzungen mit Jäger- und Sammlergemeinschaften beschrieben, die in den Wäldern lebten. Diese halbmythologischen Erzählungen lassen vermuten, daß die Arier bei ihrer Einwanderung auf erheblichen Widerstand stießen. Sie setzten sich aber schließlich durch und gründeten ihre eigenen Siedlungen entlang der Flüsse, zuerst am Indus, später auch in den Ganges-Ebenen. Allmählich paßte sich dieses Hirtenvolk der Agrarwirtschaft an, ohne jedoch die Viehzucht völlig aufzugeben.

Die Veden

Schriftliches Zeugnis aus dieser Zeit ist der Veda, die älteste Sammlung indischer Schriften, die über viele Jahrhunderte nur mündlich überliefert wurden. Namentlich sind es der *Rigveda*, der *Samaveda*, der *Yajurveda* und der *Atharvaveda*, die in der Sprache der Arier, dem *Sanskrit*, geschrieben wurden. Der gesamte Veda gilt in den orthodoxen Traditionen als Offenbarung und wurde von den Priestern etwa als Lobeshymnen oder magische Formeln angewandt. Der zeitliche Rahmen, in dem dieses umfangreiche Werk entstand, kann leider nicht präzise datiert werden; die ältesten Teile, die wir im *Rigveda* und *Atharvaveda* finden, wurden wahrscheinlich Anfang des 1. Jahrtausends v. Chr. verfaßt.

In der Gesamtheit der Sammlung des Veda manifestiert sich die reiche Erfahrung und erstaunlich tiefe Weltanschauung der Arier. In manchen Versen beschrieben sie ihre neue Umwelt, die nun besiedelten, in anderen wiederum suchten sie nach dem Ursprung des Universums und der Menschen und versuchten, sich selbst als Sozialwesen zu begreifen. Fragen des Glaubens und der Zauberei wurden angesprochen. Das gesprochene Wort hatte damals noch vermeintliche Macht über die Elemente und die Geschicke der Menschen. Eines aber ist den vier Veden gemeinsam: Es existiert in allen eine Vielheit von Göttern, denen wir später im Pantheon des Hinduismus wiederbegegnen werden: u. a. Varuna, Shiva, Agni, Prajapati und Vishnu.

Die Veden beschränkten sich aber keineswegs ausschließlich auf Texte oder

Rechts: Ein bengalisches Brautpaar tauscht während einer hinduistischen Hochzeit Blumengirlanden aus.

STREIFZUG DURCH DIE INDISCHE GESCHICHTE

Formeln heiliger Kulthandlungen. Sie offenbaren ebenso die Sozialordnung und politische Struktur der Arier. Als die Arier mit ihrer militärischen Überlegenheit auf dem Subkontinent vordrangen, waren sie gesellschaftlich bereits äußerst differenziert gegliedert. Es gab Führer und berittene Krieger auf der einen Seite und die große Menge des Fußvolkes auf der anderen Seite, dessen Arbeit und Fertigkeiten die Säulen der arischen Gesellschaft bildeten. Eine wichtige Persönlichkeit jedes Stammes war der Priester oder Schamane, dessen Wissen und Weisheit das sittliche Rüstzeug zum Leben und Überleben lieferte. Alle Erfahrungen und das Wissen einer Gruppe konzentrierten sich in der Priesterschaft, die es mündlich an ihre Schüler weitergab. Dieses Wissen und andere Fähigkeiten machten die Arier den Einheimischen überlegen, so daß sie sich ohne größere Probleme in ihrer neuen Heimat durchsetzen konnten. Ihr kultisches Brauchtum, das von den Priestern bestimmt und kontrolliert wurde, war ein derart elementarer Bestandteil des Alltags der Arier, daß es noch heute, nach über drei Jahrtausenden, im rituellen Leben der orthodoxen Hindus anzutreffen ist.

Dank des Veda können wir uns ein Bild von der bronzezeitlichen Arierkultur machen – wie aus einem Hirtenvolk ganz allmählich ein Volk von Bauern wurde, nachdem es sich in seiner neuen Heimat etabliert hatte. Die riesigen Viehherden, die es mitgebracht hatte, blieben nach wie vor wichtigste Grundlage seines Wohlstandes, verloren allerdings später zunehmend an Bedeutung, als die Arier in die weitaus fruchtbarere Gangesebene im Nordosten Indiens vordrangen. Hier gingen sie vom Weizen- zum Reisanbau über.

Auf den Gehöften der Siedlungen – die meistens an einem Flußufer lagen – hatte der Sippenälteste das Sagen. Seine Stimme entschied und schlichtete Zwistigkeiten in der Sippe; innerhalb des Ältestenrates der agrarischen Gemeinschaft wurden die Probleme, die die Gemeinschaft betrafen, erörtert.

STREIFZUG DURCH DIE INDISCHE GESCHICHTE

Besonders mächtige Familien einer oder mehrerer Siedlungen bildeten die Elite der Krieger eines Stammes, die sich von den anderen Ariern schon allein durch ihren Namen, *Kshatriya*, abhoben. Diese wählten ihrerseits einen Führer, der über die Gesamtheit der Stämme und Ansiedlungen herrschte.

Der geballten politischen und militärischen Macht der Klasse der Krieger stand eine andere Gruppe gegenüber: die der Priester, später *Brahmanen* genannt, deren Macht darin lag, daß sie als einzige die kultischen Rituale beherrschten und als Verbindungsglieder zu den Göttern für die Menschen der damaligen Zeit lebensnotwendig waren. Diese Brahmanen waren die Schöpfer des Veda. Die Beziehungen zwischen den Kshatriyas, die die politische Macht verkörperten, und den Brahmanen, den religiösen Führern, waren von einem ständigen Wechsel zwischen Auseinandersetzung und Zusammenarbeit gekennzeichnet.

Erst unterhalb der Klasse der Krieger und Priester stand die große Masse der Bevölkerung, die die Felder bestellte und das Vieh hütete. Sie nannte man zunächst *Vis*, später änderte sich der Name in *Vaishya*.

Im Veda gibt es eindeutige Hinweise, daß die Ureinwohner des Subkontinents, die in die Wälder und Randgebiete abgedrängt worden waren, in den Siedlungen der Arier die niedrigste soziale Position innehatten. Denn sie mußten die schwersten Feldarbeiten übernehmen und für die Aufzucht der Tiere sorgen.

Die Menschen dieser untersten Klasse wurden damals *Shudras* genannt. Ganz unverhohlen ist im Veda festgehalten worden, daß die Shudras ein Volk minderen Wertes seien, da sie nicht-arischer Herkunft waren. Als wollte man diese qualitative Unterscheidung noch herausstreichen, wird zusätzlich noch auf äußerliche Unterschiede hingewiesen. Die

Oben: Diese Inderin erfüllt sich ihren Lebenstraum - einmal im Ganges bei Varanasi zu baden. Rechts: Ein Brahmane bei der morgendlichen Andacht am Ganges-Ufer.

STREIFZUG DURCH DIE INDISCHE GESCHICHTE

Ureinwohner waren demnach dunkelhäutig und hatten Stubsnasen, was sie von den Ariern deutlich unterschied, die selbstverständlich ausschließlich Angehörige der oberen Priester- und der Kriegerklasse waren.

Der Ursprung des Kastensystems der hinduistischen Gesellschaft liegt demnach weit zurück in der Bronzezeit, als die Stämme der Arier auf den Subkontinent einwanderten und die Ebenen des Nordwestens und Nordens besiedelten, nach und nach seßhaft wurden und auf den fruchtbaren Feldern Weizen und Reis anbauten, während sie gleichzeitig das Land der Urbevölkerung, einem Volk von Jägern und Sammlern, abringen mußten. Die Ureinwohner wurden unterjocht, zu schweren Arbeiten herangezogen und nur als niedrigste Kaste ein Glied in der arischen Gesellschaftsstruktur.

Der Veda erzählt leider sehr wenig über das Schicksal der Indus-Kultur. Archäologische Forschungen über diese Kulturepoche und über die eingewanderten Arier bestätigten allerdings immer wieder in verblüffender Weise, was uns die Philologen aus dem Veda übersetzten. Wir haben zahllose Zeugnisse über den Untergang der Städte im Indus-Tal – sei es, daß sie durch die Fluten des Indus verwüstet wurden, oder daß die eingedrungenen Arier die befestigten Städte zerstörten.

Häufig genug wird im Veda nicht nur von Konflikten zwischen den Ariern und den Gemeinschaften der Urbevölkerung des Subkontinents, sondern auch von rivalisierenden Arierstämmen gesprochen. Als sich nämlich diese Stämme endlich in ihrer neuen Heimat durch- und festgesetzt hatten und es nunmehr darum ging, die Äcker zu bestellen, kam es zu kriegerischen Auseinandersetzungen zwischen den rivalisierenden Ariern um die Kontrolle und den Besitz der fruchtbarsten Gebiete.

Mahabharata

Erfreulicherweise existieren zwei wichtige epische Schriften aus dieser

25

STREIFZUG DURCH DIE INDISCHE GESCHICHTE

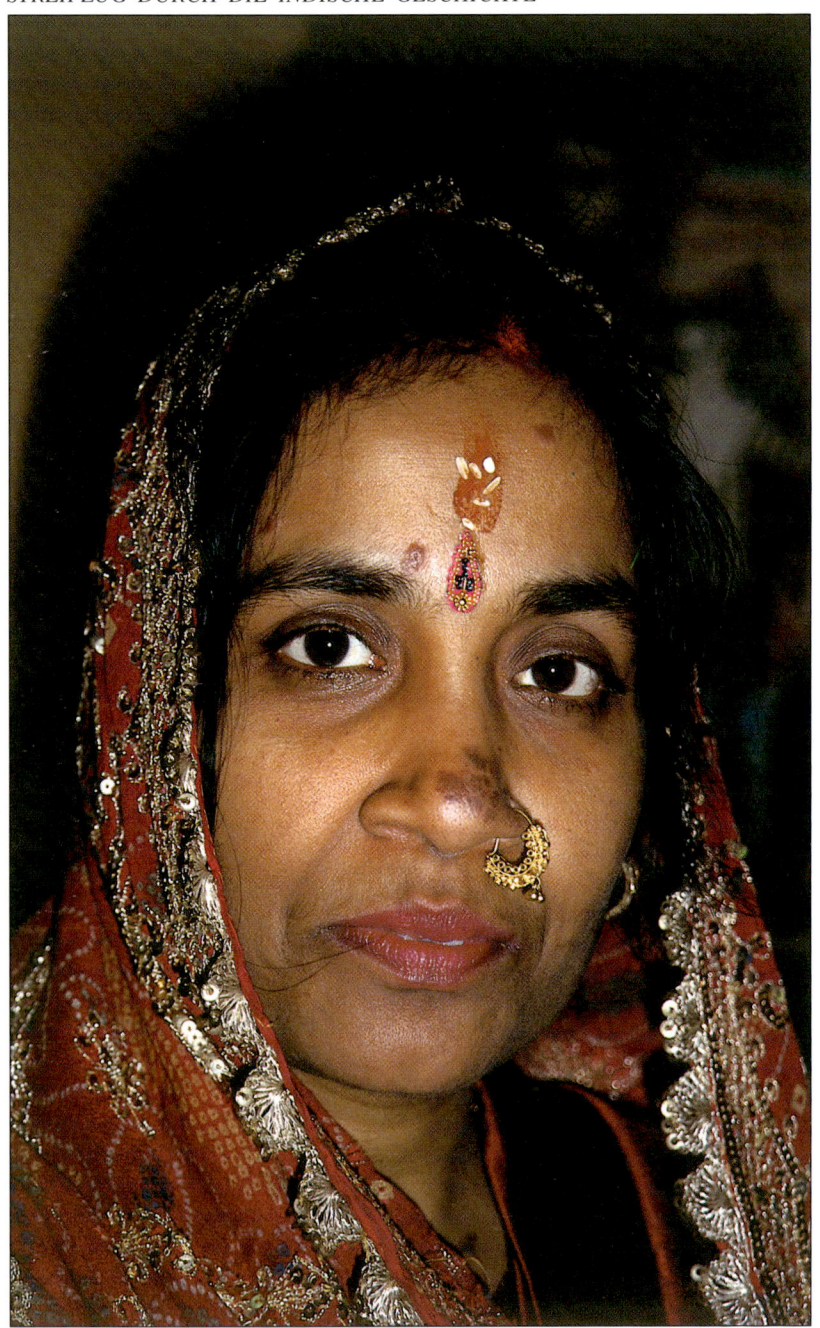

Zeit, das *Mahabharata* und das *Ramayana*, die die Einwanderung der indogermanischen Arier und deren Besiedlung des Subkontinents sogar in Schriftform überliefern.

Die ältere der beiden Schriften ist das *Mahabharata*. Hierin werden das Leben und die Kämpfe der arischen Stämme anschaulich geschildert, nachdem sie sich im oberen Ganges-Tal und am Fluß Yamuna in der Umgebung des heutigen Delhi niedergelassen hatten. Verfaßt wurde es zu Beginn des 1. Jahrtausends v. Chr. angeblich von dem mythischen Weisen Vyasa; im Lauf der Jahrhunderte erfuhr die Urfassung jedoch zahlreiche Exkurse und Ergänzungen durch verschiedene Autoren. Erzählt wird die Geschichte eines Krieges zwischen Vettern, den niederträchtigen Kauravas und den vorbildlich tugendhaften Pandavas. Da die Kauravas einen blinden Vater hatten, der aufgrund seines Gebrechens den Pflichten eines Königs nicht nachkommen konnte, erhielt dessen jüngerer Bruder Pandu die Königswürde. Als aber die Söhne des alten Königs herangewachsen waren, machten sie ihren Herrschaftsanspruch durch ihren ältesten Bruder geltend, einem kaltblütigen und ehrgeizigen Krieger. Um sie zufriedenzustellen, wurde ihnen ein Teil des Reiches zugewiesen, in dem sie eine neue Hauptstadt gründeten, Indraprastha – heute ein Teil von Delhi.

Obwohl das Stammreich ihrer Ahnen zwischen den Kauravas und den Pandavas aufgeteilt worden war, stellte sich zwischen den Vettern kein Frieden ein. Der Konflikt gipfelte in einem blutigen Krieg, in dessen Verlauf die Pandavas die Oberhand und damit die Vorherrschaft in dieser Region gewannen.

Eine wichtige Rolle in diesem epochalen Krieg spielte der Gott Krishna. Er regierte das Volk der Yadavas, Viehhirten, die in der Umgebung der alten Stadt Mathura, unweit von Delhi, lebten. Mit Krishnas Hilfe konnten die Pandavas ihre Vettern besiegen und ihre Herrschaft über den Norden Indiens festigen.

Dank den späteren Nachträgen und Ergänzungen bietet das *Mahabharata* einen detaillierten Einblick in das Leben der arischen Gesellschaft, ihre religiösen und metaphysischen Vorstellungen, ihre Politik und Gesellschaftsordnung. Den Höhepunkt des Epos bildet ein philosophischer Exkurs, die *Bhagavadgita*, angelegt als Dialog zwischen Krishna und einem Pandava-Krieger namens Arjuna am Vorabend des Bruderkrieges. Alles in allem bietet das *Mahabharata* – immerhin das längste uns bekannte Epos mit einem stattlichen Gesamtumfang von circa 100 000 Doppelversen – eine Enzyklopädie der vedischen Zeit und erlaubt einen Einblick in den Alltag und die lebensphilosophische Einstellung der Menschen Nordindiens vor 3000 Jahren.

Ramayana

Das *Ramayana* wurde zu einem späteren Zeitpunkt – als sich die Arier auf dem Subkontinent bereits weitgehend etabliert hatten – von dem legendären Dichter Valmiki geschrieben.

Das allgemeine Thema des *Ramayana* ist die Politik der arischen Stämme im Zentrum der Ganges-Ebene, in der Umgebung des heutigen Ayodhya. Im Brennpunkt des Geschehens stehen das Königshaus Raghu und seine Herrscher. Der König von Ayodhya, Dasharata, sollte für ein Verbrechen büßen, das er in seiner Jugend begangen hatte. Er wurde deshalb gezwungen, seinen Sohn, den Prinzen Rama, ins Exil zu schicken. Durch die ihm aufgezwungene Wanderschaft stieß Prinz Rama über das Vindhya-Gebirge, die natürliche Südgrenze der Ganges-Ebene, in Gebiete vor, die bis dahin noch unbekannt waren. Ramas Wanderung symbolisiert das erste Eindringen der Arier in eine Landschaft, die

Links: Hindufrau aus Rajasthan, mit Stirn-Tika vom Opferritual.

vorher von einem Volk der Jäger und Sammler besiedelt war. Hier, jenseits des Gebiets der Arier, geriet der Prinz zwischen die Fronten der in heftigem Streit lebenden Stämme. Von einem Stammeshäuptling wurde seine Gemahlin, die ihn auf der Reise begleitete, entführt. Mit Hilfe eines befreundeten Volkes gelang jedoch ihre Befreiung. In der folgenden Zeit lehrte er die Urbevölkerung des Subkontinents arisches Gedankengut. Die spätere Vergöttlichung Ramas erhöhte das *Ramayana* zu einem heiligen Buch. Außerdem wurde der geographische Schauplatz, in dessen Grenzen Rama reiste und seine Abenteuer bestand, im nachhinein ausgedehnt.

Später eingefügte Erläuterungen im *Ramayana* führen zu abweichenden Fassungen der Überlieferungen. So ist zum Beispiel in einer Version nicht mehr die Besiedlung des Nordens und Nordwestens Indiens, sondern des Südens und Sri Lankas beschrieben. Sieht man über diese nachträglichen Exkurse hinweg, kristallisiert sich trotzdem die Botschaft beider Schriften heraus. Sie markieren einschneidende Zeitpunkte in der Geschichte der arischen Gesellschaft, als sich die ethischen Wertvorstellungen festigten – ein Ausdruck dafür, daß sich die Arier auf dem Subkontinent etablieren konnten.

Mahabharata und *Ramayana* gelten allen Bevölkerungsschichten Indiens – in der Elite wie auch im einfachen Volk – als unverzichtbare Bestandteile der indischen Kultur, die auch in der Gegenwart nichts von ihrer Wirkung verloren haben.

Beginn eines neuen Zeitalters

Mit dem Ende der alt-vedischen Zeit beginnt die weiter oben bereits angesprochene Besiedlung der Ganges-Ebenen, die bis zum 5. Jh. v. Chr. andauerte. Die Stabilisierung der sozialen Hierarchie und der politischen Ordnung, die in diese

Oben: Eine halbverwitterte Brahma-Statue in einem hinduistischen Tempel.

Zeit fällt, spiegelt sich vor allem in der Literatur und den archäologischen Funden wider.

Allerorts stoßen die Archäologen auf Funde, deren vorarische Datierung sich durch die rege Töpferwarenherstellung beweist. Diese Zeit ist gekennzeichnet durch sozialen Aufruhr und allgemeine Unruhe. Das Entwicklungsniveau jener Epoche ist verhältnismäßig niedrig anzusetzen. Erst allmählich begann sich, bedingt durch die wachsende Bedeutung der Agrarwirtschaft, eine neue soziale Ordnung innerhalb der Gesellschaft herauszubilden. Mittelbarer Ausdruck dieser einsetzenden gesellschaftlichen Differenzierung war eine neu entwickelte Töpferkunst, die man die ,,Nördliche Schwarzkeramik" nennt. Höchstwahrscheinlich wurden diese neuen, kostspieligen Töpferwaren von Leuten benutzt, die sowohl über großen Reichtum als auch viel Muße verfügten.

Der sicherlich folgenreichste Schritt zur Weiterentwicklung der Gesellschaft war jedoch die Entdeckung der reichhaltigen Eisenerzvorkommen, besonders in dem Gebiet um das heutige Patna, das damals Magadha hieß. Die Entdeckung dieser Erzvorkommen und im weiteren Verlauf die verfeinerten Möglichkeiten der Verarbeitung des gewonnenen Eisens lösten eine grundlegende gesellschaftliche Veränderung in den Siedlungen der Ganges-Ebene aus.

Mit Hilfe der neuen Eisenwerkzeuge konnten die dichten Wälder in einer bis dahin unbekannten Art und Weise gerodet werden; folglich stand mehr Boden für die Landwirtschaft zur Verfügung. Ein weiterer Gewinn war der eisenbeschlagene Pflug, der es den Bauern ermöglichte, den Acker tiefer umzupflügen. Kurzum, die landwirtschaftlichen Erträge stiegen, was unmittelbar auf die Gesellschaft zurückwirkte. Die Kaste der Krieger konnte sich nun mit Eisenwaffen ausrüsten, die den Waffen aus Kupfer oder Bronze weit überlegen waren.

Gerade in dieser Epoche fand eine Unzahl kriegerischer Auseinandersetzungen zwischen den neu entstehenden Staaten statt. Die stärkste Position in dieser konfliktreichen Zeit hatte der Staat von Magadha inne, der einerseits über äußerst fruchtbares Ackerland verfügte und andererseits die in der Nähe gelegenen Eisenerzvorkommen kontrollierte. Als strategisch günstig gelegen erwies sich die Hauptstadt des Reiches, Pataliputra, das heutige Patna, von der aus man mühelos den Schiffsverkehr und -handel des unteren Ganges überwachen konnte.

Die Lage der sich neu entwickelnden Reiche im nördlichen Indien läßt sich anhand der zeitgenössischen Literatur rekonstruieren. Im 6. Jh. v. Chr. gab es etwa ein Dutzend bedeutsamer Staaten, die sich bogenförmig ausbreiteten – das nordwestliche Teilstück reichte bis in das Einzugsgebiet des Indus, während das südöstliche Ende im Gangesdelta lag. Dieser Bogen bildete den Kern des am weitesten entwickelten Staatswesens Nordindiens, im sozialen wie politischen Sinn.

Einige der eben angesprochenen Staaten entstanden während und durch kriegerische Streitigkeiten. Die jeweiligen Regierungssysteme waren uneinheitlich. In einigen Reichen herrschte die Kaste der Kshatriya – Krieger, die einen der ihren zum Führer oder *rajanya* wählten. In anderen hatte sich ein republikanisches Prinzip durchgesetzt, das die Macht in die Hände einer Kshatriya-Gruppe legte, die gemeinsam das Reich regierte.

Monarchien waren in der Überzahl. In den fruchtbarsten Gebieten, wo landwirtschaftliche Überproduktion erzielt werden konnte, setzte allmählich ein Prozeß der Macht- und Besitzkonzentration ein: Immer mehr Einzelpersonen lebten in materiellem Wohlstand, während sich gleichzeitig die Machtausübung auf einige wenige konzentrierte. Bald wurden Ämter, die mit politischem Einfluß verbunden waren, erblich; der Vater über-

trug sie auf die Söhne. Wie man sich nun leicht vorstellen kann, lagen die eher demokratisch organisierten Staaten in den trockeneren Gebieten im Vorland des Himalaya, wo es nur selten gelang, dem Land einen ausreichenden Getreideüberschuß abzugewinnen. Einige der wichtigsten Reiche des 6. Jh. v. Chr. waren Gandhara, Kuru, Panchala, Matsya, Kosala, Kashi, Anga und das bereits erwähnte Magadha. Magadha stellte alle anderen Reiche in den Schatten und sollte sich später als erster Staat in der Geschichte Indiens über einen Großteil des Subkontinents ausbreiten, wenngleich man auch nicht weiß, wie es mit der tatsächlichen Kontrolle weiter abgelegener Regionen bestellt war.

Die rasch zunehmende Bedeutung der Agrarwirtschaft und die Entwicklung der Regionalreiche ging einher mit einer Änderung der Weltanschauung in der Bevölkerung. Wieder ist es der Veda, der

Oben: Eine Versammlung von Dorfältesten, deren Wort immer noch Gewicht hat.

uns die sozialen, politischen und ökonomischen Veränderungen dokumentiert. Er schildert uns eine verzweigte und beziehungsreiche Sozialordnung, die die Menschen nach einer Erklärung oder vielmehr einer göttlichen kosmologischen Ordnung suchen ließ.

Die späten Schriften des Veda wurden zunehmend philosophischer. In einer mittlerweile veränderten Welt sah man das Leben mit anderen Augen, und es stellten sich neue Fragen, die auch neue Antworten forderten. Einsehbare Zeugnisse dieser späten, philosophischen Zeit des Veda sind insbesondere zwei Veden-Schriften, die *Brahmanas* und die *Upanishaden*.

Der Hinduismus

Auf der Grundlage dieser beiden Schriften basieren die sechs hinduistischen Schulen oder philosophischen Systeme, die im indischen Denken unterschiedlich große Rollen gespielt haben und hier nur aufgelistet sein sollen: das

Nyaya-, das *Sankhya*-, das *Purva-Mimamsa*-, das *Vaisheshika*-, das *Yoga*- und das *Vedanta*-System. Was auch immer diese philosophischen Schulen im einzelnen gekennzeichnet und voneinander unterscheiden mag – es bleibt eine unumstößliche Tatsache, daß sie sowohl in der Vergangenheit als auch heute, im ausgehenden 20. Jh., eine immense Bedeutung für die gesellschaftliche Entwicklung Indiens hatten und haben.

Die wichtigsten Schlüsselbegriffe der hinduistischen Philosophie finden wir erstmals in den *Brahmanas*, die aber erst in den *Upanishaden* eine dominierende Bedeutung gewinnen. Gemeint sind Begriffe wie *brahman, atman, moksha, dharma, samsara* und *karma*, die nachfolgend kurz erläutert werden sollen.

Brahman bedeutet das schöpferische Weltprinzip, die große Weltseele hinter den vergänglichen Erscheinungen der Dingwelt. *Atman* ist das innerste Prinzip unseres eigenen Selbst, unser ureigenstes Wesen, und – das mag für europäische Ohren seltsam klingen – *atman* ist eins mit *brahman*. Ein weiterer zentraler Begriff der indischen Philosophie – also nicht nur der hinduistischen, sondern ähnlich auch der buddhistischen, wie wir später sehen werden – ist die Vorstellung von der Seelenwanderung, dem ständigen Wechselspiel von Sterben und Wiedergeburt; diesen Kreislauf nennt man *samsara*. Die eigenen Taten und Handlungen, die Lebensgestaltung im großen wie im kleinen, *karma* genannt, bedingen die niedrige oder hohe Stufe im wiedergeborenen Leben. Voraussetzung, um in diesem ewigen Kreislauf nicht auf niedrigem Niveau wiedergeboren zu werden, ist ein Leben in Rechtschaffenheit, *dharma* genannt.

Da Leben Leiden bedeutet und der Tod keine Erlösung verspricht, sucht der Hindu – wie auch der Buddhist – ständig diesem Kreislauf zu entrinnen. Im Mittelpunkt des religiösen Strebens steht also die Erlösung, steht *moksha*. Die Erlösung erreicht der, der zuallererst rechtschaffen lebt, sich seiner eigenen Identität bewußt wird, durch Askese und Versenkung *atman*, sein ureigenstes Wesen, erkennt und dabei nicht durch Wissen, sondern durch Intuition begriffen, daß *atman* zugleich *brahman* ist, das Weltprinzip. Das erst ist der Augenblick der endgültigen Erlösung aus dem ewigen Kreislauf von Tod und Wiedergeburt.

Die Religion der Arier

Es mag an dieser Stelle nützlich sein, in wenigen Sätzen auf den prinzipiellen Unterschied zwischen der hinduistischen Religion und den semitischen Religionen wie Judentum und Christentum einzugehen. Ganz im Gegensatz zu diesen respektierte der Hinduismus zu jeder Zeit eine Unzahl religiöser Glaubensrichtungen oder philosophischer Erklärungsansätze und ihre Anhänger, die sich in kaum überschaubaren Gruppierungen, Sekten und Konfessionen zusammengefunden hatten. Keine dieser Gruppierungen bestand auf der Alleingültigkeit ihrer Lehrsätze, und so wurden die Dogmen anderer Gruppen so gut wie nie als Irrlehre bekämpft. Will man die damalige Welt, die religiöse wie die weltliche, mit einer Epoche in Europa vergleichen, so bietet sich die Götterwelt der griechischen Antike oder die der skandinavischen Völker an, bevor sie missioniert wurden und die christliche Ethik die Welt des Glaubens grundsätzlich veränderte.

Neben den offiziellen Lehrmeinungen und Schulen, die, weil innerhalb der oberen Klassen entstanden, elitären Charakter hatten, existierten noch höchst lebendige Glaubensströmungen mit eigenen Anschauungen und Ritualen, die sich mit den ,,offiziellen" Glaubensrichtungen in keiner Hinsicht vereinbaren ließen; ganz zu schweigen vom Glauben der Jäger- und Sammlergemeinschaften, die an den Rand der arischen Gesellschaft gedrängt worden waren.

Die niedrigen arischen Kasten und die Urbevölkerung des Subkontinents schufen zusammen einen mehr oder minder selbständigen Glauben, der eng verbunden war mit den Göttern, Göttinnen und dem Ahnenkult der angestammten Bevölkerung. So bedingte die strenge Trennung in Kasten eine Vielfalt von unterschiedlichen Glaubensrichtungen und Weltanschauungen, die, ähnlich dem Kastensystem, nicht miteinander, sondern nebeneinander existierten. Dennoch wurden einige der ursprünglichen Gottheiten in den arischen Götterkult mit aufgenommen und schufen so neue Verbindungen zwischen den sozialen Schichten.

Krishna, jener Gott und Held, der uns bereits im *Mahabharata* als bedeutsamste Figur begegnet war, wurde Mittelpunkt eines neuen Kultes, in dem sich verschiedene Stämme, die eine Muttergottheit anbeteten, zu einer großen Gemeinschaft zusammenschlossen. Diese alle Schichten übergreifende Verbrüderung auf religiöser Ebene spiegelte sich in den Liebesspielen Krishnas mit den *gopis,* den Milchmädchen, wider.

Allerdings gibt es bedeutendere Beispiele für eine volkstümliche Literatur, die das Volk, seine Ansichten und seinen Glauben nicht nur beschreiben. Diese sind unter dem Gattungsbegriff *lokayata* zusammengefaßt. Diese *lokayata,* was „Weg des Volkes" bedeutet, hatten nur wenig Ähnlichkeit mit all den Versen, Beschwörungsformeln und philosophischen Abhandlungen der Veden, ob Brahmanas oder Upanishaden. Die Verfasser der *lokayata* beachteten die metaphysische Begriffswelt, die einstmals das Herz der hinduistischen Philosophie bildete, kaum. Sie blieben stattdessen der Realität verpflichtet und beschrieben die Welt so, wie sie sie erlebten. Leicht ließe sich die Weltanschauung der *lokayata* als materialistisch im Gegensatz zu der rein

Rechts: Buddha bei seiner ersten Predigt in Sarnath (Sarnath Museum).

idealistischen Welt der Upanishaden charakterisieren. Doch träfe eine solche Definition nicht den Kern dieser Literatur, die eher als formlos, locker und nicht durchstrukturiert bezeichnet werden kann. Es versteht sich von selbst, daß diese sehr bodenständige Weltanschauung der unteren Kasten, die mit den Ariern lebten, überhaupt nicht mit den philosophischen Gedanken der Brahmanas und Upanishaden in Einklang zu bringen war: dem Kreislauf der ewigen Wiedergeburt, der (möglichen) Erlösung, *moksha,* und dem Einssein der eigenen Seele, *atman,* mit dem Weltprinzip, *brahman.* Die unteren Kasten hatten ganz andere Sorgen.

Das Zeitalter des Buddha

Zu einem Zeitpunkt, als sich sowohl die Sozialordungen der frühen Reiche als auch die geistige Entwicklung stabilisiert hatten, trat in der Mitte des 1. Jahrtausends v. Chr. in der nordindischen Gesellschaft eine redegewandte Persönlichkeit auf, die die indische Zivilisation nachhaltig prägen sollte: Prinz Siddhartha aus dem Geschlecht der Shakya, bekannt unter den Namen Buddha, der Erleuchtete – geboren ungefähr in der Mitte des 6. Jh. v. Chr.

Die Welt der Arier mit ihrer sozialen Hierarchie und Akzentuierung von Ritualen und Opferungen stützte sich einerseits auf die weltliche Macht der Könige und der Kshatriya, der Kriegerkaste, zum anderen auf die Macht der Priester und Schamanen als alleinigen Mittlern zu den Göttern. Wie wir aus den *lokayata* wissen, wurde diese Ordnung weder dem Einzelnen noch der Gesamtheit gerecht. Die Unzufriedenheit und das Unbehagen mit den elitären Schichten der Krieger und Priester, die auf Kosten der Bevölkerung lebten, wuchs mehr und mehr.

Zum besseren Verständnis sei gesagt, daß Siddhartha in einen republikanisch und nicht monarchistisch geführten Staat hineingeboren wurde. Schriften aus jener

STREIFZUG DURCH DIE INDISCHE GESCHICHTE

STREIFZUG DURCH DIE INDISCHE GESCHICHTE

Epoche berichten von einer langen Wanderschaft Siddharthas durch die Ganges-Ebenen, immer auf der Suche nach Erfahrungen und Erkenntnissen, um die Welt, so wie sie sich ihm darstellte, zu verstehen. Übrigens war er nicht der einzige auf der Suche nach Wahrheit. Auf einen anderen, Mahavira, werden wir später zurückkommen. Als Buddha sich nach langer fruchtloser Askese einmal unter einem Baum in der Nähe von Bodh Gaya, im heutigen Bihar, in tiefe Meditation versenkte, fand er seine Erleuchtung. Fortan predigte er den Menschen der Ganges-Ebene einen neuen Weg, den ,,Mittleren Pfad" zwischen extremer Askese und ungezügelter Sinnesfreude.

Buddha setzte das Rad des *dharma*, das Gebot eines rechtschaffenen Lebens, durch seine Predigten in Bewegung. Einigen Schülern verkündete er die wenigen Grundvoraussetzungen, die zur Erleuchtung führen. So sah er in der Habsucht und im Begehren den Ursprung allen menschlichen Leidens und Elends. Folgerichtig glaubte er, die Gier nach Besitz müßte wie jegliche Leidenschaft durch Selbstdisziplin in ihrer zerstörerischen Beschaffenheit erkannt werden, erst dann sei die Grundlage für ein ausgeglichenes Leben geschaffen. Ein untadeliger Lebenswandel sei allemal einer unreflektierten Achtung und Respektierung sozialer Gebote und rituellen Forderungen vorzuziehen, um endlich die Erlösung aus dem ewigen Kreislauf der Wiedergeburt zu finden.

Darüber hinaus lehnte Buddha jegliche Spekulation über die Existenz Gottes ab. Diese Frage spielte in seinen Überlegungen keinerlei Rolle. Ganz im hinduistischen Sinn ist auch bei ihm Leben nur Leiden und Wiedergeburt nur neues Leiden; diesem Gesetz gilt es zu entrinnen.

Buddha war nicht nur der Begründer einer neuen Ethik, sondern er richtete auch mit der *sangha* einen Mönchsorden

Oben: Jaina-Nonnen verzichten auf irdische Freuden und leben in strenger Enthaltsamkeit. Rechts: Das Sonnenlicht dringt selbst in das karge Privatheiligtum dieses sadhu.

ein, der seine Ideen tatkräftig unterstützte. Damit schuf er erstmals in der Geschichte einer Weltreligion eine Basis für seine Schüler und Anhänger, die ihnen ein Leben in Müßiggang und Erbauung ebenso erlaubte wie das Verbreiten der Ansichten ihres Lehrers.

Buddha, der ständig von einer größeren Zahl ausgewählter Schüler begleitet wurde, verbrachte lange Zeit seines Lebens mit den Menschen der Ganges-Ebene, um ihnen seine Erkenntnisse zu vermitteln. Im Jahr 483 v. Chr. gelangte er der Überlieferung zufolge ins *nirwana*: Es war ihm gelungen, den Kreislauf von Tod und Wiedergeburt zu durchbrechen. Durch Buddha erfuhr das soziale und moralische Klima in jener Zeit eine entscheidende Veränderung.

Mahavira

Ein Zeitgenosse Buddhas, Mahavira, vermochte die Sorgen und die allgemeine Unruhe der Zeit mit ähnlich treffenden Worten zu beschreiben. Er begründete den Jainismus, eine streng asketische Bewegung. Mahavira, im Jahr 540 v. Chr. geboren, hatte einen Lebenslauf der Buddhas Werdegang vergleichbar ist. Auch er wanderte auf der Suche nach Erkenntnis bis zu seiner Erleuchtung durch das Ganges-Tal. Das Verdienst Mahaviras liegt weniger in der Entwicklung neuer Ideen als vielmehr darin, bereits bekannte Gedanken und Vorstellungen der Menschen aufgegriffen und in eine zusammenhängende Form gebracht zu haben. Zentralgedanke war das ewige Prinzip, ein universales Gesetz, nach dem der Kosmos zerstört und wieder erneuert wird.

Jedes menschliche Wesen hat eine Seele, die erst gereinigt werden muß, will der Mensch immerwährende Glückseligkeit erreichen – vorausgesetzt, das ist das Ziel des einzelnen. Die Reinigung der Seele, so Mahavira, schafft man nur durch konsequente Gewaltlosigkeit und selbstlosen Lebenswandel, was aber von kaum einem Menschen eingehalten werden kann, ist er nicht Mitglied einer religiösen Gemeinschaft. Obwohl der Jainismus nie die Popularität des Buddhismus erreichte, hat er sich über die Jahrhunderte hinweg auf dem Subkontinent ausbreiten können. Sein Einfluß auf die indische Gesellschaft ist unübersehbahr.

Ashoka und das Magadha-Reich

Die brahmanische und buddhistische Weltanschauung standen sich feindlich gegenüber. Die indische Gesellschaft war jedoch von jeher pluralistisch angelegt und zeichnete sich durch eine Vielzahl philosophischer Spekulationen aus, die gleichzeitig nebeneinander existieren konnten. Zu Recht kann man behaupten, daß sich die Unterschiede zwischen dem brahmanischen und dem buddhistischen Denken ergänzten zu einer Gesamtheit des indischen Geisteslebens in einer Zeit, wo sich die Landwirtschaft rasch weiterentwickelte, das Sozialgefüge sich unaufhaltsam verzweigte und die Politik mehr und mehr institutionalisiert wurde. Die Fragen, die mit der komplizierter werdenden Gesellschaftsordnung zwangsläufig auftauchten, ließen sich also nicht mehr mit den Theorien einer einzigen philosophischen Schule erklären.

Buddha suchte nach einer neuen, inneren Haltung für die Menschen, die in dieser Epoche voller sozialer Unruhen lebten. Gleichzeitig forderte er die uneingeschränkte Freiheit, die man den Asketen, den *sannyasin*, innerhalb dieser vielschichtigen Gesellschaft einräumte, damit jedermann seinen eigenen Weg zur Erlösung finden konnte.

Ob Buddha damals Erfolg hatte, läßt sich heute nicht mehr genau feststellen. Dennoch gibt es Hinweise, die für einen bedeutenden Einfluß bereits zu seinen Lebzeiten sprechen. Er setzte sich sowohl mit Adeligen, Reichen und Händlern als auch mit dem einfachen Volk auseinander. Er vermittelte seine Lehre also nicht nur einer sozialen Schicht. Bedenkt man seinen im Lauf der Jahrhunderte immer größer werdenden Einfluß weit über die Grenzen Indiens hinaus, sieht man in ihm zweifellos den größten Sohn Indiens.

Die bereits angesprochenen sozialen und politischen Unruhen bildeten einen fruchtbaren Boden für die moralischen Werte, die Buddha durch seine neue Lehre setzte. Wen wundert es da, daß im 3. Jh. v. Chr. die Herrschergestalt Ashoka in der Lage war, ein großindisches Reich zu gründen, dessen ethische Grundsätze auf der Lehre Buddhas basierten, auf dem *dharma*, dem Gebot eines sozialen Lebenswandels.

Ashoka war schon vor seiner Herrschaft von den Lehren Buddhas beeinflußt worden. Später, als Herrscher, schuf er einen Verhaltenskodex für die Bewohner seines riesigen Reiches, die unterschiedlichen regionalen Kulturen, Glaubensrichtungen, Stämmen und Kasten angehörten. In seinem Kodex forderte er von jedem einzelnen Toleranz gegenüber anderen Klassen und Glaubensrichtungen. Im ganzen Land mahnten auf Säulen und Steinen, die in vielen Städten auf Marktplätzen, an Straßenkreuzungen und Hauptverkehrswegen aufgestellt wurden, die Gebote des von ihm aufgestellten Kodex. Ashoka hatte vorausschauend erkannt, daß in einem Land mit so unterschiedlichen Wertvorstellungen, Kulturen und sozialen Schichten ein Nebeneinander nur dann möglich ist, wenn Toleranz herrscht.

Vielleicht sollte an dieser Stelle eine weitere Errungenschaft Ashokas hervorgehoben werden: Zu diesem Zeitpunkt nämlich setzte eine neuerliche Verstädterung der Gesellschaft ein, wie sie Indien vorher schon einmal, in der Harappa-Kultur, erlebt hatte. Die Geschichtsforschung kennt zwar einige Gebiete, wo einst Städte gewesen sein müssen, doch baute man im Magadha-Reich mit wenig dauerhaften Materialien, die im Lauf der Zeit zerfielen, so daß es für einen Zeit-

Rechts: Der Buddha von Kusinagar, dem Ort, wo er das Nirwana erreichte.

raum von über 1000 Jahren keine architektonischen Zeugnisse gibt. Geblieben sind nur die Steinsäulen, die Ashoka in Auftrag gab und die noch heute im ganzen Land den liberalen Geist des Magadha-Reiches verkünden.

Einige dieser Steinsäulen, in die Ashoka seinen Kodex hatte einmeißeln lassen, tragen auf ihrer Spitze Skulpturen, Löwen oder Stiere, als Wahrzeichen des Reiches. Der persische Einfluß auf die Säulenskulpturen ist hier unübersehbar, doch spielten bei der Gestaltung auch heimische Elemente eine große Rolle. Darüber hinaus veranlaßte Ashoka den Bau einer Reihe von *stupas,* Gedenkstätten für Buddha, die aus Ziegelsteinen in Form einer Halbkugel errichtet wurden. In einer späteren Bauphase, um das 1. Jh. v. Chr., wurden sie mit einer steinernen Einzäunung umgeben, die reich dekoriert wurde, entweder mit eingemeißelten Szenen aus dem Leben des Erleuchteten oder aus dem Alltag der Menschen. Diese Kultdenkmäler und ihre steinerne Umzäunung unterscheiden sich grundsätz-

lich von den Steinsäulen und deren Skulpturkapitellen. Unbeeinflußt von den Kulturen außerhalb des Subkontinents manifestiert sich in den Stupas die Fertigkeit und Tradition des indischen Handwerks, das vorher mit anderen Materialien wie Holz, Knochen und Elfenbein gearbeitet hatte.

Es kann nicht oft genug betont werden, welch überragende Bedeutung sowohl der Herrscher des Magadha-Reiches, Ashoka, als auch sein einflußreicher Lehrer Buddha in der Geschichte Indiens hatten. Dieser Tatsache zollte Indien 1950 Tribut, als es unabhängig wurde und das buddhistische *Dharma-Chakra,* das Heilige Rad des Gesetzes, in die Nationalflagge der neu gegründeten Republik aufnahm und die Löwenskulptur auf den Kapitellen der Steinsäulen zum Wahrzeichen des modernen Indien erhob.

Klassisches Erbe im Wandel der Zeit

In der 2. Hälfte des 1. Jahrtausends v. Chr. vollzogen sich einschneidende Veränderungen, die die Basis für das zukünftige politische und soziale Gesellschaftsgefüge, das Geistesleben und die künstlerischen Anstrengungen bildeten.

Doch bevor wir die Spur verfolgen, die später zu tiefgreifenden Veränderungen führte, richten wir unser Augenmerk noch einmal auf die vergangenen Jahrhunderte. Dabei fällt auf, daß sich die schöpferische Kraft der Menschen in den Stromlandebenen meist in religiösen Reflexionen und in der Schaffung einer reich gefächerten Sozialordung ausdrückte, nicht aber in politischen Fähigkeiten oder technischen Erfindungen – wohl ein Grund, warum sich Staaten von der Größe des Magadha-Reiches, das nahezu den gesamten Subkontinent umfaßte, auf Dauer nicht behaupten konnten. Großreiche bildeten immer nur über kurze Perioden eine Art Ausnahmezustand; der Großteil der indischen Geschichte spielte sich innerhalb der Regionalstaaten ab. Der Grund ist auch der, daß zwischen den kleinen Zentren der Zivilisation riesige Wald- oder Steppengebiete lagen, die nicht oder von gefährlicher Stammesbevölkerung bewohnt waren, die diese Zentren voneinander isolierten und die Kommunikation schwierig machten. Politische Herrschaft konnte sich innerhalb der Zentren, die durch wirtschaftliche und kulturelle Verflechtungen bedingt eine gemeinsame Struktur besaßen, viel eher entwickeln. Die Herrscherdynastien dieser Regionalstaaten wechselten, sie entstanden jedoch immer wieder an der gleichen Stelle, in wirtschaftlich begünstigten Gegenden, die eine Überschußproduktion und damit weitergehende Differenzierung ermöglichten.

Ein weiterer Aspekt, der maßgeblich zu gesellschaftlichen Veränderungen beitrug, lag darin, daß die Arier nicht die einzigen Einwanderer in das Fünfstromland und in die Ganges-Ebenen waren:

Auf jede wirtschaftliche oder sozialpolitische Umwälzung in Zentralasien folgte eine Abwanderung in die Schwemmlandebenen des Subkontinents, wo sich dank der Fruchtbarkeit des Landes und der daraus resultierenden großen Ernährungskapazitäten ganze Völkerscharen niederlassen konnten.

Ein rascher Blick auf die Geschichte Indiens zeigt, daß die Kultur und die sittlichen Normen der Bevölkerung unter dem Einfluß der Einwanderer unaufhörlich Veränderungen unterlagen und die Immigranten somit einen nicht unerheblichen Beitrag zur Entwicklung der indischen Gesellschaft und Kultur lieferten.

Diese beiden Punkte, zum einen die Tendenz zu vielen regionalen Staats- und damit auch kulturellen Zentren, und zum anderen die Veränderungen in sämtlichen Lebensbereichen durch die Einwanderer, sollten gerade in den Jahrhunderten bedeutsam werden, die auf die Herrschaft Ashokas folgten. Seine Nachfolger waren Regionalherrscher, die selten ein größeres Reich als allenfalls das nordindische regierten. Dies hat der kulturellen Entwicklung auf allen Gebieten jedoch keinerlei Abbruch getan.

Das Reich der Kushana

Eine neuerliche politische Konsolidierung erlebte Nordindien unter der Herrschaft der Kushana, die als ein kriegerisches Volk von Zentralasien aus eingewandert waren. Wie Ashoka betrachteten auch diese Herrscher den Buddhismus als eine starke Basis für ihr neues Staatswesen und folgten den Fußspuren ihres großen Vorgängers. Ihr Reich erstreckte sich vom südlichen Zentralasien über Kashmir und Afghanistan bis nach Mittelasien.

Das Reich der Kushana wurde von zwei Zentren aus regiert; das eine war Peshawar im heutigen Pakistan, das andere war Mathura, das auf der oberen Ganges-Ebene lag und geistig eng mit

Rechts: Tibetanische Gläubige beten vor der Dhamek-Stupa in Sarnath.

STREIFZUG DURCH DIE INDISCHE GESCHICHTE

STREIFZUG DURCH DIE INDISCHE GESCHICHTE

dem Held des *Mahabharata*, dem Gott Krishna, verbunden war. Eine neue Blütezeit erlebte vor allem die Bildhauerei, die als Gandhara-Schule in die Kunstgeschichte eingegangen ist. Sie verdankt ihre Entstehung einem engen Zusammenwirken der indischen Kunsttradition mit den griechischen Kunstvorstellungen über ein ästhetisches Idealmaß.

Übrigens hatte die griechische Kunst schon vorher in Westasien Fuß gefaßt. Die Buddha-Skulpturen der Gandhara-Schule verblüffen durch ihre Ähnlichkeit mit dem griechischen Apollo. Durch die faszinierende Verbindung von zwei so unterschiedlichen Stilen der Bildhauerei konnten diese Skulpturen jedem Vergleich mit den Leistungen anderer Hochkulturen standhalten.

Das Reich der Kushana zerfiel im 3. Jh. n. Chr. Im Westen wurde es von den mächtigen Sassaniden aus Persien angegriffen, in den restlichen Gebieten geschah etwas typisch Indisches: Das Reich zerfiel in regionale Nachfolgestaaten, und die Könige zentralasiatischer Herkunft „indisierten" sich immer mehr, z.B. auch durch die Annahme indischer Namen.

Typisch für die Entstehung neuer Staaten ist auch, daß sie sich meist nicht im alten Zentrum, sondern am Rande des alten Herrschaftsgebietes entwickeln. Nun nahm wieder eine Dynastie ihren Aufstieg, die in der östlichen Gangesebene beheimatet war.

Das Gupta-Reich

Im 4. Jh. n. Chr. erschien auf der machtpolitischen Bühne eine bis dahin noch nicht aufgefallene Herrscherdynastie, der es gelang, am oberen Ganges ein Reich zu gründen, das sie vom 4. bis zum 6. Jh. regierte – die Guptas. In vielerlei Hinsicht brach damit eine neue Zeit an, die durch politische Stabilität und kultu-

Oben: Dieses Fresko in den Ajanta-Höhlen ist über tausend Jahre alt. Rechts: Künstlerischer Ideenreichtum an einer Tempel-Fassade in Khajuraho.

relle Blüte gekennzeichnet war. Dank der militärischen und politischen Fähigkeiten ihrer Herrscher, wie Samudragupta und Chandragupta Vikramaditya, um nur zwei zu nennen, vermochten sie ihr Reich effizient zu regieren.

Mit der Gupta-Dynastie veränderte sich der Stellenwert der Religionen, da die Gupta-Herrscher die brahmanische Weltanschauung wieder der buddhistischen vorzogen. Damit erstarkte auch wieder die Sprache der Arier, in der der Veda verfaßt worden war, das *Sanskrit*. Die literarischen Schriften dieser Epoche stellen Meisterwerke der klassischen Hindukultur dar.

In dieser Phase bildete sich der Hinduismus heraus, wie er heute noch weitgehend vorzufinden ist. Der tiefgreifende Wandel ist nicht zu unterschätzen. An dem langsamen Übergang von der Förderung buddhistischer zu der hinduistischer Stätten, ohne daß es jedoch zu einer Verfolgung von Buddhisten kam, kann man dies erkennen. Dies manifestierte sich beispielsweise in der Bildhauerei, explizit in einer neuen Bildhauerschule bei Mathura, die Buddha- und hinduistische Statuen schuf, welche zu den größten Leistungen der Bildhauerei in der Kunstgeschichte gehören. Interessant ist, daß die Könige hinduistische Monumente förderten, die buddhistischen blieben den Königinnen überlassen; deren Spenden erhielten die buddhistischen Klöster und somit die Zentren des Buddhismus. In Sarnath z.B., nahe bei Varanasi, wo Buddha seine erste Predigt gehalten hatte, erinnern Steininschriften an großzügige Schenkungen einer Gupta-Königin.

Durch wiederholte Angriffe der zentralasiatischen Hunnen und Thronfolgestreitigkeiten fand die Gupta-Dynastie um 500 ihr Ende. In den Randgebieten dieses großen nordindischen Reiches formierten sich in den folgenden Jahrhunderten wieder neue Staaten, die wieder einen anderen regionalen Charakter besaßen und die sich bis zum 12. Jh. ganz Nordindien bis nach Bengalen einverleibten, die sogenannten Rajputenstaaten. Ihr Ursprung war das heutige Rajasthan, mit dem Zuwachs ihrer Macht nahmen sie jedoch auch die fruchtbareren Gebiete wie die Ganges-Ebene ein. Diese Staaten wurden nur sehr kurzzeitig unter einer Ägide vereint, den Gurjara-Pratiharas im 10. Jh. Den größten Teil der Zeit jedoch bildeten sie zwar unabhängige politische Einheiten, waren jedoch durch ihre Heiratspolitik und zahlreiche andere Verbindungen so miteinander verflochten, daß man deutlich die Entwicklung einer gemeinsamen Rajputenkultur erkennen kann. Unter den Rajputen erlebte die Tempelbaukunst ihre Blütezeit, aufgrund der Kriege mit den Moslems ab dem 11. Jh. ist von den riesigen Tempelzentren jedoch fast nichts mehr erhalten.

Sakrale Architektur

Das herausragendste Beispiel indischer Kunst und Architektur des 1. Jahrtausends n. Chr. erlaubt leider keinen umfassenden Überblick über die schöpferischen Kräfte der nordindischen Gesellschaft. In einer unwegsamen Gebirgsregion, in Ajanta, etwa 100 Kilometer von Aurangabad entfernt, stößt man heute auf eine Reihe in den Fels geschlagener Höhlen, die den Geist des Buddhismus ahnen lassen. Diese *Chaitya*-Hallen und Höhlenklöster wurden in der Zeit vom 2. bis zum 7. Jahrhundert, also in über fünf Jahrhunderten, ausgeschachtet.

Die Innenarchitektur dieser Höhlen fasziniert wegen des tiefen Verständnisses der buddhistischen Geisteshaltung. Bestechend sind die Wandmalereien, die von hochspezialisierten Malschulen gefertigt wurden. Ein Teil der Fresken ermöglicht uns eine unmittelbare Vorstellung vom Leben der Inder der damaligen Zeit, andere wiederum stellen die buddhistische Metaphysik und religiöse Weltanschauung dar. In beispielloser Weise werden Formen und Farben einge-

Rechts: Das Qutab Minar in Delhi aus dem 12. Jh., erbaut von Qutabuddin Aibak.

setzt, die die Wirkung der Fresken noch verstärken; beredter Höhepunkt sind die Darstellungen der beiden *Bodhisattvas*, die den letzten Schritt bis zur eigenen Erleuchtung hinauszögern, um andere Gläubige zu unterweisen – Padmapani und Avalokitesvara.

Sakrale Baukunst beschränkte sich keineswegs auf die Bauwerke zur Verehrung Buddhas, seit dem Gupta-Reich wurden vermehrt (und später nur noch) hinduistische Sakralbauten errichtet. Auslöser war die zunehmend menschenähnliche Darstellung hinduistischer Götter und Göttinnen, und so war es nur noch ein kleiner und folgerichtiger Schritt, diesen Figuren auch ein Dach über dem Kopf zu geben.

In der zweiten Hälfte des 1. Jahrtausends trat im Tempelbau eine dramatische Entwicklung ein. Zwei grundsätzliche Variationen bestimmen den nordindischen und einen südindischen Stil. Besonders die Rajputenstaaten überboten sich gegenseitig im Bau von Tempelzentren in ihren Hauptstädten. Die meisten sind, wie gesagt, später zerstört worden, denn sie lagen in Arealen, die die Moslems begehrten und wo sie schließlich selbst ihre Hauptstädte bauten, z.B. in Delhi, Ahmedabad (Gujarat), Ujjain (Madhya Pradesh) etc. Auch von den Tempeln in Varanasi ist aus dieser Zeit nichts übriggeblieben. Nur eines der Zentren ist durch einen glücklichen Zufall erhalten geblieben: die Tempelanlage von Khajuraho, die uns das Können dieser Zeit vor Augen führt. Bau und Skulptierung dieser Monumente ist exquisit, die Größe und Harmonie der Anlagen unerreicht.

Aus der Rajputenzeit haben wir auch die ersten Informationen zur inneren Organisation dieser Staaten, die wir der vermehrten Existenz von Stifterinschriften verdanken. Daraus wird klar, daß diese Staaten kaum ein stehendes Heer oder einen effizienten Beamtenstab hatten. Nur ein kleines sogenanntes Kerngebiet wur-

STREIFZUG DURCH DIE INDISCHE GESCHICHTE

de vom Palast aus direkt verwaltet. Die ganzen restlichen Gebiete wurden wie Lehen vergeben; besonders an jüngere Brüder des Königs, die ein Recht darauf hatten, an andere Bluts- und angeheiratete Verwandte sowie Brahmanen und Tempel. Die Steuereinnahmen aus diesen Gebieten kamen dem König nicht zugute, er bekam allenfalls einen Tribut. Dies verhinderte zum einen die Expansion zu Großreichen, hatte andererseits jedoch auch positive Seiten. Immer noch war der größte Teil Indiens unbesiedelt und wild. Die Lehensherren waren angehalten, diese wilden Gebiete zu zivilisieren, sie landwirtschaftlich nutzbar zu machen und die hinduistische Kultur zu verbreiten. Dies kam im Endeffekt auch dem König zugute. Besonders durch die verwandtschaftlichen Bindungen bekamen die Staaten eine feste Struktur, die sie vom europäischen Feudalismus unterscheidet. Die größte Schwäche dieser Struktur war jedoch, daß es kein stehendes Heer gab. Die Lehensherren waren verpflichtet, im Kriegsfall eine bestimmte Anzahl von Reitern und Fußvolk zu stellen, doch war ein derart zusammengestelltes Heer einem gut trainierten und straff organisierten Söldnerheer, wie es die afghanischen Moslems hatten, unterlegen. Die Plünderungszüge der Afghanen begannen bereits im 11. Jh. und hatten verheerende Folgen.

Indien unter dem Einfluß des Islam

Im frühen 13. Jh. begannen die Afghanen dann auch, Rajputenterritorien zu erobern. Das Zusammentreffen mit den Moslems war zwar für die Rajputen desaströs, kulturell jedoch sollte es sich im Nachhinein als äußerst fruchtbar erweisen. In allen Bereichen der indischen Gesellschaft, der Politik, der Wirtschaft und im sozialen Leben fanden infolge des islamischen Einflusses fundamentale

Oben: Säulenumgang der Quwwat-ul-Islam, der ältesten Moschee Indiens (Qutab Minar, Delhi). Rechts: Ein moslemischer Fakir, der von Kultstätte zu Kultstätte pilgert.

STREIFZUG DURCH DIE INDISCHE GESCHICHTE

Wandlungen statt; die gesamte indische Kultur, wie sie sich bis dahin manifestiert hatte, erfuhr dieselbe Beeinflussung wie das religiöse und profane Geistesleben. Wie so oft in der Geschichte erwiesen sich auch hier neue Elemente als ungemein belebend.

Der Islam ist eine streng monotheistische Religion, was allein schon seine sprachliche Ableitung, „Ergebung in Gottes Willen" oder die seiner Anhänger, den Moslems, „die sich Gott unterworfen haben", andeutet. Er betrachtet sich als Überhöhung des Christen- und Judentums und gründet sich auf die Lehren des Koran, das Vorbild des Propheten und die heilige Überlieferung.

Die indischen Religionen hingegen duldeten stets mehrere Götter nebeneinander, sofern Götter dabei überhaupt eine Rolle spielten. Den Buddhismus beispielsweise kann man, falls man einen Gott zur Voraussetzung für die Definition des Begriffs „Religion" macht, fast eine nicht-religiöse Religion nennen. Im Koran dagegen sind die Worte Gottes oder Allahs, wie die Moslems ihn nennen, so niedergeschrieben, wie sie dem Propheten Mohammed nach muslimischem Glauben zwischen 610 und 632 verkündet wurden.

Neben dem Koran existieren noch zwei weitere Glaubensquellen: die *Sunna*, eine Überlieferung des Lebens und Wirkens des Propheten, und die *Hadith*, eine Sammlung der Worte Mohammeds. Alle drei Quellen zusammen bilden die *Sharia*, die bis heute die islamische Wertordnung, das islamische Gesetz verkörpern, das für jeden gläubigen Moslem verbindlich ist und zudem eine Art Ratgeber für das diesseitige wie jenseitige Leben darstellt.

Als die kriegerischen Völkerscharen unter dem Banner des islamischen Halbmondes in die Ganges-Ebenen einbrachen, kam es zu heftigen Kämpfen zwischen ihnen und den Rajputen sowie deren Verbündeten. Bald schon zeichnete sich ab, daß die fremden Heere den nordindischen technisch weit überlegen und überdies straffer organisiert waren, was ihnen die Kriegsführung erheblich erleichterte. Und deshalb folgte auf dem Schlachtfeld ein Sieg der islamischen Heere über die nordindischen Rajputen nach dem anderen.

Die Führer der islamischen Heere huldigten einer politischen Vorstellung vom Staat, dessen Macht in der Hand eines einzelnen oder einer kleinen Gruppe lag, wodurch sie rasch und ohne viel Zaudern auf politische und militärische Ereignisse reagieren konnten. Herz des neuen und zentralistisch angelegten Staates wurde Delhi, von wo aus die islamischen Herrscher die fruchtbaren Schwemmlandebenen des Ganges und Indus unter Kontrolle hielten. Im 13. und 14. Jh. konzentrierten sie sich darauf, ihr politisches System fest zu etablieren, um dann in den nachfolgenden Jahrhunderten auch Südindien zu unterwerfen. Am erfolgreichsten war die Expansion unter dem Herrscherhaus der Khiljis; einem von ihnen, Alladin Khilji, gelang es sogar, dieses riesige Reich zu organisieren und durch ein gesellschaftspolitisches Fundament zu stabilisieren.

Die Mogul-Dynastie

Aber die kreativste Phase in der Auseinandersetzung zwischen Hinduismus und Buddhismus auf der einen und dem Islam auf der anderen Seite sollte erst im 16. Jh. einsetzen, als nämlich aus Zentralasien, genauer gesagt aus dem heutigen Usbekistan, ein kriegerisches Volk unter der Führung des noch jungen Zahiruddin Mohammed Babur in Nordindien einfiel und den Herrscher von Delhi, Ibrahim Lodi, vertrieb. Babur begründete das Mogul-Reich (herzuleiten von dem persischen Wort für Mongole), das im Hochmittelalter des Subkontinents nahezu die gleiche Bedeutung erlangte wie früher das Magadha-Reich mit seiner überragenden Führergestalt Ashoka.

Nach der Eroberung Indiens durch Babur gelang seinem Enkel Akbar, der von 1556 bis 1605 das Land regierte, die endgültige Stabilisierung des Mogul-Reiches auf dem Subkontinent. Der neue Souverän ging dabei vorsichtig vor. Zunächst einmal, im ersten Jahrzehnt seiner Regierung, bemühte er sich, seine Herrschaft in Nordindien zu konsolidieren. Dabei kam ihm sein militärisches, taktisches und strategisches Talent zugute. Bis zur Mitte des 16. Jh. war die Epoche politischer Festigung im wesentlichen abgeschlossen, und Akbar konnte sich nun einer anderen Aufgabe zuwenden: Er schuf eine neue politische, wirtschaftliche und sittliche Infrastruktur für sein riesiges Reich, das dauerhaft zu erhalten erst den islamischen Herrschern gelungen war.

Der weitsichtige Akbar richtete die Kaste der Adligen, den *mansabdari*, ein, die ihrerseits von Machthabern aus Zentralasien oder Persien und den landbesitzenden, islamischen und hinduistischen Aristokraten regiert wurden. Scharfsinnigerweise hatte Akbar auch dafür gesorgt, daß sich die Klasse der *mansabdari* zum überwiegenden Teil aus den Rajputen zusammensetzte, die im indischen Mittelalter die Machthaber gewesen waren; somit hatte er den früheren Herrschern ihre Macht, wenngleich erheblich eingeschränkt, zurückgegeben und damit über diese potentiellen Aufrührer die Kontrolle erhalten.

Auch das Finanzwesen erfuhr unter Akbar eine grundlegende Umstrukturierung. Von Nord nach Süd, von Ost nach West veranlaßte er zunächst eine Bestandsaufnahme aller Ländereien, um eine Neuordnung einleiten zu können. Ein Großteil des Wirtschaftslebens basierte auf der Besteuerung der Landgüter. Nutznießer dieses Steuersystems waren die Mogule selbst und die *mansabdari*. Akbars Steuersystem wurde eine nahezu unerschöpfliche Geldquelle, die das Mogul-Reich zum reichsten Staat der damaligen Welt machte. Obwohl sich Akbar auf diese Weise eine fast unantastbare Machtposition geschaffen hatte, zeigte

STREIFZUG DURCH DIE INDISCHE GESCHICHTE

DAS MOGUL-REICH

sich seine Größe in der Toleranz anderer Kulturen und Religionen gegenüber. Damit stellte er sich würdig in die Tradition Ashokas.

Leider können wir hier nicht auf alle Aspekte des Mogul-Reiches und des mittelalterlichen Lebens in Indien eingehen, doch müssen wir zumindest einen kurzen Blick auf die Kulturgeschichte werfen. Gerade eine so pluralistisch angelegte Gesellschaftsordnung wie die indische ermöglichte die kreative Auseinandersetzung zwischen Islam und Hinduismus. Um eine Wirkung auf breiter Basis zu erreichen, sowohl bei Künstlern wie bei Bauern, mußten sich aber beide Religionen noch einmal einer Modifizierung unterwerfen.

Religiöse Führer

Im ausgehenden 1. Jahrtausend wurde der Hinduismus von dem berühmten Philosophen Shankara, der aus Kerala stammte, neu interpretiert, basierend auf einem klassischen Verständnis. Shankara gelang es, eine neue metaphysische Diskussionsgrundlage für die Auseinandersetzung mit dem Buddhismus zu schaffen. Allerdings war die Weltsicht des Mönchs Shankara viel zu erhaben, um die breite Masse des Volkes beeinflussen zu können.

Nur wenig später gelang dies allerdings einem anderen Denker aus dem Süden des Landes, Ramanuja, dessen philosophische Bewegung erstmals breite Bevölkerungsschichten erfaßte und die herrschenden Wertvorstellungen einem Wandel unterzog.

Wo lag der Unterschied? Shankara hatte als Grundlage seiner Philosophie die klassischen Texte herangezogen, namentlich Texte des Veda, sowie die *Upanishaden* und der *Vedanta*, und das *Mahabharata*, mit einem wesentlichen Akzent auf der zentralen Passage der *Bhagavadgita*. In dieser wird noch *brahman* als Weltprinzip, *atman* als spiritueller Kern jedes Individuums und ihrer beider Einheit dargestellt. Das ist die zentrale Stelle. Aufbauend auf älteren Strömun-

47

gen, löste Ramanuja die Einheit von *brahman* und *atman* auf. Er erkannte in *brahman* ein übergeordnetes Prinzip, das es ermöglichte, in *brahman* einen Gott oder zumindest ein göttliches Prinzip zu sehen. Das war der erste Schritt in Richtung der islamischen Weltanschauung. Der zweite Schritt war, daß Ramanuja zur Überzeugung kam, *brahman* – oder Gott – ließe sich nur durch Hingabe und Liebe begreifen, durch *bhakti*. Dieses übergeordnete Wesen, ein mitfühlender, allgegenwärtiger Gott, war allzeit bereit, seine göttliche Gnade all jenen, ungeachtet ihrer Herkunft und Position, zu schenken, die *bhakti*, dem Weg der Liebe, folgten.

Die Möglichkeit, durch fromme Ergebenheit Erlösung zu finden, wie es Ramanuja verkündete, stand in scharfem Kontrast zu Shankara und seinem *gyana mar-ga*, dem Weg des Wissens. Ramanujas allgegenwärtiger Gott lebte gleichsam unter den Menschen und führte sie durch das Leben und *samsara* in einer Art und Weise, wie es bei der Gottesvorstellung Shankaras nicht denkbar war. Kein Wunder also, daß Ramanuja eine große Anzahl von Schülern und Anhängern seiner Lehre fand – gerade aus den unteren Schichten, die in seinen Predigten das Licht der Erlösung sahen.

Weil Ramanuja die breite Masse der indischen Bevölkerung ansprach und darüber hinaus auch eine Brücke über die soziale Kluft zwischen den Kasten schlug, gebührt ihm ein zentraler Platz im Pantheon des Hinduismus. Dank seiner vielen Schüler, die seine Lehre dem einfachen Volk verkündeten, wurde aus der Idee eine breite religiöse Bewegung des indischen Mittelalters.

Sein berühmtester Schüler wurde Ramananda, der im 15. Jh. lange Zeit in Varanasi, dem geistigen Zentrum des Hinduismus, lebte und später eine Schlüsselfigur der *bhakti*-Bewegung wurde.

Oben: Ein Vorläufer des Taj Mahal - die Grabstätte des Mogul-Kaisers Humayun, Delhi. Rechts: Ein Kabirpanthi trägt ein Lied vom „heiligen Weber" Kabir vor.

STREIFZUG DURCH DIE INDISCHE GESCHICHTE

Die Bhakti-Bewegung

Zwei nicht minder bedeutsame Anhänger dieser Bewegung, die vor allem den Nordteil des inidschen Subkontinents erfaßte, waren Tulsidas und Kabir. Die religiöse Literatur der beiden, die selbst im heutigen Indien wie Heilige verehrt werden, hatte einen immensen Einfluß auf die unteren Bevölkerungsschichten. Sowohl Tulsidas als auch Kabir waren begeisterte Anhänger der Lehre Ramanandas; wie er, so glaubten auch sie, daß die Erlösung, *moksha*, aus dem ewigen Kreislauf von Tod und Wiedergeburt nur durch den Weg der Liebe und Hingabe, *bhakti,* zu erreichen sei. Dieser Glaube war auch das einzige, was die beiden miteinander verband, denn jeder von ihnen hatte seine eigene Gottesvorstellung.

Nach der Vorstellung Tulsidas verkörperte der halbgöttliche Rama dieses übergeordnete Wesen, wie er es in seinem Epos *Rama-charita-manasa*, zu deutsch Heiliger See der Taten Ramas, schildert. Da er es in dem Dialekt schrieb, der in der Mitte der Ganges-Ebene gesprochen wurde, in Avadhi, fand das Werk, durchdrungen von poetischem und spirituellem Geist, Anklang sowohl in den unteren als auch den oberen Bevölkerungsschichten. Überall begegnet man noch heute diesem Einfluß – 500 Jahre nachdem die Schriften erschienen sind. Tulsidas, im Gegensatz zu Kabir, begehrte nicht gegen das ungerechte Kastensystem auf, denn er bezweifelte keineswegs dessen Berechtigung.

Kabir dagegen, ein Weber aus Varanasi, war ein Rebell, dessen charakteristischer Theismus mit der Vorstellung von einer tiefgreifenden Umstrukturierung der Gesellschaft und der Abschaffung der Ausbeutung eng verbunden war. Sein soziales Engagement und seine starke Beeinflussung durch die *sufis*, islamische Mystiker, führten naturgemäß zu einem Gottesbild, das sich von dem poetisch verklärten des Tulsidas unterschied. Kabirs Gotteswesen war bar jeder Körperlichkeit und konnte nur durch abstrakte Begriffe beschrieben werden.

Sikhs und Sufis

Mehr oder weniger ein Zeitgenosse Kabirs war Nanak, der Gründer der Sikh-Religion. Zwar wurde er als Hindu geboren, doch prägte weit mehr der Islam seinen Glauben. Er lehnte das Vokabular und die Kultrituale der anderen Religionen ab und vertrat einen strikten Monotheismus. Seine Lehre wurde später in einem heiligen Buch, *Adi Granth*, niedergeschrieben. Seine religiöse Bewegung, der Sikhismus, in der Mann wie Frau wie auch die Menschen aller Schichten als gleichwertig galten, wurde und wird durch die loyale Treue einem einzigen, allwissenden Gott gegenüber zusammengehalten.

Ihm folgten hauptsächlich die Benachteiligten der indischen Gesellschaft – Bauern, verarmte Geschäftsleute und Handwerker.

Oben: Die erste Landung der Briten bei Surat (Radierung aus dem Jahr 1671).

Unter Govind Singh, einem Anhänger der Sikh-Religion im späten 17. Jh., wurden die Sikhs deutlich aggressiver und separatistischer; sie wollten einen eigenen, theokratischen Staat im Punjab gründen. Der legendäre Kampfgeist der heutigen Sikhs stammt noch aus dieser Tradition.

Der weit verbreitete Hinduismus der *bhakti*-Heiligen Tulsidas und Kabir fand einen ähnlich starken Widerpart im Islam. Die Umwandlung eines transzendenten Gottes, der sich über seinen Propheten Mohammed mitteilte, in einen mitfühlenden, allgegenwärtigen und allwissenden Gott, der seine unendliche Barmherzigkeit all jenen schenkt, die den Islam für den einzigen Weg des Glaubens halten, diese Umwandlung gelang erst den sogenannten *sufis*, den islamischen Mystikern.

Das Erstarken des Sufismus hatte großen Einfluß auf das weitere Schicksal des Islam in Indien. Im Gegensatz zu den Gelehrten des *ulema*, einer Gruppe von Rechts- und Gottesgelehrten, erreichten

STREIFZUG DURCH DIE INDISCHE GESCHICHTE

die Heiligen des Sufismus auch die unteren Bevölkerungsschichten. Die Sufis erkannten in Gott ein Wesen, das seine Liebe jedem einzelnen ungeachtet dessen gesellschaftlicher Stellung schenkt.

Religiöse Toleranz

In der Zeit des Regenten Akbar gelang es also dem Hinduismus und dem Islam, sich einander anzunähern und somit die Gläubigen beider Religionen zusammenzuführen. Die nun ähnlichen Wertvorstellungen zweier einst so gegensätzlicher Religionen ermöglichten es, ein Staatswesen zu schaffen, in dem die beiden bedeutendsten Religionen des Subkontinents mehr und mehr Verständnis füreinander fanden.

Die Toleranz Akbars offenbarte sich sowohl in der Politik wie in der Behandlung der Glaubensgemeinschaften. Den Fels- und Steininschriften des Herrschers Ashoka im 3. Jh. nicht unähnlich, veröffentlichte Akbar einen Erlaß, der alle Religionsgemeinschaften ermahnte, in Frieden und Harmonie miteinander zu leben. Möglicherweise entstanden die beiden Kodizes nicht rein zufällig unter den beiden herausragenden Herrschergestalten Ashoka und Akbar, die pragmatisch genug dachten, um zu erkennen, daß sich der Subkontinent nur regieren ließ, wenn in allen Bereichen des Lebens Toleranz herrschte. Im volksfernen Leben am Hof ging Akbar sogar noch einen Schritt weiter. In der *Din-i-Illahi*, dem Glauben an Gott, begründete er eine neue Lehre, zu der alle Angehörigen des Hofes übertreten mußten, vielleicht um die endlosen Streitereien zwischen den islamischen Untergruppen zu beenden. Diese Lehre hat jedoch den Tod Akbars nicht überlebt.

Die Kunst der Mogule

Keine Beschreibung der hochentwickelten nordindischen Gesellschaft dieser Zeit ist vollständig, wirft man nicht auch einen Blick auf die Leistungen in der Architektur und Kunst. In den ersten Jahrzehnten des beginnenden 2. Jahrtausends n. Chr. erlebte die hinduistische Tempelarchitektur eine Blütezeit, die später kaum mehr erreicht wurde, da die großen königlichen Bauhütten mit dem Ende der unabhängigen Rajputenkönige aufhörten zu existieren. Die Handwerker verdingten sich bei den Moslems, die andere Bedürfnisse hatten. Nun fand z.B. das Bauelement der Kuppel, die einerseits Raum schafft und andererseits Raum überbrückt, in die indische Architektur Eingang. Glanzleistungen dieser kunstgeschichtlichen Periode findet man in nahezu allen Städten Indiens, sei es in Delhi und Agra oder in den Provinzhauptstädten Allahabad und Patna.

Neben großartigen Palästen und Ehrfurcht gebietenden Festungsanlagen, die um die Städte herum oder an strategisch wichtigen Punkten entstanden, liegen zahlreiche nicht weniger überzeugende Bauwerke wie Moscheen und Mausoleen. Letztgenannte lassen sich in zwei Stilrichtungen einteilen; die eine Phase liegt vor der Herrschaft der Mogule, die andere danach. Beispiele für beide Stilrichtungen findet man in Delhi. Der Qutab Minar und die Lodi-Mausoleen repräsentieren die Feinsinnigkeit des Prä-Mogul-Stils, wohingegen das Humayun-Mausoleum, das Rote Fort oder die Jama-Moschee bereits den Einfluß der Mogulherrscher spüren lassen.

Um einen Blick auf die vollkommenste architektonische Leistung unter den Mogul-Kaisern werfen zu können, muß der Interessierte nach Agra fahren, knapp 200 Kilometer von Delhi entfernt. Hier findet er das in der ganzen Welt bekannte Mausoleum Taj Mahal, das im 17. Jh. der Kaiser Shah Jahan als Denkmal für seine über alles geliebte Frau, Mumtaz Mahal, erbauen ließ. In seiner makellosen Perfektion ist der Taj Mahal zweifellos das bedeutendste Bauwerk der gesamten indischen Kultur.

Die meisten Mogule waren Freunde und Gönner der Kunst, was sich als sehr fruchtbar erwies. Weiter oben erwähnten wir bereits die buddhistische Kunst des ausgehenden ersten Jahrtausends – vor allem die Höhlen von Ajanta mit ihren herrlichen Wandmalereien. Leider fand diese Kunstrichtung ein jähes Ende, denn als die Moslems nach Indien kamen, wurden die meisten figürlichen Darstellungen zerstört, ihr Wiedererstehen verhindert. Den Moslems gilt bekanntermaßen die Darstellung von Lebewesen als Blasphemie. Nichtsdestoweniger erlebte die indische Kunst besonders unter Jehangir und Shah Jahan eine Blütezeit, die auf einer Synthese zwischen einheimischer und persischer Kunst beruhte. Durch die neue Verbindung islamischer und lokaler Kunstelemente gelang es, besonders die Architektur und Miniaturmalerei populär zu machen. Die Adligen aus der Kaste der Rajputen, die in den Regierungsapparat integriert worden waren, eiferten ihren Herrschern nach. Und so blühte die Miniaturmalerei nicht nur in den Hauptstädten der Mogule, sondern auch an den Höfen in Provinzen wie Rajasthan und sogar in den Bergen des Punjab. Obwohl Kunsthistoriker von zwei Stilen sprechen, liegt doch kein wesentlicher Unterschied zwischen der Miniaturmalerei der Mogule und der der Rajputen. Verschiedenheiten in der Motivwahl jedoch wird auch der Laie erkennen. Während man sich am Hof auf Porträts und die Darstellung des höfischen Lebens konzentrierte, ließen die Rajputen, neben der Darstellung des eigenen Lebens, hinduistische Epen illustrieren oder versuchten ein Gefühl von Harmonie bildnerisch überzeugend umzusetzen.

Die Stütze des Mogulstaates war nach wie vor die Landwirtschaft. Diese wurde weiterentwickelt, neue Anbaugebiete erschlossen und die Steuerveranlagung effizienter gestaltet. Damit wurde Geld frei für die Bezahlung eines stehenden Heeres, spezialisierter Beamten und nichtzuletzt für das Säckel des Kaisers und der herrschenden Schicht, die damit Handel und Kunst förderten. Das Mogulreich entwickelte sich im 17. Jh. zur wohlhabendsten Wirtschaftsnation der damaligen Welt. Da es darüber hinaus möglich war – dank der *bhakti*- und *sufi*-Bewegung – zwei ursprünglich grundverschiedene Religionen nebeneinander existieren zu lassen und der Kunst wesentlich neue Impulse zu geben, kann die Epoche der Mogule zu recht mit der des Magadha-Reiches während der klassischen Jahrhunderte vor der Zeitwende verglichen werden.

Das koloniale Indien

Durch langanhaltende Thronfolgekriege nach dem Tod des letzten großen Mogul Aurangzeb und bedingt durch Schwachstellen in der politischen wie administrativen Struktur zerfiel das Mogulreich im 18. Jh. besonders an seinen weit vom Zentrum gelegenen Rändern in Nachfolgestaaten, in denen sich ehemalige Gouverneure und andere Provinzherren selbständig machten.

Nur wenige Jahre nach Aurangzebs Tod im Jahr 1707 dominierten bereits wieder Kleinstaaten in der politischen Landschaft Indiens, deren Herrscher für eine übergeordnete Reichsmacht bestenfalls Lippenbekenntnisse übrig hatten.

Noch ein Ereignis führte zum endgültigen Zusammenbruch des Mogul-Reiches. Anfang des 18. Jh. entdeckten die europäischen Handelsgesellschaften Indien erstmals als Geschäftspartner. Sie kauften landwirtschaftliche Produkte und die Arbeiten von Künstlern billig ein, die sie auf dem englischen Markt teuer verkaufen konnten. Die europäischen Handelsgesellschaften – unter ihnen war die britische Ostindienkompanie die bedeutendste – errichteten ihre Niederlassungen vor allem entlang der Küstenlinie. Städte wie Bombay, Madras und Calcutta verdankten ihnen ihre wachsende Bedeu-

DER RAJ (1939)
Indische Provinzen
Indische Fürstentümer
Unter gemeinsamer britischer Oberhoheit

tung. Von diesen Brückenköpfen aus – gedeckt durch die europäische Vorherrschaft auf den Meeren – bauten diese Gesellschaften für den Handelsverkehr Straßen ins Landesinnere. Nach und nach gewannen sie, indem sie ihr Handelsnetz über weite Teile des Subkontinents ausbreiteten, auch politische und wirtschaftliche Macht.

Obwohl auch die Franzosen und Niederländer an der wirtschaftlichen Ausbeutung des Landes von Anfang an mitwirkten – wie auch an der Einflußnahme auf die Politik –, setzten sich letztlich die Engländer, vertreten durch die Ostindienkompanie, als stärkste ausländische Handelsmacht durch.

Ende des 18. Jh. hatte die Ostindienkompanie bereits weite Landstriche im Nordosten, Süden und Westen erworben, und de facto lag auch die politische Macht in ihren Händen. Um 1800 gehörte Indien, abgesehen vom Nordwesten, zu einem nicht unerheblichen Teil diesem Handelsimperium. Die einheimischen Staaten wurden nach und nach als abhängige Tributärstaaten in das koloniale Machtgefüge integriert; so ließ sich die politisch zwar mächtige, aber nunmehr von den Handelsgesellschaften abhängige Schicht bestens unter Kontrolle halten.

Für die Inder war die britische Herrschaft eine völlig neue Erfahrung. Niemals zuvor waren die einzelnen Kleinstaaten und Regionen verwaltungstechnisch und politisch so eng zusammengerückt wie während der britischen Kolonialherrschaft. Nach und nach wurde die britische Verwaltung ausgebaut, die einheimische Industrie jedoch vernachlässigt. Regierungssitz der Kolonialherren war bis 1911 Calcutta, danach Delhi; Stellvertreter der englischen Regierung war der Generalgouverneur, nach 1857 der Vizekönig, der mittels einer weitverzweigten Administration ganz Indien unter Kontrolle hatte.

Eng verbunden mit diesem aufwendigen Verwaltungsapparat entstanden so elitäre Gesellschaftsschichten wie die Herrscher der Fürstenstaaten, der Landadel und eine neue Bürgerschicht, die bis ins letzte Viertel des 19. Jh. hinein als leitende Angestellte der Handelsgesellschaften fungierten und so auch mit neuem, europäischem Gedankengut und damals in Indien ungewohnten Ideen vertraut wurden.

Obwohl es den Briten gelang, ein zumindest administrativ vereintes Indien zu schaffen, wie es früher nicht existiert hatte, ist der britische Einfluß auf Politik und Sozialgefüge eher negativ zu bewerten. Die wirtschaftliche Eroberung Indiens erfolgte durch die Suche der europäischen Handelsgesellschaften nach neuen Partnern. In Europa bahnte sich zu dieser Zeit bereits die industrielle Revolution an, deren Schrittmacher Großbritannien war. Das konnte nicht ohne Auswirkung auf den Handelspartner Indien bleiben.

Das koloniale Indien blieb vorerst wichtiger Lieferant vieler Lebensmittel wie zum Beispiel Getreide, doch wußte Großbritannien bald nicht mehr wohin mit seinen schnell und billig produzierten Textilien und verkaufte sie deshalb zu Schleuderpreisen auf dem Subkontinent selbst. Bis dato hatte sich der indische Markt an den Textilpreisen orientiert; da diese nun inflationären Entwicklungen unterworfen waren, sanken folglich die Preise aller anderen indischer Produkte.

Zum ersten Mal in seiner Geschichte stellte Indien nichts anderes als einen großen Abnehmer für Billigartikel dar, während die eigene Wirtschaft kurz vor dem Bankrott stand. Im 19. und 20. Jh. floß zwar viel Kapital von Indien nach England, das aber seinerseits Indien nichts zu geben hatte.

Erwachendes Nationalbewußtsein

Zu den folgenschweren Vermächtnissen der Engländer zählt vor allem ihr europäisches Gedankengut, das sie den In-

Rechts: Die Schlacht von Khanua (aus dem Barburnama, 1598).

dern aufzwangen, sowie eine Neustrukturierung der indischen Politik. Die Engländer hatten die allgemeine Schulpflicht eingeführt und verbreiteten wissenschaftliche Erkenntnisse und humanistisches Gedankengut. Die Folge war die Entstehung einer neuen, britisch geprägten Bildungsschicht.

Diese neue indische Bildungsschicht, die sich zuerst in Hafenstädten wie Bombay, Madras und Calcutta, später allerdings auch in den Städten des Landesinneren entwickelte, war bald nicht mehr gewillt, die britische Fremdherrschaft noch länger zu dulden.

Noch bevor das 19. Jh. zu Ende ging, forderten führende Persönlichkeiten aus dieser Schicht Indiens Unabhängigkeit. Um sich des brittischen Jochs zu entledigen, bildeten sie lokale und regionale Organisationen, die 1885 alle zusammentrafen, um sich zu einer pan-indischen Organisation zusammenzuschließen, dem *Indischen Nationalkongreß*.

Die britische Wirtschaftspolitik, Indien mit Billigprodukten zu überschwemmen, brachte den ohnehin bereits verarmten Bevölkerungsschichten große Probleme. Die Folge war eine Woge antiimperialistischer Unruhen und Aufstände der Bauern, Arbeiter, Handwerker und anderer sozialer Schichten. Höhepunkt dieser Unruhen war der sogenannte *Sepoy*-Aufstand von 1857, dessen Anführer aus der ehemals herrschenden Schicht stammten. Die Kolonialherren konnten zwar den Aufstand brutal niederschlagen, aber der Haß gegen die imperialistische Macht wurde dadurch nur noch größer.

Mahatma Gandhi

Die Aufgabe, den Nationalismus der Mittelschicht mit dem aufgestauten Haß der Armen zu koordinieren und zielgerichtet einzusetzten, löste einer der größten Söhne Indiens: Mahatma Gandhi. Zu Recht wird er als „Vater der indischen Nation" bezeichnet und verehrt.

STREIFZUG DURCH DIE INDISCHE GESCHICHTE

Bereits in Südafrika, wo er 15 Jahre lebte, hatte er gegen die Erniedrigung der indischen Minderheit durch die weiße Bevölkerung gekämpft und dabei eine neue Form des Widerstandes entwickelt, dessen Prinzip die Gewaltlosigkeit war (*satyagraha*, Macht der Wahrheit). Aber auch ständige gewaltlose Massendemonstrationen zeigen Macht und stellen eine Bedrohung dar. Auf diese Weise übertrug Gandhi den moralischen Rigorismus des indischen Denkens auf das Feld der Politik und vereinte so Arme und Reiche, die sich gemeinsam, aber gewaltlos gegen das Britische Empire auflehnten.

Mit seiner Politik des *satyagraha* gelang es Gandhi in der Zeit zwischen den zwei Weltkriegen ungeheure Menschenmassen zu mobilisieren, was – in diesen Ausmaßen – im 20. Jh. einmalig bleiben sollte. Gandhis Bewegung führte schließlich 1947 zur indischen Unabhängigkeit. Dank dieses Erfolges nimmt Mahatma Gandhi bis heute im Herzen aller Inder nach wie vor einen zentralen Platz ein.

Das heutige Indien läßt sich nicht verstehen, wenn man sich nicht den Freiheitskampf unter Gandhi vor Augen hält, der die bedeutendste Kolonialmacht der Welt aus dem Land vertrieb. Dieser Kampf sollte die indische Gesellschaft von Grund auf verändern. Die Führer des Widerstandes schafften es, alle indischen Klassen und Religionsgemeinschaften für das gemeinsame Ziel der Unabhängigkeit zusammenzuschließen; miteinander protestierten Hindus, Moslems und Sikhs, die Reichen und die Armen, Industrielle, Händler, Handwerker und Bauern. Doch war der Freiheitskampf nicht nur politisch motiviert, denn aus der alten kolonialen und feudalen Gesellschaftform sollte ein moderner Nationalstaat entstehen. Das neue Fundament sollte nicht mehr die Landwirtschaft sein, sondern die Industrie.

Rechts: Mahatma Gandhi. Detail des Gandhi Denkmals von Kanniya Kumari.

Die Teilung

Jede Münze hat zwei Seiten. Zwar war die Entlassung in die Unabhängigkeit am 15. August 1947 ein Triumph für das indische Volk, andererseits aber wurde der islamische Staat Pakistan abgetrennt. Insofern kann man nicht von einem vollen Erfolg der Unabhängigkeitsbewegung reden, da für ein vereintes Indien gekämpft worden war. Die Folgen dieses Fehlschlages sind noch heute in der indischen Innen- und Außenpolitik spürbar. Bald schon sah sich das unabhängige Indien mit schwerwiegenden Problemen konfrontiert. Unruhen in den Grenzgebieten zu Pakistan und die Gründung des eigenständigen Staates Pakistan führten zu einer von tragischen Umständen begleiteten Massenflucht in beide neue Staaten.

Nicht minder problematisch war die politische Integration der Fürstentümer, denen immerhin 40 Prozent des Landes gehörten und deren Bewohner 20 Prozent der Gesamtbevölkerung stellten. Dieses Problem verlangte ein beträchtliches staatsmännisches Fingerspitzengefühl.

Die indische Verfassung

Ein anderes Problem war die Formulierung einer Verfassung, auf die sich die Politik in Zukunft stützen sollte. Daß eine Verfassung innerhalb von vier Jahren ausgearbeitet werden konnte, spricht für die politische Reife ihrer Schöpfer. Die Verfassung sieht vor, die einzelnen, sich durch ihre Sprache unterscheidenden Regionen und die religiösen Glaubensgemeinschaften zu einem Nationalstaat zusammenzufassen, doch gleichzeitig den Einzelstaaten eine gewisse Autonomie zu verleihen. Die Rechte der Minderheiten und der unteren Bevölkerungsschichten wurden in die Verfassung aufgenommen.

Mut bewies man durch die Einführung des allgemeinen Wahlrechts in einer Gesellschaft, die in dieser Hinsicht keinerlei Erfahrung hatte. Zwar gab es auch Stim-

STREIFZUG DURCH DIE INDISCHE GESCHICHTE

men für ein beschränktes Wahlrecht, aber das Vertrauen in das Volk setzte sich bei den Vätern der Verfassung durch, so daß heute mehrere Hundert Millionen Inder mit gleichberechtigter Stimme die politische Führung wählen können.

Nicht ganz unerwartet brachte die Übernahme liberaler Grundsätze in die Praxis demokratischer Politik einige Probleme mit sich. Doch letztlich gelang die Entwicklung zu einer parlamentarischen Demokratie, in der der Nationalkongreß zur führenden Partei wurde. Er stellte den ersten Ministerpräsidenten Indiens, Jawaharlal Nehru, einen der fähigsten Politiker, die die politische Bühne nach 1947 betraten.

Nach etwa anderthalb Jahrzehnten Unabhängigkeit hatte der Landadel einen großen Teil seines Besitzes abgeben müssen, besaß aber noch immer erheblichen politischen Einfluß. Ende der 50er Jahre bemühte man sich, durch Planwirtschaft und die Verstaatlichung der Schwerindustrie den Fortschritt voranzutreiben, während man gleichzeitig neue Anreize für die Privatwirtschaft schuf, die Handwerker und das Kunsthandwerk förderte und somit durch nur geringfügige Investitionen Millionen von Arbeitsplätzen schuf.

Die Zeit nach Nehru

Zu einschneidenden sozialen Neuerungen kam es in den ersten anderthalb Jahrzehnten nach 1947 nicht. Als Nehru 1964 von der politischen Bühne abtrat, hinterließ er seinen Nachfolgern einen ganzen Katalog voll ungelöster Probleme. Während einerseits der Feudalismus, der in der Vergangenheit die herrschende Gesellschaftsordnung gewesen war, zwar weitestgehend abgebaut werden konnte, saß andererseits der Landadel nach wie vor in den politischen Machtpostiionen, da sich die unteren Schichten nicht zu organisieren wußten.

Entscheidender als die Abschaffung des Großgrundbesitzes war aber die Tatsache, daß die landwirtschaftliche Produktion nicht in dem Maß wuchs, wie

STREIFZUG DURCH DIE INDISCHE GESCHICHTE

man es erwartet hatte. Auch konnte sich die Industrie nicht ohne staatliche Hilfe über Wasser halten, nach dem anfänglichen Enthusiasmus stagnierte das Wirtschaftswachstum schon bald. Nicht zuletzt ist die indische Außenpolitik schuld daran gewesen, die das Land zwang, einen großen Teil der staatlichen Einnahmen in das Militär zu stecken.

Indira Gandhi

Die Aufgabe, diese ungelösten Probleme in Angriff zu nehmen, fiel Indira Gandhi zu. Politische Herausforderungen stellten sich in allen Lebensbereichen. Die akute Krise der Landwirtschaft ließ Kassandrarufe laut werden, das Land sei bald nicht mehr in der Lage, seine ständig wachsende Bevölkerung zu ernähren. Der ursprüngliche Enthusiasmus der Industrie war längst verpufft, die unterdessen herrschenden Cliquen waren nur noch auf eigene Vorteile bedacht, und durch die wirtschaftliche Stagnation wurden wieder längst überwunden geglaubte Spannungen zwischen den Kasten und Glaubensgemeinschaften wach.

Die Regierung Indira Gandhis stützte sich auf die Ideen Nehrus, nur interpretierte sie diese radikaler. Indira Gandhi verfolgte zunehmend einen eher sozialistischen Kurs mit Schwerpunkten bei der Verbesserung der Ernährungsgrundlagen und beim Aufbau der Industrie.

Mit dem Slogan *Garibi Hatao* (Vernichtet die Armut!) machte man auf ein Programm aufmerksam, das im Grunde genommen keines war. Dennoch konnten Fortschritte erzielt werden: Die Banken wurden verstaatlicht, die letzten Spuren adliger Privilegien abgeschafft und die Landwirtschaft kräftig subventioniert; das Schlagwort von der ,,Grünen Revolution" war in aller Munde. Es gelang innerhalb eines Jahrzehnts, die gesamte Bevölkerung Indiens zu ernähren und darüber hinaus sogar noch landwirtschaftliche Überschüsse zu erwirtschaften.

Oben: Ein abwechslungsreiches Bild bietet die Parade am Republic Day in Delhi.

Ende der 70er Jahre war das Experiment der großen sozialen Umstrukturierung einigermaßen zum Abschluß gebracht. Die Säulen der neuen indischen Gesellschaft waren nunmehr die großen Industriebetriebe. Indien hatte den Sprung ins Industriezeitalter vollzogen und dabei gleichzeitig die Geburtswehen der Demokratie heil überstanden.

,,Das Gesicht in der Masse", der Mann hinter dem Pflug oder die Frau an der Nähmaschine, sie alle bestimmen heute durch ihre Wahlentscheidung den Weg in die Zukunft. Schon die kurze Vergangenheit des modernen Indien verdeutlicht die Weitsicht und das demokratische Selbstverständnis der Wähler und damit ganz Indiens.

Dieses 1947 geweckte, neue politische Selbstverständis der indischen Gesellschaft offenbart sich in dem raschen sozialen und kulturellen Wandel, wie es ihn vor dem 20. Jh. nicht gegeben hat. Dieser Wandel wurzelt tief in der Unabhängigkeitsbewegung, die keineswegs nur eine vorübergehende politische Zeiterscheinung war, sondern streng betrachtet auch heute noch alle gesellschaftlichen Probleme Indiens berührt.

Kulturelle Umbrüche

Um die Jahrhundertwende erlebte auch die Literatur in den zahlreichen, unterschiedlichen Kulturlandschaften Indiens einen Gärungsprozeß, der darauf hinauslief, in den einzelnen Regionen eine eigenständige, moderne Literatur zu schaffen, die in den Sprachen der Bevölkerung geschrieben war, so zum Beispiel in Hindi, Bengali oder Gujarati.

Diese neue Literatur, zwar fest mit der indischen Tradition verknüpft, aber auch geschrieben unter dem Einfluß der europäischen Literatur, war zum Teil politisch und sozial engagiert und hing untrennbar mit dem Erwachen des indischen Nationalbewußtseins zusammen. So gesehen diente die Literatur als Sprachrohr des Gefühls der Zusammengehörigkeit. Die Literatur diente aber auch als Forum, auf dem Indien um seine neue Identität ringen konnte.

Der bekannteste Vertreter dieser Literatur wurde der Bengale Rabindranath Tagore, dessen Werk viel zum Selbstverständnis Indiens beigetragen hat. Nicht weniger bedeutend sind Schriftsteller wie Premchand, Muhammad Iqbal, K. M. Munshi oder Vir Singh, die ihre Prosa und Gedichte in einer Zeit schrieben, als die indische Gesellschaft dahinsiechte und die Menschen noch auf ein menschenwürdigeres und eigenverantwortliches Leben hoffen mußten.

Dieser kulturelle Gärungsprozeß erfaßte nicht nur die Literatur, sondern auch andere Bereiche der Kunst und die Architektur. War dieser Prozeß aber einerseits vielschichtig, so blieb er doch andererseits ein Vorgang, der lediglich die Inder der höheren Schichten, vor allem das Bildungsbürgertum der neuen Mittelschicht, tangierte.

Die britischen Kolonialherren hatten sich eine ihnen nützliche indische Akademikerschicht heranziehen wollen; doch als diese Akademiker erst einmal die Wissenschaft und das humanistische Gedankengut aus dem fernen Europa für sich entdeckt hatten, entwickelten sie sehr schnell ein unerwartetes und bedrohliches Selbstbewußtsein.

Jetzt galt es, ein neues Selbstverständnis zu formulieren. Literaten und Künstler packte der Ehrgeiz, sie setzten sich mit der indischen Vergangenheit wie mit der zeitgenössischen europäischen Kultur auseinander. Aber stets waren sie dabei auf der Suche nach ihrer indischen Identität.

Das Erstarken der Mittelschicht

Nach 1947, als sich dieser Gärungsprozeß ,,offiziell" entfalten durfte, ja sollte, blieben die meisten Veränderungen auf den Mittelstand beschränkt.

Die wachsende Landflucht auf dem Subkontinent ließ riesige Städte wie Calcutta, Bombay und Delhi entstehen, in denen eine kosmopolitische Elite lebte, Verbindungsglied zwischen der indischen Industriegesellschaft und der postindustriellen Gesellschaft des Westens. Ein anderes Verbindungsglied, nämlich zwischen den Metropolen und den Hauptstädten und Kleinstädten der einzelnen indischen Bundesländer, stellt der hier lebende Mittelstand dar, der, je unbedeutender die Stadt ist, umso engeren Kontakt mit der Landbevölkerung und deren Kultur hat. Dieser wachsende Mittelstand ist ein wichtiger Faktor in der heutigen indischen Gesellschaft geworden, sei es im politischen Bereich, wo die Schalthebel der Politik in seiner Hand liegen, oder im kulturellen Bereich, wo seine Aktivitäten das Geschehen prägen.

In der Hierarchie unterhalb dieses Mittelstandes leben etwa 700 Millionen Inder, die sich keinen auch nur annähernd vergleichbaren Wohlstand leisten können und die, wenn man so will, durch den Einfluß der Medien ins 20. Jh. ,,mitgeschleift" worden sind.

Die kulturelle Landschaft Indiens ist eng verknüpft mit dem sozialen Wandel, der in den letzten Jahrzehnten stattfand. Am deutlichsten wird das in der Malerei. Indien besitzt Künstler, die mit großer Feinfühligkeit um eine eigene Identität ringen; freilich spielt hierbei die Last des Erbes eine wichtige Rolle. Die moderne bildende Kunst Indiens ist ebenso vom Volk losgelöst wie die Filmkunst. Filme des verstorbenen Satyajit Ray und von Ritwik Ghatak sind ausschließlich für den Mittelstand gedacht. Dennoch: Filme spielen in den unteren Schichten eine nicht unwesentliche Rolle. Filme, die keinerlei Anspruch erheben, haben in Indien großen Einfluß, denn ein Großteil der Bevökerung, sei es in der Stadt oder auf dem Land, orientiert sich am Fernsehen. Die Regisseure dieser Filme haben eine Nase für alles, was ankommt.

Im letzten Jahrzehnt verdrängte das Fernsehen mehr und mehr das Kino aus den Städten. Es ist unglaublich, in welcher Anzahl Fernseher und Videorecorder in den letzten Jahren den indischen Markt überschwemmt haben. Noch ist völlig unabsehbar, wohin diese Massenunterhaltung und die visuelle ,,Schulung" führen wird. Viele Themen, die als serielle Seifenopern aufgearbeitet werden, findet man oft in den großen Epen der indischen Literatur, *Ramayana* und *Mahabharata*. Deren Verse bilden noch heute die Grundfeste einer Gesellschaft, in der sich dramatische Umbrüche vollziehen. In jüngster Zeit werden aber auch historische Themen immer beliebter.

Während sich Indien in einer Phase der industriellen Revolution befindet und das gesellschaftliche Leben grundlegende Veränderungen erfährt, tauchen gleichzeitig rückwärtsgewandte Wertvorstellungen wieder auf. Grundlage dieser Veränderungen ist die neue Form, nicht nur Reichtum, sondern auch Überfluß zu produzieren, obwohl Abermillionen von Indern hungern. Diese veränderte materielle Welt erfordert neue Umgangsformen der Menschen untereinander, was nicht immer leicht zu bewerkstelligen ist. Diese sozialen Verschiebungen und der Wandel der Wertvorstellungen fallen jedem auf, der Indien schon länger kennt. Die Inder bemühen sich um materielle Sicherheit und achten darauf, daß die kulturelle Landschaft vielseitig bleibt.

Indien in den 90ern

Indien ist auf dem Weg, eine moderne Industriegesellschaft zu werden. Ein entscheidender Schritt hierbei war der im Jahr 1992 vollzogene radikale Kurswechsel in der Wirtschaftspolitik, mit dem die indische Regierung von dem bis dahin praktizierten Nehruschen Sozialismus Abschied nahm und unter weitge-

Rechts: Dandiya-Tänzer, Rajasthan.

STREIFZUG DURCH DIE INDISCHE GESCHICHTE

hender Liberalisierung in fast allen Wirtschaftsbereichen das Land in den Welthandel reintegriert hat. Die Lizensierungspflicht, die durch ausuferndem Bürokratismus die Wirtschaft gelähmt hatte, wurde fast völlig abgeschafft. Seitdem haben sich viele ausländische Unternehmen dort niedergelassen, und die Investitionen weiten sich mit hohen Zuwachsraten ständig aus.

Abgesehen von der positiven Entwicklung der indischen Wirtschaft hat das Land in den letzten Jahrzehnten zahlreiche Krisen erlebt. Autonomiebestrebungen in verschiedenen Teilen des Subkontinents, so etwa der Sikhs in Punjab, der Moslems in Kashmir und der Stammesbevölkerung in der Nordost-Region, haben zu blutigen Kämpfen geführt. Indira Gandhi ließ zur Zerschlagung des Sikh-Terrorismus den Goldenen Tempel von Amritsar erstürmen und mußte dies 1984 mit ihrem Leben bezahlen. Auch ihr Sohn Rajiv Gandhi, der letzte Ministerpräsident der ,,Nehru-Dynastie", fiel 1991 einem politischen Attentat zum Opfer. Die regionalen Konflikte hatten teilweise den Charakter von Kleinkriegen, wie etwa heute noch in Kashmir, während der Punjab befriedet scheint.

Kashmir ist auch das Zentrum eines weiteren Konflikts, der die indische Politik bestimmt. Der ständige Streit mit dem Erzfeind Pakistan, der bereits zu drei Kriegen und zahlreichen Grenzgefechten führte, hat einen Rüstungswettlauf der beiden Nationen verursacht und Besorgnis ausgelöst, daß sie bei einer nächsten kriegerischen Auseinandersetzung zu Atomwaffen greifen werden.

Die geistige Lage Indiens ist in den letzten Jahren wesentlich durch die zunehmende Ausprägung eines Hindu-Nationalismus gekennzeichnet, der sich vor allem gegen eine angeblich bisher bevorzugte moslemischen Bevölkerung wendet. Politischer Vorreiter des Fundamentalismus sind die Bharatiya Janata Partei und die Shiv Sena, die vor wenigen Jahren noch völlig unbedeutend waren, doch heute mit Hilfe ihrer Stimmungsmache gegen die Moslems zu wichtigen oppositionellen Kräften herangewachsen sind. Dabei beträgt der Anteil der moslemischen Bevölkerung lediglich 11 Prozent, und diese gehört weitgehend den unteren Schichten an. Politisches Ziel ist die Errichtung einer Hinduherrschaft.

Als Hindufanatiker 1992 eine Moschee in Ayodhya zerstörten, um dort den bei dem Bau vor rund 500 Jahren niedergerissenen Tempel wieder aufzubauen, kam es zwischen Hindus und Moslems zu Gewalttätigkeiten, die vorübergehend das ganze Land lahmlegten und über 700 Menschenleben forderten. Zu blutigen Auseinandersetzungen war es zwar regional auch in der Vergangenheit immer wieder gekommen, doch dieses Ereignis ragt als historischer Einschnitt heraus, da hier die Unzufriedeneit der unteren Mittelschicht von politischer Seite auf ein religiöses Feld dirigiert wurde, und so die verantwortlichen politischen Kräfte den Säkularismus, der eines der wesentlichsten Prinzipien der indischen Verfassung ist, in Frage gestellt haben.

Die Kluft zwischen den Bevölkerungsgruppen ist allerdings weniger groß als sie scheint, der tiefere Grund für den Konflikt sind soziale Spannungen. Eine Chance bietet da die neue liberale Wirtschaftspolitik, die zum großen Teil auf Premierminister Rao von der Congress Party zurückgeht, der bis 1996 im Amt war. Zwar hat es seitdem große politische Instabilität mit vier außerplanmäßigen Neuwahlen gegeben, der neue Wirtschaftskurs wurde aber beibehalten. Die 1998 an die Macht gekommene hindunationale Partei BJP hat jedoch durch neue Atomwaffentests nahe der pakistanischen Grenze die Spannungen in der Region verschärft – Indiens Erzrivalen Pakistan und China zeigten sich alarmiert.

Rechts: Eine moderne indische Frau mit traditionellem Schmuck.

STREIFZUG DURCH DIE INDISCHE GESCHICHTE

DELHI

DIE FRUCHTBAREN EBENEN DES NORDENS

DELHI
HARYANA UND PUNJAB
DIE EBENEN VON UTTAR PRADESH

DELHI

Delhi, Indiens Hauptstadt, wächst mit atemberaubender Geschwindigkeit weit über die überall verstreuten Zitadellen uralter Dynastien und die Vorstellungen von Stadtplanern aus kolonialen und späteren Tagen hinaus. Die Überreste der Vergangenheit, Zeugen wegweisender historischer Entscheidungen, machen Delhi zum Ausgangspunkt für die Erkundung oft erstaunlicher Aspekte einer jahrtausendealten Zivilisation, deren Kraft zur Integration selbst der Moderne gewachsen zu sein scheint.

Delhi ist seit dem 11. Jh. fast ohne Unterbrechung immer ein Zentrum der Macht gewesen. Daher gibt es hier unzählige historische Monumente, die modernen Hochhäusern und Bürogebäuden Auge in Auge gegenüberstehen.

Die riesige Stadt scheidet sich in Old Delhi und New Delhi; ersteres besteht aus der siebten Stadtgründung Shahjahanabad und den nördlich davon gelegenen Gebieten, während letzteres als Herzstück den von den Briten im Jahr 1911 entworfenen Teil der Hauptstadt umfaßt. New Delhi hat einige der besten Museen des Landes aufzuweisen. Seine Läden

Vorherige Seiten: Old Delhi vom Dach der Jami Masjid aus. Links: Getreideworfeln.

und Einkaufsarkaden zeigen die Produkte der traditionellen Kunstfertigkeit von Handwerkern aus dem ganzen Land.

New Delhi ist ein Bollwerk des Bürokratismus, ehrgeiziger Hindu-Politiker und Lobbyisten, der Geschäftemacherei und einer wachsenden Schicht von Neureichen. Zwischen New Delhi und seinem älteren Gegenstück liegen Welten. Old Delhi mit seinen engen Basargassen hat einen reicheren und farbigeren Charakter, der durch organisches Wachstum über Jahrhunderte hinweg entstanden ist.

Präludium mittelalterlichen Glanzes

Vom 13. bis 17. Jh. errichteten die Herrscher aufeinanderfolgender muslimischer Dynastien sieben Städte in verschiedenen Teilen des heutigen Delhi. Aber die ereignisreiche Geschichte dieser Stadt reicht viel weiter zurück. Wie Ausgrabungen an der Purana Qila im Jahr 1955 zeigten, war das Gebiet an den Ufern der Yamuna bereits vor 3000 Jahren besiedelt. Feinste Töpferware, die als „Painted Grey Ware" bekannt und auf 1000 v. Chr. datiert wurde, könnte die Vermutung bestätigen, daß hier einst ein Ort des Geschehens aus dem großen Epos *Mahabharata* lag: Indraprastha, die legendäre Hauptstadt der Pandavas, war vielleicht das heutige Delhi. Ein klareres

EBENEN DES NORDENS

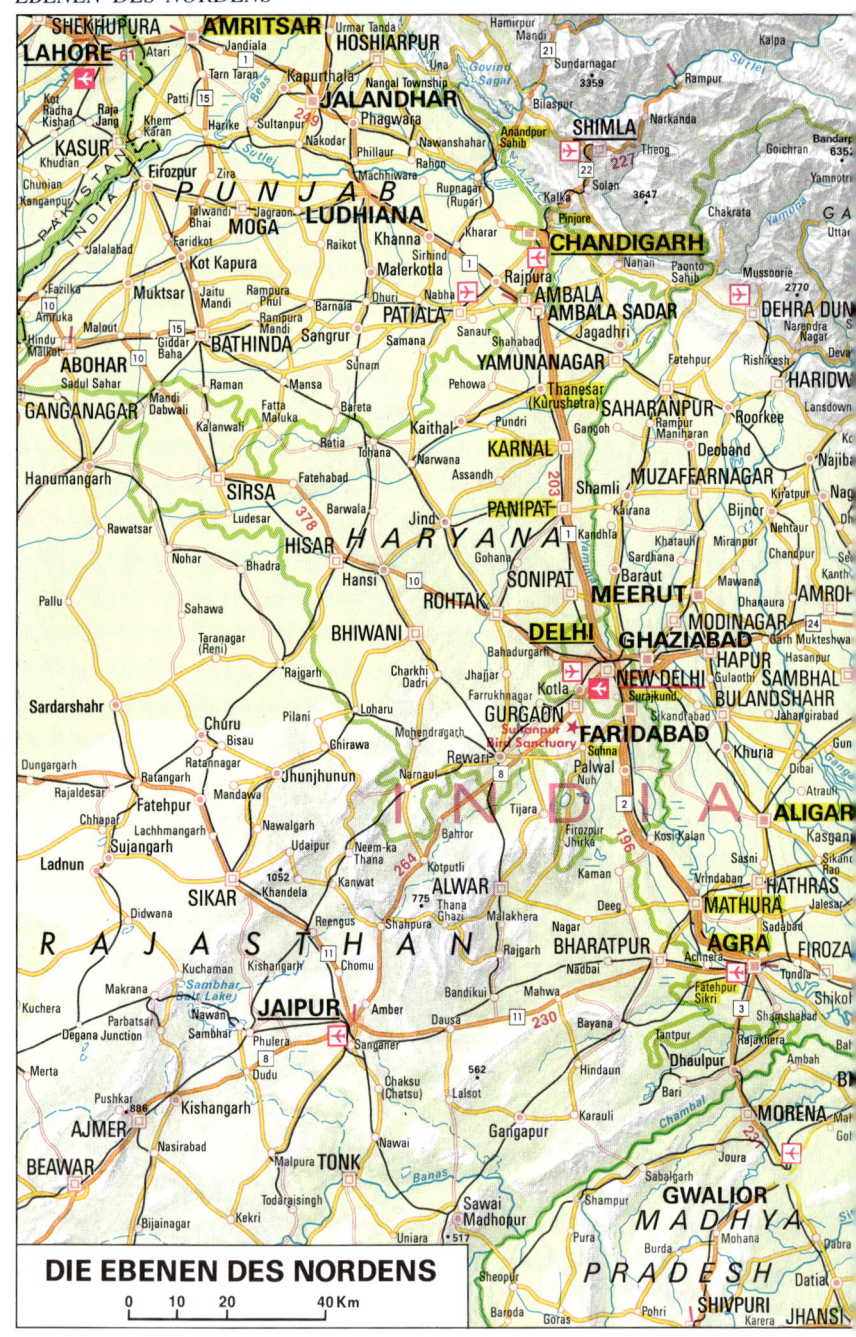

DIE EBENEN DES NORDENS

0   10   20   40 Km

EBENEN DES NORDENS

DELHI

Bild können wir uns allerdings erst vom Ende des 10. Jh. an machen, als sich die Tomar-Rajputen in den Aravalli-Hügeln südlich von Delhi niederließen. Die hochaufragenden Felsen dienten als sichere Zufluchtsstätte, von den Rajputen ,,Dhilli" oder ,,Dhillika" genannt. Mit den Befestigungsanlagen von Lal Kot schuf der König Anangapal das Herzstück der ersten der sieben Städte Delhis. Die Chauhan-Rajputen eroberten später Delhi und entrissen es den Tomars. Prithviraj III., auch bekannt als Rai Pithora und berühmt wegen der erbitterten Kämpfe, die er den islamischen Eroberern lieferte, erweiterte Lal Kot um massive Festungsmauern und Tore; Qila Rai Pithora wurde zur ersten Stadt Delhis mit mehreren eindrucksvollen Hindu- und Jaina-Tempeln.

Prithviraj herrschte auch noch über das Land, als Mohammed von Ghor in Indien einfiel, aber er fiel während der zweiten Schlacht im Jahr 1192. Mohammed kehrte in seine Heimat Afghanistan zurück und hinterließ als Vizekönig seinen Sklaven Qutabuddin Aibak, der sich selbst im Jahr 1206 zum ersten Sultan von Delhi krönte. So wurde Delhi zur Hauptstadt der ersten ,,Sklaven-" oder ,,Mamluk-Dynastie", der ersten islamischen Dynastie, die über ganz Nordindien herrschte.

Die islamische Herrschaft ist heute in der Architektur am sichtbarsten. Die Betonung des gemeinsamen Gebets im islamischen Glauben erforderte eine andere Stätte für die Gottesverehrung als der Hindu-Tempel. Die Moschee hat dafür einen weiträumigen Hof mit einer großen Gebetshalle, deren Ausrichtung immer gen Mekka weist, was in Indien westwärts bedeutet. Der *mihrab* ist eine Gebetsnische in der Wand der Moschee, die die Richtung nach Mekka anzeigt (*kiblah*). Der Innenhof (*sahn*) mit Wasserbecken für die rituellen Waschungen ist meist von Bogengängen umgeben. In der Architektur der Moschee darf das Minarett (*minar*) nicht fehlen, von dem aus die Gläubigen zum Gebet gerufen werden.

Da die Moslems ihre Toten begraben und nicht verbrennen, führten sie die Grabstätte ein, die im wesentlichen aus einer Kammer mit einem Kuppeldom und einem Cenotaph in der Mitte, einem *mihrab* in der westlichen Wand und dem Grab in der unterirdischen Kammer (*maghara*) besteht.

Überreste frühester islamischer Strukturen können in Qila Rai Pithora besichtigt werden, das von Qutabuddin erobert wurde. Noch bevor er sich zum Sultan krönte, ließ Qutabuddin die **Quwwat-ul-Islam-Moschee** errichten (Macht des Islam), die heute die älteste erhaltene Moscheen Indiens ist. Qutabuddin verwendete für die Bogengänge Steine zerstörter Tempelanlagen aus früherer Zeit. Im Innenhof jedoch ließ er die **Eiserne Säule** aufstellen, die wahrscheinlich aus einem Vishnutempel des 4. Jh. stammt. Im Jahr 1199 legte Qutabuddin auch den Grundstein des **Qutab Minar**, das zu einem Wahrzeichen Delhis wurde. Von einer 14,32 Quadratmeter großen quadratischen Basis erhebt es sich 72,5 Meter hoch, wobei es sich nach oben bis auf 2,75 Quadratmeter verjüngt. Es ist noch immer der größte Steinturm Indiens, ein Musterbeispiel eines Minaretts und eins der größten islamischen Bauwerke aller Zeiten. Das Qutab Minar wurde erst von Qutabuddins Schwiegersohn und Nachfolger Iltutmish vollendet. Nordwestlich der Moschee liegt das **Grab des Iltutmish**, das sich dieser Herrscher 1235 erbauen ließ.

Die Quwwat-ul-Islam-Moschee wurde zweimal erweitert, und als Alauddin Khilji, ein Herrscher aus der Khilji-Dynastie, 1311 eine Renovierung anordnete, ließ er auch gleichzeitig die **Alai Darwaza** errichten, das südliche Eingangstor zu diesem Komplex. Es ist das erste Gebäude, das vollständig nach islamischen

Rechts: Der South Block in New Delhi, wo die Regierung ihren Sitz hat.

Bau- und Dekorationsprinzipien gestaltet wurde. Alauddin hatte auch Pläne, einen zweimal so hohen Turm wie das Qutab Minar zu erbauen, aber er starb schon bald nach Baubeginn, und das geplante Werk blieb deshalb unvollendet.

Alauddin gründete die zweite der sieben Städte von Delhi, **Siri**. Von Siri ist jedoch wenig übriggeblieben. Zeitgenössische Geschichtsschreiber berichten, daß in dieser Zeit Delhi „von Baghdad beneidet wurde, mit Kairo wetteiferte und Konstantinopel ebenbürtig war". Alauddin ließ auch ein großes Wasserreservoir für die Bürger von Siri in **Hauz Khas** anlegen. Es existiert noch heute abseits der Straße Sri Aurobindo Marg.

Hauz Khas wurde weitgehend von Firuz Shah Tughlaq, einem späteren Sultan, renoviert, der eine zweistöckige Schule für religiöse Unterweisung sowie eine Moschee hinzubaute. Sein Grab ist hier zu besichtigen. Im heutigen Ort Hauz Khas sind zahlreiche exklusive Geschäfte in den *havelis* – um einen Innenhof angelegte Häuser – eröffnet worden.

1321 kamen die Thughlaqs auf den Thron. Ghiyasuddin, der erste Sultan, gründete eine neue Hauptstadt, **Thughlaqabad**, acht Kilometer vom Qutab Minar entfernt als dritte Stadt Delhis. Er baute sie hauptsächlich zum Schutz gegen Mongoleneinfälle, und sie macht tatsächlich einen ziemlich düsteren Eindruck. **Ghiyasuddins Grabstätte**, etwas südlich der verlassenen Befestigungsanlage, ist mit ihrer gedrungenen Kuppel ein schönes Beispiel der Thughlaq-Architektur. Das als **Darul Aman** – Ort des Friedens – bekannte Grabmal lag ursprünglich mitten in einem großen Wasserreservoir und war mit der Festung durch einen Damm verbunden.

Ghiyasuddins Nachfolger, Muhammad bin Tughlaq, erbaute die vierte Stadt Delhis, **Jahanpanah**, die im wesentlichen aus einer befestigten Anlage zwischen Siri und Qila Rai Pithora bestand. Firuz Shah Tughlaq schließlich schuf die fünfte Stadt, heute unter dem Namen **Firuz Shah Kotla** bekannt. Sie liegt gleich in der Nähe der Bahadur Shah Zafar Marg;

DELHI

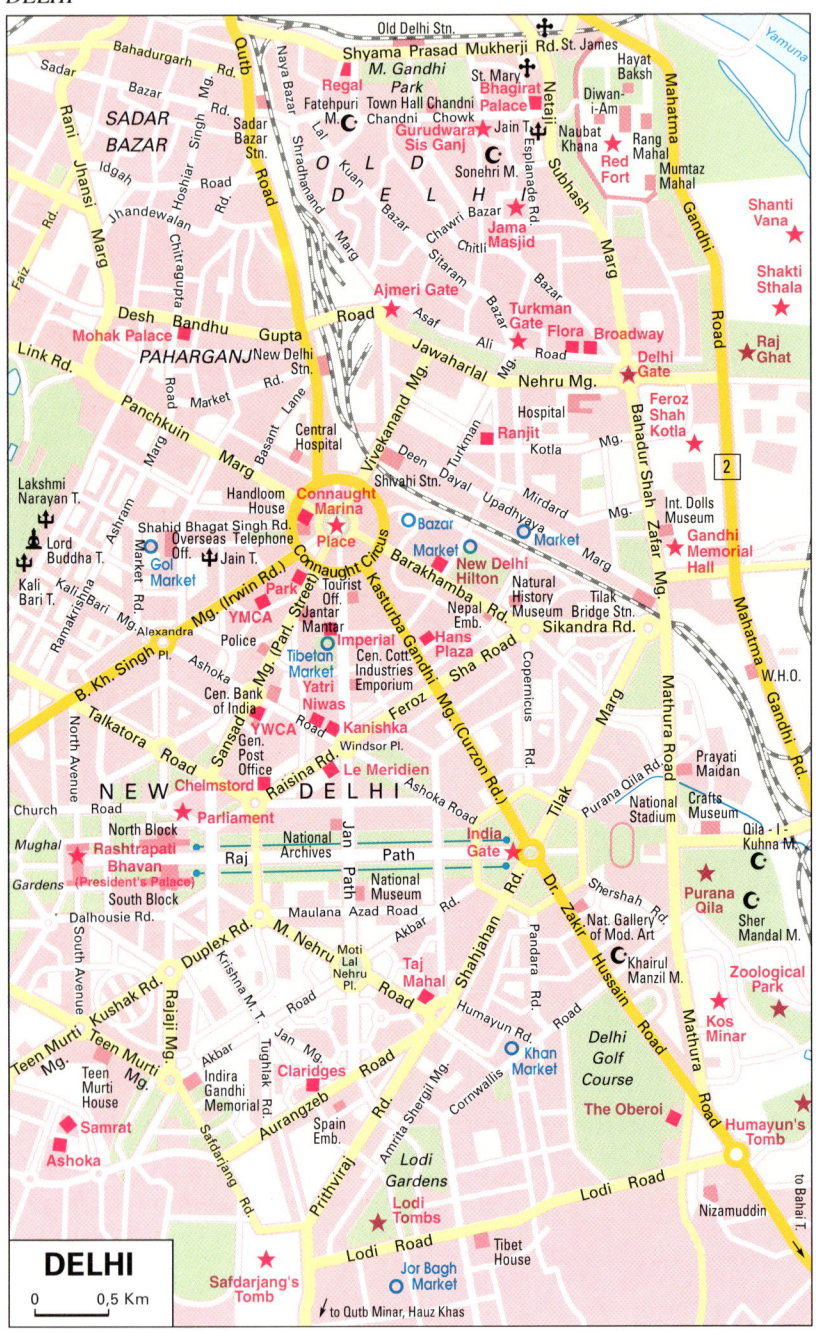

unter den wenigen noch existierenden Gebäuden dieser Zitadelle ist auch eine Moschee, in der bereits Timur gebetet haben soll. Interessanter ist allerdings eine der zwei **Ashoka-Säulen**, die Firuz Shah bei Ambala und Meerut gefunden hatte. Eine davon ließ er in der Hauptstadt aufstellen, die andere in der Nähe seines Jagdpalastes, Pir Ghaib. Die Ashoka-Inschriften auf der ersteren waren die ersten Brahmi-Schriftzeichen, die man 1837 entziffern konnte.

Die politische Instabilität nach dem Tod von Shah Firuz wurde durch den Einfall Timurs (1398) noch verschlimmert, der Delhi hemmungslos plünderte. In der folgenden Zeit der Sayyid- und Lodi-Herrschaft stagnierte erstmals das vorher enorme Wachstum Delhis. Es wurde kaum Neues gebaut; als bedeutende Werke der Architektur entstanden lediglich Grabmäler. Die eindrucksvollsten sind in den **Lodi-Gärten** zu sehen, der grünen Lunge Delhis.

Die sanft hügeligen Gärten sind anmutig um das **Grab von Muhammad Shah**, das **Bara-Gumbad-Grab** (mit einer großen Kuppel) und die angrenzende Moschee herum angelegt worden. Das **Grabmal von Sikandar Lodi** liegt, von hohen Mauern umgeben, in der Nordostecke; etwas östlich davon befindet sich eine sehenswerte Brücke, zur Zeit der Mogul-Kaiser gebaut. Denn im Jahr 1526 wurde der letzte Lodi-Herrscher von Babur gestürzt, dem Gründer des Mogul-Reiches. Das nächste Jahrhundert war Zeuge einer außerordentlichen Blütezeit der indo-islamischen Kultur, die ihre Energie sowohl aus dem „frischen Blut" als auch aus den persönlichen Vorlieben der ersten sechs Mogul-Herrscher schöpfte. **Purana Qila** wurde unter ihnen Delhis sechste „Stadt", Produkt einer gemeinschaftlichen Anstrengung von Humayun, dem Sohn Baburs, und dem Afghanen Sher Shah Sur, der ihn zeitweise entthronte. Innerhalb dieser Festung, die sich an der viel befahrenen Mathura Road erhebt, gibt es zwei wichtige Gebäude, die die charakteristischen Merkmale der Mogul-Architektur bereits vorwegnehmen – die **Qila-i-Kuhna-Moschee**, von Sher Shah 1541 erbaut, und das **Sher Mandal**, ein oktogonales, zweistöckiges Bauwerk. Die Purana Qila liegt oberhalb des Zoos und bietet eine großartige Aussicht auf die Stadtteile jenseits des Flusses. Nördlich davon liegt der **Pragati Maidan** mit einem **Kunstgewerbe-Museum** in einem **Ladenzentrum**, wo man Handwerker bei der Arbeit beobachten kann.

Etwa 2 km südlich der Purana Qila liegt **Humayuns Grabmal**. Sie ist das erste und zugleich eines der schönsten Beispiele des sogenannten Gartengrabes, das mit dem Taj Mahal zu höchster Perfektion gelangte. Seine hohen Bögen, die doppelte Kuppel und eine verhaltene Vornehmheit sind typisch für die Mogul-Architektur. Es wurde 1564, neun Jahre nach seinem Tod, von Humayuns Witwe Haji Begum nach Plänen des persischen Architekten Misak Mirza Ghiyas erbaut. Die Witwen von Humayun, Shah Jahans Sohn Dara Shikoh und einige spätere Mogul-Kaiser sind ebenfalls hier beigesetzt.

Auf der gegenüberliegenden Straßenseite stößt man auf einer der ältesten und ununterbrochen bewohnten Stadtteile Delhis, der mit dem Namen des Sufi Nizamuddin Auliya (gest. 1325) aufs engste verbunden ist. Dieser hochverehrte Heilige liegt hier begraben. Außer den Familien, die hier seit vielen Generationen wohnen, zieht sein Schrein auch unzählige Pilger islamischen und auch hinduistischen Glaubens an.

Shahjahanabad (Old Dehli)

Die Mogulkaiser mußten immer präsent sein, deswegen gab es auch immer mehrere Hauptstädte gleichzeitig. Shah Jahan entschloß sich, Delhi am prächtigsten auszubauen – gerade als der Taj Mahal vollendet worden war. Am 16. April

1639 wurden die Fundamente für Delhis „siebte" Stadt gelegt, an der man neun Jahre lang baute. Sie faßte die gesamte, mit dem Mogul-Reich assoziierte Herrlichkeit auf kleinstem Raum zusammen; aber zweieinhalb Jahrhunderte später war **Shahjahanabad** alles, was vom Reich übriggeblieben war. Doch trotz Verwüstung, Aufruhr und dem Eindringen fremder Einflüsse wurde Shahjahanabad niemals verlassen. Heute ist es eines der am dichtesten besiedelten Gebiete der Welt. 90 % der Moslems in ganz Delhi leben hier, meist in den kühlen, abgeschirmten *havelis,* die abseits der geschäftigen Straßen und Gassen liegen. Die Lebendigkeit, die den Charme dieses Stadtteils ausmacht, läßt sogar das Verkehrschaos und den Lärm zuweilen vergessen.

Shah Jahans Zitadelle aus rotem Sandstein, das **Rote Fort** (*Lal Quila*), wurde am äußersten Ostrand der befestigten Stadt gebaut, entlang dem Flußufer. Man betritt es durch das imposante **Lahore-Tor**, das zu der überdachten Basar-Passage **Chatta Chowk** führt, die von Antiquitätengeschäften gesäumt ist. Sie endet beim **Naqqar Khana** (Trommel-Haus), das den Eingang zum herrschaftlichen Bezirk darstellt.

Über einen weiten, offenen Platz gelangt man zum **Diwan-i-Am**, der Halle der öffentlichen Audienzen. Obwohl das Rote Fort relativ gut erhalten ist, bedarf es stellenweise einer lebhaften Phantasie, will man sich den Palast vorstellen, wie er zu Zeiten der Mogul-Herrscher ausgesehen haben muß. Die Pfeiler und Decken der Hallen waren mit vergoldetem Stuck verziert, schwere Brokatvorhänge verhüllten die Wände, und exquisite Teppiche bedeckten den Boden; Möbel gab es nicht. Der Thron stand auf einer mit Halbedelsteinen und Schnitzarbeit reich verzierten Marmorplattform, auch die Rückwand ist reich mit wunderschönen Einlegearbeiten verziert.

Die sechs Hauptpaläste, von denen einer verschwunden ist, waren hinter dem

Oben: Der Bahai-Tempel - New Delhis neues spektakuläres Wahrzeichen.

Diwan-i-Am erbaut und vom Nahr-i-Bihisht, dem Paradiesstrom, durchflossen. Am südlichen Ende kommt man zum **Mumtaz Mahal** („Juwelenpalast"), einem Teilstück des königlichen Harems. Heute befindet sich darin das **Archäologie-Museum** Delhis, das hauptsächlich Exponate aus der Mogul-Zeit zeigt. Der **Rang Mahal**, der Palast der Farben, war auch ein Teil des Harems, wurde aber von den Truppen der Briten geplündert, als diese das Fort als Garnison benützten. Er besteht aus sechs Wohnungen, einschießlich des über und über mit Glas dekorierten **Shish Mahal**. Der **Khas Mahal** (privater Palast) besteht aus drei Teilen: der Tasbih Khana, Kammer der Perlen, die vom Herrscher für seine private Andacht benutzt wurde, der Khwabgah, Kammer der Träume, und dem Baithak, Raum zum Sitzen, einer langen Halle im Süden mit feinsten Verzierungen an Decken und Wänden. Das Khas Mahal hat ein schön verziertes Gitterwerk aus Marmor, das die Waagschalen der Gerechtigkeit darstellt. Hinter diesem Sichtschutz standen der Mogul-Herrscher und seine Gemahlinnen, um Elefantenkämpfe zu beobachten oder sich von Zauberkünstlern und Akrobaten unterhalten zu lassen. Auf dem halb-oktogonalen Turm, genannt **Muthamman Burj**, erschien der Herrscher jeden Tag für kurze Zeit seinen Untertanen.

Den **Diwan-i-Khas**, die Halle der Privataudienzen, benutzte der Kaiser für Treffen mit ausgewählten Höflingen und Besuchern. Der legendäre, juwelenstrotzende **Pfauenthron** stand auf dem Marmorpodium; ein Jahrhundert später wurde er von dem persischen Eroberer Nadir Shah als Teil seiner Kriegsbeute abtransportiert. Der Diwan-i-Khas hat einige seiner exquisiten Intarsienarbeiten bewahren können; die Gesamtrestaurierung wird aber noch einige Zeit in Anspruch nehmen. Die **Hammams**, die königlichen Bäder, sind in einem besseren Zustand; hier sind die Halbedelstein-Intarsien fast vollständig erhalten. Westlich der königlichen Gemächer liegt die **Perlenmoschee**, die von Aurangzeb für seine private Andacht aus Marmor gebaut wurde. Nördlich dieser Moschee erstreckt sich der **Hayat Baksh**, der lebensspendende Garten.

Auch das andere berühmte Bauwerk Old Delhis, die **Jama Masjid**, wurde von Shah Jahan erbaut. Sie ist die größte Moschee Indiens, perfekt proportioniert, die Stille im Inneren erleichtert die meditative Einkehr. Sie ist von den Hauptverkehrsstraße durch eine ausladende Esplanade getrennt, die am Abend zum Schauplatz vielfältigster Aktivitäten wird. Hier gibt es Verkaufstände zu beiden Seiten der Straße, und in Basaren wird für die Bedürfnisse der Pilger gesorgt: durch Ohrenreiniger mit roten Turbanen, Computerastrologen, Masseure, Schachspieler, *bhishtis*, die Wasser in Ziegenhäuten transportieren, Zahnzieher, Akrobaten und Potenzmittelverkäufer. Außerdem gibt es einen Brieftaubenmarkt und eine Ringkampfarena.

Unerschrockene Entdecker können jedoch noch mehr finden. Der **Chandni Chowk** stößt genau ins Herz von Old Delhi. Hier vermischt sich der Verkehrslärm mit dem Echo der Gebete, dem Feilschen der Geschäftsleute, den Rufen der sich gegenseitig übertönenden Straßenhändler, den Flüchen der Rikschafahrer und den unablässigen Versprechungen der Schlepper.

Dieses größte Handelszentrum Indiens war einst eine ruhige Straße, von Banyan-Bäumen überschattet, mit einem Kanal entlang der Straße. Jahanara, Shah Jahans Tochter, ließ auf dieser Straße einen Platz mit einem Wasserbecken bauen. In klaren Nächten spiegelte sich der Mond im Wasser; so erhielt der Platz den Namen Chandni Chowk, mondbeschiener Platz. Die Adligen erbauten an dieser Stelle hochherrschaftliche Häuser, Geschäfte schossen aus dem Boden; Chandni Chowk wurde zum elegantesten Viertel des gesamten Reiches.

1837 schrieb Emma Roberts in ihr Tagebuch, daß die Straßen vom Gebrüll zum Verkauf angebotener Geparden und Jagdleoparden widerhallten. Beim Handel mit Perserkatzen und Windhunden vermischte sich das Trompeten der Elefanten mit dem Knarren von Wagenrädern und den Klängen fahrender Musikanten. „Üblicherweise", schreibt Emma Roberts, „wurden die Geschäfte mitten im Getümmel und dem Wirrwarr der Straßen getätigt." Das gilt auch heute noch, obwohl Emma Roberts den Chandni Chowk wahrscheinlich nicht wiedererkennen würde. Aber **Ghantewala**, den 1740 eröffneten Konfektladen, und die Parfümerie **Gulab Chand** von 1860 gibt es immer noch.

Der **Gurudwara Sis Ganj** erinnert an die Stelle, wo Aurangzeb den neunten Sikh Guru Theg Bahadur enthaupten ließ. Die dritte britische Einheit führte später ihren Angriff entlang dieser Straße, und einige Jahrzehnte später zog Lord Curzon in feierlicher Prozession hier vorbei. Die neuen Herrscher bauten eine Baptistenkirche, schütteten den Kanal und das Wasserbecken der Jahanara zu und errichteten einen Uhrturm, der in den 40er Jahren eingestürzt ist. Während der Unabhängigkeitskämpfe wurden an dieser Straße Freudenfeuer mit ausländischen Handelswaren entzündet.

Die Gassen, die vom Chandni Chowk abzweigen, sind gleichermaßen faszinierend: **Khari Baoli**, der Gewürzmarkt; **Dariba**, die Silberstraße; **Parathewali Gali**, wo man immer noch die besten *parathas* in der Stadt essen kann, und **Kinari Bazaar**, weithin bekannt für seinen Glitzerschmuck.

Das britische Delhi

Nur 3 km weiter beginnen die baumbestandenen Avenuen von New Delhi. Bei einer Festveranstaltung am 12. Dezember 1911 verkündeten die Briten, daß sie nun endgültig ihr Verwaltungszentrum von Calcutta nach Delhi verlegen würden. New Delhi sollte mit „Großzügigkeit und Sorgfalt konzipiert werden, so daß die neue Schöpfung dieser alten und schönen Stadt in jeder Weise gerecht würde."

In den 340 Räumen des **Rashtrapati Bhavan** auf dem Raisina-Hügel lebt heute der indische Staatspräsident. Die Strenge dieses Gebäudes wird noch akzentuiert durch die Rajpath-Achse und die symmetrische Anlage des **India Gate**, einer großen Bogenkonstruktion zum Gedenken an den I. Weltkrieg. Rashtrapati Bhawan wird von zwei Gebäudekomplexen flankiert, in denen jeweils Regierungsbüros untergebracht sind. In der Nähe befindet sich das von Kolonnaden umgebene **Parlamentsgebäude**. Rajpath ist alljährlich Schauplatz der großen Republic Day-Parade.

In der Nähe des India Gate gibt es zwei bedeutende Museen: Das umfangreiche **National Museum** am Janpath stellt eine der sehenswertesten Sammlungen des Landes dar mit seinen Ausstellungsobjekten aller Epochen der Harappa-Zivilisation (2400 v. Chr.) bis zu wertvollen Mogulmanuskripten und Miniaturen aus dem 16. Jh. Zudem beherbergt es die **Aurel Stein Collection**, eine zentralasiatische Sammlung. Das zweite wichtige Museum ist die **Nationalgalerie der Modernen Kunst**. Sie zeigt neben moderner indischer Malerei (u.a. von Rabindranath Tagore) auch Werke des 19. Jahrhunderts.

Connaught Circus, als Teil des britischen Delhi geplant, ist das bedeutendste Handelszentrum. Für Touristen sind vor allem die Straßenstände und der Tibetische Markt auf dem Janpath von Interesse, wo es auch ein **Central Cottage Industries Emporium** gibt. Auf der **Baba Kharak Singh Marg** liegen ebenfalls verschiedene Einkaufszentren mit Textilien und Kunsthandwerk aus allen Lan-

Rechts: Am besten läßt sich Old Dehli mit der Fahrradriksha erkunden.

desteilen. Inmitten dieses Treibens steht, etwas abseits der Parliament Street, das **Jantar Mantar**, ein Observatorium aus dem frühen 18. Jh.

Weitere Sehenswürdigkeiten

An der Kreuzung von Lodi Road und Sri Aurobindo Marg stößt man auf das **Grabmal von Safdarjang**, der unter dem Mogulkaiser Muhammad Shah (1719-1748) Premierminister war. Auch dies ist ein Gartengrab, aber die Schwächen seiner Proportionen sind offensichtlich. Es wurde angemessen charakterisiert als das „letzte Flackern in der Lampe der Mogul-Architektur".

Nicht weit davon entfernt, auf der Safdarjang Road, befindet sich das **Indira Gandhi Memorial**, wo die Premierministerin bis zu ihrer Ermordung lebte. In dem nahegelegenen **Teen Murti House**, dem anmutigen Wohnsitz Jawaharlal Nehrus, ist ein Museum eingerichtet, wo das Leben jener Ära in einer „Son et lumière"-Show wiederersteht. Auch das **Planetarium** ist nicht weit. Das **Freilicht-Eisenbahnmuseum** liegt in Chanakyapuri, der eleganten diplomatischen Enklave der Hauptstadt.

Das Museum im **Tibet-Haus** auf der Lodi Road zeigt Zeremonialgegenstände und Tibetika, die von Anhängern des Dalai Lama aus Tibet mitgebracht wurden. Etwa 8 km entfernt, in der Nähe vom Nehru-Platz, kann man eine architektonische Besonderheit des modernen Delhi bewundern: den **Tempel der Bahai**, einer toleranten Weltreligion, die 1844 von Baha'u'llah im Iran gestiftet wurde.

Weiterhin gibt es auf der Bahadur Shah Zafar Marg das **Internationale Puppenmuseum** mit 6000 Puppen aus 85 Ländern.

Nördlich, über Shajahanabad hinaus, findet man Überreste der britischen Ära vor 1857, etwa die **St. James Church** (1824) und den **Flagstaff-Turm**. Auf der Ringstraße befinden sich **Raj Ghat**, **Shanti Vana** und **Shakti Sthala**, die Grabmale von Mahatma Gandhi, Jawaharlal Nehru und Indira Gandhi.

INFO: DELHI

DEHLI (011)
Unterkunft

LUXUS: **Best Western Surya**, New Friends Colony, Tel: 6835070. **Centaur Hotel**, Delhi Airport, Gurgaon Rd., Tel: 5652223. **Claridges**, 12 Aurangzeb Road, Tel: 3010211. **New Delhi Hilton**, Barakhamba Avenue, Connaught Place, Tel: 3320101. **Hyatt Regency Delhi**, Bhikaji Cama Place, Tel: 6181234. **Imperial**, Janpath, Tel: 3325332. **Le Meridien**, Windsor Place, Tel: 3710101. **Oberoi Maidens**, 7 Sham Nath Marg, Tel: 2525464. **The Oberoi**, Dr. Zakir Hussain Marg, Tel: 4363030. **Park**, 15 Parliament St., Tel: 3732477. **Qutab**, Off Aurobindo Marg, Tel: 660060. **Taj Mahal**, 1 Man Singh Rd., Tel: 3016162. **Taj Palace International**, Sardar Patel Marg, Tel: 3010404. **Welcomgroup Maurya Sheraton**, Sardar Patel Marg, Diplomatic Enclave, Tel: 6112233.

MITTEL: **Broadway**, 4/15 Asuf Ali Rd. Tel: 3273821. **Diplomat**, 9 Sardar Patel Marg, Tel: 3010204. **Jukaso Inn**, Connaught Place, Tel: 3329694. **Kailash Inn**, 10 Sunder Nagar, Tel: 4617401. **Lodhi**, Lala Lajpat Rai Marg, Tel: 4362422. **Marina**, G 59 Connaught Circus, Tel: 3324658. **Metro**, N49 Connaught Circus, Janpath, Tel: 3313856. **Nirula's** L-Block, Connaught Circus, Tel: 3324568. **Hotel 55**, Connaught Circus, Tel.: 3321244. **YWCA International Guest House**, Sansad Marg, Tel: 3361517.

EINFACH: **Country Castle**, E-58 Greater Kailash, Tel: 6416228. **India International Centre**, 40 Lodi Estate, Tel: 619431. **Maharani Guest House**, 3 Sunder Nagar, Tel: 693128. **Panchsheel Inn**, C-4 Panchsheel Enclave, Tel: 6433874. **Samrat Inn**, C/29 South Extension-II, Tel: 6440054. **YWCA Blue Triangle Family Hostel**, Ashoka Rd., Tel.: 3360133. **Shervani Fort View**, 11 Sunder Nagar, Tel: 611771. **Sodhi Lodge**, E-2 East of Kailash, Tel: 6442381. **Youth Hostel**, 5 Nyaya Marg, Chanakyapuri, Tel: 3016285.

CAMPINGPLÄTZE: **Jawaharlal Nehru Marg**, Tel: 3278929. **Qudsia Gardens**, Qudsia Road, Nähe I.S.B.T., Tel.: 2523121.

Buchhandlungen / Büchereien

BUCHHANDLUNGEN: **The Bookworm**, 29B Connaught Pl. **Bahri & Sons**, Khan Market. **The Book Shop**, Khan Market. **Book Shop**, Jor Bagh Market. **Picadilly Bookstore**, 64 Shankar Market.
BÜCHEREIEN: **Sahitya Akademi**, Rabindra Bhawan, Ferozeshah Road, Tel: 388667/8/9. **American Information Center**, 24 Kasturba Gandhi Marg, Tel: 3316841. **Max Mueller Bhavan**, 3 Kasturba Gandhi Marg, Tel: 3329506 (Hier deutsche Zeitungen, Videos, Veranstaltungen).

Krankenhäuser
All India Institute of Medical Sciences, Ansari Nagar, Sri Aurobindo Marg, Tel: 661123. **Aaslok Hospital**, 25 A Safdarjang Enclave, Tel: 608407. **Batra Hospital**, 1 Tughlakbad, Institutional Area, Tel: 6433509. **East West Medical Centre**, 38 Golf Links, Tel: 699229. **Escorts Heart Institute and Research Centre**, Okhla Road, Tel: 6844820. **Holy Family Hospital**, Okhla Road, Jamia Nagar, Tel: 6845900. **Safdarjang General Hospital**, Ring Road, Tel: 665060. **Dr. Sharma's Clinic**, 19A Kailash Colony, Tel: 6431896. **Summit Clinic**, 9 Palam Marg, Vasant Vihar, Tel: 673432.

Museen / Kunstgalerien
Archaeological Museum, Red Fort, Tel: 3267961, Öffnungszeiten: 10.00-17.00 Uhr, freitags geschlossen. **Crafts Museum**, Pragati Maidan, Tel: 3317641, Öffnungszeiten: 9.30-16.30 Uhr. **Gandhi Museum**, gegenüber Raj Ghat, Tel: 3311495, Öffnungszeiten: 10.00-17.00 Uhr. **Musical Instruments Gallery**, Rabindra Bhavan, Feroz Shah Rd., Tel: 3872463, Öffnungszeiten: 10.00-18.00 Uhr. **National Gallery of Modern Art**, Jaipur House, India Gate, Tel: 382835, Öffnungszeiten: 10.00-17.00 Uhr. **National Museum**, Janpath, Tel: 3019538, Öffnungszeiten: 10.00-17.00 Uhr, Führungen möglich. **Rail Transport Museum**, Chanakyapuri, Tel: 601816, Öffnungszeiten: 9.30-17.30 Uhr. **Tibet House Museum**, 1, Institutional Area, Tel: 611515, Öffnungszeiten: 10.00-17.00 Uhr, sonntags geschlossen. (Die angeführten Museen sind montags geschlossen.)
Zwei billige Monatsbroschüren, *The City Guide* und *Delhi Diary*, geben einen Überblick über Film, Theater, Ausstellungen und Kulturveranstaltungen.

Telekommunikation
Head Post Office, Sansad Marg, Tel: 275605. Öffnungszeiten: 10.00-20.00 Uhr. Sonntag 10.00-17.00 Uhr. **Eastern Court Post & Telegraph Office**, Janpath, Tel: 3321878 (Telegraph und Fax: 3113411). Öffnungszeiten: 10.00-20.00 Uhr. Sonntag 10.00-17.00 Uhr. **G.P.O.** Ashoka Place, Tel: 2534269. Öffnungszeiten: 8.00-19.00 Uhr. Sonntags geschlossen (Postlagerung möglich). **Internationale Telefon- und Telegrammverbindungen**, Bangla Sahib Road. 24 Stunden geöffnet.

Restaurants
Viele Restaurants aller Stilrichtungen befinden sich am Connaught Place.
CHINESISCH: **Bali Hi**, Welcomgroup Maurya Sheraton, Sardar Patel Marg, Tel: 3010101. **Chinese Room**, Nirula's, L-Block, Connaught Place, Tel: 3322419. **Pearls**, Hyatt Regency Delhi, Bhikaji Cama Place, Tel: 688123. **Tea House of the August Moon**, Taj Palace Intercontinental, Sardar Patel Marg, Tel: 3010404.

EUROPÄISCH: **Burgundy**, Ashok, 50 B Chankyapuri, Tel: 600121. **Captain's Cabin**, Taj Ma-

INFO: DELHI

hal, Tel: 3016162. **Club de France**, Maurya Sheraton, Tel: 3010101. **Curzon Room**, Oberoi Maidens, Tel: 2525464. **Orient Express**, Taj Palace Intercontinental, 2 Sardar Patel Marg, Tel: 3010404.
INDISCH / MOGUL: **Bukhara** und **Dum Pukht**, Welcomgroup Maurya Sheraton, Tel: 3010101. **Chor Bizarre**, Broadway Hotel, Tel: 3273821 (Kashmiri). **Darbar**, Ashok, Tel: 600121. **Dhaba**, Claridges, 12 Aurangzeb Road, Tel: 3010211. **Frontier**, Ashok, 50 B Chanakyapuri, Tel: 600121. **Kandahar**, The Oberoi, Tel: 4363030.
SÜDINDISCH: **Kovil**, E-Block, Connaught Place. **Coconut Grove** im Hotel Yatri Nivas.
PREISWERT: **Nirula's**, L-Block, Connaught Place, Tel: 3322419, exzellentes Fast Food und Salatbar. **Village Bistro**, eine Gruppe von Restaurants im Hauz Khas Village.

Einkaufen

Geschäfte am **Janpath** bieten ein vielseitiges Warenangebot – Textilwaren, Modeschmuck, Bücher, Möbel etc.. Antiquitäten kann man an der **Jami Masjid** in Old Delhi, in **Sunder Nagar**, im **Qutab Complex**, am Connaught Place und in den Hotelhallen kaufen. Sehenswerte Boutiquen sind **Anokhi** (Santushti Shopping Arcade, nahe dem Ashok Hotel) **Khazana** (im Taj Mahal Hotel) und **The Collection** am Taj Palace. Vielseitig sind die Stadtteilmärkte, z.B. **Flyover Market**, **Lajpat Nagar Market**, **Greater Kailash Market** uva. Schön einkaufen und essen kann man im Einkaufszentrum **Hauz Khas Village**, nicht weit vom Qutab. Kunsthandwerke und wunderschöne Textilien aus jeder Region des Landes erhält man in den staatlichen Handelszentren *(state emporium)* an der **Baba Kharak Singh Marg** (nahe Connaught Place) kaufen. **The Central Cottage Industries Emporium**, Janpath, **Handloom House** und **Khadi Gram Udyog** am Connaught Place sind ebenso einen Besuch wert.

Ausflüge

Haryana: Badhkal Lake (32 km); Angeln und Bootfahren möglich. Bhallabgarh (36 km); ideal für Angler. Karna Lake (132 km); Angeln und Bootfahren möglich. Maur Bund (32 km); ein reizvoller Ort. Sohna (56 km); heiße Quellen. Surajkund (18 km). Nach Haryana kann man ein Taxi oder den Bus nehmen.
Uttar Pradesh: Agra (203 km). Die Stadt des Taj Mahal bietet Kunsthandwerk wie z.B. Intarsien-Arbeiten, Teppiche, Lederwaren, Brokat etc.
Rajasthan: Jaipur (256 km). Noch eine Stadt mit exquisitem Kunsthandwerk, Textilien, Spiegel, Schmuck, Keramik, emaillierte Messingarbeiten, *pichwai*-Malereien, Elfenbeinschnitzereien.
Es gibt täglich organisierte Touren von ITDC und anderen Agenturen nach Agra und Jaipur.

Touristen-Information

Government of India Tourist Office, 88 Janpath, Tel: 3320008; in den Flughäfen, Tel: 3295296 (Inlandsflughafen) und 329117 (Internationaler Flughafen, 24 Std. geöffnet). **Delhi Tourism Development Corporation**, N Block, Connaught Place. Tel: 3313637. Diese Touristenbüros organisieren auch Stadtrundfahrten.
Die meisten Bundesstaaten unterhalten eigene Informationsbüros: Assam (Tel: 385897), Bihar (Tel: 370147), Gujarat (Tel: 343173), Manipur (Tel: 344026), Orissa (Tel: 344580), Tamil Nadu (Tel: 343913) und West Bengal (Tel: 433825), jeweils im State Emporia Complex, Baba Kharag Singh Marg. Haryana (Tel: 3324911), Himachal Pradesh (Tel: 3325320) und Uttar Pradesh (Tel: 3322251), jeweils im Chandralok Building, 36 Janpath. Jammu & Kashmir (Tel: 3325373), Kerala (Tel: 3316541), Madhya Pradesh (Tel: 3321187) und Punjab (Tel: 3323055), jeweils Kanishka Shopping Plaza, 19 Ashok Rd. Andaman & Nicobar Islands, F-105 Kasturba Gandhi Marg (Tel: 387015). Andhra Pradesh, 1 Ashok Marg (Tel: 382031). Nagaland, 4 Rao Tula Ram Marg (Tel: 679177). Rajasthan, Bikaner House, Pandara Rd., nahe India Gate (Tel: 3322332). Sikkim, 12 Pansheel Marg, Chanakyapuri (Tel: 3014981). Tripura, Kantilya Marg (Tel: 3014607).

Anreise / Verkehrsmittel

Der Indira Gandhi International Airport liegt am Stadtrand (17 km vom Connaught Place). Am Terminal I starten Inlandsflüge (Airbusse haben ein separates Terminal), Terminal II ist für Auslandsflüge zuständig. Im Flughafen kann man Pre-Paid-Taxis oder ein Busticket buchen. Die Fahrt in die Innenstadt dauert etwa 45 Minuten. Es gibt auch Transfers zwischen Inland und Auslandsflughafen. Es gibt drei Hauptbahnhöfe: Delhi Main (oder auch Old Delhi genannt), New Delhi und Hazrat Nizamuddin.
Ein ausgedehntes Straßennetz verbindet Delhi mit den Nachbarstaaten. Inlands-Busreisen sowohl in der Normal- als auch Luxusklasse werden von mehreren Busunternehmen angeboten. Abfahrt ist normalerweise am Inter-State Bus Terminus nahe Kashmere Gate (in Old Delhi). Die blau-gelben Nahverkehrsbusse gehören der Delhi Transport Corporation.
Die schwarz-gelben Taxis fahren mit Taxameter, wohingegen die weißen Taxis, die Touristen-Taxis, zu einem höheren Kilometer-Festpreis fahren, je nach Automodell (indisch oder ausländisch) und evtl. vorhandener Klimaanlage. Für größere Ausflugsfahrten gibt es preisgünstigere Sondertarife.
Auto-Rikschas haben Taxameter, die selten eingeschaltet werden. Der aktuelle Preisstand wird auf einer Tabelle angezeigt. Zwischen 23 und 6 Uhr gibt es einen Zuschlag von 95%.

79

HARYANA UND PUNJAB

Im 19. Jh. formierte sich im Nordwesten Indiens der Sikh-Staat Punjab, der dann von den Briten annektiert wurde. Dieser alte Staat wurde 1947, nach der Unabhängigkeit, in die Bundesstaaten Delhi, Haryana und Himachal Pradesh geteilt. Nur ein kleiner Rest, nordwestlich von Delhi gelegen, blieb unter dem Namen Punjab bestehen.

Durch dieses Gebiet zogen jahrhundertelang immer wieder moslemische Eroberer aus dem Nordwesten zur Ganges-Ebene. Hier sind einige von Indiens mörderischsten Schlachten geschlagen worden, z. B. an Plätzen wie **Panipat** und **Karnal**. Mausoleen und Cenotaphe, über die ganze Region verteilt, sind Zeugen von Triumphen und Niederlagen. Etwas weiter nördlich liegt **Kurukshetra**,

Oben: Ochsenkarren sind noch immer ein unentbehrliches Transportmittel. Rechts: Der bhangra-Tanz spiegelt das rauhe Leben im Punjab wider.

Schauplatz einer großen Schlacht, über die das Epos *Mahabharata* berichtet. Dort sammeln sich noch heute fromme Hindus um Tempel und heilige Teiche.

Die Menschen in Haryana und Punjab sind überwiegend Bauern: kräftig, ausdauernd und erdverbunden. Sie feiern farbenfrohe Feste, pflegen ihre traditionellen Tänze sowie die Zeremonien der vier Jahreszeiten.

Haryana

Überall in Haryana findet man historische Monumente, die allerdings wenig bedeutsam sind – aus der Zeit der Mogule Ruinen von Häusern und Befestigungsanlagen und die sehr schön angelegten Gärten von **Pinjore** bei **Chandigarh**. **Surajkund** (20 km von Delhi entfernt), ein hinduistischer **Sonnentempel** aus dem 8. Jh., und die **heißen Quellen von Sohna** sind beliebte Ausflugsziele. Jedes Jahr findet hier eine *mela* (Jahrmarkt) statt, auf der Handwerker aus dem ganzen Land ihre Fertigkeiten zeigen und

HARYANA UND PUNJAB

Waren ausstellen. Die alte Reichsstraße von Delhi nach Agra verlief einst durch das heutige Haryana, und noch heute kann man die *Kos Minar* (Meilensteine) der Mogul-Kaiser stehen sehen. Das Vogelschutzgebiet bei **Sultanpur**, 46 Kilometer von Delhi entfernt, ist besonders im Winter interessant.

Haryana besteht fast nur aus weiten ländlichen Ebenen, die wegen guter Bewässerungsmöglichkeit große Teile des Jahres genutzt werden können. Im Herbst sind die Felder Haryanas ein einziger gelber Teppich – es ist die Blütezeit der Senfpflanzen. Bald kann man das rhythmische Klopfen der kleinen Öl- und Getreidemühlen in den Dörfern hören. Nicht selten trifft man in den Feldern auf Pfauen und gelegentlich auch einmal auf ein Nilgai, eine Antilopenart. In der Nähe von Delhi haben sich mittlerweile zahlreiche Industrieorte gebildet, der größte Teil ist jedoch nach wie vor ausgesprochen friedlich.Der Ruf von Tauben und Rebhühnern inmitten der Senf-, Weizen- und Zuckerrohrfelder wird vom Surren der Bewässerungspumpen und von Wassergeplätscher untermalt.

Den Großteil der Bevölkerung bilden die Jats, eine streng religiöse und wirtschaftlich erfolgreiche Kaste. Auch große Teile der Sikh-Landbevölkerung im Punjab sind Jats. Sie unterscheiden sich allerdings in der Sprache: Während das Punjabi eine selbständige Sprache mit eigener Schrift ist, sprechen die Jats in Harayana einen Hindi-Dialekt. Wie zum Ausgleich für fehlende Sehenswürdigkeiten sind an den Hauptverkehrsachsen in Haryana zahlreiche Erholungsplätze angelegt worden. Man findet zum Beispiel künstliche Seen und bequeme Übernachtungsmöglichkeiten.

Chandigarh

Chandigarh, die Hauptstadt sowohl von Haryana als auch des Punjab, ist berühmt für seine Stadtarchitektur, die von dem französischen Architekten Le Corbusier entworfen wurde. Mit den Bergen von Himachal Pradesh gleich vor ihren

PUNJAB

Toren, ist sie für den, der die Architektur der fünfziger Jahre mag, eine der schönsten Hauptstädte aller indischen Staaten. Auch die baumbestandenen Avenuen, die der Stadt besonderen Charme verleihen, haben ihr diesen Ruf eingetragen. Eine bemerkenswerte Sehenswürdigkeit ist der **Rock Garden**, den der Künstler Nek Chand als einzigartiges Gesamtkunstwerk aus Müll und Geröll gestaltet hat.

In **Morni** bei Chandigarh kann man den unter Naturschutz stehenden Wald in einer malerischen Landschaft erkunden. Der **Sukna-See** bei Chandigarh ist ein Naherholungsgebiet mit Cafeterias, Ruderbootverleih und Angelgelegenheit.

Punjab

Die größte Stadt des Staates Punjab ist **Amritsar**, dessen **Goldener Tempel** sie für die Sikhs in aller Welt zur heiligsten aller heiligen Städte macht. Die Stadt ist

Oben: Der goldene Tempel von Amritsar – das höchste Heiligtum der Sikhs.

über 400 Jahre alt, der Tempel etwas jünger. Er steht in einem Becken mit heiligem Wasser. Mit seiner glänzenden Kuppel, die Maharaja Ranjit Singh 1803 mit 400 kg Blattgold neu belegen ließ, gehört er zu den schönsten Heiligtümern Indiens. 1984 war der Tempel Schauplatz blutiger Kämpfe, nachdem militante Sikh-Separatisten diesen zu ihrem Hauptquartier gemacht hatten. Bei der Erstürmung durch die indische Armee kamen Hunderte ums Leben. Die Schäden sind heute weitgehend beseitigt.

Bei einem anderen Sikh-Heiligtum, in **Anandpur Sahib** am Fuß des Himalaya, findet jährlich einen Tag nach *Holi*, dem nationalen Frühlings- und Farbenfest, ein spektakuläres Fest statt. Neben den bedeutenden Sikh-Heiligtümern und -Festen im Punjab gibt es auch ein moslemisches Pilgerzentrum in **Sirhind**.

Heute ist der Punjab, mit seiner anmutigen grünen Landschaft, wegen der von Separatisten geschürten, immer wieder aufflackernden politischen Unruhen ein militärisch streng kontrolliertes Gebiet.

INFO: HARYANA UND PUNJAB

CHANDIGARH (0172)
Unterkunft
MITTEL: **Piccadilly**, Himalaya Marg, Sector 22B, Tel: 707571. **Sunbeam**, Udyog Path, Sector 22B, Tel.: 708100 **Chandigarh Mountview**, Sector 10, Tel: 547882. **Hotel Aroma**, Tel.: 700045. **Rikhys International**, SCO 301-302, Sector 35B, Tel: 26764, 40033. *EINFACH:* **Kapil**, SCO 303-304, Sector 35B, Tel: 603163. **Maya Palace**, SCO 325, Sector 35B, Tel: 600574. **Shivalikview**, Sector 17, Tel: 67131. **Pankaj**, Sector 22, Tel: 709891. **YMCA** (nur für Männer) Sector IIC, Tel: 26532. **YWCA** (nur für Frauen), Sector IIC, Tel: 43224. **Chandigarh Yatri Nivas**, Tel.: 545904.

Krankenhäuser
Post Graduate Institute of Medical Sciences and Research & Nehru Hospital, Sector 12, Tel: 22513, 26513. **Health Center & Poly Clinic**, Sector 22, Tel: 26164. **General Hospital**, Sector 16, Tel: 44697.

Feste
Lohri (Mitte Januar) wird bei Kerzenlicht und Süßigkeiten aus Sesamsamen gefeiert. Ein jährliches Fest von internationalem Ruf ist das Rosenfest (Februar/März) im Rosengarten. *Baisakhi* (13. April) fällt zusammen mit dem Beginn der Erntezeit. Im letzten Quartal finden eine Regatta auf dem Sukhna-See und das *Dussehra*- und *Diwali-Fest* (Oktober/November) statt.

Museen / Kunstgalerien
Government Museum & Art Gallery, Sector 10 C, Tel: 25568, 10.00-16.00 Uhr, Mo, Fr und an gesetzlichen Feiertagen geschl. **Museum of Fine Arts**, Arts Block, Punjab University, Tel.: 22779, 14.00-17.00 Uhr (Sommer); 10.00-13.00 Uhr (im Winter). Mo geschlossen. **Rock Garden**, Sector 1, 9.00-13.00 und 15.00-18.00 Uhr (im Sommer bis 19 Uhr). **Aakar Art Gallery**, No. 4 Sector 17.

Telekommunikation
General Post Office, Sector 17, Tel: 21070 (Öffnungszeiten 10.00-17.00 Uhr). **Central Telegraph Office** (24 Stunden). Sector 17, Tel: 23033.

Restaurants
CHINESISCH: **Dragon**, Sector 15. **Ginza**, Sector 14. *FAST FOOD:* **Hot Shoppe & Hot Millions**, S. 17. **Tasty Bite**. *INTERNATIONAL:* **Four in One**, Sector 17, Tel: 26516. **Kwality**, SCO 20, Sector 17, Tel:33183. *INDISCH:* **Mehfil**, Sector 17, Tel: 29439. **Bawarchi**, Sector 9, Tel: 21361. **Indian Coffee House**, Sector 22, Tel: 25504.

Einkaufen
Chandigarh bietet eine breite Palette von Handarbeiten. *Bagh* und *phulkari*, mit Stickereien verzierte Decken, Taschen, Leinen, Kleider. Die Haupteinkaufszonen liegen im Sector 17 und 22.

Touristen-Information
Chandigarh Tourism, Sector 17, Busstand, Tel: 22548. Information Office, CITCO, Tel: 41761, 44030 (veranstaltet auch Stadtrundfahrten). Tourist Office Himachal Tourism, Sector 22B, Tel: 26494

Anreise / Verkehrsmittel
Flüge können nach Delhi, Leh, Jammu, Kulu und innerhalb Punjab nach Ludhiana und Amritsar gebucht werden. Auch Bhatinda und Patiala haben Flugverbindungen mit Delhi. Der Hauptbahnhof, 8 km von der Stadt entfernt, hat Zugverbindung mit Delhi, Calcutta und Bhiwani (in Haryana). Busse und Taxis gibt es für Fahrten inner- und außerhalb der Städte. Am Hauptbusbahnhof, Sector 17, werden Busverbindungen nach Delhi, Jammu-Srinagar, Shimla und Punjab angeboten. Auto-Rikschas und Fahrrad-Rikschas unterstützen die öffentlichen Verkehrsmittel. Kutschen und Limousinen können für Stadtrundfahrten genützt werden.

AMRITSAR (0183)
Unterkunft
MITTEL: **Mohan International Hotel**, Albert Road, Tel: 227801. **Hotel Ritz**, 45 The Mall, Tel: 66027. *EINFACH:* **Grand Hotel**, Queen's Road, gegenüber dem Bahnhof, Tel: 62424. **Mrs. Bhandari's Guest House**, Tel.: 222390.

HARYANA
Service Centres
Den Staat durchziehen die Reisewege nach Uttar Pradesh, Himachal Pradesh, Rajasthan und Punjab. An diesen Strecken liegen gut ausgestattete **Service Centres** (Motels/Raststätten); die Entfernungen von Delhi und die Tel.-Nr. der Unterkünfte sind unten angegeben.

Delhi-Chandigarh
Samalkha (70 km), Tel: 2110; **Panipat** (92 km), Tel: 21-051; **Karnal** (124 km), Tel: 24-264; **Pipli** und **Kurukshetra** (152-155 km), Tel: 30-250; **Ambala** (200 km; 55 km von Chandigarh), Tel: 44-3732; **Panchkula** (270 km); **Morni Hills** (45 km von Chandigarh); **Yadavindra Gardens**, **Pinjore** (281 km; 22 km von Chandigarh), Tel: Kalka 2855.

Delhi-Rajasthan
Dharuhera (70 km), Tel: 2186; **Sohna** (64km), Tel: 2256, der in der Nähe gelegene Damdama Lake bietet Gelegenheit zum Angeln und Bootfahren; **Gurgaon** (32 km), Tel: 320683; **Rewari** (80 km), Tel: 2084.

Delhi-Punjab
Rohtak (72 km), Tel: 33-120; **Jind** (127 km), Tel: 56087; **Hissar** (160 km), Tel: 75702; **Sirsa** (259 km), Tel: 21996; **Abub Shehr** (335 km), Tel: 239; **Surajkund** (20 km), Tel: 681-0799; **Badkhal Lake** (32 km), Tel: 21-8731; und **Sultanpur Bird Sanctuary** (46 km), Tel: 85-242 Farakhnagar Exch.

DIE EBENEN VON UTTAR PRADESH

Die wasserreichen Ebenen von Uttar Pradesh (im Volksmund: U. P.) liegen zu Füßen des Himalaya-Vorgebirges und werden vom Ganges und seinen Nebenflüssen genährt. Dieses fruchtbare Land hat den Prozeß der indischen Zivilisation enorm gefördert: Der Hinduismus wurde vor allem hier weiterentwickelt, der Buddhismus und Jainismus wurden hier geboren, ehemals unbedeutende Staaten und Fürstentümer wuchsen zu mächtigen Königreichen heran.

Mathura, Jaunpur, Agra und Fatehpur Sikri waren alle einmal große kulturelle und politische Zentren, die oft durch die Eroberer begründet wurden, die immer wieder über die gewaltigen Grenzgebirge im Nordwesten hereinbrachen. Sie brachten den Islam und damit kulturelle Einflüsse, die nicht nur absorbiert, sondern

Oben: Denkmal einer unsterblichen Liebe – der Taj Mahal.

schöpferisch zu einer neuen Tradition mit eigener Identität integriert wurden. Besonders U. P. ist eine Hochburg dieser Tradition, die am besten in der Architektur erkennbar ist, sich aber auch in der Musik, in Tanzformen wie dem *kathak* sowie in der Urdu-Poesie ausdrückt.

Heute gehört der Staat zu den am dichtesten besiedelten Gebieten Indiens und ist eine Brutstätte für politische Unruhen. Große Teile des Landes sind noch sehr rückständig, aber Reisende treffen auf einige atemberaubende Sehenswürdigkeiten, besonders in Agra und Varanasi.

Agra

Nachdem **Agra** jahrhundertelang nur von sekundärer Bedeutung war, trat die Stadt an den Ufern des Yamuna 1504 als Hauptstadt von Sikander Lodi hervor und entwickelte sich zu einem herausragenden Machtzentrum. Daher lag es auf der Hand, daß Babur, der Begründer des Mogul-Reiches, hier seine Zelte aufschlug. Agras Monumente drücken sowohl den individuellen Geschmack der aufeinanderfolgenden Herrscher als auch die Entwicklung einer architektonischen Tradition aus, die in der einzigartigen Harmonie des Taj Mahal gipfelte.

Der Taj Mahal

Seit über zwei Jahrhunderten haben Reisende und Dichter Lobeshymnen auf den **Taj Mahal** gesungen, dessen Silhouette als Synonym für ganz Indien gilt. Der Tod seiner geliebten Königin Mumtaz Mahal („Perle des Palastes") im Jahr 1631 bewog den Mogul-Herrscher Shah Jahan, ihrem Andenken ein Mausoleum von beispielloser Schönheit zu weihen. Außergewöhnliche Künstler und 20.000 Arbeiter bauten 22 Jahre an diesem Grabmal. Fleckenloser weißer Marmor wurde in den Steinbrüchen von Makrana (Jaipur) gebrochen, Sandstein von Fatehpur Sikri herbeigeschafft, ausgewählte Edelsteine und Halbedelsteine wurden innerhalb und außerhalb der Reichsgrenzen zusammengetragen. Als Gartengrab in der Tradition der Gräber von Khan Khanan und Humayun in Delhi konzipiert, läßt der Taj Mahal („Krone des Palastes") seine Vorbilder jedoch weit hinter sich.

Das Mausoleum erhebt sich am hintersten Ende des Gartens und betont dadurch die vollkommene Symmetrie der gesamten Anlage. Sie wird vervollständigt durch die harmonische Ergänzung des gegenüberliegenden, riesigen Eingangstors, des ausgedehnten Gartens und der angrenzenden Gebäude – der Moschee und des spiegelbildlich erbauten Mehman Khana (Gästehaus). All diese Gebäude sind proportional aufeinander abgestimmt; zusammen lassen sie den Raum, auf dem sich den Taj Mahal erhebt, erscheinen „wie eine schöne Prinzessin, umgeben von vier aufmerksamen Zofen".

Details zu beschreiben, birgt die Gefahr in sich, ein Werk wie den Taj Mahal auf eine pure technische Leistung zu reduzieren. Aber wir können seine skulpturähnlichen, die Form harmonisierenden Eigenschaften nicht übergehen – die Erhabenheit der Kuppel mit den zurücktretenden Bögen der Eingangstore, die wiederum mit ihren bogenförmigen Nischen den Alkoven des Grabes aufgreifen; oder den leuchtend weißen Marmor mit seinem lyrischen, dennoch zurückhaltenden Farbenspiel. Unter der Kuppel der mittleren Halle sind die Cenotaphe von Mumtaz Mahal und Shah Jahan, der hier von seinem Sohn Aurangzeb beigesetzt wurde (die echten Gräber liegen in einer unterirdischen Kammer). Die Cenotaphe und der sie umgebende Zaun zeichnen sich durch eine besonders feine Einlegearbeit in der sogenannten *pietra-dura*-Technik aus. Nicht selten wurden bis zu 48 winzige Halbedelstein-Stücke so dicht aneinandergesetzt, daß die einzelnen Blüten keine Bruchnaht erkennen lassen.

Obwohl er in eine Höhe von fast 75 Meter emporragt, behält der Taj Mahal in seiner hellen Klarheit und Schlichtheit den Charakter eines kostbaren Juwels. Das Spiel des Lichts auf dem Marmor macht aus ihm einen Spiegel unterschiedlichster Stimmungen. Manche meinen, daß man den Taj Mahal am besten in Vollmondnächten betrachtet; andere sind der Ansicht, daß er bei Tagesanbruch am verklärtesten wirkt und bei Sonnenuntergang am sinnlichsten; wieder andere schwören darauf, daß er vor allem in mondlosen Nächten einen besonderen magischen Glanz ausstrahlt.

Das imposante **Agra Fort** am Ufer des Yamuna hat keine Konkurrenz. Hier entwickelte sich unter Akbar erstmals das Baukonzept der Moguln. Doch sind die meisten der von ihm konstruierten Paläste und Gebäude innerhalb des Forts zerstört und durch strahlend weiße Marmorbauten seines Enkels Shah Jahan ersetzt worden.

Außer den soliden Festungsmauern aus Sandstein, die sich über 2,5 Kilometer hinziehen, und den hochaufragenden Torbauten ist der **Jehangir Mahal** mit seinem verzierten Gitterwerk und seinen Schnitzereien der einzige noch existierende Palast aus der Zeit Akbars.

Der **Diwan-i-Khas**, das Gebäude für private Audienzen, wurde von Shah Jahan erbaut. Die Atmosphäre der Räume wird durch elegante Pfeiler und mit Blätterwerk verzierten Bögen bestimmt, die zu einem Kennzeichen seines Stils geworden sind. Der berühmte Pfauenthron stand hier, bevor er nach Delhi transportiert wurde. An den Diwan-i-Khas angrenzend liegen die ,,paradiesartigen Wohnungen", die Shah Jahan für Mumtaz Mahal erbauen ließ. Sie umfassen den **Khas Mahal**, den **Jasmin-Turm**, den **Oktogonalen Turm**, den **Shish Mahal** (Spiegelpalast) und das **Hamam**, das königliche Bad. Ironischerweise mußte Shah Jahan die letzten Jahre seines Lebens in diesen Wohnungen verbringen, eingesperrt von seinem ehrgeizigen Sohn Aurangzeb. Es gibt auch zwei schöne Moscheen innerhalb des Forts – die **Perlenmoschee** und die **Nagina Masjid**. Diese Bauwerke gehören zu den besten Beispielen eines architektonischen Stils, der aus der Fusion von islamischer und hinduistischer Tradition entstand und in Shah Jahans ,,Herrschaft des Marmors" gipfelte.

Weiter findet man innerhalb des Forts den wohlproportionierten **Diwan-i-Am**, die Halle der öffentlichen Audienzen mit ihrem reich verzierten Marmorthron. Ein großer Teil des Goldes, Silbers und der Edelsteine, die in diesen Gebäuden verarbeitet wurden, sind von den Jats im 18. Jh. geraubt worden.

Auf der anderen Seite des Flusses, drei Kilometer stromabwärts, liegt das **Mausoleum von Mirza Ghiyas Beg**, des Schwiegervaters von Jehangir. Nachdem er seinen Wert am Hof des Moguls unter Beweis gestellt hatte, wurde ihm vom Herrscher der Titel **Itmad-ud-Daula**, Pfeiler des Staates, verliehen. Sein Mau-

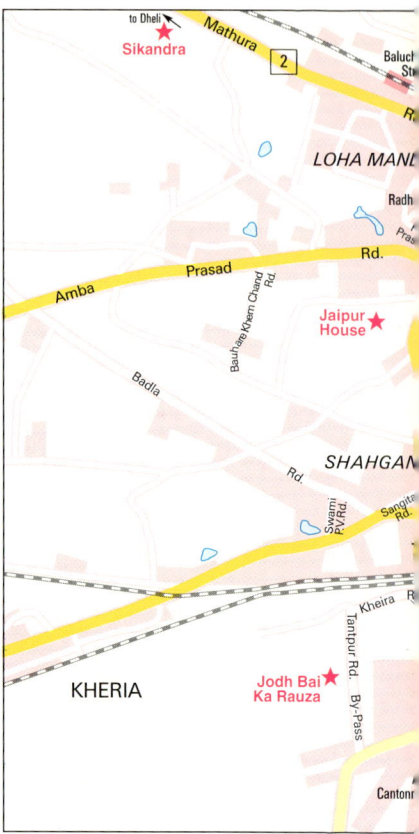

soleum, das unter eben diesem Namen bekannt geworden ist, wurde unter dem Patronat seiner Tochter Nur Jahan im Jahr 1628 vollendet. Dieses ,,juwelenbestückte Schmuckkästchen" ist sicherlich ein Prachtstück der Mogul-Architektur. In seiner Marmorverarbeitung mit den Einlegearbeiten (zutreffend als Steinstikkerei bezeichnet) ist es ein Vorläufer des Taj Mahal.

Nicht weit vom Itmad-ud-Daula liegt das **Chinika Rawza**, erbaut durch Afzal Khan, einem hohen Beamten am Hof des Jehangir. Das Bauwerk wird von einer einzelnen Kuppel überragt; die Überreste von emaillierten Kacheln weisen auf den starken persischen Einfluß hin. Etwas weiter nördlich ist von Babur der erste

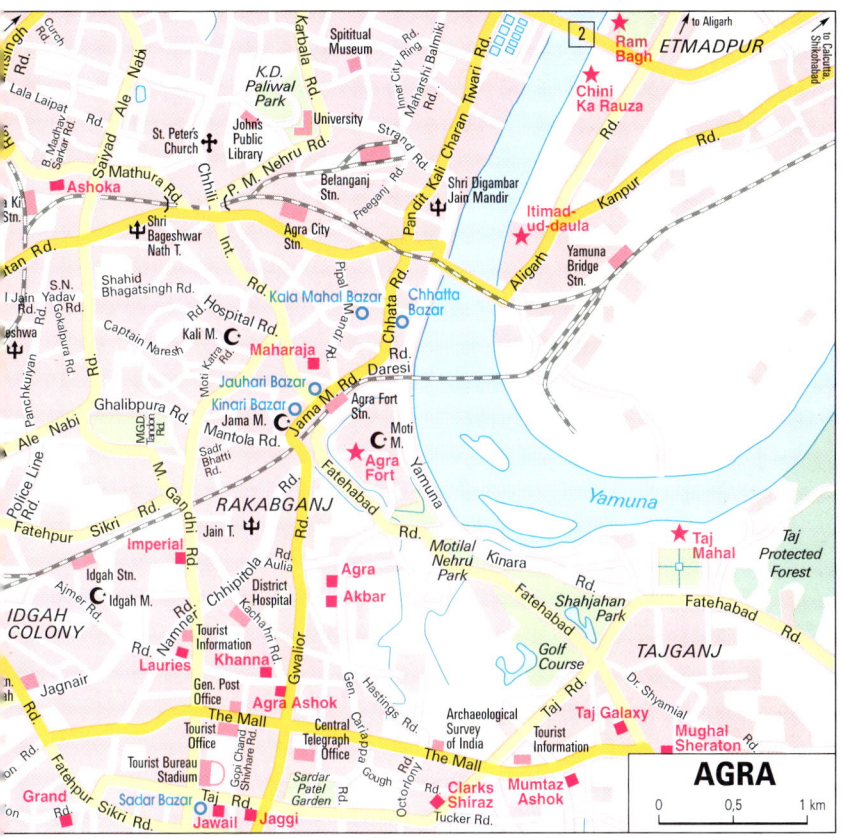

Mogul-Garten namens **Ram Bagh** angelegt worden, als Ort der Erholung von den ,,heißen und staubigen Ebenen Hindustans". Heute ist der Garten in einem vernachlässigten Zustand. Im Dyal Bagh Komplex, etwa zehn Kilometer von Agra entfernt, ist bereits seit 80 Jahren ein **Radha-Swami-Tempel** im Bau.

Interessanter sind jedoch der **Kinari** und **Jauhari Bazaar** in der Stadt Agra selbst und die geschäftigen Gassen, die alle auf die **Jami Masjid**, eine ebenfalls von Shah Jahan erbaute Moschee, zulaufen. Agra ist das größte Schuhproduktionszentrum der Welt. Es ist auch berühmt für seine enorme Vielfalt an Produkten der Marmoreinlegetechnik, für seine *zardozi* (Goldstickereien), Teppiche, seine *petha* (kristallisierter Kürbiszucker) und *dalmoth* (würzige Linsen).

Akbars Mausoleum liegt bei **Sikandra**, zehn Kilometer von Agra entfernt. Der üppig verzierte Torweg führt zu dem riesigen Sandsteingrabmal, das von marmornen Pavillons überragt wird. Dieses Monument, von Akbar begonnen und von seinem Sohn Jehangir vollendet, stellt eine selbstbewußte Kombination hinduistischer und islamischer Stilrichtungen dar und ist als eine ,,amorphe Kuriosität" charakterisiert worden.

Fatehpur Sikri

Fatehpur Sikri, 37 Kilometer westlich von Agra, ist, obwohl von den Be-

FATEHPUR SIKRI

wohnern verlassen und größtenteils nur noch als Ruinen existent, eine faszinierende Stadt. Allerdings sind die roten Sandsteinhäuser der einstigen Herrscherfamilien noch so gut erhalten, daß man denken könnte, Akbar habe die Stadt erst gestern verlassen.

Eine Geschichte rankt sich um ihre Gründung: Auf dem kahlen Höhenzug oberhalb des Dorfes Sikri lebte ein Sufi-Heiliger namens Sheik Salim Chishti. Angeblich hat Akbar ihn aufgesucht, um seinen Segen für einen männlichen Nachkommen zu erbitten. Im Lauf der Zeit gebaren ihm seine drei Frauen drei Söhne. Bei der Geburt des ersten Sohnes (Jehangir) im Jahr 1569 baute Akbar die großartige **Jami Masjid** in der Nähe des Aufenthaltsorts des Heiligen. Als 1571 ein zweiter Sohn folgte, beschloß der dankbare Herrscher, eine mächtige Stadt zu bauen. Die besten Architekten und Baumeister waren bereits dabei, das Fort von Agra zu errichten. Von Akbars persönlichem Enthusiasmus mitgerissen, gaben sie bei Sikri einer königlichen Stadt Gestalt, die ,,größer und besser als London" war. Im Jahr 1573 benannte Akbar die Stadt um in Fatehpur, Stadt des Sieges, zum Gedenken an seinen Triumph über Gujarat.

Der Engländer Ralph Fitch, der Fatehpur Sikri 1585 besuchte, berichtete, daß die Strecke von Agra hierher ein einziger, übervölkerter Basar war, auf dem man alle Schätze des Orients kaufen konnte. Die von einer zehn Kilometer langen Befestigungsmauer umgebene Stadt war auf einem Höhenzug erbaut; der Palast lag im Osten, wo der Abhang steil vom höchsten Punkt bei der Jami Masjid abfiel. Unterhalb des Palastes lagen die Häuser der Adligen sowie Basare, Karawansereien, Handwerksbuden, Schulen, Bäder und Ställe.

Rechts: Krishna hat den Milchmädchen ihre Kleider geraubt (Miniaturmalerei, 18. Jh.).

Der Ort des Glücks

Das **Agra Gate** ist noch immer der Hauptzugang zur Stadt. Die Straße führt zunächst durch Ruinen. Hinter diesen Ruinen stößt man auf den gut erhaltenen **Diwan-i-Am**. Sein imposanter Innenhof, die Arkadengänge und der geschnitzte Sandstein scheinen von der Zeit unberührt geblieben zu sein. Hier präsentierte Akbar sich dem Volk. Urteile wurden gesprochen, während mitten in den Anhörungen Darbietungen von Jongleuren, Spaßmachern und Akrobaten stattfanden. An der Rückseite des Diwan-i-Am liegt ein großer Platz, der Pachisi-Hof. In seinem Pflaster ist ein Spielplan eingelassen, auf dem der König mit seinen Adligen oft ein Würfelspiel spielte. Alle Gebäude, die an diesem Platz liegen, gehören zum Männerbereich des Palastes. Die bemerkenstwertesten Gebäude sind der von innen wunderschöne **Diwan-i-Khas**, der **Astrologenpavillon** und der fünfstöckige Pavillon **Panch Mahal**. Der ganze Bereich linker Hand war durch eine Mauer abgetrennt und bildete den Harem. Auch hinter dem Panch Mahal lebten Frauen, eine jede in ihrem eigenen Haus. Die schönsten dieser Häuser sind der **Palast der türkischen Sultanin**, das sogenannte **Haus Raja Birbals** mit exquisiten Steinarbeiten und das **Haus der Maryam-uz-Zamani** mit Resten von Malereien. Sogar Götterbilder finden sich hier, die zeigen, daß Akbars hinduistische Frauen weiterhin ihrem Glauben treu bleiben durften. Im Panch Mahal hielt Akbar sich oft an Sommerabenden auf, um mit den Damen seines Harems die kühle Brise zu genießen.

Man muß sich inmitten dieser verlassenen Paläste das Leben vor 400 Jahren vorstellen. Hier war das Machtzentrum eines riesigen Reiches, von einem Herrscher regiert, der Zeitgenosse von Elisabeth I. von England, Heinrich IV. von Frankreich und Shah Abbas von Persien war; ein Mann, der sich als von Gott aus-

erwählt betrachtete, „einen großartigen Plan zu realisieren"; ein außerordentlicher Staatsmann und Feldherr, der ein leidenschaftliches Interesse an verschiedenen Aspekten des Lebens hatte und sogar eine neue Religion gründete, Din-i-Illahi. Zur bunten Hofrunde Akbars gehörten hervorragende Generäle und Finanzleute, Dichter und Biographen, Theologen der verschiedenen religiösen Richtungen (selbst Jesuiten!) und berühmte Musiker wie Tansen. Eine Bibliothek mit 24000 Manuskripten wurde in Fatehpur Sikri von den besten Künstlern und Schreibern der Zeit zusammengestellt. Hier wurde die Miniaturmalerei der Mogulzeit geboren sowie die Sanskrit-Klassiker und Turki-Chroniken ins Persische übersetzt.

Außerhalb des eigentliche Palastbereiches befindet sich eins der bemerkenswertesten Gebäude aus Akbars Zeit, die große Freitagsmoschee Jami Masjid. 1573 gab er die eindrucksvolle **Buland Darwaza**, das Haupttor, in Auftrag, die sich bis auf eine Höhe von 40 Metern erhebt. Interessanterweise liegt das eigentliche Moscheegebäude seitlich dieses Haupttores, da es ja nach Mekka ausgerichtet sein mußte. Im Innenhof findet sich das von Shah Jahan erbaute Grabmal des Weisen Sheikh Salim Chishti. Viele Pilger kommen hierher, um Gelübde zur Erlangung von Söhnen abzulegen.

Trotz all dieser Prachtentfaltung hat Akbar in Fatehpur Sikri nur 14 Jahre gelebt. Manche glauben, daß er wegen akuten Wassermangels wegging, andere, daß Probleme im Nordwesten des Landes seine Anwesenheit in Lahore erforderten. 1610 war die Stadt bereits verlassen, und nur die königlichen Gemächer wurden für spätere Herrscher erhalten. Endgültige Zerstörung haben die Jats im 18. Jh. angerichtet, nur dem Sandstein konnten sie nichts anhaben.

Mathura

Mathura, an den Ufern der Yamuna gelegen, wird traditionell als Geburtsort Krishnas verehrt. Diese vornehmlich hin-

MATHURA

duistische Stadt wird bereits in den Berichten des Ptolemäus erwähnt und ist noch heute Wallfahrtsort, eine der heiligsten und ältesten Städte Indiens.

Das **Mathura-Museum** zeigt bedeutende Skulpturen aus der Mathura-Schule, aus den Sunga- und Gupta-Perioden. Die Sammlung von Kushana-Kunst ist die beste in ganz Indien.

Weitere Attraktionen in Mathura sind heute der legendäre Geburtsort des Gottes Krishna, **Krishna Janmabhumi**, das **Vishram Ghat** und der **Dwarkadesh-Tempel**. Zahlreiche weitere Tempel befinden sich in der Nachbarstadt **Vrindavan**, in der Gott Krishna seine Jugend verbracht haben soll. Neben dem kunsthistorisch bedeutenden **Govind Deo** ist der moderne **ISCON-Tempel** am bekanntesten.

Oben: Der Bahnhof von Lucknow ruft die Zeit der Nawabs ins Gedächnis zurück. Rechts: Im Inneren der Bara Imambara versammeln sich schiitische Moslems zum Moharram.

Ostwärts nach Lucknow

Aligarh, eine weitere alte Garnisonsstadt mit einem Hindu-Fort, das in früheren Zeiten Schauplatz hektischer militärischer Aktivitäten war, ist heute vor allem wegen seiner Moslem-Universität bekannt, die auf islamische Studien spezialisiert ist.

Rampur wurde von den Nawabs regiert, die bekannt waren als Kunstkenner und Gourmets. Die **Basare** und die **Jami Masjid** sind einen Besuch wert.

Interessanter ist noch das **Hamid Manzil**, das die **Raza-Bibliothek** beherbergt. Seine Sammlung feinster alter Miniaturen und seltener Manuskripte zieht Wissenschaftler und Kunstliebhaber aus aller Welt an.

Kanpur, an den Ufern des Ganges gelegen, hat für den Touristen nur wenig Sehenswertes zu bieten. Es ist eine Industriestadt mit berühmten Leder- und Textilfabriken. Historisch ist Kanpurs Bedeutung eng mit der Revolte von 1857 verbunden.

Lucknow

An den Ufern der Gomati liegt **Lucknow**, die Hauptstadt von Uttar Pradesh. Trotz seiner Modernisierung ist es noch immer geprägt vom Erbe früherer Regenten, den Nawab-Wesiren von Awadh. Ursprünglich waren diese Gouverneure des Mogulreiches. Im 18. Jh. wurden sie mit die Hauptgegner der Briten, mußten sich aber schließlich unterwerfen. 1856 annektierten die Briten dieses begehrte Areal unter einem Vorwand. Als Gründer der heutigen Stadt gilt Asaf-ud-Daula. Bis 1856 gewann die Stadt allmählich einen Ruf als Zentrum der Urdu-Dichtung und der höfischen Literatur. Sie erreichte ihren Höhepunkt unter der Herrschaft des letzten Nawab, Wajid Ali Shah, einem Kenner von Musik und Poesie.

Teile Lucknows legen noch heute Zeugnis ab von dieser vergangenen Epoche. Nahe des **Chowk** mit seinen engen, überfüllten Basaren, auf denen altes Silber, mit *zari*- und *chikan*-Stickerei verzierte Objekte (beide Kunstfertigkeiten datieren aus den Zeiten der Nawabs) und echte islamische Spezialitäten verkauft werden, liegt die **Bara Imambara**, von Asaf-ud-Daula 1784 erbaut. Die wohl hervorstechendste Eigenschaft dieser riesigen, eingeschossigen Halle, die für rituelle Trauerfeiern während des Moharram-Festes diente, ist das Fehlen jeglicher Balken oder Stützpfeiler. Innen gibt es zahlreiche *tazia* (Repliken der Gräber bei Karbala), manche mit bunten Glasfenstern, und ein *bhul bhulaiya*, einen Irrgarten mit einer Reihe endloser Korridore. Neben der Imambara steht das **Rumi Darwaza**, ein ornamentierter Torweg aus Ziegelstein und koloriertem Stuck, der wegen seiner Ähnlichkeit mit einem Tor in Konstantinopel auch als Türkisches Tor bezeichnet wird.

Von weniger imposanten Ausmaßen ist die **Chota Imambara** (auch **Husainabad Imambara**), die Mohammed Ali Shah 1837 als sein Mausoleum errichtete. Ein heiliges Wasserbecken erstreckt sich vor dem reich verzierten Bauwerk mit seinen vergoldeten Kuppeln. Dem

Becken gegenüber liegen das **Baradari** (Sommerhaus) und der Uhrturm.

Die weiter westlich zu erkennende **Jami Masjid**, eine von Ali Shah erbaute Moschee, gehört zu den wenigen, die für Nicht-Moslems geschlossen sind. Die **Shah Najaf Imambara** in einem anderen Stadtteil ist ein einfaches weißes Gebäude, das seinen Namen von der 200 Kilometer südlich von Bagdad gelegenen Stadt Najaf herleitet, wo der Heilige Hazrat Ali begraben ist. Die Imambara enthält eine Anzahl sehenswerter Kronleuchter aus venezianischem und böhmischem Glas.

Die **Residenz** veranschaulicht die Geschichte der britischen Kolonialherrschaft. Auf den grünen Rasenflächen sind noch einige Ruinen zu sehen. Ursprünglich im 19. Jh. für den britischen Statthalter erbaut, war sie Schauplatz dramatischer Vorfälle während des Unabhängigkeitskampfes.

Oben: Wie seit Jahrtausenden baden gläubige Hindus an den Ghats von Varanasi.

Ein weiteres herausragendes Bauwerk ist die **Martiniere-Schule**, die von Claude Martin, einem Abenteurer, erbaut wurde, der enorme Reichtümer ansammelte. Sein palastartiges Haus, eine seltsame Mischung aus indischen und westlichen Stilrichtungen, wurde später in eine Schule umgewandelt, die unter anderem auch der Schriftsteller Rudyard Kipling besuchte. Der **Kaisar Bagh**, ein Garten mit mehreren Gebäuden, **Lakshman Tila**, der ursprüngliche Platz der Stadt (jetzt Standort einer Moschee) und der **Zoo** sind einige von Lucknows weiteren Sehenswürdigkeiten.

Ayodhya und Allahabad

Nahe **Faizabad**, der einstigen Hauptstadt von Awadh, liegt die kleine Stadt **Ayodhya** am Ghagara-Fluß. Sie zählt zu den sieben heiligen Städten des Hinduismus mit zahlreichen Tempeln und *ghats*. Traurige Berühmtheit erlangte sie 1992, als fanatische Hindus die in der Mogulzeit über der legendären Geburtsstätte von Rama erbaute Babri-Moschee zerstörten, um dort wieder einen Tempel zu errichten. Ein Wiederaufbau der umstrittenen Moschee ist geplant, einstweilen wird das Gelände streng bewacht, um Unruhen vorzubeugen.

Nachdem Rama aus Ayodhya verbannt worden war, hat er angeblich im heutigen **Allahabad** am Zusammenfluß der beiden heiligsten indischen Ströme, Yamuna und Ganges, Zuflucht gesucht. Viele meinen, daß jeder Besuch der Stadt am *sangam* (Zusammenfluß), dem rituellen Mittelpunkt Allahabads, anfangen und enden sollte. Wenn man am **Hanuman Mandir** vorbei einen Spaziergang zum Flußufer hinunter macht, erblickt man die von Akbar erbaute Festung und in der Ferne über dem Fluß die Stelle, wo die „weißen und dunklen Gewässer sich vereinen". Seit Jahrhunderten ist dies ein Ort höchster Verehrung, der von Tausenden von Pilgern während der jährlichen *Magh Mela* und der *Kumbh Mela* besucht wird, die alle zwölf Jahre stattfindet.

Die Quelle des mythischen Flusses

Die ebenfalls von Akbar erbaute **Festung** ist ein nicht-öffentliches Areal; für einen Besuch muß man vorher eine Erlaubnis einholen. Von ihrer ursprünglichen Schönheit ist viel verlorengegangen, obwohl die Außenmauer vollkommen erhalten ist. Im Inneren der Festung dürfen Besucher nur die **Ashoka-Säule** und die **Saraswati Kup** besichtigen, die Quelle des mythischen Flusses Saraswati. Der tolerante Akbar rührte den **Patalpuri-Tempel** nicht an. *Akshay Vat*, ein angeblich unsterblicher Banyan-Baum, wird hier verehrt. In einem anderen Stadtteil liegt der **Anand Bhavan**, der Familiensitz der Nehrus, den Indira Gandhi in ihren letzten Lebensjahren dem Staat schenkte. Es war einst eng mit dem Unabhängigkeitskampf verbunden und Schauplatz vieler historischer Ereignisse. In der Nähe liegt die **Universität**.

Varanasi

Varanasi (Benares), der älteste ununterbrochen von Menschen bewohnte Ort der Welt, am Ufer des Ganges gelegen, ist die heiligste Stadt Indiens. Seit Jahrhunderten kommen die Pilger hierher, um Erlösung und Trost zu suchen. Diese uralte Stadt zieht immer wieder die Menschen in ihren Bann, denn hinter ihrer armseligen Fassade ist sie voller Vitalität. Sie konfrontiert den Besucher mit allen Aspekten des Lebens in seiner ganzen schillernden Widersprüchlichkeit.

Nirgendwo ist Varanasi faszinierender als bei den *ghats*, den stufenförmigen Uferbefestigungen, zu denen von Tagesanbruch bis zur Dämmerung ein unablässiger Strom von Menschen drängt. Ohne sich um Beobachter zu kümmern oder sich vom Geschehen ringsum stören zu lassen, vollziehen die Pilger ihre Rituale in dem festen Glauben, sich damit von den Sünden ihres Lebens reinzuwaschen. Unter Bambusschirmen sitzen die *ghatias*, immer bereit, bei den Ritualen zu helfen. Viele sind beim Anblick der *ghats* von all dem Lärm, Chaos und den Leichenverbrennungen schockiert. Die Religion und ihre Botschaft scheinen weit weg zu sein bei soviel Vitalität und Elend, soviel Leben und Tod. Aber allmählich schwinden die Widersprüche, die verborgene Harmonie des Ganzen tritt zutage.

Den einzigartigen Blick auf die spektakuläre, sich über 4 km hinziehende Flußkrümmung mit den *ghats* sollte man am besten bei Tagesanbruch erleben, in diesem „weichen, ersten Licht", wenn über dem Fluß und den *ghats* noch eine „zeitlose, ätherische Stimmung liegt". Am besten mietet man ein Boot und fährt flußabwärts, so kann man all die Eindrücke langsam in sich aufnehmen. Alle Geräusche sind weit weg, nur das Eintauchen der Ruder ins Wasser ist zu hören. Die *ghats* beginnen an dem Punkt, wo die Varuna in den Ganges mündet und enden

VARANASI

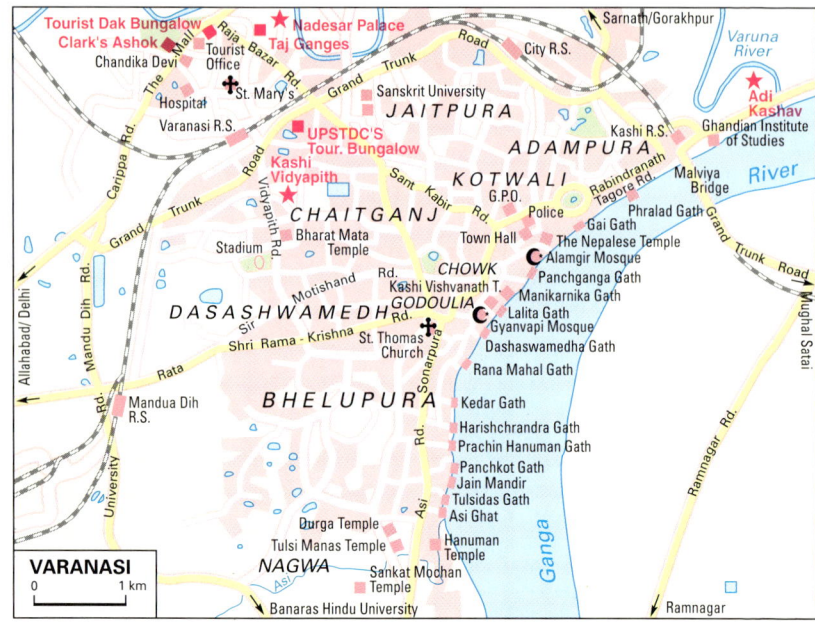

beim Asi Ghat, wo die Asi in den Ganges fließt: von daher der Name Varanasi.

Mehr als 100 *ghats* säumen den Fluß, aber nur wenige können über eine der Straßen erreicht werden. Das **Dashaswamedha Ghat** ist ein solches. Zu seiner Rechten liegt ein kleiner **Shitala-Tempel**, der Göttin geweiht, die die Menschen vor Pocken schützt. Außerdem hat dieser Tempel ein *lingam*, das daran erinnert, daß bei diesem *ghat* die Opferung der zehn Pferde stattfand und allen Gnade gewährt wird, die an diesem *ghat* baden. Ein überschwemmter **Shiva-Tempel** wirkt an dieser Stelle etwas verloren, ebenso wie der Palast des Dom Raja, der angeblich durch seinen Beruf ein riesiges Vermögen angesammelt hat. (*Doms* sind die Manager und Konzessionäre der Verbrennungsghats.)

Während es für einen normalen Inder bereits eine große Gnade ist, in Varanasi verbrannt zu werden (und viele Leichname werden zu diesem Zweck in die Stadt gebracht), darf der Gläubige, der in Varanasi stirbt, sicher sein, die Erlösung aus dem Zyklus der Wiedergeburt zu erlangen. Daher kommen viele Menschen, die sich ihrem Lebensende nähern, besonders Witwen, hierher, um auf den Tod zu warten. Wirkungskreise der *doms* sind die **Harishchandra** und **Manikarnika Ghats**. Für Touristen bilden diese häufig eine Attraktion, und die hier tätigen Bootsleute sind eifrig bemüht, diese beiden Stätten zu zeigen. Für Hindus ist der Tod ein Teil des Lebens, und man versucht nicht zu verbergen, was doch eine unvermeidliche Tatsache ist. Verbrennungen werden von den Hindus akzeptiert, weil sie glauben, daß der Körper, der die Seele nur zeitweilig beherbergt, ganz zerstört werden muß, um ihre Befreiung zu ermöglichen. Das Fotografierverbot an den Verbrennungsghats sollte jedoch unbedingt eingehalten werden.

Nahe des Dashaswamedha Ghat trifft man auf die **Vishvanath Gali**, eine enge Gasse, in der sich Läden mit traditionellem Benares-Brokat, Vorhängen, Teppichen, Messingsachen und anderen Waren dicht aneinander drängen. Die Gasse endet am **Vishvanath Mandir**, dem Hauptheiligtum der Stadt, das ihrer höchsten Gottheit, Shiva, geweiht ist. Varanasi soll der Ort sein, an dem der erste *jyotirlinga*, der feurige Lichtstrahl, mit dem Shiva den anderen Göttern seine Überlegenheit demonstrierte, zum ersten Mal durch die Erdkruste brach und zu den Himmeln strebte. Von daher leitet sich auch der zweite Name Varanasis, **Kashi**, ab, was soviel heißt wie Stadt des Lichts. Bis heute ist der *Shiva lingam* Zentrum der Verehrung und Andacht in Varanasi.

Der ursprüngliche **Vishvanath Mandir** wurde von Aurangzeb zerstört, an seiner Stelle eine Moschee errichtet. Die Holkar-Königin Ahalya Bai ließ ihn 1776 mit einem vergoldeten Turm wieder aufbauen. Im Allerheiligsten steht das schwarze *lingam* auf einem goldenen Podest. Die Umgebung, die zur Vermeidung von religiösen Unruhen wegen der benachbarten Moschee unter strenger Polizeibewachung steht, ist dunkel und eng; lärmende Menschen und singende und betende Priester sind in ihrer Geschäftigkeit befangen. Hier ist das Herz der heiligen Stadt. Nicht-Hindus ist der Zutritt zum Tempel untersagt.

Ein ausführliches Handbuch schreibt den genauen Weg der Pilger vor. Die Stationen umfassen Besuche in verschiedenen Tempeln, von denen einige für Nicht-Hindus geschlossen sind. Dennoch sollte man zu ihnen gehen, weil die Wege und die umliegenden Gebiete eine besondere Atmosphäre ausstrahlen. Zu den vorgeschriebenen Tempeln zählen der **Durga Kund**, der **Sankat Mochan**, der **Tulsi Manas** und der **Kal Bhairav** („der schreckliche Schwarze"), der als eine furchterregende Inkarnation von Shiva besonders von den Anhängern der Tantra-Tradition verehrt wird. Die zweite von Aurangzeb erbaute **Alamgir-Moschee** hingegen erinnert an die islamische Herrschaft.

Interessant ist auch das Gebiet um den **Chowk**, wo zahlreiche Geschäfte traditionelles Essen und Kunsthandwerk an-

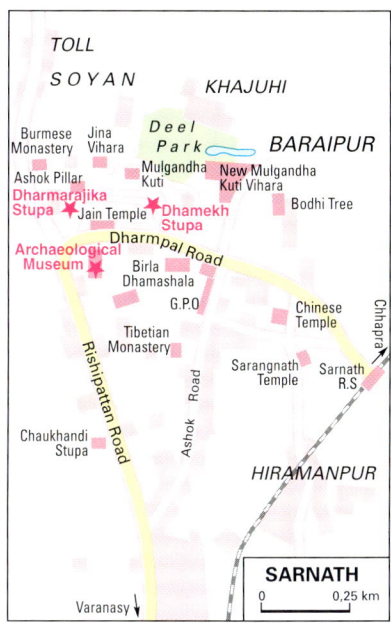

bieten – insbesondere Benares-Brokat. Die Tradition des Brokatwebens geht bis auf die Mogulzeit zurück.

Seit altersher war Varanasi eine Stadt des Lernens und Zentrum der großen Sanskrit-Gelehrten. Die **Banaras-Hindu-Universität** wurde zu Anfang des Jahrhunderts für das Studium der indischen Kunst und Kultur und des Sanskrit gegründet. Man sollte auch das **Bharat-Kala-Bhavan Museum** mit seiner ausgezeichneten Sammlung von Miniaturen, Skulpturen und Textilien besuchen.

Über den Fluß hinweg, bei **Ramnagar**, ist im Palast des ehemaligen Maharaja von Benares ein **Museum** eingerichtet worden, das einige interessante Objekte zeigt, u. a. eine kunstvoll geschnitzte Elfenbeinsänfte. Einen Monat vor dem *Dussehra-Festival* wird Ramnagar lebendig: Jeden Abend werden dann Szenen aus dem *Ramayana* aufgeführt. Ein Besuch in Varanasi sollte auch einen Abstecher nach **Sarnath** (14 km) einschließen, wo Buddha vor 2500 Jahren seine erste Predigt hielt (Beschreibung: S. 211).

INFO: AGRA / VARANASI

AGRA (0562)
Unterkunft
LUXUS: **Agra Ashok**, 6B Mall Rd., Tel: 361223. **Clarks Shiraz**, 54 Taj Rd., Tel: 361421. **The Trident**, Fatehabad Rd., Tel: 331818. **Taj View Hotel**, Taj Ganj, Fatehabad Rd., Tel: 331841. **Welcomgroup Mughal Sheraton**, Taj Ganj, Fatehabad Rd., Tel. 331701. *MITTEL:* **Amar**, Tourist Complex Area, Fatehabad Rd., Tel: 360695. **Mumtaz**, Fatehabad Rd., Tel: 361771. **Grand Hotel**, 137 Station Rd., Tel: 364014. *EINFACH:* **Agra**, 165 Cariappa Rd., Tel: 363331. **Imperial**, M.G. Road, Tel: 364500. **Jaiwal**, 3 Raj Rd., Sadar Bazar, Tel: 363716. **Lauries Hotel** (camping facility), M.G. Road, Tel: 364536. **Mayur Tourist Complex**, Fatehabad Rd., Tel: 332302. **Rajit**, 263 Station Rd., Tel: 644461.

Krankenhäuser
Lady Lyall Hospital, Noori Gate Rd., Tel: 74184. **S. N. Hospital**, Hospital Rd., Tel: 72222. **Verma Nursing Home**, Bagh Farzana Rd., Tel: 73787.

Museen / Kunstgalerien
Archaeological Museum, Taj Mahal; Gemälde, Skizzen; 10.00-17.00 Uhr, Mo, Fr und an gesetzlichen Feiertagen geschl. In **Mathura** (53 km Richtung Delhi) liegt das **Mathura-Museum** (Dampier Nagar, Tel: 92) mit der besten Sammlung von Kushana-Kunst. Tägl. außer Mo, 10.30-16.30 (1. Juli-15. April); 7.30-12.30 Uhr (16. April-30. Juni).

Telekommunikation
Head Post Office, The Mall, Tel: 74000. **Ctr. Telegraph Office** (24 Std.), The Mall, Tel:76914.

Restaurants
Die besten Restaurants sind in den Hotels zu finden. Außerdem: *CHINESISCH:* **Chungwah**, Taj Road, Sadar. **Kwality**, Taj Road, Sadar, Tel: 72525. *INTERNATIONAL:* **Capri**, Hari Parbat, Tel: 72077. **Taj Restaurant**, Western Gate, Taj Mahal, Tel: 76644. *VEGETARISCH:* **Zorba The Buddha**, Sadar Bazar.

Einkaufen
Die Stadt ist spezialisiert auf Kunstgegenstände aus Marmor und Speckstein, Brokat, bestickte Kleidung, Lederschuhe, Teppiche und Schmuck. Die Haupteinkaufszentren von Agra sind Hari Parbat, Sadar Bazaar, Kinari Bazaar, Munro Road, der Taj Mahal-Komplex; ebenso Hotelboutiquen.

Touristen-Information
Government of India Tourist Office, 191 The Mall, Tel: 363377, 363959. Informationsschalter am Kheria Airport (10 km). **UP Government Tourist Bureau**, 64 Taj Rd. Tel: 360517. Auch am Schalter des Agra Cantonment (Bahnhof), Tel: 568589.

Anreise / Verkehrsmittel
Luftverbindungen bestehen mit Khajuraho, Varanasi, Bombay, Jaipur und Kanpur. Expresszüge verbinden Agra mit dem Rest des Landes. Busverbindungen mit Delhi, Lucknow, Jaipur, Gwalior und anderen touristisch interessanten Gebieten. Zwei Züge, der Taj Express und der Shatabdi Express, verbinden Agra mit Delhi und machen einen Tagesausflug nach Agra möglich. Auto-Rikschas, Taxis ohne Taxameter, Touristen-Taxis mit festen Fahrpreisen, Fahrrad-Rikschas und *tongas* für den Nahverkehr.

VARANASI (0542)
Unterkunft
LUXUS: **Clarks Varanasi**, The Mall, Tel: 348501. **Taj Ganges**, Nadesar Palace Grounds, Cantt., Tel: 345100. *MITTEL:* **Varanasi Ashok**, The Mall, Tel: 46020. **Pallavi International**, Hathwa Market, Chetganj, Tel: 56939-43. **Hindustan International**, C 21/3 Maldhaiya, Tel: 351484. *EINFACH:* **Barahdari**, Maidagin, Tel: 330581. **Hotel India**, Patel Nagar Rd., Tel: 342912. **Tourist Bungalow**, Parade Kothi, Tel: 43413. **De Paris Hotel**, 15 The Mall, Tel: 46601-08.

Krankenhäuser / Apotheken
Benares Hindu University Hospital, B.H.U. Campus, Tel: 66833. **Ishwari Memorial Hospital**, 180 Betten. *APOTHEKEN:* **Arun Medical Store**, K65/67 Kabir Rd., Tel: 63618. **Kaladhar Prasad & Sons**, Bichibagh, Tel: 52652.

Feste
Einige dieser Feste finden ausschließlich in dieser heiligen Stadt statt: *Mahashivaratri* (März), Varanasi's Patron Shiva geweiht. *Panch Kroshi* (Apr.), im Fastenmonat, wird ein großer Pilgerstrom Varanasi besucht. *Buddha Purnima* (im Mai bei Vollmond), ein Volksfest in Sarnath, bei dem die Reliquien Buddhas hervorgeholt werden. *Rathyatra* (Aug.); *Ramlila* (Okt.), in Ramnagar, hier werden Episoden aus dem *Ramayana* vorgetragen. *Bharat Milap* (Okt.-Nov.), Rückkehr aus dem Exil von Rama, dem Helden des *Ramayana; Nagnathaiya* (Nov.), Episoden aus Krishnas Leben; *Chetganj Nakkatiya* (Nov.), amüsante Anekdoten aus dem *Ramayana;* und *Ganga Dussehra*, Erinnerungen an den ereignisreichen Tag, als das Wasser des heiligen Ganges Haridwar erreichte.

Museen
Archaeological Museum, Sarnath. Tel: 63708, 10.00-16.45 Uhr. Fr geschl. **Fort Museum**, Ramnagar, Tel: 64002. 8.30-12.00 (Sommer); 9.00-12.30, 14.00-18.00 Uhr (Winter). Kollektion aus königl. Privatbesitz. **Bharat Kala Bhawan**, **Banaras Hindu University**, 11.00-16.30 Uhr; So und während der Universitätsferien geschl. Sammlung: Skulpturen, Terrakottas und Miniaturmalereien.

Telekommunikation
Head Post & Telegraph Office, Biseshwarganj, Tel: 67150. **Head Post Office**, Cantt. Tel: 42783. **Central Telephone Office**, Cantt. Tel: 42014.

INFO: VARANASI / LUCKNOW / ALLAHABAD

Restaurants
Die besten Restaurants sind guten Hotels angeschlossen. Ansonsten: *CHINESISCH:* **Winfa**, Lahurabir. *INDISCH:* **Temple Restaurant**, Hotel Ganges. **Konamey**, Deepak Cinema.

Einkaufen
Varanasi hat eine lange Handwerkstradition. Der bedeutendste Zweig ist die Seidenweberei. Der größte Teil des Rohmaterials kommt aus Südindien. Kupferwaren, Schmuck und Seidenprodukte erhält man in den Haupteinkaufszentren in Chowk, Godoulia, Vishvanath Lane, Gyanvapi und Thatheri Bazaar.

Touristen-Information
Government of India Tourist Office, 15b The Mall, Tel: 343744. **U.P. Government Tourist Office**, Parade Kothi (dem Bahnhof gegenüber) Cantt., Tel: 43486, 43413. Auch ein Schalter an der Varanasi Cantt, am Bahnhof (Tel: 43544) und am Babatpur Airport.

Anreise / Verkehrsmittel
Flugverbindungen mit Delhi, Bombay, Agra, Khajuraho, Lucknow, Allahabad, Hyderabad, Patna, Kanpur, Calcutta und Kathmandu (Nepal). Der Flughafen Babatpur ist 22 km vom Cantt entfernt. Varanasi hat Zugverbindungen mit allen wichtigen Zentren Indiens, auch mit den nördlichen und nordöstlichen Liniennetzen der Eisenbahn.
Örtliche Taxis, Auto- und Fahrrad-Rikschas, Pferdekutschen, *tempos* und Busse sind immer verfügbar. Boote für Fahrten auf dem Ganges können gemietet werden. In der Innenstadt geht man am besten zu Fuß, da die Straßen für den Autoverkehr oft zu schmal sind.

LUCKNOW (0522)
Unterkunft
LUXUS: **Hotel Clarks Avadh**, 8 Mahatma Gandhi Marg, Tel: 216500-9. **Taj Mahal**, Vipin Khand, Tel: 393939. *MITTEL:* **Carlton Hotel**, Rana Pratap Marg, Tel: 224021.
EINFACH: **Hotel Kohinoor**, 6 Station Road, Tel: 237693. **Capoor's Hotel & Restaurant**, 52 Hazrat Ganj, Tel: 223958. **Avadh Lodge Tourist Hotel**, Tel: 282861. **UPSTDC's Hotel Gomti**, 6 Sapru Marg, Tel: 242624. **Mohan**, Char Bagh, Tel: 454216

Krankenhäuser
Balrampur Hospital, Gola Ganj, Tel: 244040. **Dufferin Hospital**, Gola Ganj, Tel: 244050. **Arya Medical Stores**, Raja Bazaar, Tel: 4463.

Feste
Lucknow Festival (Nov.). Veränderl. Feiertage: *Id* und *Moharram*; *Holi*, *Dussehra*, *Diwali*.

Museen / Kunstgalerien
State Museum, Banarsi Bagh, Tel: 43107, 10.30-16.30 Uhr. Montags und an wichtigen Feiertagen geschl. **Children's Museum**, Motilal Nehru Marg, Tel: 52313, 10.30-17.30 Uhr. Montags geschl.

Telekommunikation
General Post Office, GPO Square, Vidhan Sabha Marg, Tel: 242887. **Head Post Office**, Mahanagar, Tel: 247771.

Restaurants
CHINESISCH: **Ninja** und **Manchao Hut** auf der Mahatma Gandhi Road. *EINHEIMISCH:* **Ritz Continental**, beim Hotel Ramakrishna. **Kabab Corner**, Hotel Gomti, Sapru Marg. **Kwality**, Hazratganj, Tel: 243331. **Ranjana**, Hazratganj, Tel: 245946. **Choudhary Chat House**, Hazratganj. Sehr gut: **Falaknuma** im Hotel Clarks.

Einkaufen
Spezialitäten sind die *chikan*-Stickereien auf Konfektionskleidung, *kurtas*, Saris, Tücher und Tischdecken, *zari* (Goldfadenstickereien) und Ziermünzen. Die Stadt ist berühmt für *ittar* (Parfum), Räucherstäbchen und indische Süßigkeiten. Die Haupteinkaufszentren sind Ameenabad und Chowk in der Altstadt mit engen idyllischen Gassen und die moderneren Einkaufszentren Hazratganj, Lalbagh und Janpath.

Touristen-Information
U.P. Govt. Tourist Reception Centre, Railway Station, Charbagh, Tel: 52533. **Tourist Office**, n. Station Rd., Tel.: 226205.

Anreise / Verkehrsmittel
Direkt- und Anschlußflüge, einige täglich, nach Delhi, Calcutta, Agra, Varanasi, Patna, Kanpur und Bombay. Der Amousi Airport liegt 14 km vom Zentrum entfernt. Lucknow hat Straßen- und Zugverbindungen mit allen großen Städten Nordindiens. Für den Nahverkehr stehen die üblichen Verkehrsmittel wie Taxis, Auto-Rikschas etc. zur Verfügung.

ALLAHABAD (0532)
Unterkunft
MITTEL: **Presidency**, 19D Sarojini Naidu Marg, Tel: 63308. **Allahabad Regency**, 16 Tashkent Rd., Tel: 601519. *EINFACH:* **Samrath**, 49A Mahatma Gandhi Marg, Civil Lines, Tel: 604854-888. **Yatrik**, 33 S.P. Marg, Civil Lines, Tel: 601509, 601714. **UPSTDC's Tourist Bungalow**, 35 M.G. Rd., Tel: 601441.

Krankenhäuser / Apotheken
Dufferin Hospital, Chowk, Tel: 55088. **Swaroop Rani Nehru Hospital**, Tel: 52452. **Agarwal Medical Stores**, 95 Zero Road, Tel: 52126. **Balsons Chemists**, beim Kamla Nehru Hospital, Tel: 52683. **B.N. Ram & Co. Chemists**, 24 M.G. Marg, Civil Lines, Tel: 2308.

Tourist Information
Regional Tourist Office, 35 Mahatma Gandhi Road, Civil Lines, Tel: 601873.

JAMMU UND KASHMIR

MAJESTÄTISCHE GIPFEL

JAMMU UND KASHMIR
LADAKH / ZANSKAR
HIMACHAL PRADESH
DIE BERGE VON
UTTAR PRADESH

JAMMU UND KASHMIR

Indiens nördlichster Bundesstaat Jammu-Kashmir, kurz J & K, ist das Land des Subkontinents, das die größten kulturellen Unterschiede aufweist. **Jammu** ist die Landschaft der niedrigen Berge des unteren Himalaya und die Heimat der Dogra-Rajputen, eines hinduistischen Bergvolkes, das bekannt ist wegen seiner Tapferkeit – sowohl mit der Feder als auch mit dem Schwert. Auf der anderen Seite des Himalaya liegt **Ladakh**, geographisch gesehen ein Teil des tibetanischen Hochlands, wo die farbenfrohen Rituale des Mahayana-Buddhismus noch heute lebendig sind. Den Indus, der durch dieses Hochland fließt, nennt die einheimische Bevölkerung „Löwenfluß".

Zwischen diesen extremen Landschaften liegen die legendären Seen des Tals von **Kashmir**, wo man lebensfrohe Menschen antrifft, die besondere kunsthandwerkliche Fähigkeiten entwickelt haben. Seit dem 14. Jh. ist der Islam hier die vorherrschende Religion. Bei der Teilung Indiens 1947 schloß sich der hinduistische Raja von Kashmir der Indischen Union an. Separatistische Bestrebungen, teilweise unterstützt von Pakistan, haben in den letzten Jahren zu blutigen Auseinandersetzungen geführt. Daß die Trekking-Touristen, die 1995 von Terroristen verschleppt wurden, noch am Leben sind, ist unwahrscheinlich. **Von einem Besuch Kashmirs wird daher zur Zeit (1998) abgeraten.**

Jammu

Reist man mit dem Zug nach Kashmir oder Ladakh, endet die Reise – 591 km von Delhi entfernt – in der Stadt **Jammu** an den Hängen der Shivalik-Berge. Vom **Fort Bahu** aus hat man einen schönen Blick auf den Fluß **Tawi**. Das eigenwillige Stadtbild wird von unzähligen Tempeln geprägt, zu denen man durch enge kleine Gassen gelangt. Die vergoldeten Tempel des **Raghunath**-Tempelkomplexes spiegeln das ehemals fürstliche Leben in der alten Dogra-Hauptstadt wieder. Das **Dogra-Museum** im **Gandhi Bhavan** verfügt über eine ausgezeichnete Sammlung von Pahari-Miniaturmalereien, zumeist aus der Basohli-Schule. In dem architektonisch seltsamen **Amar-Palast**, den sich ein exzentrischer Maharaja von einem französischen Architekten entwerfen ließ, befindet sich ein Museum für lokales Kunstgewerbe.

Als landschaftlich reizvolle Ausflugsziele bieten sich die Seen bei **Surinsar**

Vorherige Seiten: Blick über den malerischen Dal-See in Srinagar, Kashmir.

(45 km) und **Mansar** (80 km) an. Bei Mansar liegen die geheimnisumwitterten Ruinen von **Manor Ghar**. Südöstlich von Jammu findet man die Tempel von **Babor** (72 km), **Billawar**, **Sukrali** und **Purmandal** (39 km), letzterer ist das Ziel zahlreicher Pilger. **Akhnoor** (32 km) und **Riasi** (80 km) erheben sich majestätisch über den Fluß Chenab; Riasi war übrigens der Familienstammsitz von General Zorawar Singh. Die Straße nach Riasi führt an **Katra** (48 km) vorbei, von wo aus man zu Fuß über einen Pflasterweg (12 km) den **Vaishno Devi-Tempel** erreichen kann, den reichsten und bekanntesten Tempel Nordindiens.

Die Hauptstraße von Jammu nach **Srinagar** führt weiter nach **Udhampur**, wo eine unbefestigte Straße südöstlich nach **Basohli** abzweigt. Östlich von Udhampur liegt der imposante **Rang Mahal-Palast** (Palast der Farben) mit einzigartigen Fresken im Pahari-Stil. 10 km außerhalb der Stadt stehen die alten Tempel von **Krimchi**. Auf dem Weg in höhere Regionen bieten mehrere Orte Übernachtungsmöglichkeiten, z. B. gibt es Bungalows in **Kud**, **Patni Top** und **Batote**. Von Batote führt eine schlechte Straße nach **Kishtwar** (216 km), einer ursprünglich gebliebenen Stadt am Chenab, die von beeindruckenden Wasserfällen umgeben ist. Hier beginnen Trekkingtouren nach **Lahaul** oder über die Kämme des Hochhimalaya zu den Saphirminen von **Paddar** (114 km), wo auf 4000 Meter Höhe ein einsamer Polizist Wache schiebt.

Kashmir

Der endlos scheinende **Banihal-Tunnel** (200 km von Jammu entfernt) markiert die Grenze zwischen dem hinduistischen und islamischen Einflußbereich. Autos benötigen in dem Tunnel (2,5 km Länge) Scheibenwischer und Scheinwerfer. Während der zweistündigen Fahrt durch das Kashmir-Tal durchquert man Landstriche mit Weiden und Pappelalleen. Im Sommer ist das Kashmir-Tal durch seine Reisfelder smaragdgrün, im Herbst scheint es wegen der roten und gelben Blätter der Platanen und Apfelbäume förmlich zu brennen. Bei **Pampore** (16 km vor Srinagar) färben Safranfelder die Landschaft purpurn. Östlich des **Jawahar-Tunnels** – kommt man von Banihal – entspringt bei **Verinag** die Quelle des **Jhelum**; er windet sich durch das Tal von Kashmir, fließt durch die Altstadt von Srinagar und mündet schließlich in den Wular-See. 1612 ließ Mogul Jehangir diese Quelle einfassen, um die herum acht Jahre später sein Sohn Shah Jahan einen weitläufigen Garten anlegte.

In **Anantnag**, 56 Kilometer von Srinagar entfernt, sprudeln heiße Quellen. In dieser Stadt zweigt eine Straße nach Pahalgam ab, an der **Martand** liegt, der zwar schlecht erhaltene, aber dennoch sehenswerteste Hindu-Tempel von Kashmir, 730 n. Chr. erbaut und dem Sonnengott Surya geweiht. Südöstlich von Anantnag findet man weitere Gärten der Mogule in **Achabal** und **Kokarnag**.

Die hinduistischen Tempel von **Avantipur** (29 km von Srinagar entfernt) wurden im 9. Jh. errichtet; auch hier künden noch die Ruinen von der Tatkraft ihres Erbauers König Avantivarman. Vor Srinagar liegt der kleine Tempel von **Pandrethan**, um 900 n. Chr. erbaut; er ist ein klassisches Beispiel für den einzigartigen Baustil Kashmirs.

Srinagar

Die Anziehungskraft der Hauptstadt von Kashmir, **Srinagar** (1768 m hoch gelegen), liegt in ihrem zentralasiatischen Flair. Nach dem Buddhismus und dem Hinduismus setzte der Islam die alte Tradition des harmonischen Zusammenlebens der einzelnen Religionsgruppen ungebrochen fort. Vor allem die Sufis, islamische Mystiker, stellten ein ausgleichendes Gegengewicht zu den häufig fanatischen Herrschern dar. Feindseligkeiten zwischen religiösen Gruppen sind erst ein Problem der heutigen Zeit.

In Kashmir kommt man kaum an einem Aufenthalt auf einem Hausboot vorbei. Das Leben auf einem Hausboot – das erste wurde 1888 zu Wasser gelassen – war ursprünglich nur eine Kompromißlösung. Der Maharaja erlaubte seinerzeit keinem Ausländer den Besitz von Land, und so kam man auf die Idee mit den Hausbooten. Die Seen üben einen besonderen Reiz auf Europäer aus. Bereits 1664 schwärmte Bernier: „Es gibt trotz der Winzigkeit des Königreiches nichts vergleichbar Schönes auf dieser Welt". Wem der **Dal-See** mit seinen vielen *shikaras* (kleine Boote), auf denen von Maßanzügen über Holzschnitzereien, bemalte Papiermaché-Sachen und Pelzmäntel bis hin zu teuren Seidenteppichen alles verkauft wird, zu hektisch ist, der findet Erholung am **Nagin-See**, wo man auch Wasserski fahren kann. Der **Anchar-See** (13 km) hingegen zieht Vogelfreunde aus aller Welt an.

Im Sommer entfalten sich auf den Seen prachtvolle Lotusblüten, und das Leben auf den Hausbooten hat dann seine besonderen Reize. Die Ruhe, aufmerksamer Service in familiärer Atmosphäre, Kashmiri-Küche und Kardamomtee machen einen Bootsaufenthalt zum unvergeßlichen Erlebnis. Man sollte beim Einkaufen das Feilschen sehr ernst nehmen, erst einmal das erste Preisangebot des Händlers auf ein Viertel reduzieren und dann den Endpreis aushandeln. Für eine Stadtbesichtigung bieten sich die *shikaras* auf dem Jhelum River an.

Eine Stadtrundfahrt

Vom Ausgangspunkt **Dal-Tor** gelangt man in die **Azad Road**, in der sich einige berühmte Clubs und Hotels befinden, etwa das **Nedous**. Ein beliebter Spazierweg, der **Bund**, beginnt unmittelbar an der **Zero-Brücke** und folgt dem Flußlauf.

Die neun alten Brücken der Stadt sind durchnumeriert; jeder Brücke ist eine *kadal* (Amtsstube) angegliedert. Zwischen der Zero-Brücke und der **Amira Kadal** (die erste der neun Brücken) liegen in unmittelbarer Nähe das **Tourist Reception Centre**, das **Government Handicrafts Emporium** (in der Alten Residenz) und ein **Museum**. Die Brücke **Hawa Kadal** bildet das Zentrum Alt-Srinagars; nahebei krönt eine vergoldete Spitze den **Raghunath**, den größten Hindu-Tempel der Stadt. **Fateh Kadal** ist die dritte Brücke, sie liegt im Viertel der Kunsthandwerker, wo sich ein Einkaufsbummel lohnt.

Von erhabener Eleganz ist die **Shah Hamadan-Moschee**, die 1395 vollständig aus Holz gebaut wurde. Zweimal

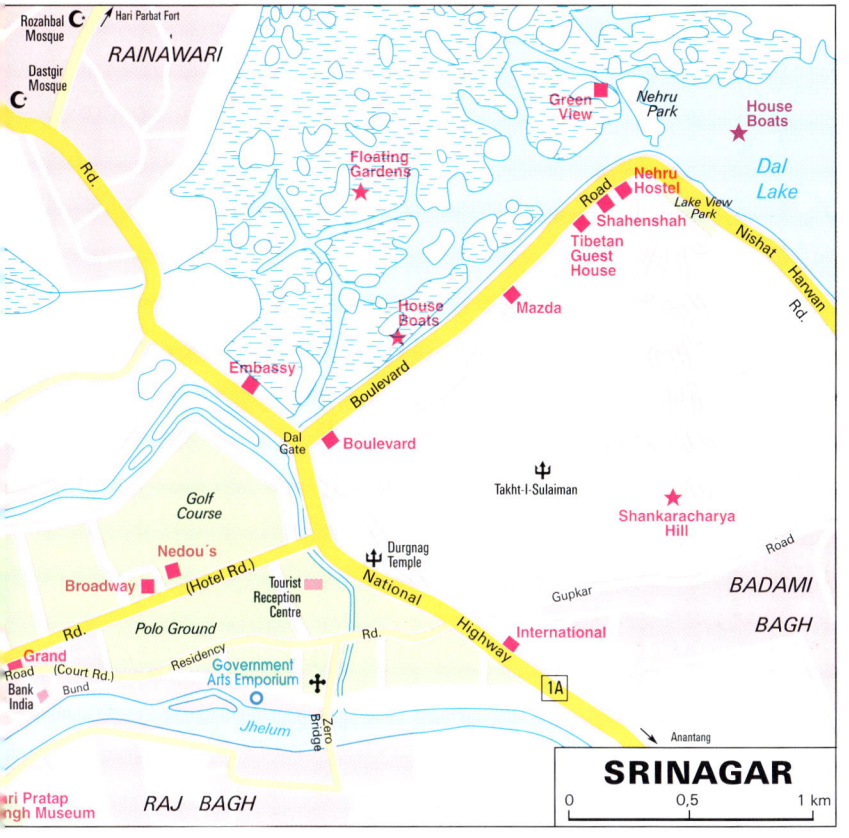

wurde sie seither durch Feuer zerstört und wieder aufgebaut. Gegenüber steht die **Patthar-Moschee**, 1623 von der Mogul-Kaiserin Nur Jahan erbaut. Zwischen der **Zaina Kadal** und der **Ali Kadal** liegt die Grabstätte des einst beliebten Herrschers Badshah, der die größte Moschee Kashmirs erbauen ließ, die **Jama Masjid**. Unweit davon befindet sich die **Moschee des Bulbul Shah**, eines namhaften Mystikers und Dichters des Kashmir-Tales. An der **Safa Kadal** liegt der alte **Yarkand-Markt**, wo sich früher die Händler auf den Übergang über den Karakorum-Paß vorbereiteten, um auf der Seidenstraße nach China weiterzureisen.

Um zur **Jama Masjid** zu gelangen, muß man den Fluß verlassen und in Richtung See zurückkehren. Diese Moschee wurde 1385 von Sultan Sikander erbaut und bereits dreimal durch Feuer zerstört. Ihrer Attraktivität hat das nicht geschadet, besonders imposant sind die 300 Zedernholzsäulen, die das Dach tragen.

Ebenfalls in der Altstadt liegt die **Rozabal-Moschee**, in der angeblich Jesus begraben liegen soll. Das Hemis-Kloster in Ladakh besaß einst eine Schrift über das Leben des Jesus, das von der Reise Jesu nach Indien berichtet. Die Hochalm Yusmarg, was soviel wie „Wiese des Jesus" bedeutet, ist ein weiterer Hinweis auf diese Legende. Von hier aus kann man zum Westufer des Dal-Sees gelangen.

Der Bau des **Hari Parbat-Forts** (für Besucher nicht geöffnet) war schon unter der Herrschaft Akbars (1586) begonnen worden. Er pflanzte damals auch 1200 Bäume im **Nasim Bagh**, dem ältesten der Mogulgärten, der sich nordwestlich des Sees erstreckt.

Zwischen Dal- und Nagin-See verläuft eine Straße, von der aus man einen Damm durch den Dal-See erreicht, auf dem man wieder zum Ostufer wandern kann. Vorher kann man die **Hazratbal-Moschee** mit ihrer prachtvollen Marmorkuppel bewundern. Dieses eindrucksvolle moderne Bauwerk birgt ein Haar des Propheten Mohammed, das 1700 ins Kashmir-Tal gelangte. 1993 verschanzten sich in der Moschee militante Separatisten, die sich erst nach wochenlanger Belagerung der indischen Armee ergaben.

Von hier kann man ein Boot mieten, um entweder zum Dal-Tor zurückzukommen oder um zu einem der bekanntesten Mogulgärten zu fahren, dem **Shalimar Bagh**, 15 Kilometer von Srinagar entfernt. Diesen Garten hat Kaiser Jehangir für seine geliebte Frau Nur Jahan anlegen lassen. Eine Tonbildschau erzählt ihre Liebesgeschichte, weshalb zahlreiche Flitterwöchner, von der romantischen Legende angezogen, sich in *shikaras* hierher rudern lassen.

Wenn man wieder zum Ausgangspunkt am Ostufer des Dal-Sees zurückkehrt, kommt man am **Nishat Bagh** (1633), dem mit seinen zehn Terrassen größten der Mogulgärten, vorbei. Erbauer war der Bruder von Nur Jahan. Ihr Gemahl Jehangir soll so eifersüchtig gewesen sein, daß er die Wasserversorgung unterbrechen ließ. Seinen Kopf riskierend, reparierte jedoch der Gärtner die Anlage. Da der Kaiser Blumen über alles liebte, blieb der Gärtner glücklicherweise von einer Strafe verschont.

Etwas weiter an dieser Straße erkennt man die Ruinen des **Pari Mahal** (Palast der Feen), einst eine Schule, die religiöse Harmonie lehrte. Erbauer war Dara Shikoh, der älteste Sohn Shah Jahans, der im Thronfolgekrieg gegen seinen jüngeren Bruder Aurangzeb verlor. In der Nähe liegt der kleine, gepflegte **Chashmi Shahi-Garten**. Auf dem See entdeckt man unweit des **Nehru-Parks** und des **Boulevards** zwei kleine Inseln und die berühmten **Schwimmenden Gärten**. Den **Schwimmenden Markt** für Obst, Gemüse und Blumen besucht man am besten in den frühen Morgenstunden, wenn das Feilschen um die Waren lautstark beginnt. **Kotar Khana**, der Taubenschlag, ist ein Sommerhaus des ehemaligen Maharadschas von Kashmir. Sein Palast, heute das **Oberoi Palace Hotel**, liegt weiter landeinwärts. Vom Boulevard mit seinen Souvenirläden kann man zum alten **Shankaracharya-Tempel** im 2100 m Höhe hinaufsteigen. Als Belohnung winkt ein herrlicher Blick über den ganzen See.

Die Ferienorte Kashmirs

Drei Ausflüge ab Srinagar vermitteln einen Eindruck von der Schönheit der Berge. **Pahalgam**, 2130 m hoch östlich von Srinagar gelegen, erreicht man via Anantnag durch das Lidder-Tal. Der Lidder-Fluß ist unter Anglern wegen seiner Forellen bekannt. Vom kleinen Basar aus hat man einen herrlichen Blick auf die Hochgebirgslandschaft. Hier beginnen 3-Tages-Trekkingtouren zum **Kolahoi-Gletscher**, aber auch eine anstrengendere Tour nach Panikhar im **Suru-Tal**, die acht Tage dauert und über einen 4500 Meter hohen Paß führt. Unterwegs trifft man auf die freundlichen, rotbärtigen Gujjar-Hirten, die den Sommer auf den Bergweiden in archaischen Blockhäusern verbringen.

Gulmarg ist der klassische Erholungsort von Kashmir, umgeben von mächtigen Nadelwäldern und ausgedehnten Blumenwiesen. Da Gulmarg auf einer Höhe von knapp 3000 Metern liegt, be-

Rechts: Hinter Sonamarg beginnt die schwindelerregende Auffahrt zum Zoji La.

nötigt man das ganze Jahr über warme Kleidung. Der höchste Golfplatz der Welt, ein Sessellift und seine Skipisten machen Gulmarg zu einem beliebten Ferienort, der das ganze Jahr über besucht wird. Von den Wanderwegen rund um Gulmarg aus sieht man den **Nanga Parbat** (8126 m), den westlichsten Berggipfel des Hochhimalaya. Er wurde erstmals im Jahr 1953 von Hermann Buhl bestiegen. Der lange Weg nach **Yusmarg** (2700 m hoch gelegen) führt über die schönsten Blumenwiesen Kashmirs.

Im Nordosten Srinagars liegt das dritte Ausflugsziel, **Sonamarg**. Auf dem Weg dorthin kommt man am Tierreservat **Dachigam** (21 km von Srinagar) vorbei, wo die letzten Hangule leben, eine Rotwildart des Himalaya.

In **Gandarbal**, wo der Fluß Sind ins Tal stürzt, führt eine Straße nach Sonamarg, eine andere zum **Wular-See**. Dieser See, 50 Kilometer weiter westlich gelegen, ist der größte Süßwassersee Indiens. Hausbootferien gestalten sich hier wesentlich ruhiger als auf dem Dal-See.

Sehenswert ist auch der malerische **Manasbal-See** (28 km), an dessen Ufer ein weiterer Garten Nur Jahans liegt. Im Sommer sind es die Lotusblüten und im Winter die Vögel, die diesen See zu einer Attraktion des Kashmir-Tals machen.

Sonamarg (2748 m) – was soviel wie Goldene Wiese bedeutet – ist die letzte größere Ortschaft vor den rauhen Höhen des Himalaya. Reisende auf dem Weg zum Zoji La-Paß machen hier ihre letzte Rast vor Überquerung des Passes.

Um die bilderbuchartige Schönheit der alpinen Landschaft zu genießen, kann man einen Spaziergang (4 km) oder einen Ponyritt zum **Thajiwas-Gletscher** machen. Anstrengender ist der Weg zum entlegenen **Gangabal-See**. Für diese Tour benötigt man eine Woche, übernachtet wird im Zelt. Kurz vor Sonamarg – am Anfang der Straße zum Zoji La-Paß – liegt das Lager von **Baltal**, von wo aus die kurze, aber gefährliche Kletterpartie zur **Amarnath-Höhle** begonnen werden kann; nach einem letzten Blick auf die zauberhaften Wiesen von Kashmir wan-

JAMMU UND KASHMIR

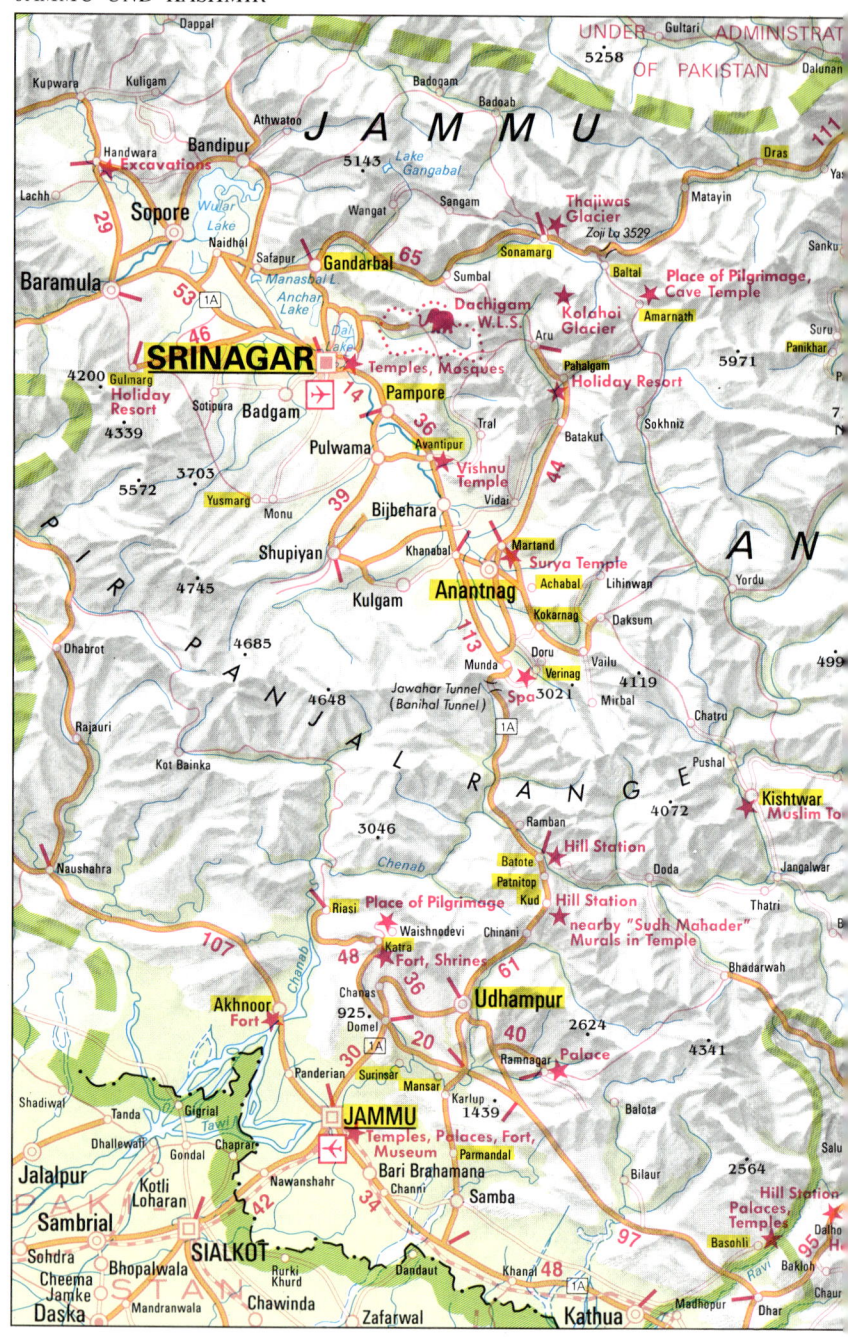

JAMMU UND KASHMIR

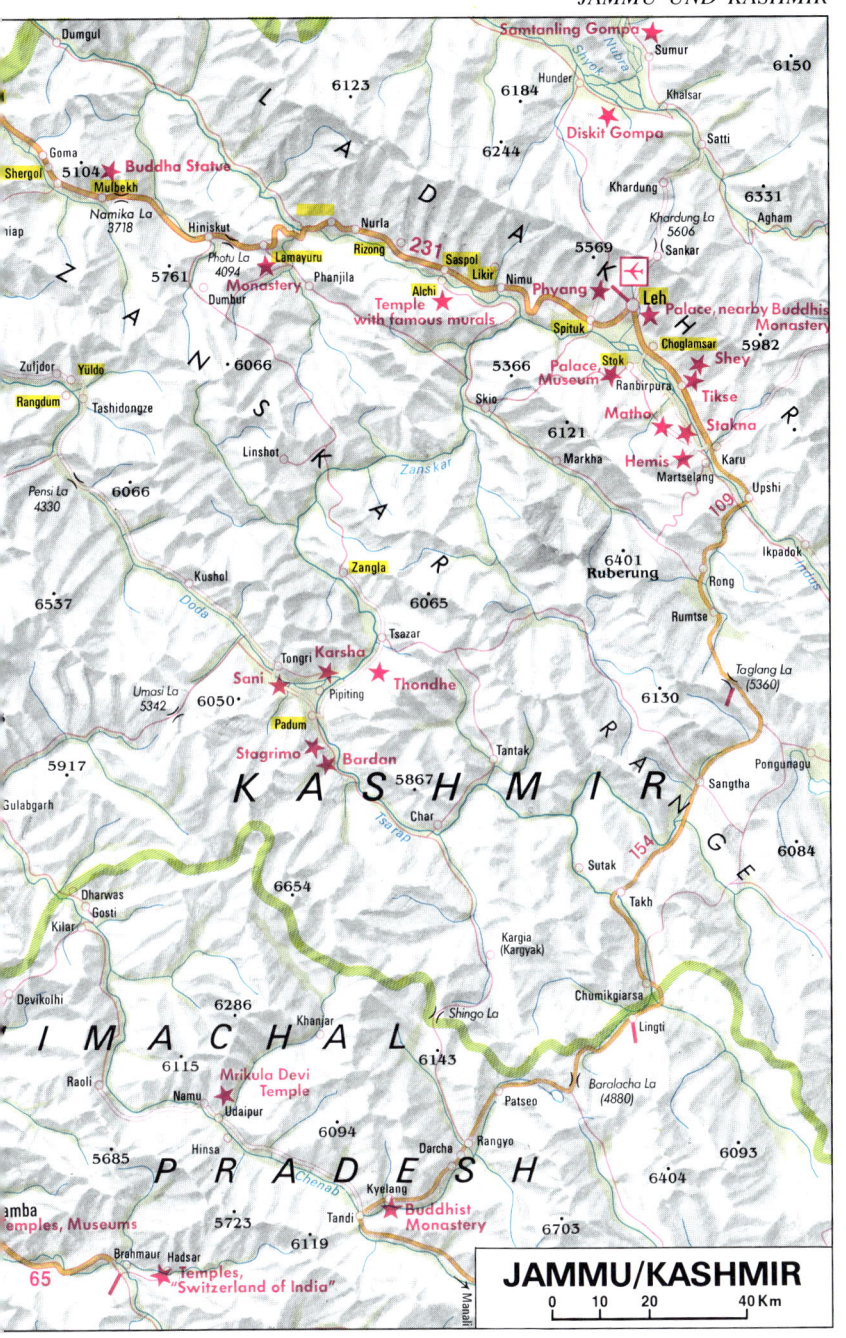

LADAKH

dert man in karger Gebirgslandschaft durch den Himalaya.

LADAKH

Die Fahrt von Srinagar über den Zoji La-Paß nach Leh, der Hauptstadt Ladakhs, ist eine der atemberaubendsten Reisen der Welt und führt in eine völlig andere Landschaft und Kultur des Himalaya. Flüge von Srinagar oder Chandigarh fallen häufig wegen schlechten Wetters aus, so daß man über die Paßstraße – mit einer Übernachtung in Kargil – oft schneller nach Leh kommt. (Aufgrund der politischen Unruhen im Kashmir-Tal wird derzeit als Landweg nur die Gebirgsstraße von Manali/Himachal Pradesh aus empfohlen!) Die ersten 80 km der Straße von Kashmir nach Leh führen durch das Sind-Tal. Da sie Einbahnstraße mit wechselnder Richtung ist, sind lange Wartezeiten in Sonamarg die Regel.

Oben: Farbenfroh gekleidete Ladakhis auf dem Matho-Winterfest.

Nach dem Scheitelpunkt, dem **Zoji La** (3529 m) wird das frische Grün des Kashmir-Tals von der Kargheit einer extrem trockenen Hochgebirgs-„Mondlandschaft" abgelöst.

Dras, die erste Stadt, soll im Winter die kälteste Stadt außerhalb Sibiriens sein (bis -50 °C). Die Straße folgt dem wilden Dras-Fluß bis zur Bezirksstadt **Kargil** (2650 m), einer Oase mit Pappeln und Weiden, kleinen Hotels und der einzigen Tankstelle zwischen Srinagar und Leh. Diese alte Handelsstadt hat ihre schiitische Kultur erhalten; die Bevölkerung des benachbarten **Suru-Tals** betrachtete bis zu seinem Tod Ayatollah Khomeini als ihren geistigen Führer.

Streckenweise – besonders nah bei Kargil – verläuft die Waffenstillstandslinie von 1949 zwischen Indien und Pakistan parallel zur Straße von Srinagar nach Leh, und nördlich von Leh liegt seit 1962 von China besetztes Gebiet. Endlose Militärkonvois und große Lager der indischen Armee sind deshalb häufige Begleiterscheinungen des **Beacon Highway**.

Den ersten Anzeichen buddhistischer Kultur Ladakhs begegnet man bei der Weiterfahrt in **Shergol** mit seinem kleinen Höhlenkloster. 8 km weiter, bei **Mulbekh**, wurde ein **Maitreya-Buddha** in den Felsen geschlagen. Er ist sieben Meter hoch und etwa 2000 Jahre alt. Die Straße windet sich von dort aus durch die Gebirgseinöde und überquert zwei Pässe, den **Namika La** (3718 m) und den **Photu La** (4094 m). Höhepunkt dieser dramatischen Fahrt ist der Anblick des am Hang gelegenen **Lamayuru-Klosters**, das im 16. Jh. Hauptsitz des Kargyüpa-Ordens war.

Die Straße führt in Serpentinen, den **Hangroo Loops**, ins Tal und überquert in **Khaltse** (97 km vor Leh) den Indus, den „Löwenfluß". Im weiteren Verlauf führen Stichstraßen zu einigen in Schluchten gelegenen Klöstern ab; besuchenswert sind die Klöster **Rizong** und **Likir**, in dem der Bruder des Dalai Lama Abt ist.

Das **Kloster Alchi** (11 Jh.) bei **Saspol** (62 km vor Leh) ist wegen seiner einmaligen Wandmalereien berühmt. Weiter ostwärts auf dem Beacon Highway lohnt ein Abstecher zum **Kloster Phyang** mit seinen furchterregenden Schutzgottheiten. Das Kloster von **Spituk**, oberhalb des Flughafens von Leh, kündigt schließlich die Hauptstadt Ladakhs an.

Leh

Einen bleibenden Eindruck hinterläßt der verfallende **Königspalast**, der die Stadt mit ihren flachen Hausdächern und dem darauf als Brennmaterial gehorteten Reisig überragt. **Leh** liegt 3505 m hoch. Im Sommer herrscht ein warmes und trockenes Klima. Am **Main Street Bazar** verkaufen buddhistische Frauen Gemüse und schwatzen munter miteinander – ein Bild, das man in den islamischen Regionen nicht sieht; auch bleiben die Geschäftsleute bei dem einmal festgesetzten Preis.

Die Lamas – buddhistische Priester und Mönche – werden hoch geachtet; der Dalai Lama gilt als gottähnliche Inkarnation eines Bodhisattvas. Allerorten stößt man auf *chörten* (weißgetünchte *stupas*) und *mani*- (Gebets) Steine, auf denen *Om mani padme hum* „Das Juwel in der Lotusblume" steht – womit Buddha gemeint ist. Der Lamaismus beinhaltet Elemente der prä-buddhistischen Bön-Religion, die auch die zeitgenössische Kunst beeinflußt. In Ladakh war es früher Sitte, daß sich mehrere Brüder eine Frau teilten, damit der Familienbesitz ungeteilt blieb. Grundnahrungsmittel sind *tsampa* (geröstetes Gerstenmehl), Buttertee und *chang* (vergorenes Gerstenbier).

Kulturell war Leh zunächst eng mit Kashmir verbunden. Erst nach der Islamisierung Kashmirs im 13. Jh. verlagerte sich das Zentrum buddhistischer Gelehrsamkeit nach Zentraltibet. Vom 15. Jh. an regierte die Namgyal-Dynastie über Ladakh. Doch 1840 eroberten es Dogras aus Jammu, und der Namgyal-König mußte nach Stok umsiedeln. Die Schäden am Königspalast in Leh sind Zeugnisse dieser unruhigen Zeit. Auf dem Polofeld unterhalb des Palastes werden Wettkämpfe auf Zanskar-Ponies ausgetragen.

Die **Ladakh Ecological Development Group** entwickelt angepaßte Technologien für die Dorfgemeinschaften und betreibt ein Restaurant mit Infozentrum.

In der Stadt und ihrer näheren Umgebung existieren einige Klöster, *gompas* genannt. Vom **Leh-Kloster** oberhalb des Königspalastes hat man einen herrlichen Blick auf die Stadt. 9 km auf der Straße nach Hemis, liegt **Choglamsar**, ein tibetisches Flüchtlingslager mit Mönchsschule. Nach weiteren 6 km sieht man das alte Kloster **Shey Gompa** auf einem Felsen. Es ist bekannt wegen seines Orakels, das in Trance die Zukunft vorhersagen kann. Dieses Kloster birgt den größten Goldenen Buddha in Ladakh. Im festungsähnlichen Kloster **Tikse** sieht man einen großen zeitgenössischen Buddha als Beweis, daß der Lamaismus den Bezug zur modernen Zeit nicht verloren hat.

LEH / ZANSKAR

Das bekannteste Kloster des Indus-Tales ist **Hemis**, das am Südufer des Flusses liegt und eine hochgelegene Eremitage unterhält. Bei dem berühmten jährlichen **Hemisfest** führen die Mönche einen Maskentanz auf, der den Sieg des buddhistischen Missionars Padmasambhava über die alten Bön-Geister darstellt. Entlang dem Südufer des Indus führt eine Straße nach Leh, vorbei am **Kloster Matho** mit seinem gern zu Rate gezogenem Orakel, und zur **Stakna Gompa**, die auf einem Felsen thront. Schließlich geht die Fahrt nach **Stok**, in dessen Palast die ehemalige Königsfamilie lebt; interessant ist der Besuch des kleinen **Palastmuseums**.

Mit einem Geländefahrzeug lassen sich von Leh aus abenteuerliche Fahrten in entlegene Gebirgsregionen unternehmen, die erst 1994 dem Tourismus (nur Gruppen ab 4 Personen; Sondergenehmigung erforderlich) geöffnet wurden: über den höchsten befahrbaren Paß Khardungla (5600 m) ins **Nubra-Tal**, zu dem kristallklaren **Moririsee**, an dessen Ufer Changpa-Nomaden leben, oder zum einsam in 4242 m Höhe nahe der tibetanischen Grenze gelegenen **Pagong-Tso-See**.

Seit Beginn der Unruhen im Kashmir-Tal 1989 ist der **Manali-Leh Highway** für Touristen die wichtigste Fahrverbindung nach Ladakh (Busservice). Die beschwerliche Fahrt auf der streckenweise sehr schlechten Straße dauert drei Tage und führt über mehrere Pässe von teilweise 5000 m Höhe (Tanglang La 5360 m). Ausgangsort ist der 530 km südlich von Leh im Kulu-Tal gelegene Ort Manali. Grandiose Ausblicke auf die Hochgebirgswelt entschädigen für die Anstrengungen der atemraubenden Anreise, auf der man in Zelten übernachtet.

Wer Gipfel erklimmen möchte, benötigt ein Permit aus New Delhi. Für Trekkingtouren ist dies nicht nötig, unabdingbar ist jedoch ein langes Seil für Flußüberquerungen. Die Nacht ist so kalt wie der Tag heiß ist; warmer Schlafsack, Hut, Sonnenbrille und -creme sind unverzichtbar!

ZANSKAR

Eines der lohnendsten Ziele im Himalaya ist Zanskar mit seinen jahrhundertealten Klöstern des westtibetischen Kulturkreises. Von Kargil führt eine Asphaltstraße durch das moslemische Suru-Tal südwärts bis Parkachik, wo am Fuß der spektakulären Zwillingsgipfel **Nun** (7135 m) und **Kun** (7077 m) die nur im Sommer befahrbare Schotterstraße nach Padum beginnt.

Ab **Yüldo** bekennen sich die Gerstenbauern dieser langgezogenen Gebirgsflußoase zum Buddhismus, – drei *Chörten* am Wegrand weisen darauf hin –, und in **Rangdum** dominiert ein malerisches Gelbmützenkloster aus dem 16. Jh. das sich hier erweiternde Tal. Über das ,,Tor nach Zanskar", den 4330 m hoch gelegenen **Pensi La** mit atemberaubendem Gletscherblick und haarsträubenden Serpentinen, gelangt man ins **Doda-Tal**. Oberhalb von Phe steht die 300 Jahre alte, kleine Gompa **Tashi Chos Ling**. Von der Doda-Brücke lohnt ein Abstecher zu den Gompas von **Shilatse** und **Dzongkhul**. Dann folgt das Kloster von Sani mit seiner berühmten Leichenstätte, einem Maitreya-Relief, dem *Kanika-Chörten* und heiligen See.

Padum, die ,,Hauptstadt" auf 3600 m Höhe, hat nur 1000 Einwohner. In halbstündigen Wanderungen sind von hier der Tempel **Pibiting-Guru** und das Kloster **Stagrimo** (30 Mönche) zu erreichen; 3 Stunden wandert man am Linak-Fluß entlang bis zur Klosterburg **Bardan**.

Aus dem 11. Jahrhundert stammen die ältesten Fresken der mächtigen Klosterfestung **Karsha**, die das Zanskar-Tal dominiert.

Ebenfalls in Schutzlage hoch über dem Zanskar-Fluß schmiegt sich das große *Gelugpa*-Kloster **Stongde** (Thonde, ,,Tausend Heiligtümer") an den Felsen; 15 km weiter stromabwärts liegt **Zangla**, mit einer verfallenden Königsburg in aussichtsreicher Lage; die ehemalige Herrscherfamilie lebt heute im Dorf.

INFO: SRINAGAR / LEH / JAMMU

SRINAGAR (0194)
HINWEIS: Wegen Unruhen wird z. Zt. von einem Besuch Srinagars und des Kashmir-Tals abgeraten.

Unterkunft
Die angegebenen Hotels sind derzeit zum Großteil geschlossen bzw. vom Militär belegt; außer einigen wenigen Hausbooten waren 1998 nur das Centaur und das Tramboo geöffnet. *LUXUS:* **Centaur Lake View Hotel**, Cheshma Shah, Tel: 52341. **The Oberoi Palace**, Gupkar Rd., Tel: 71241/2. **Welcomegroup Gurkha Houseboats**, Tel: 75229. *MITTEL:* **Welcomgroup Nedous**, Maulana Azad Rd., Tel: 74006. **Hotel Tramboo**, The Boulevard, Tel: 73914. *EINFACH:* **Boulevard Hotel**, Tel: 77089. **Nehrus Hotel**, The Boulevard, Dal Lake, Tel: 73641. **Asia Brown Palace**, Tel: 73856.

Museen
Sri Pratap Singh Museum, Lal Mandi; Tel: 72078. Tägl. von 10.30-16.30 Uhr, außer Fr und an gesetzlichen Feiertagen.

Telekommunikation
General Post Office, The Bund, Tel: 76494. **Central Telegraph Office**, Maulana Azad Road.

Restaurants
CHINESISCH: **Lhasa** (auch tibetisch), **Alka Salka**, **Daitchi**, alle am Boulevard. **Capri**, Polo View. *FAST FOOD:* **Dimple's Icecream Parlour**, Shervani Road. **Tao Café**, Shervani Rd. *EUROPÄISCH:* **Hollywood**, **Grand und Solace**, Shervani Rd. **Broad View**, New Secretariat Rd. **Kwality**, Hari Singh St. *INDISCH* (Kashmir- und Mughlai-Küche): **Ahdoo's**, **Mughali Darbar**, Shervani Rd. **Kashmir Darbar** und **Gulal** auf dem Boulevard.

Einkaufen
Einkaufszentren: Residency Rd., Bouldevard, Dal Gate, Polo View, Budshah Chowk, Lal Chowk, Maulana Azad Rd., Hari Singh St. Empfehlenswert: **Kashmir Government Arts Emporium**, Shervani Rd., Tel: 73011/12; **Boulevard**, Tel: 77466.

Anreise / Verkehrsmittel
Srinagar, Jammu und Leh werden von Delhi aus angeflogen. Die Eisenbahn endet in Jammu. Von hier führt eine Straße nach Srinagar. Es verkehren Busse der State Road Transport, doch benötigen sie für die Strecke (293 km) 12 Stunden.

Verschiedenes
Alle ausländischen Besucher des Staates J & K müssen Ankunft und Abfahrt melden – am Foreigner's Regional Registration Office am Flughafen (New Srinagar Airport; Tel: 31521-29) und in der Stadt (im Büro des Senior Superintendent of Police, Shervani Road, Tel: 77298).

Feste
Kashmir-Feste sind *Baisakhi* (April); *Id-ul-Milad* (Okt.-Nov.) zum Gedenken an den Geburtstag des Propheten Mohammed; *Shab-e-Miraz* von März bis April, Reliquien des Propheten werden ausgestellt; *Navreh* (März-April), der Neujahrstag der Pandits Kashmirs, und *Amarnath Yatra* (Juli bis Aug.), eine 4-tägige Pilgerwanderung zur Amarnath-Höhle, in der am Vollmondtag ein Eiszapfen als Symbol von Shiva verehrt wird. Jährliche Klosterfeste: *Hemis* (Juli) *Tikse* (Sept.), *Phiyang* (Juli), *Lamayuru* (April), *Stok* (Febr.) und *Leh* (Jan.-Febr.). In Ladakh wird auch *Losar* gefeiert.

LEH (01982)
Unterkunft
MITTEL: **Galdan Continental**, 1 Fort Rd., Tel: 52456. **K-Sar**, Tel. 52348. **Lharimo**, Tel: 2301. *EINFACH:* **Kang-Lha Chhen**, Tel: 2344. **Yak Tail**, Changspa, Tel: 52118. **BLadakh Sarai Yurt Resort**, Stok, Tel: 523057. Zahlreiche Guest Houses mit Familienanschluß.

Museen
Stok Palace Museum (17 km südl. von Leh).

Restaurants
Centrepoint; **Hill Top**; **Karglia Chein**; **Nepali**; **Potala**; **Snow Lion** und **German Bakery** mit gutem Kuchen.

Einkaufen
Handicrafts Centre, Malereien auf Papier und Stoff mit Buddha- oder Drachenmotiven. Im **Bazar** Türkise (auch gefälschte!) und viel tibetischer Silberschmuck.

Touristen-Information
J & K Tourist Office, Tel: 52297.

Verschiedenes
Die Straße zwischen Srinagar und Leh ist von Okt. bis Mai gesperrt, der Manali-Leh-Highway von Okt. bis Ende Juli, je nach Schneeverhältnissen. Genehmigungen für Fahrten in neueröffnete Gebiete erteilt das District Directorate in Leh.

JAMMU (0191)
Unterkunft
MITTEL: **Asia Jammu-Tawi**, Nehru Market, Tel: 443932. **Jammu Ashok**, geg. Amar Mahal, Tel: 43127. *EINFACH:* **Cosmopolitan**, Vir Marg, Tel: 47561. **Mansar**, Denis Gate, Tel: 46161.

PAHALGAM
MITTEL: **Pahalgam Hotel**, Tel: 26, 52, 78. *EINFACH:* **Mount View**, Tel: 21. **Nataraj**, Tel: 25. **Ornate Hill Park**, Tel: 79. **Senator Pine-N-Peak**, Tel: 11. **Woodstock**, Tel: 27.

GULMARG (01953)
MITTEL: **Hill Top**, Tel: 277. **Highlands Park**, Tel: 207. *EINFACH:* **Ornate Woodlands**, Tel: 68.

SONAMARG
EINFACH: **Tourist Huts**, **Tourist Bungalow**.

KARGIL (01985)
MITTEL: **Caravan Sarai**, Tel.: 2278. **Zoji La**, Tel: 2360. *EINFACH:* **Greenland**, Tel: 2342.

HIMACHAL PRADESH

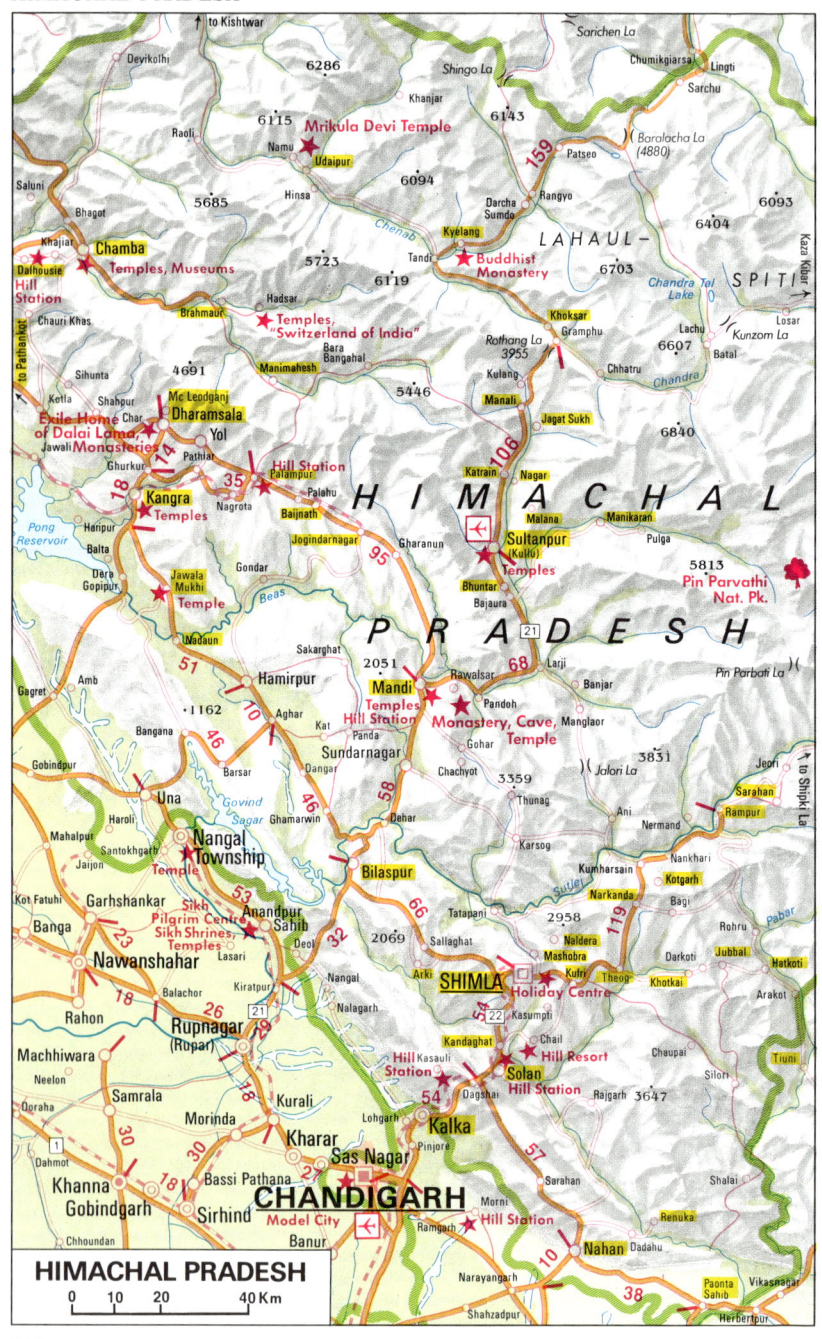

HIMACHAL PRADESH

Himachal Pradesh, was ,,Land der schneebedeckten Berge" bedeutet, ist ein Bundesstaat im Himalaya mit unterschiedlichen und sehr reizvollen Landschaften. Das grüne, wellige **Kangra-Tal** öffnet sich gleich unterhalb des weißen Gipfels des **Dhaula Dhar**, einem von zahlreichen schneebedeckten Bergmassiven, zwischen denen sich waldreiche Täler erstrecken. Das kulturelle Leben dort ist geprägt vom Hinduismus, und die Tempel des Himachal gelten als die malerischsten Indiens. Nur hinter dem **Rohtang-Paß** in den hochgelegenen und kargen **Lahaul-** und **Spiti-Tälern** hat sich eine buddhistische Gemeinschaft gehalten. In diese Täler gelangt man nur über zwei Zugänge: zum einen über **Kalka** im Süden und zum anderen über **Pathankot** im Westen. Die Eisenbahnzüge in die Täler sind zwar sehr langsam, aber so kann man das herrliche Panorama am besten genießen.

Richtung Shimla

Die Straße von Kalka nach **Shimla** (88 km) führt entlang der großen indischen Wasserscheide. Das Einzugsgebiet des Indus liegt westlich, das des Ganges östlich dieser Straße. Hinter Shimla setzt sie sich als **Hindustan Tibet Road** fort und steigt hinauf zum **Shipki La-Paß**, wo der Sutlej, Himachals wichtigster Fluß, eine Schlucht durch den Himalaya gräbt. Östlich der Straße nach Shimla liegt das alte Fürstentum **Sirmur** mit der architektonisch reizvollen Hauptstadt **Nahan** (932 m). In **Kala Amb** (14 km) sind der **Fossilien-Park** und das **Museum** einen Besuch wert. Nach 45 km in östlicher Richtung stößt man am Ufer des Yamuna auf den **Paonta Sahib**, ein Sikh-Heiligtum. Von dort führt eine unbefestigte Straße zur Hauptstraße zurück; dabei passiert man **Renuka**, ein ehemaliges Angelrefugium der Sirmur-Herrscher. Heute ist hier ein Safaripark mit Löwen in freier Wildbahn. Übrigens ist diese Straße, die dicht an den höchsten Punkt des unteren Himalaya heranführt, Teil der Route der Himalaya Car Rallye. Auf der Straße nach Shimla liegt **Solan** (1350 m), ein Ort, der bekannt ist für seinen Whisky. In **Kandaghat** biegt eine Straße zum **Chail Palast** ab, der einstigen Sommerresidenz des Maharajas von Patiala. Heute ist dieser Palast ein Hotel. Eine andere Straße nach Shimla führt über **Kufri** (2500 m) mit seinen berühmten Skipisten.

Shimla

Shimla (2100 m), die Landeshauptstadt, hat eine unverkennbar britische Atmosphäre. Gegründet 1820, wurde sie im Jahre 1870, nach Vollendung der Residenz des britischen Vizekönigs (Viceregal Lodge) Regierungssitz. Unter der Regentschaft von Lord Curzon wurde die Stadt durch ihr lockeres Leben, Intrigen und koloniales Machtgehabe bekannt. Die einzigen Inder, die die Hauptstraße, **The Mall**, betreten durften, waren die Rikschafahrer.

Das britisch geprägte Stadtbild ist nahezu unverändert erhalten geblieben, aber die heute kaum genutzten Kirchen wirken wie verlorene Relikte. Wie in Kiplings Zeiten sind die Häuser am Berghang übereinander gebaut. Das **Gaiety Theatre** blieb als Denkmal eines ,,goldenen Zeitalters" erhalten. Lord Curzon benannte seine Tochter nach dem schönen **Naldhera**, einem Gebiet 23 km nördlich der Stadt. Auf dem Weg dorthin kommt man an **Mashobra** (2149 m) und **Craignano** (2279 m) vorbei, wo man gern für ein kurzes Picknick verweilt. Fährt man weiter nach **Narkanda**, stößt man auf **Wildflower Hall** (13 km), den Wohnsitz Lord Kitcheners, der als Oberbefehlshaber gegen Curzon intrigierte.

Die Hauptstraße ins **Kangra-** und **Kulu-Tal** verläuft in westlicher Richtung; für geländegängige Fahrzeuge bietet sich als

KANGRA-TAL

Alternative eine Straße über den **Jalori-Paß** an. Von **Narkanda** (2700 m) hat man einen herrlichen Blick auf die schneebedeckten Gipfel des Kinnar Kailash. Einige Spazierwege führen über die Berghänge von **Hathu**, die im Winter ein beliebtes Skigebiet sind. Die Straße im Norden fällt steil ab zum Sutlej; eine Seitenstraße führt nach **Kotgarh**, dem Zentrum von Himachals Apfelanbaugebiet. Gegründet hat diesen Produktionszweig der amerikanische Missionar Stokes, der eine Einheimische heiratete und dessen Familie noch heute eine Obstplantage unterhält. Die Straße im Süden führt nach **Rampur**, der Hauptstadt des berühmten alten Bergstaates **Rampur-Bushehr** (76 km von Narkanda entfernt). Einer der Höhepunkte dieses Grenzgebietes ist der Tempel von **Bhimkali** in **Sarahan**. Seit 1993 ist es möglich, mit Sondergenehmigung noch weiter talaufwärts zu fahren und durch **Kinnaur** in das Tal von **Spiti**

Oben: Eine Dorfschönheit. Rechts: Terrassenfelder in Himachal Pradesh.

zu reisen. Auf dem Rückweg von Sarahan nach Shimla führt in **Theog** eine Straße Richtung **Tiuni** in Uttar Pradesh. Sie führt an **Jubbal**, der ehemaligen Hauptstadt, und an **Hathkoti** (104 km von Shimla) am forellenreichen Fluß **Pabbar** vorbei. Hathkoti ist ein wichtiger Pilgerort für die Verehrer der Muttergöttin. Verläßt man Shimla in westlicher Richtung, trifft man auf **Arki**, ebenfalls eine alte Hauptstadt mit Festungsanlage. Auf der Hauptstraße gelangt man über **Mandi** und **Kulu** nach **Bilaspur**. Diese moderne Stadt liegt flußaufwärts an Indiens großem Prestigewasserkraftwerk, dem **Bhakra Dam**. Bei sinkendem Wasserspiegel tauchen alte Tempel aus den Fluten wieder auf.

Das Kangra-Tal

Zwischen den beiden Tälern von Mandi und Kulu liegt eines der schönsten Täler des Himalaya, das **Kangra-Tal**. Hier entstand unter Raja Sansar Chand der Pahari-Stil – eine berühmte Stilrichtung in der Miniaturmalerei. Die Altstadt von Kangra wurde 1905 durch ein Erdbeben zerstört, doch zeugen die Ruinen der Festung noch immer von der geschichtlichen Bedeutung dieser Stadt. Der Reichtum der Tempel Kangras war legendär. 27 km südöstlich der Stadt steht der Tempel von **Jwalamukhi**, ,,Zunge der Göttin". Den Namen verdankt er einer Erdgasflamme, die in den Bergen flackert. Nicht weit entfernt davon liegt das Waldgebiet um **Nadaun**, eine der alten Hauptstädte von Sansar Chand. Dieser Kunstliebhaber (1775-1823) hatte Regierungssitze in verschiedenen Städten.

Kommt man über Pathankot ins Kangra-Tal, erreicht man zuerst die Stadt **Nurpur**, die 1622 nach der Mogul-Kaiserin Nur Jahan so benannt worden war. Eine nur saisonal befahrbare Straße führt zwar nördlich nach **Dalhousie** (80 km), es ist aber wesentlich sicherer, die Straße über **Chakki** zu nehmen.

Der ruhige Erholungsort **Dalhousie** mit seinen zahlreichen alten Bungalows bildet einen interessanten Kontrast zu **Chamba**, das 56 km tiefer im Gebirge liegt. Die Briten kamen früher zur Erholung nach Dalhousie. Chamba ist die Hauptstadt eines Bergfürstentums, in dem sich eine eigenständige Kultur mit bemerkenswerten Tempeln entwickelte. Die dortigen Hirten, Gaddis genannt, stammen aus **Brahmaur** (65 km), einem Gebiet, das zum Trekking geradezu herausfordert. Der Fußweg über den Dhaula Dhar nach Dharamsala dauert eine Woche, mit dem Auto braucht man einen (sehr langen) Tag. 35 Kilometer von Brahmaur entfernt liegt der heilige See von **Manimahesh** (3950 m). **Dharamsala** (1250 m), am Fuße des Dhaula Dhar, ist international bekannt geworden, seitdem der Dalai Lama diesen Ort als Exil gewählt hat. Die tibetische Enklave liegt 750 Meter über Dharamsala in **McLeodganj**. Die Gegend ist dicht bewaldet. Noch vor der Ortseinfahrt stößt man auf Überreste der ehemaligen Hill Station, den idyllischen Friedhof und die **Kirche vom Heiligen Johannes in der Wildnis**. Auf dem Friedhof ist Lord Elgin begraben, der hier 1863 starb. Der Charakter von McLeodganj ist heute tibetisch. Jedoch kommen auch viele Europäer hierher, die am Buddhismus Interesse haben. Es gibt Meditationskurse und eine hervorragende Bibliothek. Setzt man die Fahrt durch das Kangra-Tal fort, gelangt man zu den Teeplantagen von **Palampur**. In **Baijnath** (16 km weiter) steht ein sehr alter Shiva-Tempel, der schon 804 n. Chr. errichtet wurde. In **Jogindernagar** endet die Bahnlinie. In **Mandi** (150 km von Pathankot) befinden sich einige sehenswerte Tempelanlagen, und der **Palast** im Stadtzentrum läßt die einstige Bedeutung Mandis erahnen. 24 km weiter liegt der heilige See von **Rewalsar**.

Das Kulu-Tal

Das Kulu-Tal beginnt als enge Schlucht und öffnet sich ab **Bunthar**, zehn Kilometer südlich der Stadt Kulu.

KULU-TAL / LAHAUL / SPITI

45 km östlich von Bunthar liegt **Manikaran**, zu dessen heißen Quellen viele Sikh-Angehörige pilgern. Von hier aus führt ein Pfad zum **Pin Parbati-Paß** (4802 m). Im Dorf **Malana** kann man merkwürdige religiöse Rituale beobachten, die sich um die lokale Gottheit Jamlu drehen.

Kulu liegt wunderschön in einem für das Himalaya-Gebirge ungewöhnlich flachen Landstrich (1200 m). Im Herbst findet hier das *Dussehra*-Fest statt, bei dem die Masken aller Gottheiten des Tales auf Sänften nach Kulu getragen werden, damit sie dort – außer Jamlu, der auf der anderen Seite des Flusses wacht – Raghunathji ihre Aufwartung machen können. Kühlere Gegenden in dem Tal findet man nordwärts in **Manali** (40 km). Von **Katrain** aus windet sich eine Straße hoch zum **Naggar Castle**, das heute nur noch dem Tourismus dient. Von dort aus hat man einen herrlichen Blick über das gesamte Tal. Eine andere Straße nach **Manali** (18 km) führt an **Jagat Sukh** mit seinem sehenswerten alten Holztempel vorbei. Manali ist auch Ausgangsbasis der meisten Trekkingtouren. Ein **Institute of Mountaineering** dient der Förderung des Bergsteigens. Die Straße folgt ab hier dem Fluß **Beas** bis zu dessen Quelle und steigt dann auf einer Länge von 51 km anschießend bis zum **Rohtang-Paß** hinauf (3915 m).

Lahaul und Spiti

Jetzt verläßt man das zauberhaft grüne Kulu-Tal und gelangt nach **Lahaul** und **Spiti**, wo die Frauen noch lange schwarze Überröcke mit silbernen Paspeln und bunte Seidenwesten tragen. In dieser dünnbesiedelten Gegend verehren die Bewohner sowohl hinduistische als auch buddhistische Gottheiten. Von **Khoksar** führt eine Straße östlich nach Spiti über den 4590 m hohen Kunzon-Paß, das wie Lahaul erst vor wenigen Jahren dem Tourismus geöffnet wurde und seit 1993 bis auf einen kleinen Abschnitt an der tibetischen Grenze auch mit Fahrzeugen ohne Sondergenehmigung bereist werden darf. In dieser durchschnittlich fast 4000 m hoch gelegenen Region, in der wegen ihres rauhen Klimas nur wenige Menschen leben, gibt es einige sehenswerte lamaistische Klöster, wie das nahe dem Verwaltungssitz **Kaza** gelegene **Kloster Ki**, in dem etwa 200 Mönche leben. Die tibetische Siedlung **Kibar** gilt als das höchste Dorf der Erde (4205 m). Distriktshauptstadt von Lahaul ist die an der Hauptstraße in Richtung Westen malerisch in 3150 m Höhe gelegene Ortschaft **Keylong**, zu der inzwischen in den Sommermonaten bereits eine regelmäßige Busverbindung mit Manali besteht. In naher Umgebung stehen die buddhistischen Klöster **Karding** und **Sashur-Gompa**. Wichtigster Fluß von Lahaul ist der nach Jammu und schließlich in den Indus fließende Chenab, dessen beide Quellflüsse Charda und Bhaga hier zusammenfließen. Sie entspringen nahe dem 4880 m hohen **Bara Lacha Paß**, über den man im Norden von Lahaul ebenfalls nach Spiti gelangen oder die Reise auf dem **Manali-Leh Highway** nach Ladakh fortsetzen kann. Fährt man von Keylong nach Westen, erreicht man auf schlechter Straße durch die Chenab-Schlucht das Dorf **Udaipur**, dessen prachtvoll geschnitzter Hindutempel berühmt ist. Auf einem kleinen Weg kann man von hier aus ins **Pangi-Tal** und weiter bis nach **Kishtwar** wandern. Während Himachal das ganze Jahr über besuchbar ist, sind Lahaul und Spiti, sobald der erste Schnee auf dem Rohtang-Paß fällt, für sieben Monate von der Welt abgeschnitten. Erst im Juni des folgenden Jahres ist das Tal wieder zugänglich. Trotz ihrer Kargheit ist die Landschaft faszinierend; aber auch die Bewohner mit ihrer Freundlichkeit locken die Besucher in diese bis in jüngste Zeit weitgehend unberührt gebliebene Region, in der die lamaistische Kultur lebendig ist.

INFO: HIMACHAL PRADESH

SHIMLA (0177)
Unterkunft
LUXUS: **Oberoi Cecil**, The Ridge, The Mall. **Oberoi Clarkes**, The Mall, Tel. 212991. **Woodville Palace**, Raj Bhavan Rd., The Mall, Tel: 72763. *MITTEL:* **Asia The Dawn**, Tara Devi, Mahavir Ghat, Tel: 77522. **Eastbourne**, Khillini, Tel: 77260. **Holiday Home**, Circular Rd., Tel: 212819. *EINFACH:* **Himland East**, Circular Rd., Tel: 213043. **Hotel Dalziel**, Tel.: 72691. **Hotel Classic**, Tel.: 75463

Museen
Himachal State Museum, Nähe Chaura Maidan, Tel: 2357, 10-17 Uhr, Mo und an Feiertagen geschl.

Restaurants
Fascination, Eastern Mall, Tel:2202. **Seven-Eleven**, Tel:3214. **Embassy**, Tel: 2271. **Alfa**, Scandal Corner, Tel:5142.

Einkaufen
Gut in The Mall, Lower Basar und Lakkar Basar.

Touristen-Information
Himachal Pradesh Tourism Development Corporation. Büros in Shimla Ritz Annexe, Tel: 77646 und The Mall, Tel: 78311. Panchayat Bhawan, Cart Road, Tel: 4589.

Anreise / Verkehrsmittel
Shimla und Kulu erreicht man auch mit dem Flugzeug. Die Eisenbahn fährt bis Chandigarh, Jogindernagar (in Pathankot umsteigen in eine Schmalspurbahn) und Shimla, von wo man in Kleinbussen, Autobussen oder Taxis weiterfährt.

Feste
Das wichtigste Fest ist das *Kulu Dussehra*. In Palampur wird ein besonders farbenprächtiges Fest gefeiert (März/April). Das Tibetan Inst. of Performing Arts organisiert jährlich ein 10 Tage dauerndes Fest einen Kilometer von Mc Leodganj entfernt. Blumengeschenke – ausschließlich von Frauen und Kindern – werden bei der *Suhi Mela* in Chamba gemacht. Dieser Bezirk ist auch für sein *Minjar*-Fest im Juli/August bekannt. Im Mai wird in den Zedernwäldern von Deongri (1,5 km von Manali) ein 3-Tages-Fest zu Ehren der Göttin Hadima gefeiert. Eine Art Karneval findet vom 10. bis 14. Februar statt. Einzigartig sind die Feierlichkeiten *Shivaratri Mela* im März, die sieben Tage dauern.

KULU (01902)
Unterkunft
LUXUS: **Apple Valley Resorts**, Mohal, NH21, Tel: 4115 oder Bombay 2021027. *MITTEL:* **Vaishali**, Gandhi Nagar, Tel: 4225. *EINFACH:* **Alankar Guest House**, Tel.: 22785. **Silver Moon Traveller's Lodge**, Tel: 2488. **Shobla**, Tel: 22800.

Einkaufen
Gut einkaufen kann man im Akhaara Basar. Eine Weber-Siedlung befindet sich in Bhutli (6 km).

Restaurants
Café Monal und Hotel-Restaurants: **Hotel Daulat**, Tel: 2358. **Hotel Shobla**.

Touristen-Information
Tourist Information, Tel: 22349.

MANALI (01902)
Unterkunft
LUXUS: **Holiday Inn**, Naggar Rd., Tel.: 52262 **Log Huts**, Circuit House Rd., Tel: 52407. **Manali Resorts**, Kullu Rd., Tel: 2274. *MITTEL:* **Piccadily**, The Mall, Tel: 2149. **Ambassador Resort**, Chadiari, Tel: 2235. **Manali Ashok**, Naggar Rd., Tel: 52331. *EINFACH:* **Scenic Cottage**. **Pinewood**, The Mall, Tel: 52118. **Chetna**, Circuit Rd., Tel: 52245.

Kunstgalerie
Roerich Art Gallery, Naggar (78 km von Kulu).

Telekommunikation
Post/Telegraph Office, Manali, Tel: 24

Restaurants
German Bakery, Mission Rd. **Monalisa**, Bazaar. Restaurant im **Hotel Piccadily**, Tel: 2149.

Einkaufen
Hauptmarkt. Tibetischer Basar und tibetisches Teppich-Zentrum.

Touristen-Information
Tourist Information, b. Hotel Kunzan. Tel: 2325. Himalayan Mountaineering Institute, Tel: 52342.

DHARAMSALA (MCLEODGANJ) (018992)
Unterkunft
Surya Resort, McLeodganj, Tel: 21868. **Ladies' Venture**, Tel.: 22559 **Clouds End Villa**, Naoroji Rd., Tel: 22109. Zahlreiche Guest Houses.

Restaurants
In McLeodganj: **Café Shambala**. **Chocolate Log**.

Einkaufen
Kotwali Bazaar in Dharamsala und McLeodganj.

Touristen-Information
HPTDC's Tourist Information Office, Kotwali Bazaar; Tel: 23163.

Unterkunft in:
CHAMBA (018992): **HPTDC's Hotel Iravati**, Tel: 2671 und **Hotel Champak**, auch Lodge-Vermietung. **DALHOUSIE** (01898): **HPTDC's Hotel Geetanjali**, Tel: 2155. **Youth Hostel**, nahe der Bus-Station, Tel: 2189. **Mehar's Youth Hostel**, The Mall, Tel: 2179. **Hotel Devdar** (HPTDC), **Khajjiar** (eine weitere Jugendherberge befindet sich 27 Kilometer entfernt, 14 Kilometer von Chamba). Weitere Hotels liegen an The Mall und in der Nähe der Bus-Station. **CHAIL**: **Chail Palace Hotel**, Tel: 01792-48337. **Wood Rose Cottages**. **Himneel Hotel**. **KANGRA**: **Palace Motel Taragarh**, Tel: 01892/34.
LAHAUL-SPITI: **Tourist Bungalow**, Keylong.

UTTAR PRADESH – HIMALAYA

DIE BERGE VON UTTAR PRADESH

Die beiden Gebirgsprovinzen von Uttar Pradesh, **Kumaon** und **Garhwal**, die unter dem Namen **Uttarakhand** bekannt sind, gelten als die schönsten Himalaya-Landschaften Indiens. Da dieser Region ein gemäßigtes Klima wie in Kashmir und Himachal fehlt, kann es zwar nicht mit einer üppigen Waldlandschaft aufwarten, entschädigt den Besucher aber dafür mit einem Panorama unzähliger schneebedeckter Berggipfel.

Garhwal

Beginnen wir die Reise im ehemaligen Erholungsort der britischen Kolonialherren, in **Chakrata**, das zum Distrikt **Jaunsar-Bhabar** an der Grenze zu Himachal gehört, einer wenig entwickelten Region, in der die Menschen noch stark in ihren alten Sitten und Gebräuchen verwurzelt sind.

Im Tempel von **Lakhamandal** (65 km nordwestlich von **Mussoorie**) findet man einige sehr bemerkenswerte Skulpturen aus dem 4. Jh. n. Chr. Weiter südlich stößt man in **Kalsi** im Yamuna-Tal auf ein Edikt Ashokas, das in einen Felsen eingraviert ist; der Kaiser fordert hier seine Untertanen zur Gewaltlosigkeit auf.

Zwischen der Yamuna und dem Ganges liegt das fruchtbare **Doon-Tal** mit seinen Reisfeldern. Oberhalb von **Dehra Dun** liegt der Erholungsort **Mussoorie** (2005 m) mit reizvollen Spazierwegen durch den sich über 15 Kilometer hinziehenden Ort. Im höhergelegenen **Landaur**, nur sechs Autostunden von Delhi entfernt, herrscht dagegen ein spürbar kräftigeres Klima.

Die Yamuna ist ein Fluß des Tons-Flußsystems, dessen Quellen im Gebiet von **Har-ki-Doon** liegen, einer unberührten Landschaft von Garhwal, wo der hinduistischen Mythologie zufolge die Helden der alten Epen in den Himmel

DIE BERGE VON UTTAR PRADESH
0   10   20   40 Km

aufgestiegen sind. Die Quelle der Yamuna entspringt neben einem Heiligtum, dem ersten der *Char Dham*, den vier Heiligtümern von Uttarakhand, die jeder Hindu einmal im Leben aufsucht. Obwohl eine Straße direkt nach **Yamnotri** führt, beginnen die meisten Pilger ihren Weg in **Rishikesh**. Ab **Hanuman Chatti** führt eine 14 km lange, leicht ansteigende Straße durch dichten Wald und entlang einer beeindruckenden Schlucht zu den Quellen (3185 m). In diesen heißen Quellen kocht man traditionellerweise seinen Reis und Kartoffeln.

Kehrt man zur Straße zurück, kann man vorher das Flüßchen nach **Kharsali** überqueren, um einen Blick auf die beiden pagodenähnlichen Tempel zu wer-

UTTAR PRADESH – HIMALAYA

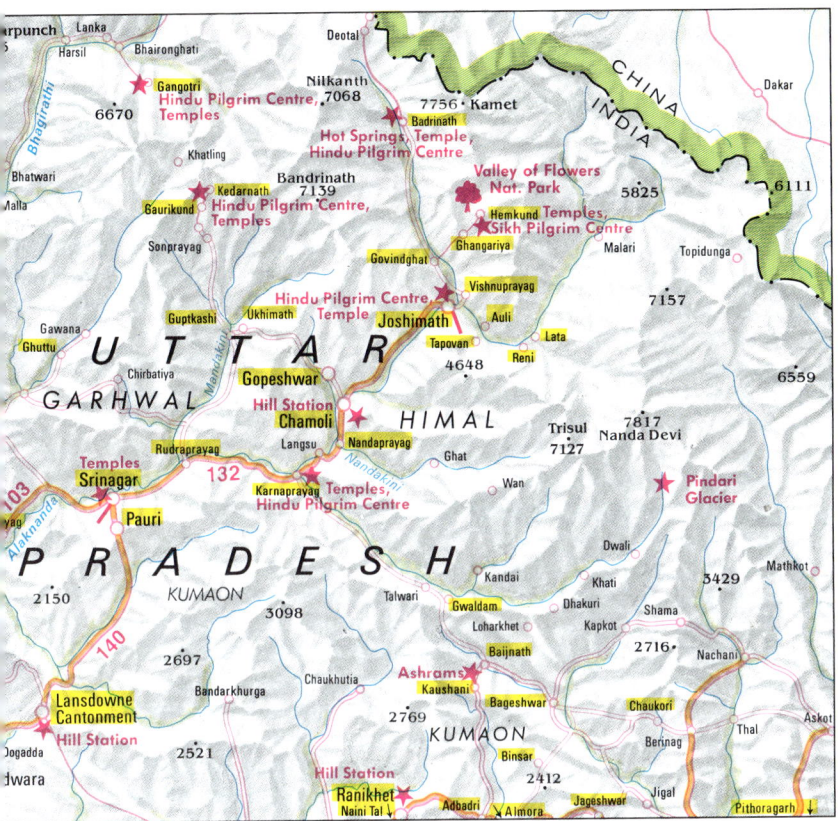

fen, die sich gegen den Gipfel des **Bander Punch** (6315 m) in einer eindrucksvollen Silhouette abheben.

Pilger und Heiligtümer

Das nächste Heiligtum ist in **Gangotri**. Reist man von **Barkot** über **Uttarkashi**, kann man den Gangotri-Tempel, der inmitten eines Zedernwaldes liegt, an einem Tag erreichen (229 km). Von dort führt die Straße zurück nach **Uttarkashi** (100 km) und **Tehri** (weitere 65 km).

In Tehri muß man sich zwischen zwei Straßen, die beide nach **Kedarnath** führen, entscheiden; die Entfernung ist etwa die gleiche. Die Strecke über **Chibartia** ist schöner, die Fahrt über **Srinagar** bequemer. Von Tehri führt eine Straße nach **Ghuttu**, Ausgangspunkt für Trekking-Touren zu den Seen von **Sahastra Tal**.

Ein anderer Weg folgt dem **Khatling-Gletscher**, und über **Masar Tal** erreicht man **Kedarnath**. Die Straße nach Kedarnath geht bis **Gauri Kund** (mit heißen Quellen), von wo aus die Besucher zum dritten Heiligtum (14 km) wandern können. Dieser Tempel liegt in 3484 Meter Höhe vor einer überwältigenden Himalaya-Kulisse. Das heiligste der vier Heiligtümer jedoch befindet sich in **Badrinath**, 243 km östlich von Kedarnath. Die Straße von **Gupt Kashi** über **Ukhimath** bis nach **Gopeshwar** ist eine der schönsten Strecken in Uttarakhand. In **Gopeshwar** befindet sich ein berühmter al-

ter Tempel mit einem hohen Eisendreizack im Hof.

Vom höchsten Punkt dieser Straße (**Chopta**) liegt der **Tempel von Tunganath** (3680 m) nur drei Kilometer entfernt. Von hier bietet sich ein faszinierenden Ausblick auf den Gipfel des Nanda Devi. Die Rishikesh-Badrinath-Pilgerstraße, die man über **Chamoli** in der Nähe von Gopeshwar erreicht, ist von Mai bis November verstopft mit Bussen und Pilgern, da der Tempel nur in diesem Zeitraum besucht werden kann.

Fährt man von Rishikesh entlang des Flusses **Alaknada** nach Norden, gelangt man während der Fahrt an fünf *prayags*, Stellen, wo Flüsse zusammentreffen. Der erste *prayag* ist bei **Deo-prayag**, 70 km von Rishikesh entfernt. Hier heißt der Fluß erstmals Ganges. Nach weiteren 35 km stößt man auf die alte Hauptstadt von Garhwal, **Srinagar**, die nach mehreren Flutkatastrophen ihre einstige Schönheit nicht wiedererlangen konnte. Über dem weiten Tal liegen die britisch geprägte Stadt **Pauri** (30 km) und, zur Ebene hin, die militärisch bedeutsame Stadt **Lansdowne**, wo die berühmten Garhwal-Gewehre hergestellt werden. 34 km von Srinagar entfernt liegt **Rudraprayag**, wo eine Straße nach Kedarnath abzweigt. Etwa vier Kilometer vor dieser Kreuzung achte man auf den Wegweiser zum Platz, wo der Jäger und Schriftsteller Jim Corbett einen menschenfressenden Leoparden erschoß, der angeblich 300 Menschen getötet hatte.

Die grünliche Mandakini fließt in Rudraprayag mit der eisgrauen Alaknanda zusammen, die von Kedarnath kommt. Der nächste *prayag* ist bei **Karnaprayag** (31 km), wo der Pindar mit dem Hauptfluß zusammenfließt. In **Nanda Prayag** (22 km) ergießt sich tosend der Sturzbach Mandakini von den Hängen des Nanda Ghunti und Trisul. Eine Trekkingtour zu den Basislagern auf diesen beiden Ber-

Oben: Bhotia-Tänzer in der abgelegenen Ortschaft Dharchula, Kumaon. Rechts: Königin des Dschungels – eine Tigerin im Corbett National Park.

gen quer durch das Mandakini-Tal dauert zehn Tage. Diesen Weg kreuzt ein schöner Wanderweg von **Gwaldam** nach **Tapovan**, auch „Curzon Trail" genannt, da der Vizekönig gern auf diesen Weg ging.

Wer durch das Tal der Alaknanda wandert, vorbei am Birehi Ganges, sieht eine von Naturkatastrophen gezeichnete Landschaft: In den durch Erdrutsche entstandenen Staubecken bildeten sich Seen, deren Wassermassen nach mehrmaligen Dammbrüchen immer wieder die Täler verwüsteten. **Joshimath** (40 km), auf einer Höhe von 1890 Metern gelegen, ist keine sehr reizvolle Stadt. Mit ihr bringt man den Heiligen Shankara in Verbindung. Allerdings ist sie eine gute Ausgangsbasis für Trekkingtouren in die Umgebung, zu den *buggials*, den Bergwiesen, die zu den atemberaubendsten Attraktionen des Himalaya gehören.

Skifahrer kommen an **Auli Buggial** in der Nähe des Nanda Devi kaum vorbei. Nirgendwo sonst im Himalaya liegen Berggipfel und Zivilisationskomfort so nahe beieinander. 25 km östlich von Joshimath sind die heißen Quellen von **Tapovan**, zehn Kilometer weiter liegt **Renni** am Rishi Ganges. Von hier aus begann sich die *Chipko* (Baumumarmung)-*Bewegung* auszubreiten, die sich als Anwalt der Natur versteht. Drei Kilometer hinter Renni, in dem kleinen Dorf **Lata**, das mit dem Bus erreicht werden kann, steht der Tempel von Nanda Devi.

In **Vishnuprayag** wechselt die Hauptstraße nach Badrinath auf die andere Seite der Alaknanda, und man erreicht nach 18 km **Govindghat**, wo ein Weg dem Lakshman Ganges nach **Gangharia** folgt, einer Lichtung in einem Zypressenwald (3034 m).

Ein fünf Kilometer langer und steiler Weg führt zum **Lokpal-See** (4329 m) mit dem Sikh-Heiligtum **Hemkund Sahib**. Von Gangharia führt ein Weg zum **Blumental** (Valley of Flowers National Park, 3658 m), das seinem Namen allerdings nur im Juli und August gerecht wird. **Badrinath** liegt im Tal von Mana. Sein kleiner Tempel (3100 m) ist – da jeder Hindu in seinem Leben einmal hierher gepilgert sein möchte – ständig voller Menschen; darüber hinaus machen die heißen Quellen, ein Basar für Devotionalien und der atemberaubende Gipfel des **Nilkanth** Badrinath zu einer Attraktion.

Garhwal wird auch das Land der Götter, *Dev Bhumi*, genannt, denn mit einer Ausnahme entspringen alle Nebenflüsse des Ganges hier. Nur der Pindar hat seine Quelle in Kumaon. Folgt man seinem Flußlauf von Karnaprayag bis Gwaldam auf eine Höhe von 1829 Metern, so hat man einen ausgezeichneten Blick auf den **Trisul**.

Kumaon

Vergleicht man die Berglandschaft von **Kumaon** mit der Garhwals, so fallen sofort die fruchtbareren Täler auf. Die Straße windet sich durch Pinienwälder, in denen Harz gewonnen wird, nach **Baijnath**, einer ehemaligen Hauptstadt mit Tempeln, die schönste indische Kunst bergen. Das breite Tal führt in östlicher Richtung nach **Bageshwar**, das einst für sein Fest der Wintersonnenwende bekannt war. Hinter Bageshwar geht eine Straße nach **Chaukori** (46 km), das früher eine rentable Teeplantage war, heute aber Touristen als Unterkunft dient; im Winter hat man hier eine herrliche Sicht auf das Panorama der schneebedeckten Berglandschaft.

Zum heiligen Berg

Setzt man seine Reise auf dieser Straße fort, erreicht man nach 58 Kilometern **Pithoragarh**, ein wegen seines schönen Rundblicks gern besuchter Ort, der mit Hilfe seines 1994 neu eingerichteten Landeplatzes (Air-Taxi-Service nach Delhi und Lucknow) in den nächsten Jahren zu einem bedeutenden Touristenzentrum ausgebaut werden soll. Die Trekkingtour nach Kailash-Manasarovar in Tibet beginnt zwar hier, ist jedoch ausschließlich Indern vorbehalten. 70 km südlich von Pithoragarh liegt **Champavat**, eine ehemalige Hauptstadt mit einigen Ruinen.

Almora

Die Hauptstadt des Kumaon-Gebietes, **Almora**, liegt 132 km nordöstlich von Champavat. In **Jageshwar**, 30 km vor Almora, gibt es sehenswerte Tempel in einem herrlichen Zedernwald. Von Garhwal führen drei Wege nach Almora. Eine Straße kommt von **Ranikhet** aus über **Adbadri**, einer alten Hauptstadt mit mehreren Tempelanlagen, die andere führt durch **Kausani**, einem Erholungsort, der durch einen Aufenthalt Mahatma Gandhis bekannt wurde. Die dritte Strecke verläuft durch **Binsar**, wo man einen Blick bis zu 500 Kilometer weit ins Land genießen kann.

All diese Straßen sind auch im Winter geöffnet, doch die schönste Zeit für einen Besuch im Kumaon ist der März, wenn der Rhododendron blüht. Almora (1646 m) ist ein sehenswertes Städtchen mit einer für diese Region charakteristischen Architektur. 40 km westlich liegt das Erholungsgebiet von **Ranikhet**. Ein anderer Erholungsort liegt 60 km im Süden, **Naini Tal**, das um einen vielbefahrenen See herum gebaut worden ist. Einige Wanderwege führen durch den dichten Wald rund um den **Cheena Peak** (2611 m). Östlich von Naini Tal liegen weitere, tiefergelegene Seen, der **Bhim Tal**, **Sat Tal** und **Naukuchia Tal**. Vom **Mukteshwar** (2438 m) bietet sich ein schöner Blick ins Tal. Landschaftlich beeindruckend ist die Fahrt von Ranikhet zum **Corbett National Park** (70 km). Von hier aus sieht man den herrlichsten Gipfel der Himalaya-Berge, den **Changabang** (6864 m). Auf dieser Straße werden die Pinienwälder von Teakholzwäldern abgelöst, in denen die meisten der menschenfressenden Raubkatzen von Corbett erschossen worden sind. Unweit vom Corbett Park liegt **Kaladhungi**, einst Wohnsitz des großen Jägers.

INFO: DIE BERGE VON UTTAR PRADESH

MUSSOORIE (0135)

Unterkunft
LUXUS: **Dunsvirk Court**, Vincent Hill, Upper Rd., Tel: 632680. **Nasha Resort**, Barlow Ganj, Tel: 632525. **Hotel Connaught Castle**, Upper Mall Rd., Tel.: 632210. *MITTEL:* **Padmini Nivas**, Tel.: 6327933. **Savoy**, The Mall, Library, Tel: 632010. **Solitaire Plaza**, Picture Palace, Kincraig Rd., Tel: 632937. *EINFACH:* **Broadway**, Tel.: 632243. **Shipra**, Picture Palace, The Mall, Tel: 632662.

Feste
Nag Panchmi im Nag Mandir (Juli/August). *Janmashtami Fair* (August/September) und das Herbstfest, das mit dem jährlichen *Dussehra* (September/Oktober) zusammenfällt.

Telekommunikation
General Post Office, Kulri Bazaar; Tel: 2802

Einkaufen
Wollkleidung und Korbwaren. Einkaufsstraßen Library, Kulri und Landour Bazaars.

Touristen-Information
U.P. Tourist Bureau, The Mall; Tel: 632863. **Garhwal Mandal Vikas Nigam** (GMVN), Library Bus Stand; Tel: 632984. **Mountaineering & Trekking Division**, Yatra Office, GMVN Ltd., Muni-ki-Reti, Rishikesh; Tel: 30372.

Anreise / Verkehrsmittel
Dehradun's Jolly Grant Airport (60 km von Mussoorie) ist der Flughafen für Flugverbindungen mit Delhi. Der nächste Bahnhof ist Dehradun (35 km).

Trekking
Trekking ist während des Monsuns riskant. Nicht alle Gebiete an der sog. Inner Line entlang der Grenze sind für Ausländer offen. 1993 wurde die Genehmigungspflicht weitgehend aufgehoben, so daß jetzt viele begehrte Routen, wie etwa in das Nanda Devi Sanctuary, das Niti-Tal, zum Milam-Gletscher und die Wanderung von Gangotri nach Badrinath über den Kalindi Khal Paß offen sind. Geschlossen sind noch immer das Kuti-Tal und Garbyang auf der Pilgerroute nach Tibet. Informationen bei **Indian Mountaineering Foundation**, Benito Juarez Road, New Delhi (Tel: 671211); oder **Garhwal Mandal Vikas Nigam**, 74/1 Rajpur Road, Dehradun (Tel: 26817).

Unterkunft
HARIDWAR (0133): **Tourist Bungalow**, Belawala; Tel: 42637. **Gurudev**, Station Rd.; Tel: 27101. **RISHIKESH** (01364): **Basera**, 1 Ghat Rd.; Tel: 430767. **Inderlok**, Railway Station Rd.; Tel: 30555. **GMVN's Tourist Bungalow**, Muni-ki-Reti; Tel: 430373. **GMVN Tourist Bungalows** und **Jugendherbergen** gibt es in Kedarnath, Badrnath, Chamoli, Devaprayag, Rudraprayag, Karnaprayag, Nandprayag und Auli.

NAINITAL (05942)

Unterkunft
MITTEL: **Hotel Holiday Inn**, Tel.: 36031. **Grand Hotel**, Nainital, The Mall, Tel: 2406. **Swiss Hotel**, Nainital, Tel: 36013. *EINFACH:* **Arif Castles**, Nainital, Tel: 2801-3. **Vikram Vintage Inn**, Mallital, Tel: 35877/79, (Res.: New Delhi 643-6451). **The Naini Retreat**, Ayanpatta Slopes, Nainital, Tel: 35105.

Feste
Mitte Januar wird das *Uttaraini*-Fest gefeiert, vor der Ernte im Herbst *Hariyala* (Juli/August). Das wichtigste Fest ist das *Nanda Devi Fair*, die zu Ehren der Göttinnen Nanda und Suanda gefeiert werden (August/September).

Telekommunikation
Main Post Telegraph Office, Mallital, Tel: 2599. Das gilt auch für Tallital; Tel: 2704.

Restaurants
Capri Restaurant, The Mall, Tel: 2690; **Embassy Restaurant**, The Mall, Tel: 2597; **Kwality**, The Mall, Tel: 2506.

Touristen-Information
U.P. Government's Tourist Bureau, The Mall; Tel: 35337. **Parvat Tours & Tourist Information Centre**, Tallital; Tel: 2656. Das **Haupt-KMVN-Büro** befindet sich im Old Secretariat Building, Tel: 2509, 2543. **Nainital Mountaineering Club** (für Treks), CRST Inter College Building.

Anreise / Verkehrsmittel
Der nächste Flughafen ist Pantnagar (72 km). Ein Bus bringt die Besucher in die Stadt, Dauer der Fahrt etwa zweieinhalb Stunden. Für den Transport in und um Nainital stehen Busse, Taxis und Rikschas zur Verfügung (in der Touristensaison ist nach 17 Uhr The Mall für den Verkehr gesperrt).

Unterkunft
ALMORA (05962): **KMVN's Holiday Home**; Tel: 2250. **Shikar**, Main Rd. **Savoy**, Tel: 22395. **RANIKHET** (05966): **West View**, Mahatma Gandhi Rd., Tel: 2261; **Moon Hotel**, Upper Mall, Tel: 2382; **Nortons**, Upper Mall; Tel: 2382. **KMVN's Tourist Cottages**, The Mall; Tel: 2297. **BINSAR**: **KMVN's Tourist Bungalow**. Auch in weiteren kleinen Orten, wie etwa Pithoragarh, Chaukori und Bageshwar befinden sich Tourist Bungalows, die entweder von der Travel Corporation of India oder von Privatleuten an Touristen vermietet werden.

Verschiedenes
In Pithoragarh nahe der Grenze zu Nepal ist 1994 ein neuer Landeplatz für Air-Taxis eingerichtet worden, der den östlichen Kumaon nun direkt mit Delhi (bisher ca. 18 Fahrstunden entfernt) und Lucknow verbindet.

LAND DER WEISEN UND DICHTER

BIHAR

CALCUTTA

WESTBENGALEN

BIHAR

Bihar bietet eine Vielfalt von Sehenswürdigkeiten, doch leider nur wenig Touristenunterkünfte. Die unten aufgelisteten Ortschaften und Städte erreicht man von Patna, Ranchi und Jamshedpur aus. Die in Klammern angegebenen Entfernungen beziehen sich auf Patna; Ausnahmen bilden die Dschungel-Rundreisen – hier beziehen sich die Entfernungsangaben auf Ranchi – und die Angaben, bei denen Jamshedpur genannt wird. In Bihar befinden sich die erste Ansiedlung des Ganges-Beckens, die älteste Fernstraße der Welt, das Herzland des ersten indischen Reiches und der zweiten Siedlungswelle auf dem Subkontinent, ein prächtiges Himalaya-Panorama, der älteste Höhlentempel, das größte Festival der Welt und Wasserlöcher, an denen Tiger ihren Durst löschen. In der Nähe von Chapra (112 km) liegt die älteste Siedlung im Gangesdelta, **Chirand's Mound**, die um 3200 v. Chr. gegründet wurde.

Die Große Fernstraße

Die Menschen, die vor dreitausend Jahren in Bihar lebten, benutzten Kupferwerkzeuge. Aus den Minen von **Singhbhum** schafften sie das Kupfer auf einer 500 km langen Straße an die Orte, wo es verarbeitet wurde. Bedenkt man einmal die Länge der Straße, so kann man sie getrost als die älteste Fernstraße der Welt bezeichnen. Kaiser Chandragupta Maurya baute die Straße im 4. Jh. v. Chr. nach Taxila (im heutigen Pakistan) aus, so daß sie schließlich eine Länge von 3200 km erreichte. Hinsichtlich Länge und Alter ist sie durchaus mit der Chinesischen Mauer vergleichbar. Diese Straße hatte lange Zeit die Bedeutung einer Reichsstraße. Im 16. Jh. wurde sie von Sher Shah Suri erneuert, später noch einmal im 19. Jh. Rechts und links der Straße liegen etliche Anziehungspunkte für Pilger; Jainas besuchen den Tempel auf der Spitze des **Parasnath-Berges** (249 km), ein Tempel zu Ehren Parasnaths, der hier im 9. Jh. v. Chr. starb. Die Buddhisten besuchen **Bodh Gaya** (181 km), wo Buddha seine Erleuchtung erlangte. Die hinduistischen Tempel von **Kalyaneshwari** (325 km) und **Mundeshwari** (196 km) sind interessante Beispiele für die Architektur des 11. Jahrhunderts.

Rajgir

Rajgir (101 km), der Mittelpunkt des alten und bedeutenden Staates Magadha

Vorherige Seiten: Elefanten zu verkaufen auf dem Viehmarkt von Sonepur bei Patna.

(6.-1. Jh. v. Chr.), liegt so günstig, daß es im Zeitalter des Kupferabbaus sowohl die Große Fernstraße als auch die Schiffahrt auf dem Ganges kontrollieren konnte. Die Geschichte der Stadt beginnt im 6. Jh. v. Chr., nachdem ein 50 km langer, riesiger Wall auf den Kämmen der umliegenden Berge gebaut worden war. Die Bauten dieser Zeit sind zwar verfallen, doch findet man im Schiefer der Talsohle noch die Abdrücke von Streitwagen. Rajgir ist auch eine heilige Stadt der Jainas, da der Begründer des Jainismus, Mahavira, hier gelehrt hat. Es existieren jedoch auch zahlreiche Beziehungen zwischen dieser Stadt und Buddha; dasselbe gilt für **Nalanda**, **Vaisali** und **Bodh Gaya**. In **Pawapuri** (97 km) stößt man auf zwei Jaina-**Tempel**, Denkstätten Mahaviras, der hier im 5. Jh. v. Chr. starb.

Patna

Als Eisenwerkzeuge im 8. Jh. v. Chr. Kupferwerkzeuge verdrängten, verlor auch die Große Fernstraße ihre Bedeutung – zumal sich die Flüsse als geeignetere Transportwege erwiesen. In den letzten Jahren des ausgehenden 6. Jh. bauten die Herrscher des Magadha-Reiches am Ufer des Ganges eine befestigte Stadt, die sie später zu ihrer Hauptstadt machten. Der Name der Stadt änderte sich mehrmals im Lauf der Zeit. Kusumpura, Pataliputra und Asimabad sind alte Bezeichnungen von **Patna**.

Als im Jahr 323 v. Chr. Alexander der Große im Nordwesten des Subkontinents einfiel, herrschte die Nanda-Dynastie über das Magadha-Reich und somit über den größten Teil Nordindiens. Der Makedonier griff das Reich jedoch nicht an. Chandragupta Maurya stürzte später die Nanda-Dynastie und erweiterte das Reich bis weit nach Westen. Patna wuchs anschließend zu einer großen Stadt heran. Der griechische Reisende Megasthenes, der in der Stadt lebte, hinterließ einen Bericht über sie, der später durch Ausgrabungen bestätigt wurde, die eine Halle mit Pfeilern aus Sandstein hinter einer hölzernen Palisade ans Licht brachten. Diese Ausgrabungstätte findet man bei **Kumhrar**, fünf Kilometer östlich des Patna Junction Bahnhofs.

Für eine Stadt, deren Geschichte über 2500 Jahre reicht, hat Patna erstaunlich wenig historische Denkstätten; daß diese angeblich unter dem Schlamm des Ganges begraben liegen, ist nur ein Teil der Wahrheit. Nicht nur hier, sondern in ganz Indien gibt es einen auffälligen Mangel an Säkularbauten aus der Zeit vor dem 15. Jh.

600 Jahre lang war Patna keine Landeshauptstadt, für 300 Jahre (nach 1196) noch nicht einmal eine Provinzhauptstadt. Die buddhistischen Klöster, *viharas*, von denen sich übrigens der Landesname Bihar ableitet, und die Universitäten von **Nalanda** und **Vikramshila** (242 km) wurden im 13. Jh. vom Sultan von Delhi, Bakhtiar Khilji, zerstört.

In Patna existieren keine historischen Bauten aus dem Zeitraum von **Kumhrar** (4. Jh. v. Chr.) bis zu **Sher Shah's Quila** (1545 n. Chr.). Der Bedeutungsverlust Patnas nach dem Überfall Khiljis wird offenkundig durch die Tatsache, daß alle Gebäude, die damals gebaut wurden, außerhalb der Stadtgrenzen entstanden. Typisch für die Epoche vom 12.-16. Jh. sind die muslimischen Mausoleen: Das Mausoleum des **Ibrahim Baya** liegt auf einem Gebirgskamm bei **Bihar Sharif** (77 km), die Mausoleen des **Yaha** und des **Shah Daulat** sind in **Manes** (30 km) und die des **Sher Shah**, seines Vaters und seines Sohnes in **Sasaram**. Sher Shah errichtete seine Festung und die Moschee zur selben Zeit, als die Portugiesen einen neuen Handelshafen in **Hugli** bauten.

Die zweite Moschee wurde im Jahr 1621 erbaut, kurz nachdem die Holländer und Engländer an der Küste Indiens gelandet waren, um Salpeter, Indigo, Stoffe und Opium zu kaufen. Die Holländer hinterließen ein Gebäude, das heutige **Patna**

BIHAR / WESTBENGALEN / SIKKIM

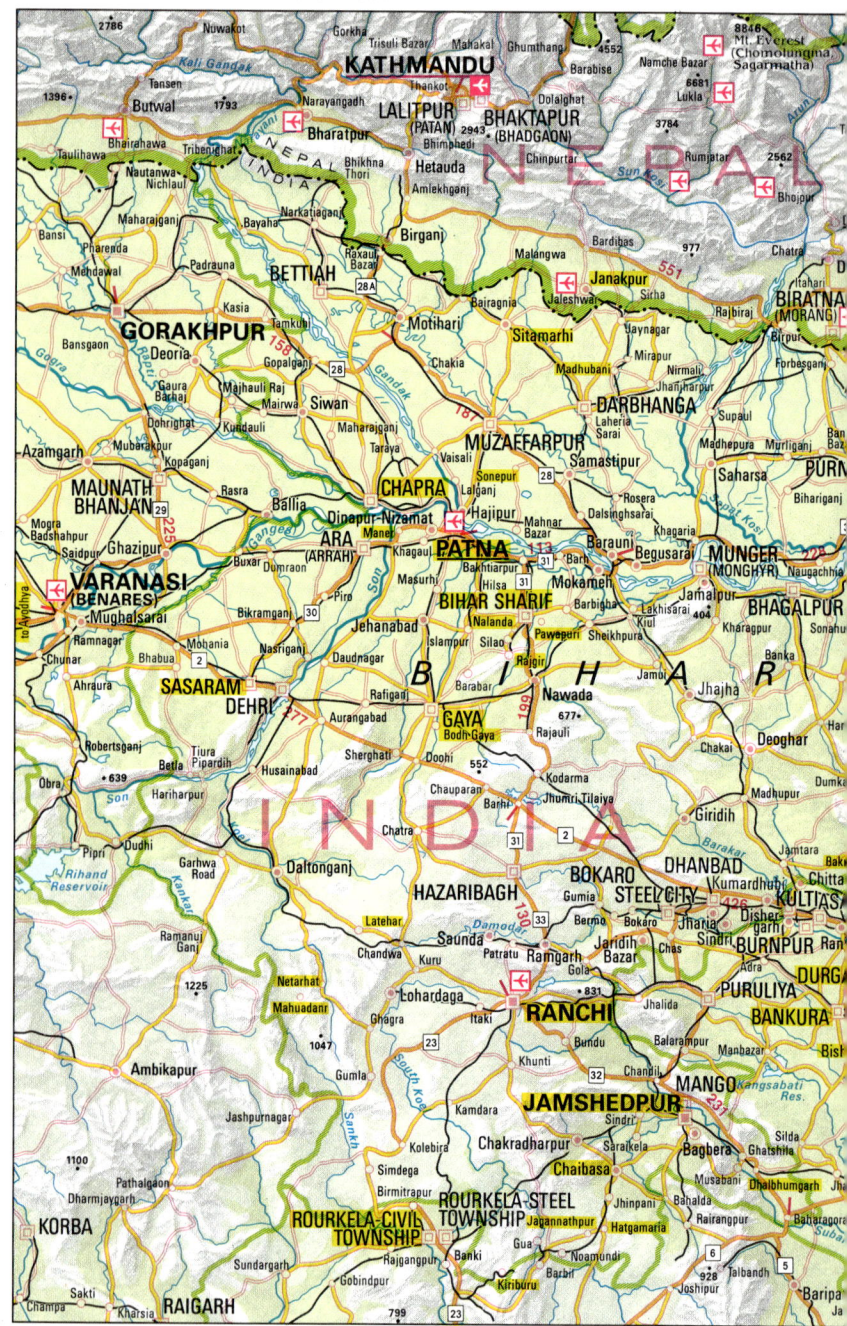

BIHAR / WESTBENGALEN / SIKKIM

BIHAR/WESTBENGALEN/SIKKIM
0   50   100 Km

PATNA

College. Das britische Opiumlagerhaus wurde später der Patna-Kunstschule angeschlossen, wo Miniaturporträts aus Elfenbein angefertigt wurden, die als *Company Art*, als Kunst der Ostindienkompanie, bekannt wurden.

1773 gelangte Patna unter britische Verwaltung. Die ganze Provinz wurde vom Mogulkaiser der Ostindienkompanie überschrieben, die sich im Westen der Stadt einrichtete – am sogenannten Ost- und Westtor. Die Engländer bauten auch **Bankipur**, wobei sie sich bemühten, die Atmosphäre einer englischen Kleinstadt zu schaffen. Die Kirche wurde auf einem großen Platz, dem **Gandhi Maidan**, gebaut. Ein optisch eher störendes Gebäude war der **Golghar**, ein halbkugelförmiger Getreidespeicher, 27 Meter hoch und 1786 errichtet. Er wurde gebaut, um in dieser Zeit häufiger Hungersnöte einen Getreidevorrat anlegen zu können. Von oben hat man einen herrlichen Rundblick über die Stadt. Die schöne Kirche **Padre Ki Haveli** wurde 1775 für österreichische Missionare gebaut, die aus Tibet vertrieben worden waren. **Harmandir**, ein *gurudwara*, wurde erst im 19. Jh. um die Räume herum errichtet, in denen der 10. und letzte Sikh-Guru, Gobind Singh, 200 Jahre zuvor geboren worden war. Die Anlage gehört zu den bedeutendsten Heiligtümern der Sikhs.

Das Indien Forsters

In **Bankipur** beginnt der erste Teil des Romans von E. M. Forster *A Passage to India* (1924). Forster änderte nur den Namen der Stadt in Chandrapore, so wie er Barabar in Marabar geändert hatte. Die **Kirche**, den **Maidan** und den **Club** erkennt man schnell wieder. Die Moschee, die die Romanheldin Mrs. Moore heimlich aufsuchte, befindet sich noch an der **Asoka Rajpath**, die durch **Muradpur**

Rechts: Ruderpartie auf dem Ganges bei Patna im Abendlicht.

am **Fielding's College** vorbei in die Stadt führt. Der englische Schriftsteller hatte einen Freund in Khuda Baksh, dessen Sammlung von seltenen orientalischen Schriftstücken und Miniaturmalereien heute in der **Khuda Baksh Oriental Library** aufbewahrt wird. Ein anderer Sammler soll ebenso ins Gedächtnis zurückgerufen werden: R. K. Jalan, dessen Sammlung von Jadeerzeugnissen, chinesischem Porzellan und anderen Raritäten im **Quila House** ausgestellt wird.

Das moderne Patna, Hauptstadt des heutigen Bihar, wurde um das Jahr 1920 westlich von Bankipur gebaut. In den fünf wichtigsten Gebäuden der Stadt – dem **Regierungs**- und dem **Gerichtsgebäude**, dem **Legislative Chamber**, dem **Secretariat** und dem **Hauptpostamt** – kann man der Sommerhitze entkommen.

Zwei Gebäude zeigen typisch britisch-indische Architektur: das Museum aus den späten 20er Jahren und das **Patna Women's College**, das nach dem II. Weltkrieg gebaut worden ist. Das **Museum** beherbergt eine ausgezeichnete Sammlung von Terrakotta- und Bronzefiguren aus der Zeit der Maurya- und der Gupta-Dynastie.

Bei Patna ist der Ganges breit, und einzelne Uferabschnitte bestehen aus silbrigem Sand. In der Nähe der Universität gibt es eine lange Fußgängerpromenade längs des Flusses. Etwas oberhalb liegt der **Bankipur Club** mit seinen Rasenterrassen, auf dem Fluß schaukelt ein schwimmendes Restaurant. In der Nähe des Flughafens liegen ein Golfplatz und ein Naturschutzgebiet.

In den **Barabar-Bergen** (52 km) befinden sich Höhlentempel, die lange vor den berühmteren wie Kanheri oder Ajanta entstanden. In zweien von ihnen findet man Inschriften, die darauf hinweisen, daß diese Höhlen ein Geschenk Ashokas (264-225 v. Chr.) und eines seiner Verwandten an Mönche sind. Die Wände sind vor 2300 Jahren mit einer Art Politur versehen worden; sie glänzen noch heute.

Im Monat *Kartik*, im November, wird in **Sonepur** (25 km) am Nordufer des Ganges, wo der Gandak in den Fluß mündet, ein Jahrmarkt abgehalten. Hauptsächlich ist es ein Rindermarkt, daneben werden aber auch Elefanten, Kamele, Hasen, weiße Mäuse und andere Tiere verkauft. Über eine Million Menschen kommt jährlich hierher, um zu kaufen, verkaufen und sich zu amüsieren.

Himalaya-Panorama

Von den Staudämmen der Kosi (380 km) und der Gandak (177 km) hat man einen großartigen Blick auf die schneebedeckten Berge des Himalaya. Das Gebirge erhebt sich aus einer Ebene, die knapp 100 Meter über dem Meeresspiegel liegt, bis zu einer Höhe von mehr als 8000 Metern. Vom Kosi-Staudamm sieht man den Mount Everest hinter einem kleineren Berg liegen. Da das Nationalepos *Ramayana* in der unmittelbaren Umgebung des heutigen Gandak-Staudammes entstand, wird er auch **Valmikinagar** genannt. **Ayodhya**, woher Prinz Rama stammte, liegt im Westen. Es wurde 1992 international bekannt, als hier Hindufanatiker die vor etwa 450 Jahren von Muslimen über der angeblichen Geburtsstätte errichteten Moschee niederrissen und damit im ganzen Land Gewalttätigkeiten auslösten. 218 km im Osten liegt **Janakpur**, woher Prinzessin Sita, Ramas Gefährtin, kam. Sie wurde in **Sitamarhi** (124 km) geboren. **Mithila**, wie die Gegend genannt wird, ist eine landschaftliche Attraktion: Lotusteiche, schattige Mangogärten und Betelnußpalmen bestimmen die Atmosphäre. Tempel findet man in Sitamarhi und Janakpur, wobei letzteres im Terai liegt, einem flachen Landstreifen, der heute zu Nepal gehört. **Madhubani** (154 km) ist das Zentrum einer lebendigen volkstümlichen Malerei.

Ranchi und Jamshedpur

Ranchi (326 km), einst ein Ferienort der Engländer, liegt im südlichen Hochland Bihars, 700 Meter über dem Mee-

resspiegel. Da die Wälder rundum einem großen Kahlschlag zum Opfer gefallen sind, ist es hier heute wesentlich wärmer als früher. Am Fuß des Ranchi-Berges ist ein künstlicher See angelegt worden, an dessen Ufer zwei Tempel liegen.

In **Jagannathpur** steht ein Tempel, der eine Nachbildung des berühmten Tempels von Puri (Orissa) ist. Zwei Urwaldpfade haben ihren Ausgangspunkt in diesem Ferienort. Außerdem kann man zu vier Wasserfällen fahren; am entferntesten liegt der **Hirni-Wasserfall** (74 km), am höchsten ist der **Hundru-Wasserfall** (86 m Höhenunterschied), den man wie die beiden anderen Wasserfälle **Jonha** und **Dussomghagh** nach 45 Kilometern erreicht.

Eine interessante Rundfahrt führt über **Hirni** und **Chaibasa** nach **Hatgamaria** und über **Tensa**, **Kiriburu**, **Kumri** und **Tholkobad** nach **Rourkela**, einer Stadt mit bedeutender Stahlindustrie. Der größte Teil der 600 Kilometer langen Strecke ist asphaltiert, über die meisten Flüsse führen Brücken. Die umliegenden Wälder sind leider zu dicht, um in ihnen das Wild beobachten zu können. Eine andere Route führt über **Netarhat** (155 km), das auf einer Höhe von 1250 Metern liegt, durch das von Bergen eingeschlossene **Mahuadanr-Tal** nach **Betla**, und dann zurück über **Latehar**.

150 km von Ranchi entfernt, an der Grenze nach Madhya Pradesh, liegt das kleine Städtchen **Netarahat**, das wegen seiner landschaftlich reizvollen Lage gern besucht wird.

Jamshedpur (455 km von Patna und 129 km von Ranchi entfernt) ist eine aus dem Boden gestampfte Industriestadt. Die örtlichen Erholungsplätze sind **Dimna Lake**, **Rivers Meet** und **Dalma Hill**. Das Tata Youth Centre hat in den umliegenden Bergen Kletterpfade angelegt. **Seraikela** (40 km) ist bekannt wegen seiner *chhau* (Masken)-Tänze. In **Chalbasa** (80 km) und **Dhalbhumgarh** (64 km) kann man Specksteinprodukte kaufen.

Oben: Ein Künstler aus Madhubani (Bihar) bei der Arbeit an einem volkstümlichen Bild.

INFO: PATNA / BIHAR

PATNA (0612)
Unterkunft
LUXUS: **Welcomgroup Maurya Patna**, South Gandhi Maidan, Tel: 222061. *MITTEL:* **Chanakya**, Birchand Patel Marg, Tel: 223141. **Pataliputra Ashok**, Beer Chand Patel Path, Tel: 226270. **Republic**, Lawly's Buildg., Exhibition Rd., Tel: 55021-24. *EINFACH:* **Avantee**, Fraser Rd., gegenüber Dak Bungalow, Tel: 220540-42. **Jaysarmin**, Kankar Bagh Rd., Tel: 354281. **Samrat International**, Fraser Road, Tel: 220560.

Krankenhäuser
Dainapur Civil Hospital, Tel: 7315. Kurji Holy Family, Tel: 62516; **Patna City Hospital**, Tel: 41817.

Museen
Radha Kishan Jalan Museum, Oila House, Tel: 41121. Während der Woche nach Vereinbarung geöffnet, am Wochenende geschl.; **Patna Museum**, Buddha Marg, Tel: 23332; 10.30-16.30 Uhr, montags und an Feiertagen geschl.

Restaurants
Amrapali, Paryatan Bhawan, Beer Chand Patel Path. **Vaishali**, Hotel Maurya, South Gandhi Maidan. **Palli**, Hotel Pataliputra Ashok, Beer Chand Patel Path; **Rajasthan Restaurant** (vegetar.), Mamta Rd. (Hotel Mayur).

Einkaufen
Eine große Anzahl kunsthandwerklicher Artikel von guter Qualität werden extra für den Verkauf hergestellt. Etwas Besonderes sind die Gold- und Silberschmuckarbeiten in **Patna**. In **Bhagalpur** findet man Silberschmuck, Brokat und Tussar-Seide, in **Ranchi** Lackwarenspielzeug, in **Chotanagpur** Handwebstühle und Arbeiten aus Pappmaché, Bambus und *sikki-Gras*, in **Bodhgaya** Steinvasen und -kugeln, in der Mithila-Region volkstümliche Malereien, dazu Metallfiguren und Lederartikel. Für den Einkauf in Frage kommen in Patna der Patna Market, Ashok Rajpath, Bari Road und New Market. Auch im **Bihar Emporium** an der New Dak Bungalow Road und in der Nähe des East Gandhi Maidan kann man gut einkaufen. **Bodhgaya**: Khadi Bhandar und Prashad *Buddhistic corner*. **Rajgir**: Das India Tourist Handicrafts Emporium befindet sich an der Talstation der Seilbahn. **Nalanda**: Am Eingang zu den Ruinen wird Trachtenschmuck und Steingut verkauft. **Vaishali**: einige Verkaufswerkstätten.

Touristen-Information
Government of India Tourist Office, Tourist Bhawan, Beer Chand Patel Path, Tel: 226721; **Tourist Information Centre**, Government of Bihar, Mazharul Haq Path, Fraser Road, Tel: 225411.

Anreise / Verkehrsmittel
Es bestehen Luft-, Schienen- und Straßenverbindungen zwischen Patna und den wichtigsten Großstädten Indiens. Sonepur und Vaishali erreicht man von Patna aus über die Straße. Rajgir und Nalanda sind durch eine Bahnlinie und eine Straße mit Patna und auch mit Varanasi verbunden. In Gaya liegt ein wichtiger Endbahnhof, von wo aus man mit Bussen oder Auto-Rikschas nach Bodh Gaya weiterreisen kann. Ranchi und Jamshedpur erreicht man mit dem Flugzeug, der Eisenbahn oder dem Auto. In die Nationalparks von Palamau und Hazaribagh kommt man über Patna und Ranchi; wer mit dem Zug anreist, sollte der Bequemlichkeit halber Ranchi ansteuern, auch wenn es weiter entfernt liegt.

Touristentaxis und örtliche Taxis ohne Taxameter findet man in Patna, Jamshedpur und Ranchi. Andere Nahverkehrsmittel wie Busse, Auto- und Fahrradrikschas und *tongas* bieten ihre Dienste in Patna, Jamshedpur, Ranchi, Gaya und Rajgir an; in Bodh Gaya und Nalanda hingegen beschränkt sich das Angebot auf die beiden letzteren.

Feste
Da über ganz Bihar eine Unzahl von hinduistischen, buddhistischen, jainistischen und islamischen Heiligtümern verteilt sind, findet gleichsam jeden Tag ein Fest statt. In Patna findet das einen Monat lang dauernde *Pataliputra*-Fest statt. *Dussehra/Durga Puja* wird im Oktober gefeiert. Sechs Tage später wird während des *Chhath Puja*-Festes am Ufer des Ganges die Sonne verehrt. 14 Tage nach dem *Diwali* findet der vier Wochen dauernde *Sonepur*-Jahrmarkt statt. Indische und auch ausländische Buddhisten treffen sich im April und Mai zum *Buddha Jayanti* in Bodh-Gaya und Rajgir. Jedes Jahr im Dezember treffen sich die Buddhisten in Bodh Gaya, um anläßlich der Vertreibung des Dalai Lama gemeinsam zu beten. Die zwei wichtigsten Jaina-Feste sind *Mahavir Jayanti* im April und Deo Deevali (10 Tage nach Diwali); erstgenanntes findet auf dem Parasnath-Berg statt. Ein einzigartiges Fest dieser Region ist die *Samath Sabha* im Juni, die man in Madhubani 14 Tage lang feiert. Im Grunde genommen ist dies ein riesiger Heiratsmarkt, wo Eltern die Horoskope ihrer Kinder mitbringen und über Heiraten verhandeln. Die eigentliche Heiratssaison fällt indes mit dem Frühlingsfest von *Holi* zusammen.

Unterkunft in:
RAJGIR (06119): **Centaur Hokke Hotel** (luxuriöses japanisches Hotel für Pilger, im Sommer geschlossen), Tel: 5245.

Tourist Bungalow Gautam Vihar (Bihar Tourism), Tel: 39.

PWD Rest House, Buchung über SDO, Rajgir. **Tourist Hotel**, geöffnet Nov-März.

BODH GAYA (0631): **Hotel Bodh Gaya Ashok**, Tel: 22708-9. **Hotel Siddharta**, Tel.: 21254.

PWDIB, die Buchung erfolgt über Executive Engineer, Gaya. Klöster bieten ebenfalls Unterkünfte an.

CALCUTTA

Die Großstadt **Calcutta** (Einwohnerzahl: elf Millionen) ist eine der überwältigendsten Erfahrungen, die der indische Subkontinent zu bieten hat. Sie ruft unterschiedlichste Reaktionen hervor, positive wie negative; nur wenige Leute können dieser Vitalität gleichgültig gegenüberstehen. Calcuttas Charakter ist geformt worden durch den Raj, durch den Handel, durch die Tatsache, daß es schon immer ein Zentrum sozialer Reformen war und nicht aufhört, mächtige kulturelle, politische und intellektuelle Aktivitäten zu entfalten. Nicht zuletzt durch die Massen von Menschen, die es in seinen Bann zieht. Calcutta ist die ,,Stadt der schrecklichen Nächte" genannt worden, eine Stadt, ,,über die viel diskutiert wird, die oft mißverstanden und heftig verteidigt wird, die Dichter, Revolutionäre und Industrielle gleichermaßen für sich in Anspruch nehmen."

Die Ära der Briten

Calcutta, das zu den ältesten europäischen Siedlungen in Asien zählt, datiert den Beginn seiner städtischen Entwicklung vom 24. August 1690 an. An diesem Tag entschied sich Job Charnock für eine Stelle in dem Dorf Kalikata als Bauplatz für ein Warenhaus der East India Company. Wirklich zu wachsen begann die Stadt im Jahr 1774, nachdem Robert Clive die Armeen der Nawabs von Bengalen und Oudh besiegt und sich das Recht erstritten hatte, Steuerabgaben von den Provinzen Bengalen, Bihar und Orissa einzutreiben. Erst daraufhin wurde Calcutta Hauptstadt der britischen Besitztümer in Indien. Das blieb es bis 1911, als die Hauptstadt nach Delhi verlegt wurde.

Fort William, nach dem britischen König William I. benannt, wurde 1773 erbaut. Der Maratha-Graben, der bereits 1740 als Hindernis gegen mögliche Raubüberfälle angelegt worden war, wurde allerdings auch dann nicht mit Wasser gefüllt. Die in der Stadt lebenden Briten wurden ,,Ditchers", Grabenbauer genannt; ein Spitzname, der ihnen noch anhaftete, als der Graben schon längst in eine Ringstraße verwandelt worden war.

Als Sitz des Generalgouverneurs bot Calcutta fast das Bild einer Residenzstadt. Im Vorgarten der 1773 erbauten **St. John's Church** steht ein Denkmal zum Andenken an die Opfer der berüchtigten Tragödie, die unter dem Stichwort ,,Black Hole" in die Geschichte einging: 1756 wurden 113 Briten von dem Nawab von Bengalen in einem einzigen Raum gefangen gehalten, wo sie erstickten. Das betreffende Haus stand an der Stelle, wo heute die Hauptpost ist. Da in Calcutta viele Plätze und Straßen umbenannt wurden, ist es ratsam, sich ein Verzeichnis zu kaufen, in dem die alten Namen und ihre jeweiligen Äquivalente aufgeführt sind.

Mehrere europäische Maler sammelten sich an dem ,,Hof" in Calcutta. Das **Victoria Memorial** besitzt eine Sammlung ihrer Werke, die es erlaubt, sich ein Bild von der Stadt und ihren Einwohnern zu jener Zeit zu machen. Außerdem werden Arbeiten von holländischen und deutschen Bildschnitzern gezeigt. Auch europäische Architekten wurden von der schnell wachsenden Stadt angezogen. So konnte Bischof Heber 1826 schreiben, daß der Baustil Calcuttas ebenso klassizistisch sei wie der St. Petersburgs. Das Regierungsgebäude (Government House) von 1802, heute **Raj Bhavan** genannt, ist ein gutes Beispiel für diesen Stil, der sich durch das ganze 19. Jh. bis in das frühe 20. Jh. hinzog.

Das Rathaus (Town Hall) und das frühere Kriegsbüro (War Office) in den Straßen zu beiden Seiten des Raj Bhavan sind im selben Stil erbaut wie auch die **Metcalfe Hall** in der Hare Street, das **Writers Building** (mit einigen Stilmodi-

Rechts: Engel der Nächstenliebe – eine Nonne des Ordens von Mutter Teresa.

CALCUTTA

fizierungen), in dem früher die Schreiber der East India Company saßen und das heute der Sitz der westbengalischen Regierung ist. Ebenso die **Alte** und **Neue Münzstätte**, **Hastings House** und **Belvedere**.

Ein großer Teil der Stadt ist heute von engen Gassen durchzogen, und besonders um den **Maidan** (Calcuttas pulsierender Hauptplatz) und **BBD Bagh** (früher: Dalhousie Square) sind die Straßen so dicht geführt, daß es ständig zu lästigen Verkehrsstaus kommt.

Die frühen britischen Bauten in Calcutta sind im klassizistischen Stil errichtet. Später veränderte sich die Architektur, der gotische Stil wurde wieder modern. Die einzigen noch stehenden Gebäude in diesem Stil sind die **St. Paul's Cathedral** (1847) und der **High Court** (1852).

Claude Martin, ein französischer Söldner, der in Lucknow lebte, sammelte Zeit seines Lebens große Reichtümer an und hinterließ sie zum Bau von Schulen in Lucknow, Lyon und Calcutta. **La Martiniere** in Calcutta, 1836 gegründet, erinnert an ihn. Einige französische Offiziere hatten sich bei Briten anstellen lassen und lebten in dieser Stadt. Catherine Grand, die schöne Ehefrau eines französischen Offiziers, wurde durch einen Vorfall zur Berühmtheit. Philip Francis, der Erzrivale von Warren Hastings, wurde dabei erwischt, wie er durch ein Fenster in ihr Schlafzimmer kletterte. Das Haus der Grands in Alipore kann heute nicht mehr identifiziert werden, aber ihre Stadtresidenz auf der Chowringhee ist zum **Grand Hotel** umgebaut worden.

Neben dem Grand Hotel befindet sich ein Gebäude mit breiten waagerechten Mosaikstreifen im Stil von Frank Lloyd Wright. Es hat ein anderes Kolonialgebäude ersetzt, in dem der amerikanische Schriftsteller Mark Twain während seines Besuchs wohnte.

Einige der heute noch existierenden Institutionen sind den Briten im 19. Jh.

gegründet worden. Der älteste **Golf Club** außerhalb der Britischen Inseln wurde 1829 in Calcutta gegründet; das Pferderennen ist allerdings schon zehn Jahre früher eingeführt worden. Die **Rennbahn** befindet sich auf dem **Maidan**, wo oft auch die einheimischen Könige und andere Würdenträger den Veranstaltungen beigewohnt haben. In dem zentralen Oval wird seit 1861 Polo gespielt. Einige der Jockeys gingen später nach Großbritannien oder Australien und hatten dort Erfolg. Die Rennsaison dauert von Oktober bis März, aber die Haupttermine liegen Ende Dezember und Anfang Januar. Der Calcutta Cricket Club wurde ebenfalls um 1860 gegründet, und nicht zuletzt steht seit 1884 das Schild der Indian Football Association für harten Wettkampf auf dem Fußball-Feld.

Die Chinesen landeten um das Jahr 1830 in Calcutta. Sie kamen als Zimmerleute und Lederarbeiter, um Zucker anzubauen und um die ersten Teeplantagen in Assam und Darjeeling anzulegen. Das chinesische Neujahrsfest, das in den Januar oder Februar fällt, wird bei **Ah Chi Ghat**, in der Nähe von **Budge Budge** gefeiert, wo die erste Zuckerfabrik stand. Chinatown ist schon lange nicht mehr so beeindruckend wie in der Zeit, als noch keine breiten Straßen angelegt waren; aber eine neue Chinesensiedlung entstand bei Tangra im Ostteil der Stadt, wo Familienbetriebe kantonesische Mahlzeiten zu vernünftigen Preisen verkaufen.

Die Bengalische Renaissance

Calcutta wurde 1783 zum Mittelpunkt der Bengalischen Renaissance, als William Jones die Asiatische Gesellschaft (**Asiatic Society**) gründete. Es war die erste Gelehrtengesellschaft der Welt, die sich mit den Belangen des Orients befaßte. Zwei Anlagen verdanken ihre Existenz der Asiatischen Gesellschaft: der **Botanische Garten** mit seinem Herbarium auf der gegenüberliegenden Seite des Flusses

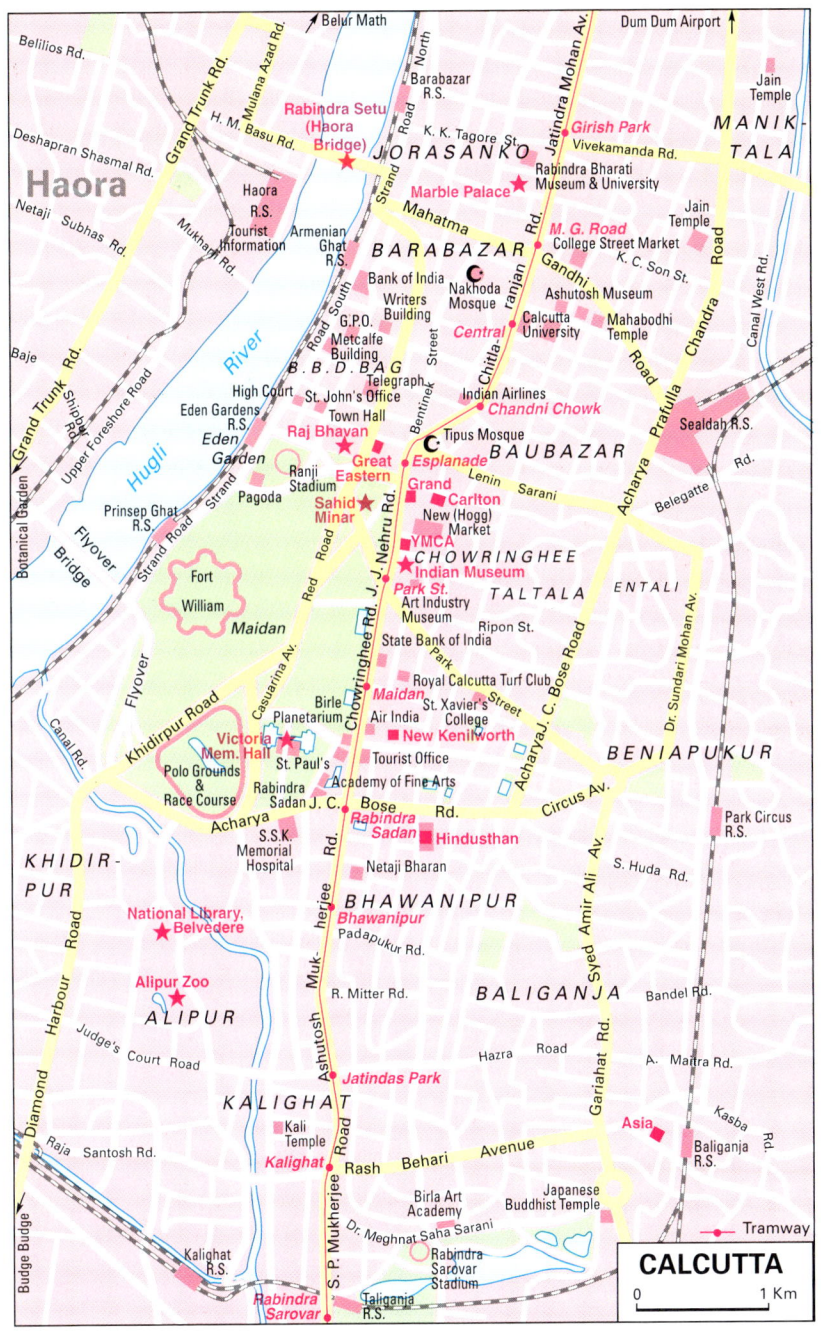

CALCUTTA

bei Sibpur, und das **Indische Museum** an der Chowringhee. Der Banyan-Baum im Botanischen Garten ist schon seit 1787, dem Jahr der Gründung, eine besondere Attraktion. Luftwurzeln haben sich in einem Umkreis von 382 Metern ausgebreitet. Der Hauptbaum in der Mitte war einmal 28 Meter hoch, wurde aber 1925 wegen eines Pilzbefalls entfernt.

Deutsche, französische und amerikanische Wissenschaftler standen in ständigem Austausch mit der Gesellschaft oder studierten die Manuskripte, die sich in deren Besitz befanden. Max Mueller, der bekannteste unter ihnen, ist niemals in Indien gewesen, obwohl er Biographien der führenden Persönlichkeiten der Bengalischen Renaissance veröffentlichte.

Die Erziehung nach britischem Vorbild wurde 1817 im Hindu-College (dem heutigen **Presidency College**) eingeführt. Einer der Lehrer war Henry Derozio, Kalkuttas erster Dichter in englischer Sprache. Auch eine Kunstakademie wurde 1856 gegründet.

Ab Mitte des 19. Jh. war die Bengalische Renaissance hauptsächlich eine Literaturströmung, obwohl ihr auch drei bedeutende soziale Reformen zu verdanken sind – das gesetzliche Verbot von *sati*, der Witwenverbrennung, die Legalisierung der Wiederheirat von Hindu-Witwen und die Anhebung des heiratsfähigen Alters von jungen Mädchen.

Trotz religiöser Kontroversen gab es überall Bestrebungen, eine universelle Religion zu entwickeln, die ihren Ausdruck u.a. in Ramakrishna Paramahansas Experimenten fanden. Abwechselnd lebte er als Moslem oder als Christ, obwohl er gleichzeitig Priester in einem Hindu-Tempel war. Zum Abschluß seines Experiments erklärte er: ,,Alle Religionen führen zu demselben Gott". Sein Schüler Vivekananda nahm 1894 am Weltkongreß der Religionen in Chicago teil und erbaute das **Belur Math** mit Hilfe von Schenkungen zweier Amerikaner. Dieses Ge-

Oben: Impressionen aus Calcutta – ein gut gelaunter Bettler und ein Riksha-Fahrer.

bäude vereint in sich charakteristische Merkmale von Gotteshäusern verschiedenster Religionen.

Die Werke von Rabindranath Tagore bilden den Höhepunkt der Bengalischen Renaissance. Er war Dichter, Stückeschreiber und Romancier. Er komponierte selbst die Melodien für seine Lieder und schuf so eine neue Richtung der indischen Musik, die man *Rabindrasangeet* genannt hat. Während der letzten 20 Jahre seines Lebens begann er zu malen und entwickelte auch hier einen modernen Stil. In der zum Andenken an Tagore erbauten **Rabindra Sadan** auf der Cathedral Road werden Theaterstücke und Konzerte aufgeführt. **Jorasanko** auf der Sir Hariram Goenka Street war über sechs Generationen hinweg das Zuhause der Tagores. Das Haus, in dem Rabindranath selbst lebte, ist jetzt die **Rabindranath Bharati-Universität**, wo Erinnerungsstücke an den Nobelpreisträger ausgestellt sind.

Das englischsprachige Theater in Calcutta hat sich niemals recht von dem Tod seiner Darstellerin Esther Leach im Jahr 1842 erholt, deren Kleider an der Bodenbeleuchtung Feuer gefangen hatten. Seitdem sind nur Amateurproduktionen aufgeführt worden. An der Stelle, wo Esther Leach an jenem Abend auf der Bühne stand, steht jetzt das **St. Xavier's College**. 1895 hat der Russe Gerasim Lebedeff ein Stück in bengalischer Sprache produziert und damit eine Theatertradition begründet, die seither blüht und berühmte Persönlichkeiten hervorgebracht hat, wie etwa Girish Ghosh, Binodini, Sisir Bhaduri, sowie Tripti und Shambhu Mitra. Außer einer Reihe von Roman- und Theaterschriftstellern hat die Stadt auch berühmte Filmregisseure hervorgebracht: Pramathes Barua, Bimal Roy und Ritwick Ghatak sowie Mrinal Sen und den kurz vor seinem Tod 1992 mit dem Oscar ausgezeichnete Satyajit Ray.

Auswirkungen der Bengalischen Renaissance sind auch in Wissenschaft und Politik zu finden. Die **Indische Gesellschaft der Wissenschaften** (Indian Association for Science) wurde 1876 gegründet. Bis in die Zwanzigerjahre dieses Jahrhunderts waren äußerst fähige Wissenschaftler in der „Calcutta School of Physics" und der „School of Tropical Medicine" auf der Chittaranjan Avenue mit Forschungsprojekten beschäftigt, die internationale Anerkennung errangen.

Die **Indian Political Association** wurde 1878 gegründet und zum Vorläufer des Indischen Nationalkongresses. Zu den herausragenden politischen Führern der Stadt zählten Surendranath Banerjea, C.R. Das, M.N. Roy und Subhas Chandra Bose. Die beiden letztgenannten hatten internationale Verbindungen: Roy war von 1920 bis 1929 eine wichtige Persönlichkeit in der Kommunistischen Internationale, und Bose stellte ein Heer zusammen, um im II. Weltkrieg Seite an Seite mit den Japanern zu kämpfen.

Calcutta heute

Seit 1869 ist der Niedergang Calcuttas oft prophezeit worden. Aber sowohl seine Bevölkerung als auch seine Ausdehnung nimmt ständig zu, so daß die Stadt heute die größte in Indien und eine der größten in der Welt ist. Anlässe für die Untergangsvisionen waren Ereignisse wie der Bau des Suezkanals 1869, der den Hafen Calcutta für den Handel mit Europa uninteressant machte, die Verlegung der Hauptstadt nach Delhi im Jahr 1911, die Teilung des Landes, infolge derer die Landesgrenze nur noch 90 km von Calcutta entfernt verlief, der Bangladesh-Krieg, der Tausende von Flüchtlingen hierhertrieb, und der Wahlsieg der Marxisten im Jahr 1977. Aber Calcutta hat dies alles überlebt, und obwohl sich seine Bürger manchmal über den bedrohlichen Bevölkerungsdruck beschweren und die Anzeichen des Verfalls zugeben, sind sie doch schnell bereit, das Gegenteil zu beweisen. In den letzten zwei Jahrzehnten

sind zwei riesige Stadien gebaut worden, bei **Eden Gardens** (wo es übrigens auch eine burmesische Pagode gibt) und bei **Salt Lake**, für Cricketspiele und Fußballfans. Aus dem Flußbett ausgebaggerter Schlamm wurde benutzt, um 15 qkm salzigen Marschlandes aufzufüllen und für 300 000 Menschen Land zu schaffen. Das **Girish Mancha Auditorium** und eine auf Theater spezialisierte Bibliothek sind hier eingerichtet worden.

Zugegeben, die Stadt kann auf Perioden größeren Ruhmes zurückblicken. Zum Beispiel auf die Zeit zwischen 1920 und 1940, als Tagore schrieb, Sisir Bhaduri auf der Bühne stand, Uday Shankar tanzte, Jamini Roy malte und Pramathes Barua Filme machte. Aber jeder von ihnen, vielleicht mit Ausnahme Tagores, hat einen Nachfolger in der Gegenwart gefunden. Die 1997 verstorbene **Mutter Teresa** hatte lange Zeit den Platz von Ramakrishna Paramahansa als die lebende Heilige der Stadt eingenommen und wird von den Menschen, unabhängig von ihrer Religion, bewundert und verehrt. Als Albanerin geboren, kam sie 1931 nach Calcutta, um in einem Konvent zu lehren. Sie gründete 1948 ihren Orden der Missionare der Mildtätigkeit (das Mutterhaus ist in der Lower Circular Road). Heute hat ihr Orden 350 Häuser in 71 Ländern, wovon sich immerhin 146 in Indien befinden.

Noch weitere, im allgemeinen als zuverlässig erachtete Indizien bezeugen das Wachstum der Stadt. Die Bodenpreise gehen in die Höhe, die Mittel der Kommunikation haben sich verbessert, und Calcutta ist die einzige Stadt in Indien, die eine Untergrundbahn besitzt. Eines der bereits vollendeten Projekte ist eine großzügige Umgehungsstraße, die in den Osten der Stadt führt und sämtliche Stadtteile vom **Dum-Dum-Flughafen** aus versorgt. Obwohl die Bettler noch immer den Kalighat-Tempel, die Tipu-Moschee, den Neuen Markt, Chowring-

Oben: Kinoreklame in Calcuttas ständig belebter Esplanade.

CALCUTTA

hee und Esplanade frequentieren, sieht man sie heute sehr viel seltener als noch vor 20 Jahren, da die Landbevölkerung aufgrund der gestiegenen Preise für landwirtschaftliche Produkte mittlerweile einen mäßigen Wohlstand genießt. Obdachlose kommen zumeist aus den Staaten Bihar und Andhra Pradesh, wo große Teile der landlosen Bevölkerung in den Dörfern keine angemessene Lebensgrundlage finden.

Museen

Nur wenige indische Städte haben für das Studium von Malerei und Bildhauerei so viel zu bieten. Calcutta kann sich einiger bedeutender Museen rühmen. Das **Victoria Memorial** ist eines der Wahrzeichen Calcuttas. Dieses bedeutendste Monument der Kolonialzeit ist das geistige Kind von Lord Curzon, während dessen Vizeregentschaft Königin Victoria starb. Mit Hilfe von Subskriptionen wurden große Geldsummen aufgetrieben und im Jahr 1906 begann man mit dem Bau. Das Memorial wurde von Sir William Emerson geplant und 1921 für Besucher geöffnet. Das viktorianische Zeitalter überschnitt sich in etwa mit der Bengalischen Renaissance. Die beachtliche Sammlung des Museums ist für beide Epochen repräsentativ. Allerdings gibt es auch Kunstgegenstände aus früheren Epochen. Statuen der Helden des Raj, die einstmals die Red Road säumten, stehen jetzt überall auf dem Grundstück des Memorials verteilt.

Das **Indian Museum** ist seit 200 Jahren die Lagerstätte verschiedener wissenschaftlicher Sammlungen. Das jetzige Gebäude stammt aus dem Jahr 1878 und besitzt 36 Galerien. Die Naturgeschichte, die ethnographische und archäologische Abteilung sind besonders reich bestückt. Kunstgegenstände der Zivilisation des Indus-Tals, der Mogulmalerei einschließlich der Werke der Meister Mansur und Ghulam und das steinerne Geländer des Barhut Stupa zählen zu den herausragenden Ausstellungsgegenständen.

Das **Asutosh-Museum** in der Universität Calcutta ist auf Volkskunst spezialisiert. Originale von Tagore kann man im **Rabindra Bharati** sehen, wohingegen die Akademie der Schönen Künste (**Academy of Fine Arts**) eine Sammlung von Gemälden der Bengalischen Schule (frühes 20. Jh.) sowie zeitgenössische Kunst besitzt. Die **Birla Art Academy** auf der Southern Avenue zeigt außer Stein- und Bronzeskulpturen aus dem 1. Jh. v. Chr. ebenfalls moderne Kunst. Das **College of Arts and Crafts** (Kunsthochschule) und das Haus des Jamini Roy, eines der bekanntesten bengalischen Maler, lohnen einen Besuch.

Der 1835 erbaute **Marmorpalast des Raja Mullick** in der Muktaram Babu Street, der noch immer von seinen Nachkommen bewohnt wird, verfügt über eine Kunstsammlung, die u. a. Skulpturen von Michelangelo und Houdon, sowie Gemälde von Rubens, Reynolds und Gainsborough umfaßt. In Calcutta befindet sich auch die angesehene **National Library**. Sie besitzt eine ausgezeichnete Manuskriptsammlung in Sprachen, die zu unterschiedlichen Perioden in Indien gesprochen wurden. Das **Birla Planetarium** war das erste Planetarium in Indien. Ganz in der Nähe liegt das **Nehru-Kindermuseum**. Calcutta hat außerdem einen großen **Zoo** (1816), der durch seine Kreuzungen zwischen Tiger und Löwen bekannt geworden ist.

Orte der Gottesverehrung

Der **Kalighat-Tempel**, ein Ort vielfältigster Veranstaltungen, wurde erst 1809 errichtet. Aber bereits seit dem Ende des 16. Jh. stand an dieser Stelle ein Tempel, der mit Kriminellen und blutigen Ritualen in Verbindung gebracht wurde. Die Wasserstraße, an der der Tempel steht, war der erste Kanal des **Hooghly** und an seinen Ufern haben Archäologen Spuren

früher Siedlungen gefunden. Dieser Tempel ist außerdem mit einer Form der Volksmalerei namens *Kalighat pat* verbunden, von der Originale in verschiedenen Museen zu finden sind. Die **Armenische Kirche** in der Nähe der Old China Bazaar Lane wurde 1724 erbaut und ist wegen ihres Baustils und eines auf 1628 datierten Grabsteins bemerkenswert. Vier Jaina-Tempel sind in einer schönen Gartenanlage auf der Badridas Temple Road im nordöstlichen Teil der Stadt zu besichtigen. Der Haupttempel **Sitalnath** wurde 1867 erbaut. Im Stadtteil Belgachia liegt der sehenswerte **Parasnath-Tempel**.

Die **Nakhoda** (wörtlich: Schiffskapitän)-**Moschee** ist Calcuttas größte Moschee, in der 10 000 Menschen gleichzeitig beten können. 1926 erbaut, ist ihr Grundriß eine Nachahmung von Akbars Grab in Sikandra. Die rote, hohe Sandsteinwand kommt an diesem überfüllten Platz jedoch nicht so recht zur Geltung. Eine weitere Moschee, die **Metiaburz Shiite-Moschee** auf der Garden Reach Road wurde von dem exilierten Nawab von Oudh errichtet.

Heute werden in der Stadt zwar keine Textilien mehr produziert, aber im **Cottage Industries Institute** auf dem Chowringhee und im **Handloom House** auf der Lindsay Street sind bekannte Stoffe zu erwerben. Die einzigen traditionellen Kunsthandwerker, die noch in der Stadt arbeiten, sind diejenigen, die Ton zu Abbildern von Göttern modellieren, die für die verschiedenen *pujas* benötigt werden. Sie konzentrieren sich alle an einem Ort, der als **Kumartuli** bekannt ist. *Durga Puja* ist das wichtigste Fest. Es findet an drei aufeinanderfolgenden Tagen im Herbst statt und wird mit großem Enthusiasmus an über 200 Orten gefeiert. Das Fest findet seinen Höhepunkt mit der Versenkung von sorgfältig ausgearbeiteten Abbildern der Gottheit bei den Babu-, Princep- und Outram Ghats entlang des beliebten **Strand**.

Oben: Ein Handwerker bei der Arbeit an einer Durga-Skulptur in Kumartuli.

INFO: CALCUTTA

CALCUTTA (033)
Unterkunft
LUXUS: **Airport Ashok**, Calcutta Airport, Tel: 5529111. **Oberoi Grand**, 15 Jawaharlal Nehru Rd, Tel: 2492323. **Park Hotel**, 17 Park St., Tel: 2493121. **Taj Bengal**, 34 B Belvedere Rd, Alipore, Tel: 2483939. **Great Eastern Hotel**, Old Court House, Tel.: 2482311. *MITTEL:* **The New Kenilworth**, 1-2 Little Russel Street, Tel: 2428394. **Rutt Deen**, 21 B Loudon St., Tel: 443884. *EINFACH:* **Lytton Hotel**, 14 Sudder St., Tel: 2491875. **Shalimar**, 3 S.N. Banerjee Rd., gegenüber American Library, Tel: 285030. **Lindsay**, 8 B Lindsay St., Tel: 248639. **YWCA**, 25, Chowringhee Rd., Tel.: 2492192.

Museen / Kunstgalerien
Indisches Museum, 27 Jawaharlal Nehru Rd, Tel: 299853, 10.00-17.00 Uhr, Mo geschl., Sammlung alter Skulpturen, geologische, zoologische, botanische und anthropologische Galerien. **Asutosh Museum**, Centenary Building, College Street, Tel: 347472. Ausstellung von indischen Kunstobjekten mit Schwerpunkt auf Ostindien, 10.30-16.30 Uhr, So und an Universitäts-Ferientagen geschl. **Gurusday Museum**, Bratacharigam, Thakurpukur, 24 Parganas, 11.30-16.30 Uhr, Do geschl., sehenswerte Sammlung von Folklore-Gegenständen. **Victoria Memorial**, 10.00-15.30 Uhr, Mo geschl. **Academy of Fine Arts**, Cathedral Rd, Tel: 444205, 15.00-20.00 Uhr. Sammlung zeitgenössischer indischer Kunst. **Birla Academy of Arts & Crafts**, Southern Avenue.

Telekommunikation
General Post Office, BBD Bagh., Tel: 221451. **Central Telegraph Office**, 8 Red Cross Place, Tel: 234223.

Restaurants
INTERNATIONAL: **Trinca's-The Other Room** (Do geschl.), 17 B Park Street, Tel: 298947, Bar und Tanz. **Garden Cafe**, Oberoi Grand. **Coffee House**, College Street. *INDISCH:* **Nizam's**, 22-25 New Market. **Shamiana** (Do geschl.), Free School Street, Tel: 212674. Bar angeschlossen. **Saqui** (Do geschl.), 117 Lenin Sarani, Tel: 264316. Bar angeschlossen. *CHINESISCH:* **Waldorf** (Di geschl.), Mirza Ghalib Street, Tel: 297514. **Nanking** (Do geschl.), 22 Blackburn Lane. **Kim Wah**, Garcha Road. **Golden Dragon**, 40 Park Mansions, Park Street. **Chung Wah**, Chittaranjan Avenue.

Einkaufen
In Calcutta kann man kunstgewerbliche Gegenstände aus ganz Indien erwerben. Schmuck und Schnitzereien aus Seemuschelschalen, dekorative Geschenkartikel in *shola pith*, Ledertaschen und Stoffe mit Batiken aus Shantiniketan sind typisch. Die Geschäfte in Calcutta haben auch eine große Auswahl an Teedosen, wollener Kleidung und hölzernen Masken aus dem Bergland Darjeelings.

Ausflüge
Chandernagore (39 km); Bandel (43 km); Diamond Harbor (51 km) den Hooghly flußabwärts ist ein natürlicher Hafen, von wo aus Motorboote zu der Sagar-Insel fahren. Ein großer Markt, die Ganges Sagar Mela, wird jährlich Mitte Januar abgehalten. Für Tagesausflüge nach Digha (185 km) und Bakkhali (132 km), beides Strände von großer natürlicher Schönheit, ist eine Abfahrt am frühen Morgen unbedingt empfehlenswert. Weitere sehenswerte Plätze sind Shantiniketan (150 km) und die Sunderbans (131 km); Ausflüge werden vom Westbengalischen Fremdenverkehrsbüro organisiert.

Feste
Der Fest-Kalender beginnt mit *Makar Sankranti* (Mitte Jan.). Der Segen der Göttin des Lernens, Saraswati, wird am *Basant Panchami* (Jan./Feb.) erfleht, besonders von Schülern und Lehrern. *Holi* oder *Dol Jatra* auf bengalisch (März/Apr.) ist durch Schwelgerei und Farben gekennzeichnet. Die Wagenprozession oder *Rath Yatra* (Juli/Aug.) zu Ehren von Jagannath ist sehr eindrucksvoll. Allerdings sind alle diese Feiern nichts gegen die fieberhafte Stimmung bei den Vorbereitungen zur *Durga Puja* (Sept./Okt.), dem Fest der Göttin Durga. Die Festlichkeiten dauern 5 Tage. Am letzten Tag werden Abbilder der Göttin im Ganges versenkt. Während des Festivals der Lichter, *Kali Puja* (in Nordindien *Diwali*, Okt./Nov.), werden Bilder der Göttin Kali, die eine andere Erscheinungsform von Parvati ist, zur Verehrung aufgestellt. Ein weiterer Festtag ist Weihnachten, das mehr als in jeder anderen indischen Großstadt gefeiert wird.

Touristen-Information
Government of India Tourist Office, 4 Shakespeare Sarani, Tel: 2421402/75, 2420922. **Information Counter**, Calcutta Airport, New Terminal Bldg., Tel: 572611 Extn. 440. **West Bengal Tourist Bureau**, 3/2 BBD Bagh (East), Tel: 2488271. Information Counters Howrah Railway Station (Tel: 6602518).

Anreise / Verkehrsmittel
Der Flughafen von Calcutta wird von mehreren internationalen und den meisten einheimischen Fluglinien angeflogen. Howrah und Sealdah sind die beiden Hauptbahnhöfe. Ein Netzwerk von Autobahnen verbindet Calcutta mit den großen Städten und den touristischen Sehenswürdigkeiten. Die staatliche Transportorganisation und private Gesellschaften betreiben Busverkehr innerhalb und außerhalb der Stadtgrenzen. Die Untergrundbahn verkehrt von Espanade bis Tollygunge (10 km). Die Straßenbahn wird langsam stillgelegt. Eine Fähre führt über den Hooghly.

WESTBENGALEN

Vor der Teilung Indiens war Bengalen bedeutend größer, da es auch das heutige Bangladesh umfaßte. Heute ist das sogenannte Westbengalen nur ein kleiner Staat (87.853 qkm), aber es umspannt durch seine langgestreckte Form Himalayaketten und das Delta des Golfs von Bengalen. Diese Vielfalt der Natur, gekoppelt mit einer ausgeprägten Kultur und den Überresten der kolonialen Vergangenheit machen Westbengalen zu einem eindrucksvollen Erlebnis.

Hillstations

Auf den **Kanchenjunga** (8.586 m) hat man eine wunderbare Aussicht von **Darjeeling** aus, der *Hillstation*, die seit dem Jahr 1837 als Sommerfrische diente – Jahrzehnte bevor man herausfand, daß der Berg der dritthöchste der Welt ist.

Oben: Landschaft bei Darjeeling mit dem Kanchenjunga im Hintergrund.

Auf einem schmalen Kamm erbaut, der in das Tista-Becken hinausragt, blickt Darjeeling (2600 m) über eine weite, 1300 Meter tiefer liegende Fläche hinweg auf die Himalayagipfel am nördlichen Horizont. Der Kanchenjunga ist nur 56 km entfernt. Niedrigere, aber ebenso überwältigende Gipfel in dieser gezackten Reihe sind der konisch geformte **Narsingh** und der anmutige **Siniolchu**.

Um Darjeelings wirklich außergewöhnliche Lage richtig genießen zu können, sollte man sich acht Kilometer weiter zu einem Picknickplatz bei **Singla** auf 3000 Meter Höhe begeben. Die geteerte Straße ist 29 km lang, und ein steiler Anstieg verbietet einen anderen Zugang als den mit Hilfe einer Seilbahn. Ein ähnlich steiles Gefälle hat der 23 km lange Weg zum Tista Bazaar auf der Strecke nach Kalimpong, 15 km davon entfernt.

Darjeelings beliebter Treffpunkt ist der **Chaurasta**, ein winziger Platz, der dennoch die gesamte Ausdehnung des Höhenkamms einnimmt und eingekeilt ist zwischen den höherliegenden Punkten

Jalpahar und **Observatory Hill**. Ein Weg („The Mall") verläßt den Chaurasta, führt um den Observatory Hill herum und dann wieder zum Ausgangspunkt zurück. Darjeeling ist wunderbar geeignet für lange Spaziergänge, auf denen man die verschiedenen örtlichen Sehenswürdigkeiten besichtigen kann. Zum Beispiel den **Lloyd Botanical Garden**, der 1878 angelegt wurde und den **Zoo**, der auf Tierarten aus dem Hochgebirge spezialisiert ist. Oder das **Mountaineering Institute**, das Haus von Tenzing Norgay, der den Mt. Everest 1953 mit Edmund Hillary erstmals bestiegen hat, die sogenannte **Shrubbery**, in der der Gouverneur Westbengalens lebt, und das **Naturgeschichtliche Museum**.

Die Schmetterlingssammlung im Museum und die Orchideen in seinem Garten verdienen besondere Erwähnung, da solch farbenfrohe Sammlungen selten sind. Die außergewöhnliche Orchideen- und Schmetterlingsvielfalt in diesen Hügeln führte dazu, daß sich die Lepchas, eine ortsansässige Ethnie, zu exzellenten Sammlern entwickelten und als Spezialisten in fremden Ländern gefragt sind.

Das **Selbsthilfe-Zentrum** der tibetischen Flüchtlinge produziert und verkauft eine große Auswahl an tibetanischer Kunst und Kuriositäten. Es ist 1959 mit dem Ziel gegründet worden, die tibetanischen Flüchtlinge einzugliedern, die zusammen mit dem Dalai Lama vor der drohenden chinesischen Invasion geflohen waren.

Die Aussicht vom Tigerhügel

Der **Mount Everest** (8848 m), der höchste Berg der Erde, ist vom **Tigerhügel** aus zu sehen, wirkt allerdings aufgrund seiner Entfernung von 170 km nicht so imposant wie der nähere Kanchenjunga. Die Aussicht vom Tigerhügel bei Sonnenuntergang ist unvergeßlich, denn die Farben wechseln innerhalb kürzester Zeit von Grau über Rot zu einem leuchtenden Gold. Aussichtspunkte, die etwas näher an den schneebedeckten Gipfeln liegen, sind zum Beispiel **Sandakphu** (57 km) und **Phalut** (23 km weiter). Beide Plätze liegen etwa 3300 Meter über dem Meeresspiegel und sind absolute Favoriten der Trekker, obwohl auch Jeeps bis nach Sandakphu hinauffahren.

In dem zehn Kilometer von Darjeeling entfernten **Ghoom** gibt es ein tibetanisches Kloster, wo alte, auf Birkenrinde geschriebene Texte aufbewahrt werden. Dort steht auch ein buddhistischer Tempel, der 1875 erbaut wurde. Darjeeling kann als Basisstation für Fahrten nach Mirik (45 km), Kurseong (25 km), Kalimpong (38 km) und Gangtok (59 km) dienen. In **Mirik** gibt es einen künstlichen See. **Kalimpong** liegt an der ehemaligen Handelsroute nach Tibet. Das Tharpa Choling-Kloster und das Bhutanesische Kloster sind einen Besuch wert.

Darjeeling ist ein Synonym für die feinste aller Teesorten. Die beiden ersten Plantagen wurden bei **Alubari** und **Lekong** angelegt. Ein Besuch bei dem „Happy Valley Tea Estate", nur zwei Kilometer von Darjeeling entfernt, ist sehr interessant, da man hier die Verarbeitung der Teeblätter beobachten kann. Darjeeling ist aber auch ein Synonym für den 1881 fertiggestellten **Spielzeugzug**. Die nur 0,60 m breiten Gleise ziehen sich von Siliguri und New Jalpaiguri den ganzen Weg hinauf nach Darjeeling, durch Teeplantagen und dunstige Bergwelt. Die Reise dauert etwa sieben Stunden. **Siliguri** liegt 80 Kilometer von Darjeeling entfernt und in der Nähe von **Bagdogra**, dem nächstliegenden Flughafen für eine Reise nach Darjeeling. Im **Jaldapara-Reservat** 115 km östlich von Siliguri kann man noch Rhinozerosse, wilde Elefanten und Rehe sehen.

Malda und Murshidabad

Auf halber Strecke nach Calcutta liegt **Malda**, das einst ein Handelszentrum für

Holländer, Franzosen und Engländer war. Malda kann als Ausgangspunkt für Ausflüge zu den nahegelegenen einstigen Hauptstädten Bengalens – Old Malda, Gaur und Pandua – gewählt werden. **Gaur** war während der Pala- und Sena-Dynastien (8.-13. Jh.) Hauptstadt und wurde schließlich von den Türken zerstört. Daraufhin wurde unter Verwendung der Überreste von Gaur eine neue Hauptstadt, **Pandua**, erbaut, die allerdings auch zerstört wurde. Die zu besichtigenden Monumente sind alle aus muslimischer Zeit. Dazu gehören die **Barasona-Moschee** (1526), das **Feroze Minar** (1486) und die **Chilka-Moschee**.

Murshidabad, berühmt für seine Seide, wurde 1705 Hauptstadt Bengalens, als der Mogul-Vizekönig Murshid Kuli Khan seinen Sitz von Dacca hierher verlegte. Sein Grab ist in der **Katra-Moschee**. Der 1837 erbaute **Hazarduari-Palast** beherbergt heute eine Sammlung von Waffen, Porzellan und Gemälden.

An den Ufern des Hooghly

Der **Hooghly** wird von altersher von internationalen Schiffen befahren. Bei **Tamluk**, im Norden des kürzlich erbauten Vorstadthafens von Calcutta, Haldia, setzte schon 227 v. Chr. Mahinda, der Sohn des Herrschers Ashoka, die Segel, um nach Sri Lanka überzusetzen. Ton-Nachbildungen einer Medaille, die von Kaiser Augustus geprägt wurde, sind an den Ufern des Flusses gefunden worden. Später sind nacheinander chinesische Dschunken, arabische und portugiesische Schiffe den Fluß hinaufgesegelt. Die Portugiesen richteten 1540 einen Handelsposten in Hugli (40 km nördlich von Calcutta) ein. Die Holländer folgten 1625 in Chinsura, die Dänen 1640 in Serampore, die Franzosen 1688 in Chandernagar und die Briten 1690 in Calcutta.

Wenn man von Calcutta aus nordwärts den Hooghly entlangreist, stößt man auf viele interessante und sehenswerte Plätze. **Belur** ist das Hauptquartier der Ramakrishna-Mission, die 1938 von Swami Vivekananda gegründet wurde. Bei **Dakshineshwar** steht der durch Ramakrishna berühmte Kali-Tempel aus dem 19. Jh. Über 50 Jahre lang, bis ins Jahr 1845, als die Engländer es übernahmen, war **Serampore** ein Handelszentrum der dänischen East India Company. Während dieser Zeit gründeten William Carey und zwei weitere Missionare der Baptisten eine Druckerei (1799) und eine Hochschule (1819), die heute ein theologisches Institut ist. Auch die St. Olaf-Kirche ist von den Dänen erbaut worden. In **Chandernagar** waren die Franzosen von 1673 bis 1952, und irgendwie spürt man noch heute das französische Flair.

Bei **Chinsurah**, einer niederländischen Siedlung von 1625-1826, steht die armenische St. John's-Kirche. **Hugli** ist 1580 von den Portugiesen gegründet und Bandel de Ugolim genannt worden. Allerdings zerstörte der Mogul-Herrscher Shah Jahan die Siedlung 50 Jahre später. Die Kirche **Our Lady of Bandel** wurde 1690 wieder aufgebaut und zieht immer noch zahlreiche Pilger an. **Bansberia** ist bekannt für seine Terrakotta-Tempel, besonders den Vasudeva-Tempel aus dem 17. Jh. und den Hangeshwari-Tempel.

Nabadwip, 125 km nördlich von Calcutta, war im 11. und 12. Jh. die Hauptstadt Bengalens. Es wird als Geburtsort des Mystikers Chaitanya Mahaprabhu verehrt, der hier im 16. Jh. lehrte. Auch der Sitz der ,,International Society for Krishna Consciousness" (die ,,Hare-Krishna-Leute") ist nicht weit von hier, bei Mayapur. Am Ostufer liegt **Krishnanagar**, wo Handwerker sich auf das Modellieren in Ton spezialisiert haben.

Stromabwärts von Calcutta aus gelangt man nach **Achighat**, dem Ort, wo 1840 die erste chinesische Siedlung entstand. Sie entwickelte sich später zu Calcuttas

Rechts: Ein baul-Sänger, einer der umherwandernden Barden in Westbengalen.

großer Chinatown. **Budge Budge** ist die südliche Grenze des Industriegebietes, das sich von Sahaganj in den Norden erstreckt. **Hooghly Point** und **Harwood Point** sind Bezeichnungen für zwei Biegungen, die der Strom macht, bevor er sich bei **Diamond Harbour** (48 km von Calcutta) zu einem weiten Mündungsdelta verbreitert. **Haldia** am Westufer ist eine neue Hafenstadt und ein Industriezentrum. Etwas weiter entfernt liegen Badestrände bei **Digha** am Westufer und **Bakkhali** am Ostufer.

Bakkhali und Diamond Harbour liegen am äußersten Westende der **Sunderbans** (siehe S. 226), einem labyrinthischen Deltagebiet voller kleiner Nebenflüsse, über die von Assam kommende oder auch dorthin fahrende Schiffe ihren Weg nehmen. Die Ufer sind mit dichten Mangrovenwäldern bewachsen. Die Sunderbans sind ein Naturschutzgebiet mit einer großen Zahl von Tigern, die man allerdings sehr selten zu sehen bekommt. **Gosaba**, das Hauptbüro des Reservats, kann einen Aufenthalt über Nacht organisieren. Es wird von Barkassen auf dem Matla angefahren, die in **Canning** (53 km) starten. Interessant ist auch die Pelikanbrutstätte in der Nähe von Gosaba.

In Richtung Hochland

Sobald man den Fluß und die entlangführenden Straßen verläßt, kommt man im Westen zum Hochland, das bei der Industriestadt **Durgapur** beginnt. Die Talsperre am Damodar ist ein beliebter Picknickplatz. Jenseits der Talsperre blickt man auf den **Susunia-Hügel** und den **Matha-Berg** (67 km und 208 km von Durgapur).

Vishnupur und Bankura liegen ebenfalls im Hochland. Erstere ist eine berühmte Tempelstadt, deren Bauten mit Terrakotta-Relieftafeln verziert sind. Sie ist auch für Seide von hervorragender Qualität bekannt. In **Bankura** werden dekorative Terrakotta-Pferde hergestellt.

Santiniketan (212 km von Calcutta), die von dem Dichter Rabindranath Tagore gegründete Universität, zieht auch

Oben: Ein westbengalischer Rollbild-Maler vor seinem aufmerksamen Publikum.

weiterhin Schriftsteller und Künstler an. Sehenswürdigkeiten, die man in Santiniketan besichtigen sollte, sind **Uttarayan**, wo Tagore lebte, **China Bhavan** und **Kala Bhavan**, die Kunsthochschule und das Museum. Vishnupur und Bankura erreicht man am besten mit Auto oder Bus, während man nach Santiniketan von Calcutta aus ein Expreßzug fährt.

Tarapith, 76 km von Santiniketan entfernt, ist ein bekanntes Tantrazentrum, in dem der amerikanische Dichter Allen Ginsberg mehrere Monate verbrachte. **Bakreshwar** (57 km von Santiniketan) bietet eine Touristenunterkunft in der Nähe von heißen Quellen.

Kunsthandwerk und Küche

Die Dörfer entlang des Hooghly waren für ihre Seiden- und Baumwollstoffe berühmt, lange bevor sich die Schlote der Jutemühlen über sie erhoben. Sie verliehen ihren jeweiligen Namen der Webart oder dem Design der Stoffe. Die beste Seide findet man in **Vishnupur**. Sie wird aus gefärbtem Garn hergestellt, das nach Bildvorlagen aus dem *Mahabharata* oder dem *Ramayana* gewoben wird.

Die berühmten bengalischen Baumwollstofffabriken sind in Baluchar, Shantipur, Phuli und Dhaniakhali. In den Dörfern **Ranimati** und **Hakila** hat eine Wiederbelebung der Tradition der *zardozi*-Textilien stattgefunden, einer Technik des Webens von Goldfäden. *Dhakra*-Messingwaren werden in den Dörfern um **Burdwan** im Wachsausschmelzverfahren hergestellt. In **Bagan** bei Howrah spezialisiert man sich auf traditionelle Schlosserei. Die Stadt **Krishnanagar** ist bekannt für ihre Spielzeugindustrie. Die sogenannte *pat*-Malerei ist auch weiterhin eine lebendige Volkstradition um Shantiniketan, Bankura und Midnapur.

Die Hauptspezialität der Ortschaften entlang des Hooghly ist der *hilsa*-Fisch, der in jedem Sommer vom Meer heraufgewandert kommt, um zu laichen.

INFO: WESTBENGALEN

DARJEELING (0354)
Unterkunft
MITTEL: **Windamere Hotel**, Observatory Hill, Tel: 54041. **Sterling Resorts**, Ghoom Monastery Rd., Tel: 2691. *EINFACH:* **Bellevue Hotel**, The Mall, Tel: 2129, 2221. **Central Hotel**, Robertson Rd., Tel: 54075. **Hotel Sinclairs Darjeeling**, 18/1 Gandhi Rd., Tel: 54159.

Feste
Lepcha/Bhutia Neujahrstag (Januar). Farbenfrohe Feste werden am Teesta-Fluß zu Makar Sankranti (Januar) gefeiert. Das Tibetan New Year (Februar) wird gefeiert mit Veranstaltungen von Folklore und Tänzen in Klöstern. Bengalis feiern *Durga Puja* (September/Oktober) mit großer Begeisterung.

Museen / Kunstgalerien
Natural History Museum, Nähe Chourasta. 10.00-16.00 Uhr, mittwochs ab 13.00 Uhr. Sammlung von regionaler Fauna. **Himalayan Mountaineering Institute**, Jawahar Parbat. Öffnungszeiten: 8.30-13.00 Uhr 14.00-16.30 Uhr. Montags geschlossen. **Ava Art Gallery** Öffnungszeiten: 8.00-12.00 Uhr., 12.30-18.00 Uhr. Tel: 2469. **Sain Himalayan Art Gallery** und **Hayden Hall**: Portraits der Bergbevölkerung, Landschaftsmalerei, Handarbeiten.

Telekommunikation
General Post & Telegraph Office, Laden-La Road, Tel: 2076, 2815. **Bazaar Post Office**, Market Square, Tel. 2634.

Restaurants
Glenary's (Tel: 2055) und **Keventer's** (Tel: 2026), Nehru Road; **New Dish**, Gandhi Road (Tel: 2861); **Orient**, NB Singh Road; **Snow Lion**, Bellevue Properties; **Ambassador; Chowrasta** am Chowrasta; **Park Restaurant**, Ladenla Rd.

Einkaufen
Teppiche mit traditionellen Mustern, wollene Tücher, Handarbeiten aus Leder und Wolle, sowie Tischleinen. Einkaufszentren: Chowrasta, Laden La Road, Market Square, NB Singh und Nehru Road. Souvenirs können auch von Manjusha, dem West Bengal Emporium, dem Tibetan Refugee Self-Help Centre und in der Hayden Hall erworben werden.

Touristen-Information
West Bengal Government Tourist Office, 1 Nehru Road, Chowrasta, Tel: 54050. Hier auch Trekking-Beratung.

Anreise / Verkehrsmittel
Der nächste Flughafen ist Bagdogra (90 km), der von der Indian Airlines angeflogen wird. Verbindungen bestehen mit: Calcutta, Delhi und Guwahati. Die Schnellzüge enden bei Siliguri / New Jalpaiguri. Bummelzüge brauchen von hier 7 bis 8 Stunden nach Darjeeling. Der Toy Train fährt zweimal täglich. Private Taxis, Busse und Mini-Busse stehen bereit. Busverbindungen gibt es von Darjeeling nach Calcutta, Durgapur, Patna, Siliguri und Phuntsilong (Bhutan). Das Straßennetz verbindet Darjeeling mit Kurseong (32 km), Mirik (43 km), Kalimpong (40 km), Siliguri (80 km) und Gangtok (96 km).

Verschiedenes
Eine Einreisegenehmigung für Darjeeling und Umgebung ist nicht mehr erforderlich.
Darjeeling bietet eine Fülle von Trekkingrouten:(a) Darjeeling – Manaybharjang – Tonglu – Sandakphu und zurück, 118 km; (b) dieselbe Strecke wie (a) nach Sandakphu. Sandakphu-Phalut und zurück; (c) Darjeeling – Phalut – Raman – Rimbik – Palmajua – Batasia -Manaybhanjang, 180 km; (d) Darjeeling – Phalut – Raman -Rimbik – Jhepi – Bijanbari – Darjeeling, 153 km. Saison: April-Mai, Oktober-Dezember. Bestellungen für Übernachtung, Essen, Ausrüstung und Transport können im Reisebüro aufgegeben werden, Tel: 54050.

Unterkunft in:
JALDAPARA
Madarihat Tourist Lodge, Tel: Madrihat 30. **Hollong Forest Lodge**. Die Reservierungen können im Government Tourist Office in Darjeeling vorgenommen werden, oder bei WBTDC 3/2 BBD Bagh, Calcutta, Tel: 2488271, wo man auch die zum Besuch des Schutzgebietes erforderliche Sondergenehmigung beantragen kann.
Bandari Tourist & Youth Hostel, Reservierung: Divisional Forest Officer, Wildlife Division, P.O. Jalpaiguri. Tel: 0353/838.

MALDA
Government Tourist Bungalow und weitere Übernachtungsmöglichkeiten.

MURSHIDABAD
Berhampore Tourist Lodge (12 km entfernt). Reservierung: Manager (Tel: 439), oder WBTDC, Calcutta, Tel.: 2488271. Bekannt für seine Seide.

SHANTINIKETAN
Chhutti Holiday Resort, Tel.: 52692. **University Guest House**, Purba Pally, Bolpur, Tel: 651 Extn. 87. Auch eine **Jugendherberge und Inspection**, **Dak** und **Forest Bungalows** in Bolpur (2 km entfernt).

VISHNUPUR (03244)
Lali Hotel, Poka Banoh, North Side. **Bharat Boarding**, Gopalganj. **Sri Hotel**, New Court. **Tourist Lodge**, Tel.: 52013.

SUNDERBANS
Sajnekhali Tourist Lodge, Sajnekhali. (Permit notwendig, zu beziehen bei Forest Department, Writers' Building, Calcutta).

Einkaufen
In **Bankura** (nur 21 km von Vishnupur entfernt) werden dekorative Terrakotta-Pferde hergestellt. **Vishnupur** ist Zentrum für die exquisite Seide *Baluchari* und *tussar*-Saris.

ASSAM

VERBOTENE GRENZEN

SIKKIM
ASSAM
NAGALAND
MEGHALAYA
TRIPURA
MANIPUR / MIZORAM
ARUNACHAL PRADESH

Sikkim und die nordöstlichen Staaten erstrecken sich über einige der schönsten Landstriche Indiens. Allerdings ergeben sich durch deren Nähe zu den Grenzgebieten für den Reisenden gewisse Probleme – manche Gebiete sind für Touristen gänzlich gesperrt, andere dürfen nur mit einer Sondererlaubnis bereist werden.

SIKKIM

Sikkim ist nur ein sehr kleiner Staat (7300 qkm), der, eingebettet in die Gebirgszüge des Himalaya, im Westen an Nepal, im Norden und Osten an China bzw. Bhutan grenzt. Der **Kanchenjunga** (8598 m), dritthöchster Berg der Erde, bietet einen erhabenen Anblick an der Westgrenze. Kanchenjunga wird als die höchste Gottheit Sikkims und somit der Berg als Götterssitz verehrt. Zu dem Reiz der herrlichen Landschaft tragen rund 450 Orchideenarten bei sowie weite Rhododendronwälder, die das Bergland überziehen.

Lange Zeit war Sikkim ein isoliertes buddhistisches Königreich, das von den Lepcha und Bhotia, Stämmen tibetischen Ursprungs, bevölkert und der tibetischen Namgyal-Dynastie regiert wurde. Im 18.

Vorherige Seiten: Majestätischer Himalaya – Massiv des Kanchenjunga.

Jh. mußte sich Sikkim gegen die Bhutanesen und Nepalesen zur Wehr setzen. Anfang des 19. Jh. wurde das Land in die anglo-nepalesischen Kriege hineingezogen und 1861 zum britischen Protektorat erklärt. Die Briten förderten auch die Einwanderung nepalesischer Arbeitskräfte nach Sikkim, weshalb 75 Prozent der dortigen Bevölkerung heute Nepalesen sind. 1947 erkannte die neue indische Regierung Sikkim unter Beibehaltung der Kontrolle über die Außen- und Verteidigungspolitik als unabhängigen Staat an. 1975 wurde die Monarchie jedoch abgeschafft, und die Nationalversammlung von Sikkim entschied sich für die Vereinigung Sikkims mit Indien.

Die Hauptstadt **Gangtok** liegt auf einem Bergrücken in 1640 Meter Höhe. Es ist eine malerische Stadt, die noch viel von ihrem ursprünglichen Charme bewahrt hat. Das interessanteste Gebäude in Gangtok ist die **Tsuklakhang**, die private Andachtsstelle der ehemaligen Herrscher. Die Schönheit der traditionellen Architektur wird noch durch Holzschnitzereien und Malereien, Wandgemälde und -behänge sowie durch die wunderschöne Sammlung buddhistischer Kostbarkeiten gesteigert. Hier fanden Zeremonien und bedeutende religiöse Feste statt. Auch heute noch wird in der Kapelle zum Neujahrsfest, dem Triumph des

Guten über das Böse, der *kagyat*-Tanz aufgeführt. In der Nähe befindet sich der Palast der ehemaligen Herrscher Sikkims. Das **Institut für Tibetologie** besitzt eine der schönsten Sammlungen buddhistischer Literatur sowie eine reiche Auswahl von *thangkas* (bemalte Schriftrollen aus Tuch), die Gelehrte und Wissenschaftler aus aller Welt anzieht. Die Berghänge in der Nähe sind ein **Orchideen-Schutzgebiet**, in dem man nahezu 450 Orchideenarten bewundern kann. Es gibt auch einen **Rehwild-Park**, ähnlich dem in Sarnath. Traditionelle Holzschnitzereien, Bilder, Textilien und Bambusartikel sind im **Cottage Industries Institute** erhältlich. Bekannt ist Sikkim auch für Schnaps aus den scharfen Blättern des Betelstrauchs.

In Sikkim liegen 194 Klöster in abgeschiedenen Berggebieten, in denen noch heute uralte religiöse Riten abgehalten werden und die reiche Sammlungen traditioneller Kunst besitzen.

Rumtek ist ein bedeutendes Kloster, 24 km von Gangtok entfernt. Dem Oberhaupt der buddhistischen Sekte Kagyupa wurde während der chinesischen Invasion in Tibet Zuflucht in Sikkim gewährt. Man bewilligte ihm Land zum Bau eines Klosters, woraufhin in den 60er Jahren Rumtek entstand, eine exakte Kopie des Klosters Tsruphu in Tibet. Das Kloster **Pemayangtse** ist vermutlich das bedeutendste und zweitälteste Kloster in Sikkim, wenngleich es mehrmals erneuert wurde. Seine Lage in 2085 Metern Höhe macht es zugleich zu einem idealen Ausgangsort, um die Berge bei **Bakhim**, **Dzongri** und **Soechala**, das heilige **Yuksom** (dort wurde 1642 der erste Chogyal gekrönt) sowie das heiligste aller Klöster bei Ta-shiding in Westsikkim zu erkunden. Das Kloster **Tashiding Ningma** wurde im 17. Jh. von einem der Lamas, die den ersten Chogyal krönten, erbaut. Nördlich von Gangtok liegen das sehenswerte Kloster **Phodang** (37 km) sowie die erst seit 1994 Ausländern zugänglichen Trekkingziele **Laching**, **Yumthang** und **Thangu-See**.

ASSAM

Assam (78 466 qkm) erstreckt sich entlang des Flusses Brahmaputra, südlich von Arunachal Pradesh und dem Königreich Bhutan. Dieses üppiggrüne Land wird von dem riesigen Fluß und seinen 120 Nebenarmen geprägt, die sowohl Reichtum als auch Verwüstungen mit sich bringen. Durch den vom Fluß mitgeführten Schlamm ist der Erdboden besonders fruchtbar. Die Bauern behaupten, ihre ganze Arbeit bestünde nur darin, die Reissetzlinge zu pflanzen und später die reiche Ernte einzubringen. Wie dem auch sei, bei Hochwasser ist die Gewalt des Brahmaputra furchteinflößend. Die Bewohner Assams hingegen sind sanfte, zufriedene Menschen mit der Lebensphilosophie *laahe laahe*, ,,langsam, langsam". Für sie ist die Hektik des Großstadtlebens völlig unverständlich.

Assam war ehemals das *Pragjyotishpura* (Licht des Ostens) der Kamarupa-Herrscher. Im 13. Jh. wurde das Königreich jedoch von den Ahom, einem aus Südchina stammenden Thai-Volk, eingenommen, das seine Hauptstadt bei Sibsagar erbaute. Die Ahom regierten bis zum 17. Jh. Danach wurde Assam in politische Auseinandersetzungen zwischen Burma und England verwickelt. Schließlich annektierten die Briten den Staat und erklärten ihn 1874, nach weiteren Annektionen, zur Provinz Assam. Ab 1980 gab es in Assam massive Unruhen wegen des drohenden Zustroms von Einwanderern, vornehmlich aus Bangladesh, die sich 1983 zu blutigen Kämpfen ausweiteten, bei denen 3000 Menschen den Tod fanden. Auch in den folgenden Jahren kam das Land nicht zur Ruhe. Die militante United Liberation Front of Assam (ULFA) sucht mit Gewalt die Unabhängigkeit von Indien zu erzwingen. 1991 griff die indische Armee ein und erzwang einen Waffenstillstand, doch endgültig befrieden konnte sie das Land nicht.

Guwahati (Gauhati) ist nicht nur die wichtigste Stadt Assams, sondern auch das Tor zum Nordosten. Es liegt direkt neben der Hauptstadt Dispur am Ufer des Brahmaputra und bietet einen herrlichen Blick über den Fluß. Die Stadt ist berühmt wegen des **Kamakshya-Tempels** in den Nilachal-Bergen (8 km nordwestlich). Sie ist eines der bedeutendsten Zentren des Tantra-Kultes und der Shakti-Verehrung des Landes. Der **Umananda-Tempel** befindet sich auf der Pfaueninsel inmitten des Flusses und ist per Boot erreichbar. Besucher spenden den Priestern Geld, die während der Monsunzeit auf der Insel festsitzen, weil die Überfahrt dann zu gefährlich ist. Weitere bedeutende Tempel sind der **Navagraha** und der **Sulkeswar Janardhan**.

Zwei Fahrstunden von Guwahati entfernt liegt das **Seidenzentrum Sualkuchi**, wo nahezu jeder Haushalt mit der Seidenweberei zu tun hat. Assam ist wegen seiner goldfarbenen Naturseide berühmt, die *muga* genannt wird. Weitere Seidenarten Assams heißen *pat* und *endi*. Ebenso berühmt ist Assam wegen der Teeplantagen, die seit 1836 von den Engländern angelegt wurden. Heute kommt über die Hälfte der gesamten Teeproduktion Indiens aus Assam. Hauptstadt des Teeanbaugebietes ist **Jorhat**. Darüber hinaus wird hier inzwischen auch Öl gefördert: Zehn Prozent des indischen Erdöls stammen aus Assam, das sich des ältesten noch erhaltenen Bohrturms aus dem Jahre 1867 rühmen kann. Zentrum der Ölindustrie ist **Duliajan**, im östlichsten Teil des Staates.

83 km nordöstlich von Jorhat, bei Sibsagar, befinden sich die verfallenen Monumente der Ahom-Könige. Assam ist vermutlich jedoch am bekanntesten durch den **Kaziranga-Nationalpark**, in dem das Indische Nashorn beheimatet ist. Eine ähnliche Faszination geht vom **Manas Tiger Reserve** aus.

NAGALAND

Nagaland (16 527 qkm) liegt südöstlich von Assam und grenzt an Burma. Hier leben 16 größere tibetisch-burmesische Volksstämme, die zusammengefaßt als „Naga" bezeichnet werden. Die verschiedenen Ethnien unterscheiden sich durch ihre Sprache, manchmal durch ihre Haartracht, aber ganz besonders durch die großen farbigen Tücher, die sie zum Schutz gegen den beißend kalten Wind tragen. Jeder Stamm ist stolz auf seine eigenen Farben und die eingewebten Muster in den Tüchern.

Um 1870, kurz bevor das Gebiet von den Engländern eingenomen wurde, kamen christliche Missionare nach Nagaland. Etwa 90 Prozent der Einwohner sind deshalb heute Christen, die überwiegend der Baptistenkirche angehören. Die Missionare kümmerten sich auch um die Erziehung und errichteten die erste Schule in der Hauptstadt **Kohima**. In Kohima liegt der sehr gepflegte Soldatenfriedhof aus der Zeit des II. Weltkriegs und der Auseinandersetzungen mit der japanischen Armee. Kurz nach 1947 bildeten die Nagas eine Nationalversammlung und verlangten die Anerkennung ihrer Autonomie, obwohl auch Stimmen für die Unabhängigkeit laut wurden. Nach dem *Shillong Accord* von 1975 erkannten die Nagas die indische Verfassung an. Allerdings blieben noch einige politische Probleme ungelöst, die immer wieder zu Gewalt und Unruhen führen.

Die Nagas haben ausgesprochen vielfältige kulturelle Traditionen, auf die sie stolz sind und die sie nicht unbedingt durch moderne Werte ersetzen wollen. Ein Besuch im Bezirk **Mon** zeugt von dieser Tatsache: Es gibt hier noch die uralte Institution der Stammeshäuptlinge, wobei manche Häuptlinge sogar über Dörfer bis nach Burma hinein herrschen. Diese Häuptlinge tragen voller Stolz wuchtige Armbänder aus Elfenbein, perlenbestickten Schmuck und einen Federkopfputz. Ihre Paläste, zu denen auch Opiumgärten gehören, sind ausgezeichnete Beispiele ihrer Baukunst. Früher gehörte zur Kriegsführung der Nagas die rituelle Kopfjagd; dieser Brauch existiert jedoch heute nicht mehr. Der Kampf gewann eine gewisse Dramatik durch die wunderschöne Kriegsbekleidung, Speere und große Schwerter, die mit gefärbten Ziegenhaarbüscheln geschmückt waren. Die Kopfjagd verlieh in der Vorstellungswelt der Naga magische Kräfte. Nach ihrem Glauben saß die Seele des Menschen im Nacken, und wenn der Kopf vom Rumpf des Feindes getrennt wurde, wechselte dessen Seele in die des siegreichen Kriegers über, die dadurch gestärkt wurde.

MEGHALAYA

Meghalaya (22 489 qkm), im Süden von Assam, ist vielleicht eine der schönsten Berglandschaften Indiens. Die Laitkor-Bergkette um die Haupstadt **Shillong** herum galt einst als heilig, weil die Einheimischen glaubten, daß ihre Vorfahren auf einer goldenen Leiter vom Himmel herabgestiegen waren, um in den Wäldern zu leben. Die Engländer aber jagten in diesen Wäldern und zerstörten damit den traditionellen Glauben und dazu eine ungewöhnliche Art der Walderhaltung.

Im Staat Meghalaya herrscht ein matriarchales System, in dem die Frauen Reichtum und beträchtliche Macht innehaben. Es gibt drei verschiedene Volksgruppen – die Garos im Westen, die Khasis in der Zentralregion und die Jaintias im Osten. Traditionelle Herrscher waren die *sieyams*, deren unabhängige Stadtstaaten im 19. Jh. von den Briten annektiert wurden. Heute lebt noch ein junger *sieyam* in seinem Palast aus Bambus, Stroh und Holz, in dem kein einziger Nagel steckt, denn diese sind tabu.

Rechts: Ein Bauernhaus in der für das Nagaland typischen Bauweise.

Alljährlich, auf einem Fest im April, tanzen Jungfrauen in Seidengewändern und mit Schmuck behängt für ihren König. Zwar ist der christliche Einfluß in Meghalaya beträchtlich, die Volkstänze und regionalen Bräuche haben sich jedoch gehalten. Im November wird in den Garo-Bergen das ,,Fest der 200 Trommeln" zum Ende der Erntezeit begangen. Der Jahreszeitenwechsel wird häufig durch Feste symbolisiert, in denen die alten Gebräuche noch sehr lebendig sind. Im Nordosten in Shillong bauten die Engländer ihre herrlichen Sommerbungalows, einen Golfplatz und ein Polofeld. Aufgrund des ausgewogenen Klimas in 1500 Meter Höhe wurde die Gegend schnell zum ,,Schottland des Ostens". Das beste Beispiel für den weitverbreiteten englischen Landhausstil ist das Haus des Gouverneurs mit einem See am Ende des weitläufigen Gartens. Auch das **Pinewood Hotel**, in dem jeden Abend für die Gäste Feuer im Kamin angefacht wird, bietet diese Atmosphäre. Die winzigen Restaurants im **Bara Bazaar** sind einen Besuch wert, will man einmal die einheimische Küche kosten. Shillong war früher berühmt wegen seiner mehrstufigen Wasserfälle, die von den Hügeln heruntersturzten; heute findet man aufgrund der Zerstörung der Wälder kaum noch einen Wasserfall.

Südlich von Shillong liegt **Cherrapunji**, bekannt als der regenreichste Ort der Welt (11500 mm pro Jahr, neuer Rekord im nahegelegenen Ort Mawsynram) zu verzeichnen hat. Etwa 40 Kilometer östlich von Shillong sieht man auf der Hochebene von Mawphlang riesige Monolithe stehen, die wahrscheinlich zur Ahnenverehrung aufgestellt wurden.

TRIPURA

Tripura (10 477 qkm) ist ein kleiner, hügeliger, an Bangladesh angrenzender Staat; angeblich ist es das älteste Fürstentum ganz Indiens, dessen Geschichtsschreibung bis in die Zeit der *Mahabharata* zurückreicht. Die Maharajas regierten dort 1300 Jahre lang und führten häufig Kriege mit den Nachbarvölkern, insbesondere den Nawabs aus Bengalen. Diesen Umstand machten sich die Engländer zunutze, intervenierten und errichteten ein Protektorat. Tripura trat 1949 der Indian Union bei.

Ein bauliches Glanzstück ist der **Tripura-Palast** im Mogulgarten in der Hauptstadt **Agartala**. Er wurde für den berühmtesten Herrscher Tripuras, den Maharaja Bhikram, erbaut, der im Alter von 13 Jahren Rabindranath Tagore eine große Zukunft voraussagte und ihm später dabei half, Shantiniketan zu errichten. Tagores Haus in Agartala wurde von diesem Maharaja erbaut und dient heute als Bürogebäude.

Die Ureinwohner Tripuras waren tibetisch-burmesischer Abstammung. Deren traditionelle Musik, Tänze, Feste und Anbetungsriten bezogen sich auf die lebensnotwendige Urbarmachung durch *jhoom* (Brandrodung). Von großer Bedeutung für diese Ethnie ist der Bambus, weil er vielfältig verwendet werden kann. Es werden keine bestimmten Gottheiten verehrt, sondern der Bambus gilt als Verkörperung verschiedener Götter. Die berühmten Hochzeitstribünen und Webstühle werden ausschließlich aus Bambus gefertigt. Seit einigen Jahren wird diese Volksgruppe jedoch aufgrund des wachsenden Zustroms von Flüchtlingen aus Bangladesh zu einer Minderheit.

Südlich von Tripura liegt **Unaikoti**, eine der vier Pilgerstätten des Landes. Die anderen drei sind der **Tirthamuk** in Amarpur, der **Tripura Sundari-Tempel** in Udaipur und der **Brahmakunda** in Agartala. Der Unaikoti-Tempel wurde im unwegsamen Bergland erbaut, um ihn vor der Zerstörung durch Ungläubige zu schützen, die in Westbengalen und Orissa geheiligte Bauten verwüstet hatten. Man findet hier schöne Steinfiguren und Reliefs aus dem 12. Jh. Besondere Be-

Rechts: Stammesangehörige in Nagaland.
Ganz rechts: Ein Stammeshäuptling.

achtung verdient die riesige Shiva-Statue. Einmal im Jahr, beim *Pushmela-Fest*, erwacht die gesamte Umgebung zu einem fröhlichen Treiben.

MANIPUR

Manipur (22 356 qkm), im Süden von Nagaland, war früher ein Fürstentum. Es heißt, die Herrscher hätten von den benachbarten Königshäusern Gedankengut des Hinduismus übernommen, was dazu führte, daß die größte Ethnie, die Meiteis, sich zum Hinduismus bekannte. Die ursprünglich tibetisch-burmesischen Meiteis, die in den wunderschönen Tälern leben, machen 60 Prozent der Bevölkerung aus. Sie schufen so viele kulturelle Einrichtungen, wie zum Beispiel die Nehru Dance Academy und die Manipur State Kala Academy, daß die Einheimischen oft behaupten, in Manipur sei Kultur ein Industriezweig. Bekannt sind die Einwohner auch wegen den hervorragenden Leistungen in Kampfsportarten wie Speertanz, Schwertkampf und Ringen. Aufgeführt wird auch ein graziöser Trommeltanz, bei dem junge Männer, die ab der Hüfte in Weiß gekleidet sind, in die Luft springen und dabei längliche Trommeln schlagen. Am berühmtesten ist Manipur jedoch wegen des klassischen *jagoi*-Tanzes.

Die Hauptstadt **Imphal** ist durch einen Markt bekannt, der ausschließlich von Frauen betrieben wird. Über 16 000 Frauen, aus der Stadt wie aus den Dörfern, kommen täglich auf diesen Markt. Für sie ist dies sowohl eine Gelegenheit, um soziale Kontakte zu knüpfen als auch Geschäfte abzuwickeln. Angeboten wird auf dem Markt alles, von Goldschmuck und Seide bis zu getrockneten Pilzen und Schnecken. Das **Matua-Museum** beherbergt eine private Sammlung von Objekten aus dem gesamten Nordosten. Der **Logtak-See** in Manipur ist das letzte Überbleibsel eines vormals ausgedehnten Feuchtgebietes in Südasien. In diesem

Feuchtgebiet im Imphal-Tal, dem einzigartig schönen **Logtak-Keibut Lamjao**, lebt die Fischergemeinde Thanga-Karang. Das Gebiet ist der einzige natürliche Lebensraum einer extrem bedrohten Rotwildart, dem Manipur-Sangai.

In Manipur feiert man den Wechsel der Jahreszeiten mit Tänzen. Das ausdrucksstärkste Tanzfest, das *Lai Haroaba*, wird zwischen Frühjahr und Monsunzeit begangen. Man glaubt, dieses Fest sei so alt wie die Schöpfung selbst. Es wird mit großem Pomp vor den Gottheiten zelebriert, die bereits lange vor der Einführung des Hinduismus in Manipur existierten. Den Tanzfesten folgen traditionelle Sportarten, z. B. *kang*, das man im Schlamm spielt. *Kang*, so benannt nach der Schellackscheibe, mit der es gespielt wird, wurde schon in dem berühmten Epos Manipurs, *Khamba Thoibhi*, erwähnt. Es handelt sich um ein philosophisches Spiel, das verdeutlicht, daß das Leben von Fähigkeit und von Glück gleichermaßen bestimmt wird und daß Freude und Sorge zum Leben gehören.

MIZORAM

Mizoram (21 087 qkm) liegt zwischen Bangladesh und Burma. Die Mizo behaupten, die Hälfte der Bevölkerung lebe in Burma, und sie glauben, daß nach dem Tod ihre Seelen auf dem Fluß Rih nach Burma wandern. Die allgemein als Mizo bezeichneten Bewohner Mizorams setzen sich aus den Ethnien der Lusei, Hmar und Pawih zusammen. Die Briten wurden auf die Mizo aufmerksam, als diese begannen, die Teeplantagen in Assam zu plündern. 1872 hatten die Briten das gesamte Gebiet unter Kontrolle und ließen nur noch Missionare passieren. Aus diesem Grund konvertierten 95 Prozent der Bevölkerung zum christlichen Glauben. Genauso schnell vollzog sich die Einführung der Schulbildung. Heute weist Mizoram die zweithöchste Zahl an Lese- und Schreibkundigen in Indien auf.

Die ursprünglichen Herrscher in Mizoram waren die berühmten Sailo, die Recht über Land und Leben besaßen. Sie mußten jedoch 1950 nach der Einführung

MIZORAM / ARUNACHAL PRADESH

moderner politischer Strukturen abdanken. Als Herrscher über die Agrarwirtschaft hatte jeder Häuptling einen Landwirtschaftsexperten bei Hof, der über sämtliche Geheimnisse des Waldes Bescheid wußte, was zur Landgewinnung durch Brandrodung notwendig war.

1959 sagten ,,die Wissenden, die Ältesten" eine Hungersnot voraus, was jedoch von Verwaltung und Regierung unbeachtet blieb; durch die tatsächlich eintretende Hungersnot kamen zahlreiche Menschen in den Dörfern ums Leben. Die Mizo organisierten eine Gruppe von Freiwilligen, die Mizo Famine Front, die auch politisch aktiv wurde und sich *Mizo National Front* (MNF) nannte. Die MNF wurde jedoch in den Untergrund gezwungen. Erst nach 25 Jahren politischer Unruhen wurde 1986 ein Abkommen mit der Zentralregierung getroffen.

Die Mizos sind durch ihre feinen Webarbeiten und Körbe bekannt. Sie sind sehr musikalisch und empfinden Singen als beste Möglichkeit zur Entspannung nach getaner Arbeit. Die traditionelle Mizo-Gesellschaft erhielt sich selbst durch einzigartige Verhaltensweisen, die auf der Philosophie der *tlawmngaihna*, Selbstlosigkeit, basierten. Man findet heute noch Spuren davon – trotz starker Modernisierungsbestrebungen, insbesondere in der Hauptstadt Aizawl.

Südlich von **Aizawl** liegt die idyllische Stadt **Lungki** in einem wunderschönen Waldgebiet. Auf dem Weg dorthin gelangt man durch das Dorf **Serchip**, wo Reisende gern auf dem Markt einkaufen.

ARUNACHAL PRADESH

Arunachal Pradesh (83 743 qkm) ist der größte Staat im Nordosten Indiens. Die Hauptstadt **Itanagar** wurde erst 1982 als völlig durchkonstruierte Stadt erbaut. Aufgrund der strategischen Lage an der Grenze zu China erhalten Ausländer erst seit 1993 – und nur für wenige Strecken – Reisegenehmigungen. In diesem Staat gibt es fast 60 000 Quadratkilometer üppigen, unberührten tropischen Regenwald und eine unglaubliche Vielfalt an Pflanzenarten. In dem sich über mehrere Vegetationszonen zwischen 300 und 4000 m Höhe erstreckenden Naturschutzgebiet Namdapha leben noch Tiger, Leoparden, Schneeleoparden und Nebelparder. Die etwa 65 mongolischen und tibetisch-burmesischen Ethnien wurden nie vom Christentum beeinflußt, da die Missionare nicht bis hierher kamen. Ihre Kulturen konnten sich unverändert wie sonst in keinem Staat des Nordostens erhalten. In einigen Gegenden leben noch heute autarke Stammesgruppen.

Die bedeutendste Volksgruppe, die Apatani, bewohnt die fruchtbare Hochebene von Ziro und entwickelte eine ertragreiche Wasseranbaumethode für Reis, lange bevor dieses System in den übrigen Landesteilen bekannt wurde. Diese Gegend, wo sich große Dörfer noch ihre traditionelle Lebensweise erhalten konnten, ist ein Paradies für Anthropologen. Im östlichsten Winkel des Staats liegt der heilige See **Brahmakund**, der in Assam mit dem Brahmaputra zusammentrifft. Im Januar zum Makar Sankranti Tag baden darin Tausende von Hindus, um sich von ihren Sünden reinzuwaschen. Im Westen Arunachals befindet sich in einer Höhe von 3050 Metern das **Tawang**, das größte buddhistische Kloster Indiens, 350 Jahre alt und Geburtsort des sechsten Dalai Lama. Das Kloster ist Zentrum des spirituellen Lebens der Gelugpa, einer von vier Sekten, die sich während der Einführung des Buddhismus in Tibet bildeten. Das Kloster erscheint wie eine Festung zum Schutz des unterhalb liegenden Tawang-Tals. Seine strategische Lage macht den historischen Hintergrund der Entwicklung des Buddhismus in Arunachal Pradesh deutlich. Der wehrhafte Bau zeugt von einstigen Angriffen der Dukpas, einer buddhistischen Nebensekte aus Bhutan. In der riesigen Bibliothek werden kostbare Schriften aufbewahrt.

INFO: SIKKIM UND DER NORDOSTEN

Einreisebeschränkungen
Für einige der in diesem Abschnitt erwähnten Orte/Staaten sind **Restricted Area Permits** (RAP), erforderlich. Für Sikkim wird bei Beschränkung auf Gangtok, Rumtek, Pema Yangtse und Phodang die Erlaubnis auf Antrag mit dem Visum erteilt. Seit Mai 1995 sind die Reisebeschränkungen für Assam, Meghalaya und Tripura aufgehoben. Für alle anderen Staaten muß weiterhin ein *Travel Permit* beantragt werden, das auf bestimmte Zeit, Gebiete und Routen beschränkt ist. In **Arunachal Pradesh**: Itanagar – Ziro – Along – Pasighat – Itanagar und Margherita – Miao – Namdapha – Margherita; in **Mizoram**: Hauptstadt Aizwal, die Orte Vairante und Thingdawl.
Vor der Abreise sollte man sich über die politische Situation und aktuelle Bestimmungen informieren, da sich die Reisebedingungen jederzeit wieder ändern können. Die Anträge sollten 6 Wochen im voraus mit einem Betschaft und Konsulaten erhältlichen Formular beim ind. Innenministerium angefordert werden (s. S. 247). Weitere Antragsstellen sind die Staatlichen Büros von Sikkim (Sikkim House, New Delhi und Foreigners Registration in Gangtok).

SIKKIM-GANGTOK (0359)
Unterkunft
MITTEL: **Tashi Delek**, Mahatma Gandhi Marg, Tel: 22991. **Tibet**, Paljor Stadium Rd, Tel: 22523. *EINFACH:* **Nor Khill**, Tel: 23183. **Mayur**, Paljor Stadium Rd., Tel: 22825. **Green**, MG Marg, Tel: 23354.

GUWAHATI (0361)
Unterkunft
MITTEL: **Brahmaputra Ashok**, M.G. Rd, Tel: 522476. **Coronet Dynasty**, SS Road, Tel: 510496. *EINFACH:* **Belle Vue**, M.G. Rd, Tel: 40847. **Prag Continental**, Motilal Nehru Rd., Pan Bazaar, Tel: 28201. **Nandan**, Paltan Bazaar, G.S. Rd, Tel: 40856. **Raj Mahal**, Assam Trunk Rd., Paltan Bazaar, Tel: 541125.

Museen
Assam State Museum, Ambari, Tel: 24193, 10.00-16.30 Uhr, Mo und jeden zweiten Sa geschl.; **Assam Forest Museum**, South Kamrup Division, 10.00-17.00 Uhr, Sa 10.00-15.30 Uhr; So geschl.

Touristen-Information
Government of India Tourist Office, B. K. Kahati Rd., Ulubari, Tel: 547407; Informationsschalter am Flughafen (Tel: 82204), **State Tourist Office** Station Rd., Tel: 524475 und in Ulubari, Tel: 27102.

Anreise / Verkehrsmittel
Flugverbindungen (Indian Airlines und East West Airlines) nach Delhi, Calcutta, Patna und in alle Hauptstädte der Nordost-Staaten. In die übrigen Teile des Landes fahren mehrere Breit- und Schmalspurbahnen. Straßen führen nach Shillong, Manas, Kaziranga, Dimapur, Kohima, Itanagar, Darjeeling, Gangtok, Imphal und Agartala. Von Guwahati fahren staatliche Busse in die größeren Städte. Es gibt auch Reisebusse mit Luxusklasse und Video.

SHILLONG (0364)
Unterkunft
EINFACH: **Pinewood Ashok**, Tel: 223116. **Alpine Continental**, Thana/Quinton Rd., Tel: 220991. **Broadway**, G.S. Rd., Tel: 226996. **Polo Towers**, Polo Rd., Tel: 222340. **Centre Point**, Police Bazaar, Tel: 225210.

Museen
Meghalaya State Museum, Staatsbibliothek, 10.00-17.00 Uhr, So und feiertags geschl. **Butterfly Museum**, Wankhar Co., Riatsamthiah, Sa, So geschl.

Telekommunikation
Hauptpostamt, Tel: 22162; Telegrafenamt-Auskunft Tel: 22146.

Touristen-Information
Government of India Tourist Office, Tirot Singh Syiem Rd., Police Bazaar, Tel: 25632; **Meghalaya Tourism Development Corporation**, Polo Ground, Tel: 26220, 24933; **Director of Tourism**, Crowborough Building, Tel: 26054.

Anreise / Verkehrsmittel
Der Borjhar Airport in Guwahati ist der nächstliegende (127 km), Von dort bestehen verschiedene Verbindungen der IA in die Städte des Ostens und Nordostens.

Unterkunft in:

IMPHAL (0385)
Imphal Ashok, North AOC Point, Imphal Dimapur Rd., Tel: 220459; **Deesh Deluxe**, bei Kali Bari, Khoyathong Rd., Thanjal Bazaar, Tel: 20608; **White Palace**, 113 M. G. Avenue, Tel: 20599; **Diplomat**, Bir Tikendrafet Rd., Tel: 20588.

AIZAWL (0389)
Shangrila, Bara Bazaar; **Embassy**, Chandmari, Tel.: 22570; **Tourist Bungalow & Lodge**, Chaltlang; **Chawlhra**, Zarkawt, Tel.: 2292.

KAZIRANGA
Forest Lodge und zwei Touristen-Lodges (Tel: 23).

NAHARLAGUN (ITANAGAR) (0360)
Ein Bungalow und eine Herberge (Tel: ITN 275), Res.: Chief Engineer, CPWD, Naharlagun.

AGARTALA (0381)
Broadway Guest House, Colonel Chowmohini, Palace Compound, Tel.: 3122. **Meenakshi**, Khush Bagan, Tel: 223430; **Royal Guest House**, Kunjaban, Tel: 225652. Hotels in der H. S. Basak Rd.

KOHIMA (0370)
Japfu Ashok, Tel: 272126. Staatliche Lodges und privat geführte Hotels.

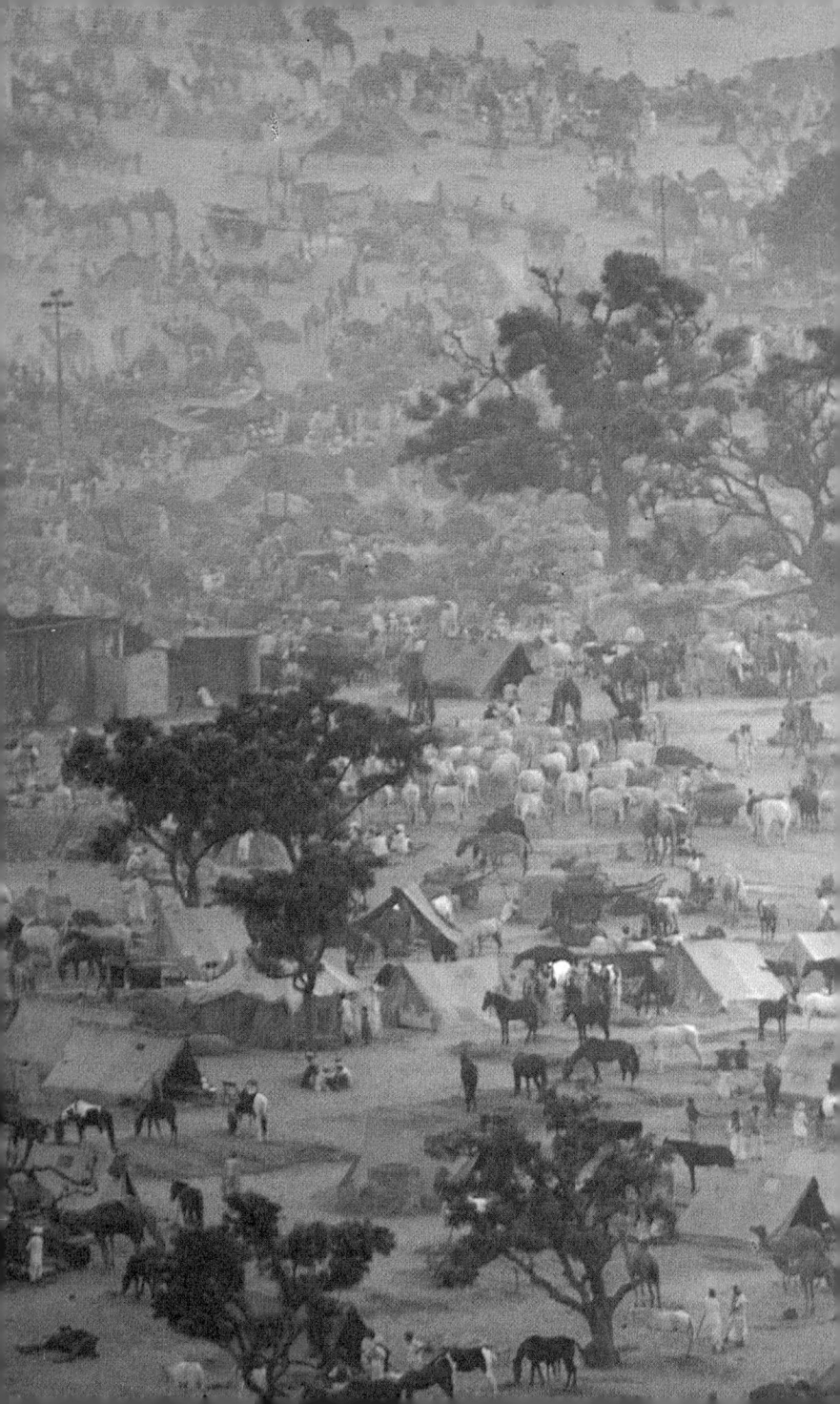

RAJASTHAN

IM REICH DER PHANTASIE

RAJASTHAN
GUJARAT
MADHYA PRADESH

RAJASTHAN

Rajasthan ruft die bleibenden Eindrücke vom exotischen Osten stärker hervor als jeder andere Staat Indiens, und sie übertreffen sogar die kühnsten Erwartungen. Märchenhafte Burgen und Paläste zeugen vom luxuriösen Lebensstil der Rajas und deren jahrhundertelanger Herrschaft. In wüstenhafter Landschaft trifft man auf ein lebensfrohes Volk, dessen Kultur sich in leuchtenden Farben, ausschweifenden Festen, fesselnder Musik und einer großen Freude an jeglicher Form von Schönheit ausdrückt – obwohl dieses Volk sich angesichts immer wiederkehrender Dürren in einem ständigen Existenzkampf befindet.

Geschichtlicher Überblick

Die Wüste Thar erstreckt sich über den Westen Rajasthans und macht über die Hälfte der 342214 Quadratkilometer großen Gesamtfläche des Staats aus. Sie wird überwiegend von verstreut lebenden und Viehzucht treibenden Halbnomaden bewohnt. Nach Osten hin bildet die Aravalli-Kette mit ihren Flußtälern und Seen die Grenze zu den Sanddünen der Wüste.

Vorherige Seiten: Kamelmarkt in Pushkar.
Links: Ein treuer Vasall seines Maharaja.

Die Erzähltradition ist in Rajasthan so lebendig, daß es oft schwerfällt, Geschichte und Legende auseinanderzuhalten. Doch lange bevor alte Zeiten besungen wurden, gab es schon Siedlungen in Rajasthan. Archäologische Funde haben bewiesen, daß **Kalibangan** aus der gleichen Zeit (3000 v. Chr. bis 1500 v. Chr.) wie die Stätten Mohenjodaro und Harappa im Indus-Tal stammt und auch auf dem gleichen Entwicklungsstand war. Bis ins 6. Jh. n. Chr. jedoch fanden die meisten politischen Entwicklungen in der Ganges-Ebene statt. Erst zu dieser Zeit begannen sich in diesem dünn besiedelten Gebiet wieder Staaten zu bilden. Die Herkunft der Könige war ganz unterschiedlich; es gab unter ihnen Brahmanen, die aus Handelsstützpunkten stammten, Stammesangehörige, aus Zentralasien eingewanderte Hunnen usw. Im Lauf der Jahrhunderte wuchsen sie durch die Entwicklung eines gemeinsamen Ehrenkodex und weitverzweigte Heiratsverbindungen zu einer gemeinsamen Kaste zusammen, den Rajputen (*rajaputra*: Königssohn). Vom 10. bis zum 12. Jh. beherrschten Rajputen fast ganz Nordindien; ihre Zeugnisse finden sich auch in Gujarat, Madhya Pradesh, der Gangesebene usw. Ein gemeinsames Reich bildeten sie nie, ständig waren sie darin befangen, Grenzstreitigkeiten untereinan-

der auszutragen. Sie haben jedoch eine gemeinsame Kultur geschaffen, die sich z.B. im Tempelbau äußert, jedoch auch in bestimmten Verhaltensweisen. Die Kriegerethik verlangte von Männern wie Frauen, sich nicht in Gefangenschaft von Feinden zu begeben, so kam es mehrfach zum schrecklichen *jauhar*, einer Massenselbstverbrennung von Frauen angesichts eines verlorenen Krieges, während die Männer bis zum Tod kämpften.

Das im 12. Jh. entstandene Delhi-Sultanat konnte sich dank militärischer Überlegenheit große Teile der Rajputengebiete einverleiben, so daß schließlich nur noch das Gebiet übrig blieb, das von den Sultanen nicht begehrt wurde, das heutige Rajasthan. Dort hielt sich der Widerstand jedoch hartnäckig. Es bedurfte des Scharfsinns eines Akbar, des Großmoguls von Indien, um das Problem zu lösen. Er erkannte, daß zur Schaffung eines gefestigten Reiches die Unterstüt-

Oben: Hawa Mahal – der märchenhafte Palast der Winde in Jaipur.

zung der Rajputen unbedingt erforderlich war und unterwarf sie – nicht in einer Schlacht, sondern durch Eheschließungen. Die Prinzessinnen der Rajputen traten dem Harem des Moguls bei, mußten jedoch nicht zum Islam konvertieren. Es wurden in den Palästen sogar Tempel errichtet. Als Gegenleistung dafür, daß ihn die Rajputen als Herrscher anerkannten, überließ Akbar ihnen führende Positionen bei Hof und im Heer. Durch die Entlohnung für diese Dienste kam zum ersten Mal Wohlstand in die abgelegene Gegend, was sich im Bau von luxuriösen Palästen, aber auch Staudämmen etc. niederschlug. Mit dem Verfall des Mogulreiches im 18. Jh. unterlagen die Rajputen erneut im Kampf. Rajasthan wurde britisches Protektorat und unterstützte die Briten während des Aufstands von 1857. In der Zeit des Freiheitskampfes galten sie als „Säulen des Reiches". Man lockte sie mit Titeln und der Bildung der „Fürstenkammer". Die unabhängige indische Regierung bot diesen Fürsten an, sich Indien oder Pakistan anzuschließen, wobei klar war, daß unabhängige Staaten der Rajputen innerhalb der indischen Union unerwünscht waren. Bis 1949 wurden sie in die Indische Union eingegliedert.

Rajasthan nach der Unabhängigkeit

Am 31. März 1949 wurde der Unionsstaat Rajasthan aus 22 ehemaligen Fürstentümern gebildet. Einige Jahre später kam Ajmer hinzu, und seit 1956 existiert der Staat Rajasthan in seinen heutigen Grenzen. Da in diesen Staaten kaum strukturelle Veränderungen vorgenommen worden waren, waren sie im Vergleich zu den von den Briten verwalteten Gebieten wirtschaftlich ins Hintertreffen geraten. Sie waren Agrarstaaten, in denen so gut wie kein Geld erwirtschaftet wurde. Die Bauern zahlten Abgaben in Naturalien. Die Fürsten selbst pflegten luxuriöse Geselligkeiten an ihren Höfen und förderten dadurch Kunst und Handwerk. Vor allem die Malerei florierte im späten Mittelalter. Im 16. und 17. Jh. waren die Städte Udaipur, Bundi, Kota, Kishangarh, Jodhpur und Bikaner blühende Zentren der Miniaturmalerei. Auch heute noch existiert in Rajasthan eine vielfältige Handwerkstradition.

Das Brauchtum handelt vor allem von legendären Helden wie Pabuji, Ramdeoji, Tejaji, Jambhoji und Gogaji. Man spricht ihnen übernatürliche Kräfte zu und versucht sie gnädig zu stimmen. Aufgrund der weitverstreuten Siedlungen im ländlichen Rajasthan werden zahlreiche Jahrmärkte nach dem Mondkalender an meist geheiligten, mythischen Orten abgehalten. Hier verbinden sich religiöse Feierlichkeiten mit Geschäftlichem. In vielen Rückzugsgebieten hat sich sogenannte Stammesbevölkerung gehalten, deren Lebensweise sich von der der hinduistischen Bauern unterscheidet. Bis ins 20. Jh. hinein waren sie z.T. noch Jäger und Sammler, heute jedoch sind sie zumeist am Rande der hinduistischen Gesellschaft eingegliedert und müssen sich als Straßenarbeiter oder ähnliches durchschlagen.

Seit der Unabhängigkeit wurden in den Bereichen Industrie, Wasserversorgung, Bildung und Bewässerung beachtliche Fortschritte erzielt. Der **Indira-Gandhi-Kanal** zum Beispiel leitet Wasser in das Zentrum der Wüste. Große Areale in der Wüste sind so schon unter den Pflug gekommen, jedoch sind noch immer weite Gebiete des Staates sehr rückständig.

Jaipur

Jaipur ist die Hauptstadt und eine der faszinierendsten Städte Rajasthans. Sie wurde 1728 von Raja Jai Singh II. gegründet, und bereits ihre ersten Jahre standen unter einem guten Stern.

Jai Singh war ein ungewöhnlicher Mann. Er stammte aus dem wohlhabenden Haus Amber, das der Dynastie von vier Großmoguln mit unerschütterlicher Treue diente. Nichtsdestoweniger war der Bau der neuen Hauptstadt nach dem Tod Aurangzebs auch eine Demonstration der Unabhängigkeit. Alte hinduistische Bautraditionen wurden hier eingesetzt, die Stadt auf einem großzügigen Neun-Quadrate-Raster angelegt, welches mystische Bedeutung besitzt. Von dem hochgelegenen Nahargarh Fort ist es gut zu überblicken. Vier breite Prachtstraßen durchziehen die Anlage, die für große Prozessionen gedacht waren. Bei den rasterartig angelegten Wohnblöcken, Ladenstraßen und Märkten wurde auf Einheitlichkeit geachtet, die man heute noch gut nachvollziehen kann. Die großzügige Pracht des Stadtpalastes im Zentrum kontrastiert seltsam mit dem Rest der Stadt innerhalb der zinnenbewehrten Mauer mit sieben Toren, die einst die Stadtgrenze bildete. Typisch für die Gebäude sind Balkone, winzige Fenster, Innenhöfe, Kuppeldächer und bogenförmige Eingänge. Bald nach der Erbauung wurde die Stadt mit einem rosafarbenen Anstrich versehen, der sich bis heute an vielen Stellen gehalten hat.

JAIPUR

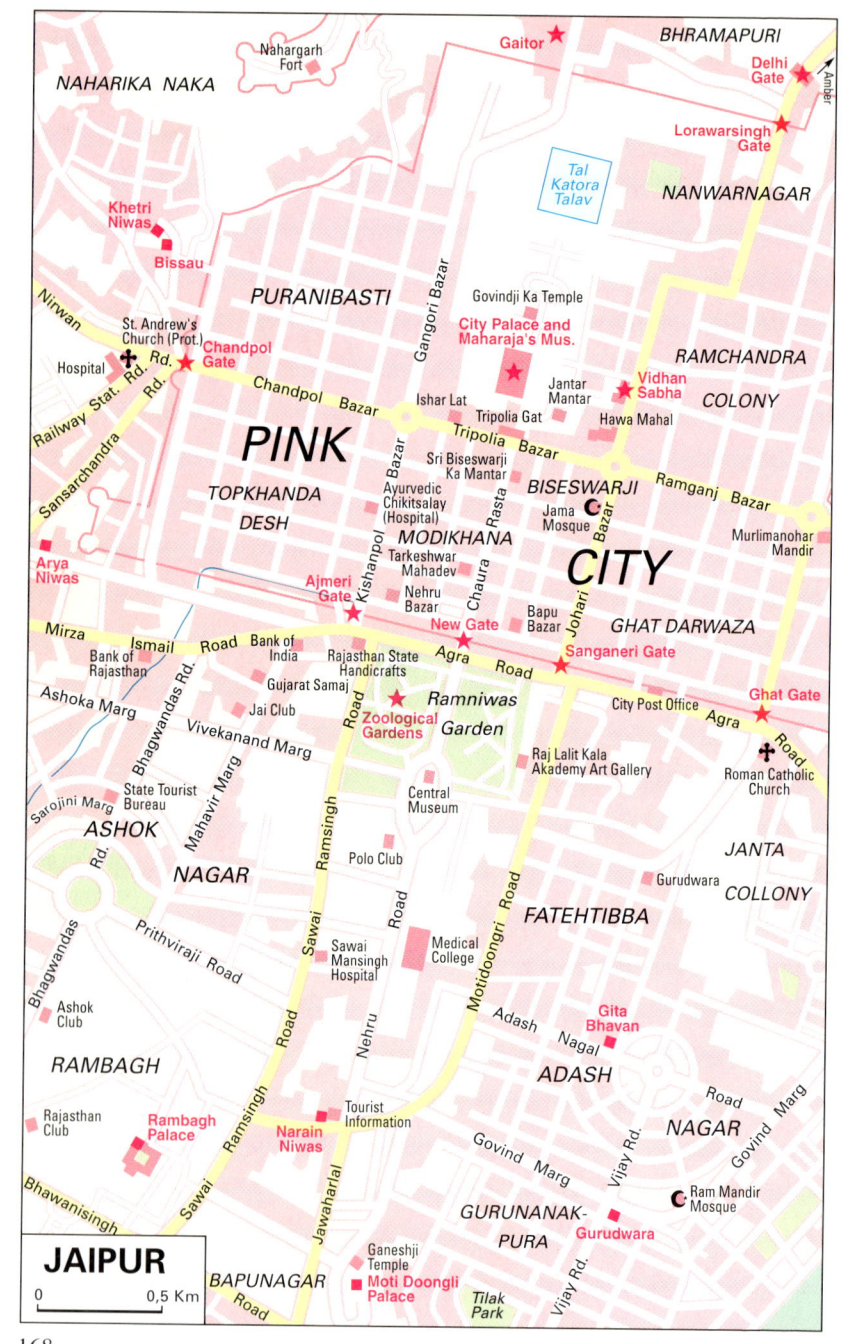

Entlang der Hauptstraße lagen Basare, und die zahlreichen Läden an jeder Straßenseite wurden nach ihrer jeweiligen Zunft benannt. Die Zünfte bekamen verschiedene Viertel zugewiesen, die heute noch bestehen. Färber, Juweliere, Steinmetze, Miniaturmaler und Stoffdrucker, um einige zu nennen, bewohnen seit 200 Jahren dieselben Stadtviertel.

Juwelen und Kunsthandwerk

Alle Adligen des Landes waren dazu verpflichtet, in der neuen Stadt Stadtpaläste zu bauen, denn sie mußten regelmäßig am Hof erscheinen. Viele dieser kleinen Paläste, wie das **Bissau-Haus** und **Khetri Niwas** bei Chand Pol, sind heute Hotels. Auch zahlreiche Tempel wurden von den verschiedenen Religionsgemeinschaften errichtet. Als Nordindien 1739 durch die Invasion Nadir Shahs stark erschüttert wurde, blieb Jaipur davon unberührt. Kaufleute, Juweliere und Bankiers flüchteten vor den blutigen Kämpfen aus Delhi und Agra und fanden in Jaipur eine neue Heimat. Dadurch wurde die Stadt von Anfang an ein Handelszentrum.

Heute gehört Jaipur zu den am schnellsten wachsenden Metropolen Indiens und bietet das Bild einer Stadt, in der Wachstum, Entwicklung und Veränderung traditionell ihren Platz haben. Bedeutendste Attraktionen sind die herrlichen Forts und Paläste, die einen Eindruck von der einstigen Pracht vermitteln. Heute ist die Stadt das weltgrößte Zentrum der Smaragdschleiferei. Ebenso berühmt ist Jaipur durch andere Edelsteinarbeiten und Emailleschmuck. Bekannt sind auch Textilien, handbedruckte Stoffe, blaue Keramik, Teppiche, Miniaturhandwerk und Marionetten. Die Unternehmer verbinden heute alte Handwerkskunst mit modernem Design. Antiquitätenläden sind zahlreich vorhanden, viele davon in der Umgebung des Stadtpalastes.

Wer die Altstadt erforscht, entdeckt eine überwältigende Fülle traditioneller Handwerkskunst. In **Khajane Walon ka Rasta** arbeiten Marmorschnitzer, **Rangwalon ki Gali** ist auf Stoffdruck und Batik spezialisiert, in **Maniharon ka Rasta** werden Lackspangen und -armreife gefertigt, im **Johari Bazaar** und in **Gopalji ka Rasta** sind Juweliere am Werk.

Königliche Pracht

Der **Stadtpalast** dient zum Teil noch als Residenz des ehemaligen Maharajas und zum Teil als Museum. Ein ausgedehnter Besuch lohnt, da Kostbarkeiten der wohlhabendsten Herrscher Rajasthans ausgestellt sind. Der Palast selbst zeugt von einer Ära des Überflusses. Da gibt es den berühmten **Pfauenhof**, über dem sich der **Chandra Mahal**, der Wohnsitz des Maharajas, erhebt; da gibt es wunderschöne Teppiche, vergoldete Throne, verzierte Tür- und Fensterstöcke und eine Fülle prächtiger Accessoires, darunter zwei riesige Silbergefäße, eigens für den Maharaja Madho Singh hergestellt, in denen er auf seiner Reise nach England, zur Krönung Edwards VII., Gangeswasser für die rituelle Reinigung mitnahm. Direkt vor dem Stadtpalast befindet sich das **Jantar Mantar**, das größte steinerne Observatorium der Welt, von Jai Singh II. zwischen 1728 und 1734 erbaut. Er war ein begeisterter Astronom und ließ sich Bücher und Sternkarten aus der ganzen damals bekannten Welt schicken. Die enorme Größe der Instrumente sollte eine größere Meßgenauigkeit garantieren. Den nahegelegenen **Hawa Mahal**, Palast der Winde, errichtete 1799 Maharaja Pratap Singh II. Charakteristisch für die Fassade dieses kunstvollen fünfstöckigen Bauwerks sind 953 Nischen und Fenster. Vermutlich diente der Hawa Mahal den Hofdamen dazu, unerkannt die Prozessionen auf den Straßen zu beobachten.

Jenseits der Ajmer Road, gegenüber dem **Ajmeri-Tor** und **Sanganeri-Tor**, liegen die berühmten **Ram Niwas-Gärten**, 1868 von Ram Singh II. angelegt.

JAIPUR / AMBER

Das dazugehörige **Central Museum** ist in der **Albert Hall** untergebracht. Den **Rambagh-Palast** erbaute ebenfalls Ram Singh. Bis vor wenigen Jahrzehnten war Rambagh die sagenumwobene Residenz des Maharaja Man Singh II. Heute dient er als Hotel.

Eine Fahrt nach Jaipur bleibt ohne einen Besuch auf **Fort Amber** (11 km), dem ursprünglichen Herrschersitz der Maharajas, unvollständig. Amber gehört zu den schönsten Palästen Rajasthans. Er wurde von Raja Man Singh I. (1586-1614) erbaut, einem der ersten Rajputen, die sich dem Großmogul Akbar unterwarfen. Die schönsten Palastbauten in diesem Komplex sind jedoch zu Shah Jahans Zeiten entstanden. Man kann gut erkennen, wie hier die Rajputenkönige, die ja durch ihre Dienste häufig in Agra oder Delhi waren, die Mogulpracht kopiert haben. Deutlich wird dies im reich verzierten **Sheesh Mahal**, der privaten Empfangshalle, im **Sukh Mahal**, dem **Ganesh Pol** und dem wunderschönen **Suhag Mandir**. Für den Besuch von Fort Amber sollte man sich mindestens einen halben Tag Zeit lassen.

Hinter dem Fort liegt eine unheimlich anmutende Ruinenstadt, und unten im Tal das alte Amber. Die Festungsmauern Ambers sind mit dem höher gelegenen **Jaigarh Fort** verbunden, das Jai Singh II. 1726 erbaute und das erst vor kurzem der Öffentlichkeit zugänglich gemacht wurde. In Jaigarh soll angeblich ein unermeßlicher Schatz verborgen sein, was zu der wohl größten, aber leider erfolglosen Schatzsuche aller Zeiten geführt hat.

Von der Festung **Nahargarh** hat man einen herrlichen Blick auf Jaipur; man erkennt sogar die Ausläufer der Stadt bis in die Sanddünen weit im Westen.

Alwar und die Nationalparks

Die Geschichte von **Alwar** (150 km nordöstlich von Jaipur) reicht bis 1500 v. Chr. zurück; als unabhängiger Staat unter Pratap Singh ist es jedoch erst seit dem 18. Jh. bekannt. Häufig übersehen Touristen Alwar zugunsten der größeren Attraktionen von Jaipur, aber es hat seinen eigenen Reiz und kann als typische Hauptstadt eines kleineren Rajputen-Staates gelten.

Das **Fort Bala** erhebt sich 300 Meter oberhalb der Stadt (Besuchserlaubnis erforderlich). Der beachtliche **Stadtpalast** wird zum Teil als Regierungsgebäude genutzt; im **Alwar-Museum** findet man eine schöne Sammlung von Skulpturen, Waffen, Schriftrollen und Gemälden.

Bei **Silisehr** (8 km) steht ein lauschiger Sommerpalast (heute ein Hotel) am Ufer eines Sees. Der **Sariska Nationalpark** in den Aravalli-Bergen ist ein sehenswertes Tigerreservat. **Bharatpur** besitzt das historische **Fort Lohagarh** und das **Museum**, ist jedoch eher bekannt wegen seines Vogelschutzgebietes.

Oben: Im Karmi Mata-Tempel von Deshnoke. Rechts: Kamelherde in der Thar-Wüste.

Shekhavati

Nördlich von Jaipur erstreckt sich ein Gebiet, **Shekhavati**, in dem sich reiche Geschäftsleute im 19. Jh. prachtvolle Häuser bauten, die über und über mit den schönsten Fresken bemalt sind. Erbauer waren die sogenannten Marwaris, eine Händlerkaste, die über Jahrhunderte ein weitverzweigtes Binnenhandelsnetz aufgebaut hatte, welches in der Kolonialzeit gern von den Briten genutzt wurde. Marwaris waren mit die ersten, die an dem wirtschaftlichen Aufschwung dieser Zeit teilhatten. Das trägt bis heute Früchte; viele der modernen Großindustriellen stammen aus dieser Bevölkerungsgruppe. Ursprünglich war diese Gemeinschaft entlang der Handelswege entstanden, die durch Nordrajasthan führten. Als sich im 19. Jh. die wirtschaftliche Struktur Indiens tiefgreifend wandelte, zogen sie um in das neue Zentrum Calcutta.

Ein Teil des neuerworbenen Reichtums wurde in die traditionellen Landhäuser im Shekhavati investiert. Es sind mehrstöckige *havelis* mit komplizierten Grundrissen und zwei oder mehreren Innenhöfen. Besonders faszinierend sind die Wandmalereien und verzierten Türen und Fenster, die den Fassaden eine gewisse Lebendigkeit verleihen. Diese Wandmalereien stellen unterschiedliche Szenen dar – von Reiterfiguren und *shikars* bis zu Adligen, Göttern und Göttinnen.

Sikar liegt 110 Kilometer von Jaipur entfernt; auf dem Weg dorthin kommt man durch **Samode** mit einen glitzernden Palast. Sikar besitzt auch eine Festung und die Biyani-*havelis*. Von hier aus gibt es im Umkreis von 150 Kilometern eine ganze Reihe der bekannten Shekhavati-Häuser. Sie sind zum Beispiel zu finden in **Nawalgarh**, das ebenfalls eine Festung besitzt, **Dundhlod** (ein Teil seiner Festung ist als Gästehaus ausgebaut), **Mandawa** (mit einem Schloßhotel und einem noch exotischeren Wüstencamp mitten in den Sanddünen), **Fatehpur**, **Mahansar** (besonders schön ist hier das Soney Chandi ki Haveli), **Jhunjhunu** und **Churu**.

Bikaner

Bikaner, ein Außenposten in der Wüste, war bereits Handelszentrum auf der alten Karawanenstraße aus Zentralasien, bevor der Rathor-Fürst Rao Bika, Sohn des Begründers von Jodhpur, 1486 die Stadt eroberte.

Der Bau der riesigen Festung **Junagarh** wurde 1587 von Raja Rai Singh, einem Zeitgenossen Akbars, begonnen. Sie umfaßt 37 Paläste mit Pavillons, Mosaikhöfen, verzierten Balkonen, Erkern und Tempeln. Die Festung wird heute von der ehemaligen Herrscherfamilie zwar nur zu Feierlichkeiten genutzt – ein Teil ist für Besucher geöffnet –, die Gebäude sind aber in einem recht guten Zustand. Der **Shish Mahal**, die **Grand Durbar Hall**, der **Karan Mahal** aus dem 17. Jh. und der **Phool Mahal** holen den Glanz vergangener Zeiten wieder zurück. Einige der Innenräume gehören zum Schönsten, was die Rajputenarchitektur hervorgebracht hat. Im **Har Mandir** halten Priester täglich Gebetsstunden ab. Das Museum besitzt eine seltene Sammlung von persischen und Sanskrit-Schriftrollen sowie Miniaturmalereien.

Außerhalb der Stadt befindet sich der **Lallgarh-Palast**, Ende des 19. Jahrhunderts von Sir Swinton Jacob für den damaligen Maharaja Ganga Singh entworfen. Ein Teil wird heute als Hotel genutzt. Mit Jagdtrophäen, Billardsälen, Rauchsalons und der Bibliothek steht es als einprägsames Beispiel für den Lebensstil der von den Briten beeinflußten Rajputen der Kolonialzeit.

Die Stadt besitzt das **Ganga Golden Jubilee Museum** und das **Sri Sadul Museum**, außerdem das **Staatsarchiv Rajasthans**. In den engen Gassen zeugen prachtvoll verzierte *Havelis* aus rotem Sandstein vom Reichtum der Marwaris (Händler). Die Altstadt, vor allem um das **Kote Gate**, bildet einen lebendigen Kontrast zu der heiteren Gelassenheit der herrscherlichen Anlagen. Die Basare

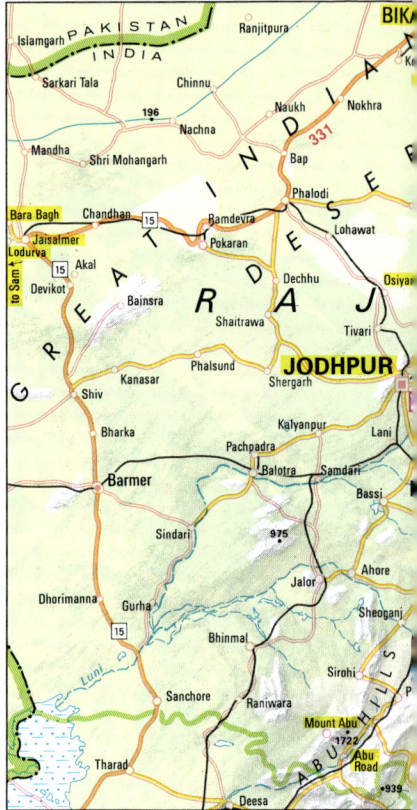

quellen über von einheimischer Handwerkskunst: Wasserflaschen, Schuhe, Portemonnaies und Lampenschirme aus Kamelhaut, Kamelhaardecken und -teppiche. Überhaupt ist das Kamel hier von großer Bedeutung, wie ein Ausflug in die zehn Kilometer von Bikaner entfernte Kamelzucht zeigt. Acht Kilometer außerhalb von Bikaner stehen in **Devikund** an den Verbrennungsstätten der Herrscher von Bikaner prachtvolle *Chattris* (Gedenktempel).

Bei **Deshnoke** (30 Kilometer südlich) befindet sich ein Tempel der Wunder wirkenden Karni Mata, der Familiengöttin der Rathor-Rajputen von Bikaner. Der Tempel ist wegen seiner Ratten bekannt, die überall herumlaufen.

RAJASTHAN

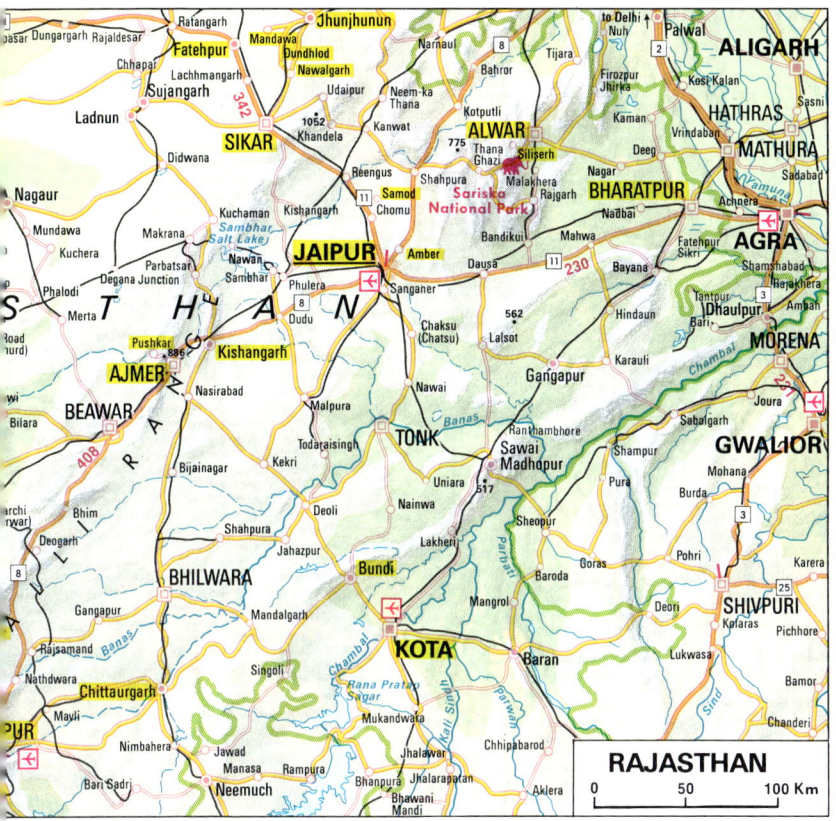

Kishangarh, Ajmer und Pushkar

Kishangarh, 100 km von Jaipur entfernt, liegt an der Straße nach Ajmer und wurde 1611 von Kishan Singh, dem Bruder des Raja von Jodhpur, gegründet. In der Kunstwelt ist es wegen seiner wunderschönen Miniaturmalereien aus dem 18. Jh bekannt. Die damals schon stilbildenden Ateliers wurden durch den Zuzug berühmter Künstler wie Surat Ram und Nihal Chand, die dem Puritanismus am Hof von Aurangzeb entflohen waren, noch einflußreicher. Häufigstes Thema waren Krishna und Radha als Liebespaar in höfischer Umgebung – ein Stil, der heute als *Schule von Kishangarh* bekannt ist. Das moderne Kishangarh ist ein bedeutender Chilischoten-Markt; die etwa drei Kilometer entfernte Altstadt hat ihren mittelalterlichen Charakter bewahrt.

Ajmer, 30 km weiter westlich, liegt in einem malerischen Tal der Aravalli-Berge. Einst war es eine Rajputenfestung, im 12. Jh. wurde es jedoch von Moslems erobert und zur Sultanatsprovinz gemacht. Die alte Festung **Taragarh** erinnert noch an die Frühzeit. Attraktion der Stadt ist die **Dargah Sharif**, wo der Sufi-Heilige Khwaja Muin-ud-din Chishti begraben liegt. Der Heilige, 1142 in Persien geboren, kam vermutlich mit der Armee Muhammad Ghors 1191 nach Indien. Er starb 1236 als Schutzpatron der Armen. Heute finden sich seine Anhänger auch außerhalb des islamischen Glaubens. Das ganze Jahr über besuchen zahlreiche Pilger die Dargah im Herzen der Altstadt.

Taragarh, im Hintergrund des Heiligtums, ist auf der Straße über den Nallah Bazaar erreichbar. Neben dem Grabmal befindet sich die Sanskrit-Schule **Adhai din ka Jhonpra**, die, 1198 in eine Moschee umgebaut, heute zu den schönsten mittelalterlichen Bauwerken Indiens zählt. Ajmer besitzt ein **Government Museum**, einen **Jain-Tempel** aus dem 19. Jh. und den 1150 angelegten **Anasagar-See**. Die Schönheit dieses zwischen Hügeln gelegenen Sees wird durch die von Shah Jahan erbauten marmornen Pavillons und Uferstraßen noch gesteigert.

Pushkar liegt 11 km nordwestlich von Ajmer. Der Ort ist den Hindus heilig, denn hier soll Brahma einen Dämon mit einer Lotusblüte besiegt haben. Die Blütenblätter fielen an drei Stellen herab, an denen sich daraufhin Seen bildeten. Der heilige See ist von 52 *ghats* (Ufertreppen) umgeben, die von Königen und Fürsten errichtet wurden. Pushkar ist einer der wenigen Orte mit einem Brahma geweihten Tempel. Die meiste Zeit ist Pushkar eine verschlafene, nur religiös aktive Stadt mit über 400 Tempeln. Vor dem Novembervollmond jedoch findet zwölf Tage lang der **Pushkar-Markt** statt, der größte Kamelmarkt der Welt. In den Sanddünen westlich der Stadt erwacht dann eine nahezu biblische Szenerie zum Leben. Dorfbewohner aus ganz Rajasthan strömen hier zusammen, handeln mit Kamelen und übernachten unter freiem Himmel. Drei Tage vor Vollmond kommen die Frauen in exotischen Gewändern hinzu. Sie baden im See, beten und nehmen am Markttrubel regen Anteil. Der Pushkar-Markt zieht Tausende von Menschen an und gehört mit seinen überwältigenden Ausmaßen und malerischem Anblick zu den spektakulärsten Sehenswürdigkeiten Rajasthans.

Rechts: Die Blaue Stadt von Jodhpur, unterhalb von Mehrangarh Fort.

Jodhpur

Jodhpur, die ehemalige Hauptstadt des Staates Marwar, ist das Tor zur Wüste Thar. Die Maharajas von Jodhpur gehörten dem Geschlecht der Rathor an. 1453 eroberte Raja Jodha das Gebiet des heutigen Jodhpur und gab ihm seinen Namen. 1459 errichtete er die majestätische Festung **Mehrangarh**, die auf einem Felsen 130 Meter über der modernen, geschäftigen Stadt thront. Hochaufragende, mit Kuppeln und Erkern gekrönte Mauern umgeben Paläste ebenso wie Kasernen, Ställe ebenso wie Tempel und Munitionslager. Über einen Serpentinenweg und durch imposante Tore gelangt man ins Innere. Jedes Tor steht zum Gedenken an einen Siegeszug oder an eine Gottheit. **Loha Pol**, das Eiserne Tor, trägt die Handabdrücke von Frauen, die sich, um *satis* zu werden, nach dem Tod ihrer Ehemänner auf deren Scheiterhaufen mitverbrennen ließen (noch 1953 ließ sich die letzte *sati* aus der königlichen Familie Jodhpurs verbrennen). Das Loha Pol führt zum **Nagnechiji-Tempel**, der der Familiengöttin der Rathore-Rajputen von Jodhpur geweiht ist. Der massive Festungswall mit seinen Kanonen bietet einen spektakulären Blick auf die Stadt.

In den königlichen Palästen befindet sich heute ein Museum, das herrliche Schätze beherbergt, darunter goldene und silberne Elefanten-*howdahs* und ein Mogulzelt, das als tragbarer Empfangssaal in der Wüste diente. Im Schlafzimmer des Maharajas, dem **Takhat Vilas** aus dem 19. Jh., hängen wunderschöne Gemälde. Im **Chokhevala Rang Mahal** (Gartenpalast) finden zu besonderen Anlässen Diners statt, bei denen die Gäste von *langas*, Musikanten aus der Wüste, unterhalten werden. Auf dem Weg zur Festung liegen das **Jaswant Thada**, das Gedenkmonument für Jaswant Singh II. (1899), sowie Gedenkschreine anderer Maharajas.

Für Kauflustige seien die Spezialitäten Jodhpurs genannt: verzierte Lederschu-

he, gefärbte Stoffe, Lackwaren und Puppen. Unweit des Militärflughafens liegt eine weitere Attraktion von Jodhpur – der **Umaid Bhavan-Palast**, der zwischen 1930 und 1943 als letzter großer indischer Palast errichtet wurde. Auf dem Weg dorthin befinden sich auch mehrere Antiquitätenläden. Sämtliche größeren Hotels organisieren ,,Wüstensafaris" in die ländlichen Gebiete Rajasthans. Dazu gehört auch der Besuch einiger Bishnoi-Dörfer, deren Bewohner seit dem 15. Jh. engagierte Umweltschützer sind. Der Begründer dieser Sekte, Jambeshwar, 1451 im Dorf Papasar geboren, entwickelte ein ungewöhnliches Bewußtsein von den Zyklen der Natur. Er formulierte die 29 (*bisnoi*) Gesetze, die heute noch streng befolgt werden, von denen sich einige auf das soziale Leben und die Moral beziehen, die wichtigsten aber auf die Umwelt. Weitere interessante Orte in der Umgebung von Jodhpur sind **Mandore** (9 km) mit Ruinen der alten Hauptstadt, kunstvollen Gedenkschreinen und einer Gedächtnishalle für Volkshelden und für zahlreiche Hindu-Götter. **Balsamand** (7 km) besitzt einen künstlichen See, einen Sommerpalast und einen Vogelschutzpark. In **Osiyan** (60 km) gibt es einige sehenswerte Hindu- und Jaina-Tempel aus dem 8. und 9. Jahrhundert.

Bundi und Kota

Bundi liegt zwar etwas abseits der üblichen Reiseroute (ungefähr 200 km südlich von Jaipur), ist aber einer der hübschesten Orte Rajasthans. Der **Bundi-Palast** erhebt sich über den grünen Ufern des **Naval Sagar-Sees**, inmitten einer Landschaft, die an die Feinheit der Miniaturmalerei erinnert. Das Innere des Palastes ist größtenteils baufällig, mit Ausnahme der **Chitra Shala** mit ihren wunderschönen Wandmalereien aus der Bundi-Schule, die unter Rao Bhao in der zweiten Hälfte des 17. Jh. ihre Blütezeit erlebte. Oberhalb des Palastes liegt die **Taragarh-Festung**, mit großen Wasserreservoires und herrlichem Blick auf den See **Sukh Sagar**. Der einstige Maharaja

UDAIPUR

lebt heute im **Phool Mahal** am Ufer des **Phool Sagar**.

Kota, 37 km südöstlich von Bundi, liegt am Ufer des hier aufgestauten Chambal-Flusses. Der Palast und die Festung sind zwar beeindruckend, aber die Stadt besitzt nicht den besonderen Charme Bundis. Das Areal um beide Städte bildete den Staat Haravati, den ,,Garten" des Hara-Stammes. Kota wurde 1624 unabhängig und galt als ein Zentrum der Miniaturmalerei. Heute ist es eine weitgehend industrialisierte Stadt und berühmt für seine leichten *Kota doria*-Saris.

Udaipur

Udaipur wurde 1559 von Rana Udai Singh II. kurz vor der dritten Plünderung Chittors durch das Heer des Großmoguls Akbar gegründet. Die Ranas von Udaipur gehörten der Sisodia-Dynastie von Mewar an, deren Geschichte bis ins 7. Jh.

Oben: Der Stadtpalst in Udaipur. Rechts: Auf dem Weg zum Brunnen.

zurückreicht. Sie führt ihre Herkunft auf den Gründervater Bapa Rawal zurück und gilt als älteste Dynastie Rajasthans. Sie war es auch, die den verschiedenen Mogulkaisern den stärksten Widerstand leisteten. Der berühmteste Held ist Rana Pratap des 16. Jh., dem man überall in Udaipur begegnen kann. Von den Prinzessinnen Chittors, der ehemaligen Hauptstadt, trat bezeichnenderweise keine je dem Harem des Moguls bei.

Udaipur hat sich bis heute den Charakter einer Residenzstadt bewahrt. Das Stadtbild wird vom **Stadtpalast**, der größten Palastanlage in ganz Rajasthan, beherrscht. Trotz der zahlreichen Anbauten wurde die architektonische Einheit innerhalb der schlichten Mauern hoch über dem **Pichola-See** gewahrt. Ein Großteil der prunkvollen Anlage ist als **Museum** erhalten; besonders kunstvoll sind der **Mor Chowk**, der **Rubinpalast**, der **Krishna Vilas** und der **Osara**. Das ehemalige königliche Gästehaus, **Shiv Niwas**, ist heute eins der luxuriösesten Hotels in Udaipur.

Außerhalb des Stadtpalastes befindet sich der **Jagdish-Tempel** (1651), der Vishnu geweiht ist. Es gibt dort ein schönes Bild von Garuda als Reittier Vishnus (halb Mensch, halb Vogel). Ein Vergnügen in dieser Stadt ist ein Bummel durch die Basare. Im **Bara Bazar** und auf dem Weg vom Palast zum **Clock Tower**, kann man zudem Handwerkern bei der Arbeit zusehen. Lokale Besonderheiten sind *lahariya bandhani* (Knüpfbatik), *pichwais* (Stoffbilder mit dem traditionellen Motiv Krishnas bei Nathdwara), sowie Emailleschmuck, wunderschön gekleidete Marionetten, Holzspielzeug, perlenglitzernde Tierfiguren, aber auch Kupfer- und Silberwaren.

Der Pichola-See

Der Pichola-See wurde bei der Errichtung der Stadt aufgestaut. Zwei so entstandene Inseln wurden als Vergnügungsgärten ausgebaut: der **Jag Mandir** aus dem 16. Jh., in dem Prinz Khuram, bevor er zum Shah Jahan ernannt wurde, Zuflucht fand; und der **Jag Niwas**, der in den 70er Jahren in ein phantastisches Hotel umgewandelt wurde. Weitere Attraktionen sind der bezaubernde Rosengarten **Sajjan Niwas**, der Berg **Machchalaya Magra**, der einen schönen Blick über den See und die Stadt bietet, das **Bhartiya Lok Kala Mandal**, das sich durch die Bewahrung und Dokumentation der Volkskunst hervorgetan hat, sowie der **Saheliyon ki Bari**, ein Erholungspark mit zahlreichen Springbrunnen.

Eine neue Attraktion außerhalb der Stadt ist **Shilpgram**, eine Art Dorfmuseum, in dem Handwerker und Künstler des ländlichen Gujarat, Goa, Maharashtra und Rajasthan ihr Können zeigen.

Chittor (112 km) erlebte all das Blutvergießen, die Schlachten und das Heldentum der Rajputen. Vom 7. bis zum 16. Jh. war es oftmals die Hauptstadt des Staates Mewar, und **Chittorgarh** ist eine der berühmtesten Festungen Rajasthans.

Sie thront auf einem imposanten Tafelberg und umfaßt eine Fläche von 280 Hektar. Die Festung wurde dreimal zerstört. Tausende von Frauen verübten damals Selbstmord (*jauhar*), die Zahl der gefallenen Männer war noch weit höher.

Eine romantische Legende handelt von Padmini, der schönen Königin, die der Sultan Khilji begehrte. Innerhalb der Festung gibt es mehrere Paläste, zwei hoch aufragende Türme und zahlreiche Tempel, darunter einen, in dem Mirabai, eine berühmte Mystikerin des 16. Jh., betete.

Mount Abu und Ranakpur

Mount Abu und Ranakpur, westlich bzw. nördlich von Udaipur gelegen, besitzen die schönsten Jaina-Tempel in ganz Rajasthan. Vom **Mount Abu** hat man einen herrlichen Blick auf die vielfältige Landschaft; hier erheben sich die bewaldeten Aravalli-Berge zu ihrem höchsten Gipfel, dem **Guru Shikar** (1722 m), und bilden eine malerische Berglandschaft inmitten der Wüste.

MOUNT ABU / RANAKPUR

Mount Abu ist ein uraltes Pilgerzentrum der Hindus und Jainas. Asketen ließen sich dort in der Wildnis nieder, um ihr Leben der Meditation zu widmen. Heilige findet man auch heut noch hier, jedoch auch überaus zahlreiche Touristen, die aus den Industriestädten Gujarats kommend hier Erholung suchen.

Im **Gaumukh-Tempel**, vier Kilometer unterhalb von Mount Abu, befindet sich eine Vishnu-Statue in Gestalt Ramas und ein Krishna geweihtes Heiligtum.

Die marmornen Tempel von **Dilwara** aus dem 11.-13. Jh. repräsentieren den Höhepunkt des Tempelbaus der Jainas. Die Steinbearbeitung ist zwar ebenso beeindruckend wie bei den hinduistischen Tempeln, doch die Darstellung ist grundverschieden. Dieser Unterschied liegt in der Lebensanschauung der Jainas. Demnach ist die Welt keineswegs nur eine Illusion und ebensowenig spiegelt sie die zahllosen Erscheinungsweisen eines höheren Seins wieder. Vielmehr wird die ursprünglich reine Seele durch den Kontakt mit der Materie verunreinigt und stumpft so der Wirklichkeit gegenüber ab. Sogar die Götter gehören zu diesem Reich der Materie. Um die Wirklichkeit wiederzuerlangen, muß man alles Materielle ablegen. Dies soll durch die schmucklose Strenge der Jaina-Skulpturen dargestellt werden. Es handelt sich hierbei um sogenannte *Tirthankaras* (einer, der eine Furt durch den Strom der Wiedergeburten bereitet). Nach dem Glauben der Jainas gab es 24 *Tirthankaras*, der letzte war Mahavira, ein Zeitgenosse Buddhas und historischer Begründer des Jainismus. *Tirthankaras* werden als erleuchtete Vorbilder verehrt, die den Kreislauf der Wiedergeburten überwunden haben und endgültig erlöst sind.

Die meisten Tempel in diesem Komplex wurden von reichen Kaufleuten aus Gujarat errichtet, zu einer Zeit als dort noch ein mächtiges Rajputenreich war. Der **Vimalatempel** aus dem Jahr 1031 ist dem ersten *Tirthankara* Adinatha geweiht. Die gesamte Anlage ist über und über mit den feinsten Marmorreliefs bedeckt. Der spätere **Tejapalatempel** (1230) steht dem Vimala jedoch in nichts nach, wenngleich man hier einen stilistischen Wandel bemerken kann. An der Rückwand findet sich eine interessante Stiftergalerie mit großen, wunderschön gearbeiteten Marmorelefanten. In Mount Abu befinden sich auch die **Raj Bhawan-Kunstgalerie** mit einem **Museum**, der beliebte **Nakki-See** und, in einiger Entfernung, **Trevor's Tank**, ein Weiher in einem Vogelschutzgebiet. **Abu Road** (27 km) ist eine Eisenbahnendstation; die mittelalterliche Stadt quillt förmlich über von Läden mit Devotionalien.

Ranakpur, am Ufer des Magai gelegen, ist ein friedlicher, abgeschiedener Ort am Fuß der Aravalli-Berge. Der **Adinath-Tempel** wurde 1432 fertiggestellt. Dieser dreistöckige Marmortempel ist der größte Jaina-Tempel Indiens und fast ebenso filigran gearbeitet wie die Tempel in Dilwara. Der weiße Marmor in Verbindung mit der überwältigenden Höhe und Luftigkeit der Anlage bietet ein unvergeßliches Erlebnis. Daneben gibt es noch zwei kleinere Tempel, die dem Parshvanath und Neminath geweiht sind, sowie einen kleineren Sonnentempel. Die Schönheit Ranakpurs liegt nicht zuletzt in seiner ländlichen Abgeschiedenheit.

Jaisalmer

Jaisalmer ist per Auto, Bahn und Bus gut erreichbar und sollte auf der Reiseroute derjenigen nicht fehlen, die den Zauber der Wüste erleben möchten. Hier wurde vor etwa 800 Jahren eine furchteinflößende Zitadelle auf dem **Trikuta-Berg** errichtet, der sich über eine weite und karge Ebene erhebt. 1156 beschloß ein Rajputen-Fürst der Bhattis, Jaisal, seine Hauptstadt Lodurva (16 km) zu

Rechts: Leuchtend und farbenfroh – Seide aus Rajasthan.

verlegen. Der Eremit Eesul erzählte ihm von der Prophezeiung Krishnas, daß ein Nachfahre seines Mond-Clans von Trikuta aus herrschen würde. Da die Bhattis dieser Linie angehörten, sah sich Jaisal als der Auserwählte, durch den sich die Prophezeiung erfüllen sollte.

Jaisalmer befand sich schon immer in einem Rückzugsgebiet. Eine der wenigen Einnahmequellen war die Gewürzstraße, die jedoch durch die Eröffnung des Hafens von Bombay an Bedeutung verlor. An militärischer Macht konnten sich die Bhattis nicht mit den anderen Rajputenstaaten messen, sie nutzten jedoch geschickt ihre abgelegene Position. Dem Sultan von Delhi, der sich im 13. Jh. mit Expansionsplänen trug, konnten sie auf die Dauer nicht widerstehen. Die Festung wurde zweimal angegriffen und sieben Jahre von Alauddin Khiljis Heer belagert. Die Legende berichtet von einem schrecklichen *jauhar* der Rajputenfrauen, während die Männer ihrem sicheren Tod entgegenritten. Seitdem war der Staat Delhi gegenüber tributpflichtig.

Während der britischen Herrschaft erkannte Jaisalmer sofort die Oberherrschaft der Engländer an. Durch Hungersnöte und später die Grenzziehung nach Pakistan wurde die Stadt fast entvölkert. Am Fuß des Trikuta-Berges entsteht heute zwar langsam eine moderne Stadt, doch hat die aus goldfarbenem Sandstein erbaute und noch heute bewohnte Festung **Jaisalmer** ihren lebendigen, mittelalterlichen Charakter bewahrt. Aus diesem Grund wird sie auch „lebendes Museum" genannt. Ein faszinierendes Erlebnis ist ein Bummel durch die Festung und die Altstadt. Eine kurvenreiche Straße führt durch den malerischen Basar (mit seinen berühmten Webdecken und -tüchern, Schmuck und bedruckten Stoffen) nach **Manek Chowk**, wo einst die Karawanen haltmachten. Der Eingang zur Festung führt über einen steil ansteigenden Pfad durch vier hohe Tore. Das letzte, **Hava Pol**, öffnet sich auf einen freien Platz, auf dem einst die öffentlichen Audienzen abgehalten wurden. Bestimmte Bereiche des Palastes sind der

JAISALMER

Öffentlichkeit zugänglich; besonders schön ist der Blick vom Dach über Stadt und umgebende Wüste.

Noch interessanter ist ein Bummel durch die Gassen innerhalb der Festung. Der Baustil ist überwiegend traditionell. Innerhalb der Bastionsmauern haben sich nach langer Entvölkerung wieder einige Familien angesiedelt. Die heutigen Bewohner sind erstaunlich tolerant gegenüber Besuchern, die sie zum Teil auf ihre Hausdächer klettern lassen, von wo man, insbesondere bei Sonnenuntergang, einen unvergeßlichen Rundblick hat. Drei Jaina-Tempel aus dem 12. bis 15. Jh. sind bekannt für ihre Steinmetzarbeiten – der **Ashtapadi Mandir**, der **Rishabdevji-Tempel** und der **Sambhavnath-Tempel**. In letzterem befindet sich eine Bibliothek mit alten Jaina-Manuskripten.

Die unverfälschte Kunst der berühmten *silavats*, der Steinmetze von Jaisalmer, kann man in der Altstadt, in der Nähe von Manek Chowk, bewundern. Diese Kunst hatte im 18. und 19. Jh. ihren Höhepunkt erreicht und findet besonderen Ausdruck in den filigranen Fassaden der *havelis*, den einstigen Herrenhäusern reicher Kaufleute.

Patwon ki Haveli gehörte einem Brokathändler, der von Afghanistan bis China wegen seiner Waren berühmt war. Es besteht aus fünf Einheiten, wurde 1800 begonnen und erst nach 50 Jahren fertiggestellt. **Nathmalji ki Haveli** gehörte dem Premierminister des Staates. Es stammt aus dem späten 19. Jh., an seiner Außenwand ist sogar eine Eisenbahn abgebildet. **Salim Singh Haveli** mit seinem auffälligen Obergeschoß wurde im 18. Jh. errichtet. Diese *havelis* stellen einzigartige architektonische Kostbarkeiten dar.

Gadi-Sar, am Rand der Festung, wurde als künstlicher See für die Wasserversorgung angelegt. Vom **Sunset Point**, nahe dem Touristen-Bungalow, hat man besonders morgens einen wunderschönen Blick auf die ,,goldene" Zitadelle.

Von Jaisalmer aus lassen sich einige interessante Ausflüge unternehmen – sei es **Bara Bagh** mit seinen königlichen Grabmälern oder die ehemalige Hauptstadt **Lodurva** mit dem ornamentenreichen Jaina-Tempel, in dem noch heute Betstunden abgehalten werden.

In **Akaal** (18 km) gibt es einen Fossilienpark, der davon zeugt, daß diese Gegend vor 180 Millionen Jahren üppig bewaldet war. Am interessantesten ist wohl ein Besuch in **Sam**, 40 km südwestlich von Jaisalmer und zugleich die Grenze für Ausländer. Bei Sam sieht man die Sanddünen und die karge Schönheit der Wüste, abends ist hier jedoch viel Betrieb. Jeden Februar wird in Jaisalmer ein Wüstenfest abgehalten. Die Gegend um Jaisalmer ist auch wegen der faszinierenden Musik der Manganiyars bekannt. Einige Dörfer kann man im Rahmen der Kamelsafaris besuchen, die die Hotels in Jaisalmer organisieren.

Oben: Balkon in einem haveli in Jaisalmer.
Rechts: Reges Treiben auf dem Kamelmarkt.

INFO: RAJASTHAN

JAIPUR (0141)
Unterkunft
LUXUS: **Rambagh Palace**, Bhawani Singh Rd., Tel: 381919. **Clarks Amer**, J. N. Marg, Tel: 550616. **Jai Mahal Palace**, Jacob Rd., Civil Lines, Tel: 371616. **Welcome Rajputana Palace Sheraton**, Palace Rd., Tel: 360011. *MITTEL:* **Mansingh**, Sansar Chand Rd., Tel: 378771.. **Meru Palace**, Ram Singh Rd., Jaipal, Tel: 371111. **Khasa Kothi**, M.I. Road, Tel: 375151. **Hotel Bissau Palace**, Chandpol Tel.: 304371. **Palast Hotel Samode House**, Samode (45 km), Landschlößchen außerhalb Jaipurs; buchen in Jaipur, Tel: 47068. *EINFACH:* **Broadway**, Agra Rd., Tel: 41765.. **Khatri Palace**, Chandpol Gate, Tel: 69183. **Mangal**, Sansar Chandra Rd., Tel: 75126. **Narain Niwas Palace**, Kanota Beach, Narain Singh Rd., Tel: 561291. **Arya Niwas**, Sansar Chandra Rd., Tel: 372456.

Museen / Kunstgalerien
City Palace Museum, im Tripoli Gate, Tel: 48146, 49035, 9.30-16.45 Uhr; fünf Tage Betriebsferien laut Aushang. **SRC Museum of Indology**. Nilambara Prachya Vidya Path, 24 Gangwal Park, Tel: 48948, 10.00-17.00 Uhr. **Central Museum**, Ram Niwas Garden, 10.00-17.00 Uhr, Fr geschl.

Restaurants
INDISCH: **Handi,** Maya Mansions, M. I. Rd. **Niros**, M. I. Rd. **Natraj**, M. I. Rd.
INTERNATIONAL: **Copper Chimney**, M. I. Rd, Tel: 72275. **Rainbow**, MI Road.

Touristen-Information
Gov. of Rajasthan Tourist Office im Bahnhof, Tel: 69714. **Gov. of India Tourist Office**, State Hotel, Khasa Kothi, Tel: 72200. Schalter am Sanganer Flughafen (16 km; Tel: 82222). **Rajasthan Tourism Development Corp.**, Kalyan Path, Tel: 72345. **Dep. of Tourism**, 100 J. L. N. Marg, Tel: 562857. Informationsbüro am Central Busstand.

Einkaufen
M. I. Road, Nehru Bazar, Chaura Rasta und Johari, Tripolia und Bapu Bazars. **Rajasthan Arts and Crafts** nahe des City Palace und **Anokhi**, 2 Yuddistra Marg (schöne Baumwollkleidung).

Feste
Gangaur (März/April). Die Göttin Gauri wird zuhause und mit einer großen Prozession in der Stadt verehrt. Das *Elefanten-Fest* (März/April) wird, wie der Name schon sagt, zu Ehren des elefantenköpfigen Gottes Ganesha gefeiert. Am *Teej* (3. Tag des Mondmonats im Juli/August) verehrt man Parvati und dankt für eine gute Ehe.
Folgende überregionale Feste und Märkte in Rajasthan sind lohnend: Der große *Kamelmarkt* von Pushkar (Oktober/November) und der *Merta-Nagaur-Jahrmarkt* (Viehmarkt); der *Baneshwar-Markt* (Februar) und der *Ramdeoji-Markt* (August/September in Pokhran bei Jaisalmer), sowie das *Wüstenfest* in Jaisalmer (Februar/März).

Anreise / Verkehrsmittel
Verbindungen nach Delhi, Bombay, Agra, Aurangabad, Ahmedabad, Bikaner, Jodhpur, Udaipur und Jaisalmer. Es gibt gute Eisenbahnverbindungen ins übrige Indien. Von Delhi erreicht man Jaipur mit dem Pink City Expreß in ca. 6 Stunden. 6mal pro Woche Kurswagen bis Udaipur.

JAISALMER (02992)
Unterkunft
MITTEL: **Narayan Nivas Palace**, Tel: 52753. **Moomal Tourist Bungalow**, Tel: 52392. **Jawahar Niwas Palace**, Tel: 2208. **Jaisal Castle**, Fort, Tel: 52362. **Hotel Gorbandh,** Sam Road, Tel: 53111. **Himmatgarh Palace**, 1 Ramgarh Rd., Tel: 523963. **Heritage Inn**, 43 Sam Rd., Tel: 52769.

BIKANER (0151)
Unterkunft
MITTEL: **Hotel Lallgarh Palace**, Tel: 61963: **Bhanwar Nivas**, Tel: 61880. sehr schönes Haveli. *EINFACH:* **RTDC's Dhola-Maru-Tourist Bungalow**, Poonam Singh Circle, Tel: 28621; **Joshi Hotel**, Station Road, Tel: 527700.

Feste
Gangaur (März/April). Man versammelt sich am Junagarh Fort und in der Altstadt beim Kote Gate. Der jährliche Markt (Nov.) in Kolayat (an der Straße Bikaner-Jaisalmer).

Museen
Ganga Golden Jubilee Museum. Öffnungszeiten: 10.00-17.00 Uhr, freitags geschlossen. **Sri Sadul Museum**, Lallgarh Palace.

Einkaufen
Einkaufsgegenden: Kote Gate, Mahatma Gandhi Road (im modernen Markt).

Touristen-Information
Tourist Information Bureau, Junagarh Fort, Tel: 27445. **RTDC**, im Dhola-Maru Tourist Bungalow, Tel: 5002.

UDAIPUR (0294)
Unterkunft
LUXUS: **Shivniwas Palace**, City Palace, Tel: 528016-19. **Lake Palace**, Tel: 527961-73. **Laxmi Villas Palace**, Fatehsagar Rd., Tel: 529711. *MITTEL:* **Anand Bhawan**, Fatehsagar Rd., Tel: 523256. **Lakend**, Fatehsagar Lake, Tel: 23841. **Shikarbadi**, Govardhan Vilas, Tel: 583201. **Hilltop Palace**, 5 Ambavgarh, Fatehsagar Rd., Tel: 28708-09. *EINFACH:* **Jagat Niwas**, 25 Lalghat, Tel: 23891. **Hotel Badi Haveli**, Gangaur Ghat Rd., Tel: 412588

Feste
Frühlingsfest *Gangaur* mit großer Versammlung an den *ghats*; *Hariyali Amavasya* (Juli/Aug.), Markt an den Ufern des Fatesaghar-Flusses; Markt in Ama-

INFO: RAJASTHAN

rakji, am *Raksha Bandhan-Tag* (Aug.), 15 km entfernt. *Dev Jhoolni* oder *Ekadashi Markt* (Sept.); *Rishabdeoji Markt* (Jan.-Feb.) bei dem nach diesem Heiligen der Jain-Sekte benannten Altar; *Sivaratri* in Eklingji zu Ehren von Shiva (März); *Navaratri*, großes Fest für die Göttin Durga mit vielen Veranstaltungen (Sept.); *Pratap Jayanti*, Ehrentag für Maharana Pratap Singh, den tapfersten Kriegerkönig Mewars.

Museen
City Palace Museum, 9.30-16.30 Uhr. **Bharatiya Lok Kala Museum**, NN Acharya Marg, Tel: 25296, 9.00-18.00 Uhr. **Ahar Museum**, Tel: 26104, 10.00-17.00 Uhr, Fr. geschl.; **Bagore Haveli Museum** am Gangaur Ghat, wunderschön restaurierter Stadtpalast.

Restaurants
Kajri, Tel: 29509. Restaurant im **Lake Pichola Hotel**. **Berry's**, Tel: 25132. **Kwality**, Tel: 25107. Veg. Thalis im **Garden Hotel**.

Einkaufen
Markt von der Palace Road zum Clock Tower, Bapu Bazaar, Bara Bazaar, Sindhi Bazaar, Hathi Pole.

Touristen-Information
Touristen-Informationsbüro, Kajri Tourist Bungalow, Tel: 29535. Am Bahnhof (Tel: 23471) und Dabok-Flughafen (24 km, Tel: 28011).

JODHPUR (0291)
Unterkunft
LUXUS: **Welcomgroup Umaid Bhawan Palace**, Tel: 33316. *MITTEL:***Ajit Bhawan**, Nähe Circuit House, Tel: 37410, ausgezeichnetes Restaurant. **Karni Bhawan**, Palace Rd., Ratananda, Tel: 32220, gutes Rajasthani-Restaurant. *EINFACH:* **Ghoomar Tourist Bungalow**, High Court Road, Tel: 21900. **Govind**, Station Rd., Tel: 22758, gutes Dachrestaurant. **Shanti Bhawan**, Nähe Railway Station, Tel: 21689, mit vegetar. Restaurant. **Youth Hostel**, Circuit House Rd., Tel: 20150.

Feste
Besondere Feste sind: das Marwar-Fest (eine organisierte Veranstaltung); der Viehmarkt in Nagaur(135 km) und Navsati-Markt in Banganga (bei Bhilara, 78 km), *Shitlamata* (am Stadtrand von Kage, im April) und *Kesariya Kanwarji* (in Umaid Nagar, 42 km).

Museen
Government Museum, Tel: 25753, 10.00-16.30 Uhr, Fr und an gesetzl. Feiertagen geschl. **Umaid Museum**, Umaid Bhawan, 9.00-17.00 Uhr. **Old Fort Museum**, 8.00-18.00 (Sommer); 9.00-17.00 Uhr (im Winter).

Restaurants
On the Rocks beim Hotel Ajit Bhavan. **Kabab Koner**, beim Umaid Bhavan. **Kashmiri**, Nähe Anand Cinema, scharfe indische Küche. **Pankaj** und **Shundar**, im Jalori Gate, vegetarisch.

Einkaufen
In der Nähe von Umaid Bhawan gibt es zahlreiche Antiquitätenshops. Einkaufsgegenden: Sojati Gate, Station Road, Sardar Market, Kandha Falsa, sowie die Tripolia, Mochi und Lakhara Basare.

Anreise / Verkehrsmittel
Ratanada Flughafen, 5 km außerhalb der Stadt.
Unterkunft in:
ALWAR (0144)
Alankar Hotel, Tel: 20027; **Ashoka Hotel**, Tel: 21780; **Tourist Hotel**, Tel: 22727 und **Alwar Guest House** Tel: 20012, Manu Marg. **Silisehr Palace Hotel**, (20 km) Tel: 2299.

SHEKHAVATI (01592)
Castle Mandawa, Mandawa, Tel: 524. **Desert Resort Mandawa**, buchen über Castle oder Tel: 23151. **Dundlod Fort**, Dundlod, Tel: (015945) 90 (Reservierung: Dundlod House, Jaipur, Tel: 66276). **Roop Nivas Palace**, Nawalgadh, Tel.: (01594) 22008.

AJMER (0145)
Mansingh Palace, Vaishali Nagar, Tel: 54702. **Khadim Tourist Bungalow**, Savitri Girls College Road, Tel: 52490. **Bikaner Hotel**, Prithviraj Marg, Tel: 20580. **Anand**, Jaipur Road, Tel: 23099.
IN PUSHKAR (0145): RTDC's **Sarovar Tourist Village**, Tel: 72090, einfache Unterkünfte. **Peacock Holiday Resort**, Tel: 72093.

MT. ABU (02974)
MITTEL: **Hotel Hillock**, Tel: 3277. **Palace**, Delwara Rd., Tel: 3121. *EINFACH:* **Connaught House**, Rajendra Marg, Tel: 3360. **Samrat International**, Nähe Bushaltestelle, Tel: 3173. **Mount Hotel**, Dilwara Rd., Tel: 3150. **Savera Palace**, Sunset Rd., Tel: 3354.

BUNDI (0747)
Circuit House, Tel: 2697. **Haveli Braj Bushanjee**, Tel: 32322. **Rothi Ishvari Niwas**, Tel: 2541.

BHARATPUR (05644)
Bharatpur Forest Lodge, Tel: 22760; RTDC's **Saras Tourist Bungalow**, Agra Road, Tel: 23700. **Spoonbill**, Tel: 23571. **Golbagh Palace Hotel**, Tel: 3349.

CHITTORGARH (01472)
Padmini, Chanderiya Rd., Tel: 41718. **Panna Tourist Bungalow**, Tel: 41238. **Natraj Tourist Hotel**, Tel: 41009. **Bijaipur Castle**, 30 km südl. v. Chittor, Tel: 40099.

KOTA (0744)
Brij Raj Bhawan Palace Hotel, Tel: 450529. RTDC's **Chambal Tourist Bungalow**, Tel: 26527.

RANTHAMBHORE (07462)
RTDC's **Castle Jhoomar Baori Tourist Bungalow**, Sawai Madhopur, Tel: 20495. **Anurag Resort**, Ranthambore Rd. Tel: 20451. **Ankur Resort**, Ranthambhore Road.

GUJARAT / AHMADABAD

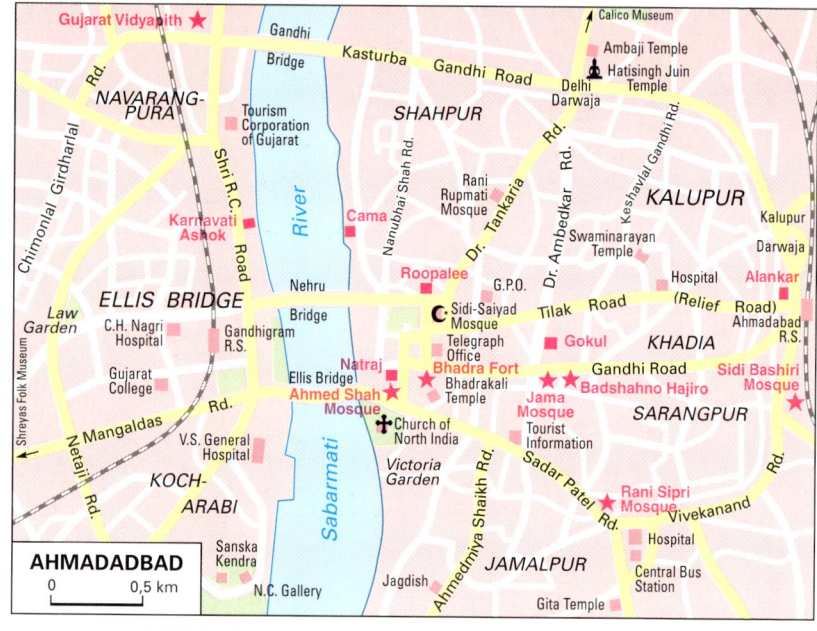

GUJARAT

Gujarat (196 000 qkm) wird im Norden von der Wüste, im Osten von Wäldern, im Süden von den Satpura-Bergen umgeben und grenzt im Westen entlang einer 1600 Kilometer langen Küste an das Arabische Meer. Der Staat läßt sich grob in drei Teile gliedern: Kutch, die wasserarme Halbinsel Saurashtra und die fruchtbare Gujarat-Ebene mit ihren Großstädten und Flüssen, die den Anbau von Erdnüssen, Baumwolle und Bananen ermöglichen.

Der Name Gujarat geht zurück auf den im 1. Jh. n. Chr. nach Indien eingewanderten Volk der Gujara. Saurashtra, das sich der britischen Herrschaft nie unterworfen hat, bedeutet ,,die gute Nation" und ist durch die Gemeinschaft der Kathi auch als Kathiawad bekannt. **Kutch** (Kachchha ausgesprochen) leitet sich von dem Sanskrit-Wort *kachchapa*, ,,Schildkröte" ab, da die Halbinsel die Form dieses Tieres hat. Während des Monsuns, wenn die Salzsümpfe des Rann meerüberflutet sind, ist Kutch vom Festland abgeschnitten.

Ahmadabad

Gujarat wird leider von Touristen häufig links liegengelassen; dabei ist es eine lebensprühende Region mit einer ethnischen Vielfalt, die sich besonders in seiner Handwerkskunst ausdrückt. Gujarat steht gleichbedeutend für Unternehmungsgeist – sei es im Geschäftsleben, bei Genossenschaftsunternehmen oder freien Organisationen. Die Kultur von Gujarat entwickelte sich unter verschiedenen Einflüssen; dazu gehörte sowohl seine Lage am Meer wie auch die enge Verwobenheit mit der Geschichte des übrigen Indien.

Gandhinagar, als Verwaltungssitz konzipiert und 26 km von Ahmadabad entfernt, ist zwar die Hauptstadt Gujarats. In **Ahmadabad** jedoch vereinen sich alle Eigenarten von Gujarat. Die Altstadt und der moderne Teil sind über die Sabarmati hinweg, die die Stadt durchfließt, miteinander verbunden. Die Stadt wurde 1411 von dem Sultan Ahmed Shah gegründet und besitzt einige der interessantesten Beispiele indo-islamischer Architektur.

Ahmed Shah erbaute 1423 die **Jami-Moschee**, eine der schönsten Moscheen Indiens. Berühmt waren vor allem ihre schwankenden Minarette gewesen, die 1818 bei einem Erdbeben einstürzten. Zwei schwankende Minarette an der **Sidi-Bashir-Moschee** und ein weiteres an der **Rajpur-Bibi-Moschee** stehen noch heute. Die 1572 von einem Abessinier erbaute **Sidi-Saiyed-Moschee** ist wegen ihres kunstvollen steinernen Maßwerks berühmt. Sie steht in der Relief Road, einer der belebtesten Straßen der Stadt. Weitere sehenswerte Moscheen sind die **Rani-Rupmati**- und die **Rani-Sipri-Moschee**.

Ihr Grundsatz der Gewaltfreiheit hielt die Jainas davon ab, Kriege zu führen und Ackerbau zu betreiben. Der Handel war war entwicklungsfähige Alternative; die Jainas trugen dabei mit ihrem Erfolg erheblich zum Reichtum Gujarats bei. Ahmadabad besitzt mehrere Jain-Tempel. Von besonderem Interesse ist der **Seth-Hathisingh-Jain-Tempel**. Er wurde 1848 aus Marmor erbaut und ist mit kunstvollen Steinmetzarbeiten verziert. Im Inneren befindet sich eine Figur des 15. *Tirthankar*, Dharmanath.

Neben den Baudenkmälern und Tempeln sind die labyrinthischen Straßen der Altstadt von *havelis*, traditionellen Wohnhäusern mit kunstvoll geschnitzten Holzfassaden, gesäumt; die schönsten findet man rund um **Doshiwadani-Pol**.

Neben traditioneller Kunst kann sich Ahmadabad auch hervorragender moderner Architektur rühmen. Als vorbildliche Beispiele seien das **National Institute of Design** und das **Indian Institute of Management** genannt.

Erinnerungen an Gandhi

Am Ufer des Flusses Sabarmati liegt der **Gandhi Ashram**, der geprägt ist von Schlichtheit und Würde. Als Gandhi 1915 aus Südafrika nach Indien zurückkehrte, richtete er seinen Ashram bei Kocherab, außerhalb von Ahmadabad, ein. Aufgrund einer Epidemie in Kocherab verlegte er ihn an seinen heutigen Standort. *Hridayakunj* ist die Hütte, die sich Gandhi in seinem Ashram selbst baute. Er lebte hier von 1918 bis 1930 als Führer des indischen Freiheitskampfes. 1930 ging er nach Dandi zum berühmten *Salt Satyagraha* und schwor, erst dann zurückzukehren, wenn Indien die Freiheit erlangt hätte. Ein Teil seiner persönlichen Habe, darunter ein Spinnrad, befinden sich in Hridayakunj. Der Ashram besitzt eine Bibliothek, ein schönes Museum und eine Licht- und Ton-Schau in Gujarati, Hindi und Englisch.

Die heutige **Gujarat-Vidyapeeth-Universität** wurde im Jahr 1929 von Gandhi eingerichtet, und hier arbeitet auch die **Navjivan Press**, ein Verlag, der auf das Werk Gandhis spezialisiert ist. Aus der einst einsamen Gegend ist heute das moderne Handelszentrum **Ashram Road** geworden. **Manek Chowk** befindet sich inmitten des alten Basars, wo man Kunsthandwerk von Gujarat im Überfluß vorfindet: gewebte, handbedruckte oder bestickte Stoffe, Silberschmuck und die bei Kennern wohlbekannten Antiquitätenläden. Interessant ist auch der sonntägliche Straßenbasar unterhalb der **Ellis Bridge**.

Museen

Glücklicherweise sind die herausragenden Produkte von Kunst und Handwerk Gujarats in mehreren Museen in Ahmadabad erhalten geblieben. Ein Besuch im **Calico Museum** (Shahibag) und im **Shreyas Folk Art Museum** (Abavadi) ist ein absolutes Muß. Ersteres besitzt seltene Gewebe aus dem 17. Jh. sowie eine Vielzahl an herrlichen Stoffen, Kleidern, Brokaten und Stickereien. Wunderschön ist auch das benachbarte

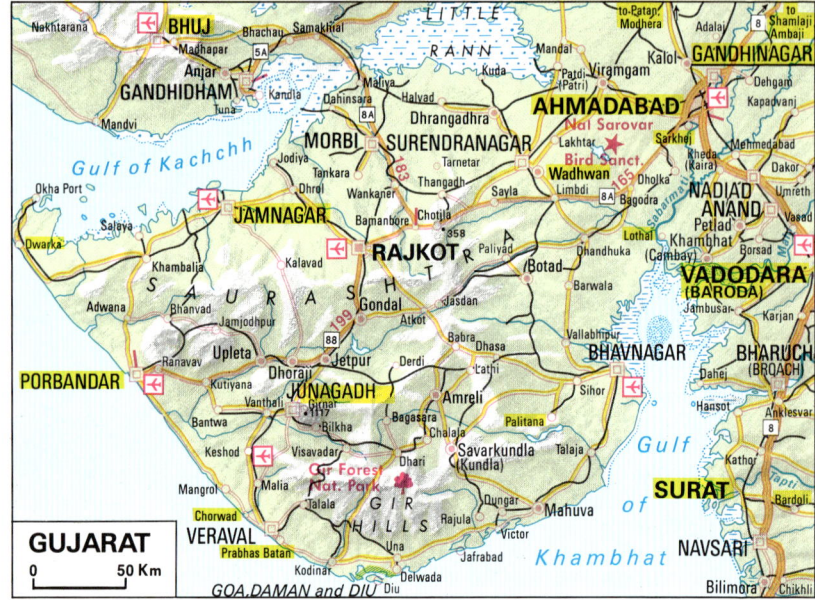

Pichchwai-Museum mit Wandbehängen, die aus Tempeln stammen.

Ahmadabad war früher als „das Manchester Indiens" bekannt. Seit dem 17. Jh. exportiert es Seiden- und Baumwolltextilien, wie Satin, Voile und Brokat. Die erste Spinnerei wurde 1859 eingerichtet, und noch heute stammen 25 Prozent aller indischen Textilwaren aus Ahmadabad.

Die Sammlung im **Shreyas Folk Art Museum** beweist die Kreativität der Künstler in Gujarat. Mit ihrem angeborenen Sinn für Form, Farbe und Gestaltung verwandelten sie selbst einfachste Gebrauchsgegenstände noch in Kunstwerke. Manche dieser Holz- und Metallarbeiten erinnern an modernes Design. Auch die Frauen spielen durch die Herstellung ihrer filigranen und farbenfrohen Stickereien eine bedeutende Rolle in der Handwerkskunst Gujarats. Das **Tribal Museum** an der Ashram Road bietet einen Einblick in die vielfältigen ethnischen Lebensformen. Eine faszinierende Sammlung traditioneller Metallarbeiten ist im **Vechaar-Museum** ausgestellt, nur 15 Fahrminuten außerhalb der Stadt. Zu sehen gibt es dort unter anderem metallene Töpfe und Wasserkrüge, Nußknacker, Schlösser und Aussteuertruhen. Im gleichen Komplex befindet sich das **Vishalla Restaurant** mit vegetarischer Gujarati-Küche in rustikaler Atmosphäre, die noch durch traditionelle Musik und Marionettenspiele belebt wird. Eine kostbare Sammlung indischer Miniaturmalerei ist im **Sanskar Kendra** zu sehen.

Ausflüge

Einzigartig in Gujarat sind seine Stufenbrunnen, die *vaava*. Das Hauptmotiv für den Bau dieser komplexen, vom König, Adligen oder Kaufleuten gestifteten Anlagen aus Treppen und Absätzen, die in ein Wasserreservoir führen, war die Wasserversorgung der Bevölkerung. Diese Stufenbrunnen, zum Teil zwei oder

Rechts: Beim Einkaufen in einem Krämerladen in Gujarat.

drei Stockwerke tief, haben wunderschön gemeißelte Säulen und Balken. Aus dem 16. Jh. stammt der **Dada Harini Vaava** bei Sarkhej (18 km) an der Verbindungsstraße zwischen Ahmadabad und Saurashtra. In **Sarkhej** befindet sich das Grabmal **Sarkhej Roja** von Mahmud Shah Begra (15. Jh.).

Adalaj Vaava (17 km), 1499 von Königin Rudabai erbaut, ist ein fünfstöckiger Bau mit Steinsäulen und Bogengängen, in die dekorative Motive und filigrane Muster eingemeißelt sind. Den **Kankaria-See** legte 1451 Sultan Qutbuddin an. In seiner Mitte liegt ein kleiner Sommerpalast mit Garten, der angeblich von Kaiser Jehangir bewohnt wurde.

Ungefähr 65 Kilometer von Ahmadabad entfernt gibt es am **Nalasarovar-See** ein Vogelschutzgebiet. Zugvögel wie der rosa Pelikan, Flamingo und Storch kommen zwischen November und Februar hierher in dieses Feuchtbiotop.

In **Lothal**, 90 km von Ahmadabad entfernt, wurden Reste einer Hafenstadt ausgegraben, die bis ins 2. Jahrtausend v. Chr. zurückdatiert werden kann. Die Stadt gehörte früher zum Kulturkreis des Indus-Tals; später trieb Gujarat von hier aus Handel mit ganz Westasien.

Bei **Modhera** im Norden Gujarats (106 km von Ahmadabad) liegt ein berühmter Sonnentempel, der 1026 n. Chr. von König Bhimadev I. errichtet wurde. Dieser Herrscher ließ auch den Stufenbrunnen **Ranaki Vaava** mit seinen kunstvollen Steinmetzarbeiten erbauen. Bei der Tagundnachtgleiche treffen die ersten Sonnenstrahlen auf das Bildnis des Sonnengottes im Allerheiligsten.

Patan ist für den **Rudramala-Tempel** und seine in der Ikat-Technik handgefärbten und handgewebten *patola*-Stoffe berühmt. Den nahegelegenen **Sahasralinga-See** umgeben 1000 Shiva-Tempel, die vom Rajputen-König Siddharaj Jaisingh im 13. Jh.erbaut wurden. Weitere Pilgerorte mit kunstvollen Tempeln sind **Shamlaji** und **Ambaji**.

Vadodara und Surat

Vadodara (Baroda) ist eine Stadt des einstmals von den Gaekwad-Rajputen regierten Fürstentums. Die Paläste **Nazarbag**, **Makarpura**, **Pratap Vilas**, **Laxmi Vilas** und **Bhadra** sind wegen ihrer Kunst- und Antiquitätensammlungen einen Besuch wert. **Kirti Mandir** bewahrt das Gedenken an bedeutende Persönlichkeiten der Gaekwad-Familie. Ebenfalls interessant sind das **Vadodara-Museum**, das **Planetarium** und der **Surasagar-See**. Der Name dieser Stadt ist außerdem eng mit ihrer berühmten **Akademie der Schönen Künste** verbunden.

Surat, ein Hafen am Tapti-Fluß, war früher Heimatort portugiesischer, holländischer, französischer und britischer Kolonisten. Zudem war es im 15. bis 17. Jh. ein für die Pilgerfahrt nach Mekka wichtiger Hafen. Es besitzt eine Festung und Friedhöfe aus dem 16. Jahrhundert. Neben moderner Industrie ist Surat bis heute ein Zentrum traditioneller Textilherstellung, z.B. von Gold- und Silberbrokaten.

SURAT / SAURASHTRA

Die Stadt ist zudem ein belebter Mittelpunkt der Diamantenschleifer und auch bekannt für ihre Küche. Spezialitäten sind unter anderem *undhiyum* (gemischtes Gemüse, das in einem im Boden vergrabenen Tontopf gegart wird), *ponk* (grüne Gerstenkörner) und Konfekt wie *ghari* und *nankhatai*. Das in ganz Gujarat am 14. Januar begangene Drachenfest *Utaraana* wird in Surat besonders aufwendig gefeiert.

Bardoli im Bezirk Surat war einst ein bedeutendes Zentrum während des Freiheitskampfes Indiens und besitzt das **Sardar Vallabhbhai Patel Museum**. Nicht weit davon entfernt ist Dandi, bekannt durch Gandhis *Salt Satyagraha*. Der Wildschutzpark **Badripada Wildlife Sanctuary** und die Bergstation **Satpura** liegen mitten im Dang-Wald.

Oben: Tätowierte Stammesangehörige auf dem Tarnetar-Fest in Gujarat. Rechts: Der Surya, ein dem Sonnengott geweihter Tempel aus dem 11. Jahrhundert in Modhera.

Saurashtra

Auf der Strecke von Ahmadabad nach Saurashtra liegt **Tarnetar**. Im August und September erlebt der dortige Shiva-Tempel ein farbenfrohes dreitägiges Fest. Die Menschen tanzen und singen dann ausgelassen zu rythmischer Begleitung auf traditionellen Instrumenten. Das Fest bietet eine einmalige Gelegenheit, die Farbenfreude und den Reichtum des ländlichen Gujarat zu genießen.

Palitana am Fuße des Shatrunjay besitzt 863 herrliche Jaina-Tempel, die im Zeitraum von 900 Jahren gebaut wurden; der älteste kann bis ins 11. Jh zurückdatiert werden.

Der **Tempel des Adishvarnath**, des ersten Jaina *Tirthankar*, wird als der bedeutendste in dieser ohnehin schon spektakulären Tempelstadt angesehen. Die Tempelanlagen sind aus kunstvoll gehauenem Marmor erbaut. Kein menschliches Wesen darf über Nacht auf dem Berg bleiben. Sogar die Priester müssen bei Sonnenuntergang den 602 Meter ho-

hen Berg verlassen, denn die Nacht gehört allein den Göttern.

Bei **Prabhas Patan** befindet sich einer der zwölf bedeutendsten Shiva-Tempel Indiens, **Somnath**, der angeblich siebenmal zerstört und wieder aufgebaut wurde. Unweit davon liegt **Bhalka Tirth**, wo Krishna vom Pfeil eines Jägers getötet wurde. **Chorwad** ist ein ruhiger Badeort. **Porbandar**, der Geburtsort von Mahatma Gandhi, gilt für viele Menschen als Pilgerort. Es ist ein alter Hafen, von dem aus Indien Handel mit Arabien, Afrika und Persien trieb. Gandhi wurde hier 1869 in einem Haus mit dem heutigen Namen **Kirti Mandir** geboren. Es enthält persönliche Utensilien und Fotografien von Gandhi, eine Bibliothek und einen Raum mit Spinnrädern.

Nach der Legende wurde die Stadt **Dwarka** von Krishna erbaut und fünfmal zerstört. Der kunstvoll bearbeitete **Dwarkadish-Tempel** ist Krishna geweiht und sein Haupteingang stellt das Tor zum Himmel dar. Krishnas Geburtstag im August wird alljährlich mit großer Begeisterung begangen. Dwarka war ehemals ein Hafen, und man fand auch Spuren einer versunkenen Stadt vor der Küste.

In **Wadhwan** kann man den Nachfahren der Steinmetze, die die Tempel bei Dwarka und Somnath erbauten, bei ihrer Arbeit zusehen. **Jamnagar** ist wegen seiner handgefärbten Stoffe und Wolltücher berühmt. Der **Lakhota-Palast** beherbergt heute ein Museum. Jamnagar besitzt auch ein 1933 erbautes **Solarium**.

Die Geschichte von Junagadh am Fuß des **Mt. Girnar** läßt sich bis in das Jahr 250 v. Chr., der Zeit Ashokas, zurückverfolgen. Heute ist der Ort eher wegen seiner Tempel, die bedeutende Pilgerstätten der Jaina sind, bekannt. Die 16 Marmortempel erreicht man nach einem Aufstieg über 10 000 Treppenstufen. Der älteste Tempel ist **Neminath**, dem 22. Jaina *Tirthankar*, geweiht.

Fast 54 Kilometer von Junagadh entfernt liegen die Wälder des **Sasan Gir**, von denen über 1295 Quadratkilometer als Schutzgebiet ausgewiesen sind. Es ist der einzige Ort in Indien, wo Löwen in

KUTCH

ihrer natürlichen Umgebung beobachtet werden können. Hier leben auch Wildschweine, Tüpfel- und Bellhirsche, Antilopen, Hyänen, viele Schakale und eine bunte Vielfalt von Vogelarten.

Kutch (Kachchh)

Kutch hat keine touristische Infrastruktur, aber eine Vielzahl von Dorfgemeinschaften, deren halbnomadische Lebensweise als Viehhirten sich seit Jahrhunderten erhalten hat. Die Menschen tragen reich verzierte, farbenfrohe Kleider, und vor allem die Frauen sind mit Schmuck regelrecht beladen. Die Wände ihrer Lehmhäuser sind mit eingeritzten Mustern und winzigen Spiegeln verziert. Insbesondere im **Banni-Gebiet** existiert eine reiche handwerkliche Tradition.

Bhuj ist die Hauptstadt von Kutch. Der **Ayanamahal**, ein phantastischer Spiegelpalast, wurde 1865 erbaut. Das

Oben: Stammesangehörige der Bhil begehen das Holi-Fest in Gujarat.

Kutch-Museum zeigt die größte Sammlung indo-skythischer Schriften. Im nahen **Bhujodi** lebt eine Webergemeinschaft, die bunte Decken, *dhablas*, und wollene *durries* herstellen. Kutch ist auch wegen seiner Schutzgebiete für Flamingos und Wildesel berühmt.

Feste

Die kulturelle Vielfalt Gujarats tritt am deutlichsten bei Festen und Jahrmärkten zutage, wenn *Navaratri*, *Diwali* und *Bestun Varsh* gefeiert werden. *Navaratri* dauert neun Nächte und ist der Göttin Durga gewidmet. Man tanzt rhythmische Tänze zu andächtigen *garba*-Gesängen. Dieses Fest findet September/Oktober statt. Bei dem Lampenfest *Diwali* denken die Gujarati an ihre Geschäftsbücher, denn es ist der letzte Tag des hinduistischen Kalenders. Dabei werden Lakshmi, die Göttin des Wohlstands, und Sarasvati, die Göttin der Bildung, gnädig gestimmt. Dieses Fest wird im Oktober/November begangen.

INFO: GUJARAT

AHMADABAD (0572)
Unterkunft
MITTEL: **Royal Balwas Chand Suraj Estate**, Khanpur Rd., Tel: 5507135. **Cama**, Khanpur Rd. Tel: 5505281. *EINFACH:* **Rivera**, Khanpur Road, Tel: 324201. **Panshikura**, (neben Rathaus/Town Hall) Ellisbridge, Tel: 402960. **Ambassador**, Khanpur Rd. Tel: 5502490. **Karnavati**, Ashram Road, Tel: 402161. **Toran Guest House**, Tel: 7483742.

Museen / Kunstgalerien
Shreyas Folk Art Museum, 10.00-12.00 und 15.00-18.00 Uhr, Mi geschl., Tel: 68172; **Caloco Museum of Textiles**, Shahibag, Tel: 51001, 10.00-12.30 und 14.30-17.00 Uhr. **National Institute of Design Showrooms**, Paldi, Tel: 79693, 16.30-17.30 Uhr, am Wochenende geschlossen; **N.C. Gallery**, Sanskar Kendra, Paldi, Tel: 78369, 76507.

Restaurants
INTERNATIONAL: **Volga**, Ashram Road, Tel: 408533; **Neelam**, Lal Darwaza, Tel: 461445.
INDISCH: **Chetna Restaurant** (gute Thalis).

Touristen-Information
Tourist Office, H. K. House, Ashram Road, Tel: 449683; Regional: **Tourism Corporation of Gujarat**, Airlines House, Lal Darwaza, Tel: 390326, 10.30-17.30, So geschlossen.

VADODARA (0265)
Unterkunft
LUXUS: **Welcomgroup Vadodara**, R.C. Dutt Rd., Tel: 330033. *MITTEL:* **Express**, R.C. Dutt Rd., Tel.: 337001. **Surya**, Sayajiganj, Tel: 336500. **Utsav**, Prof. Mank Rao Road, Tel: 51686. *EINFACH:* **Aditi**, Sayajiganj, Tel: 327722. **Rama Inn**, Sayajiganj, Tel: 330131. **Surya Palace**, Sayajiganj, Tel: 329999.

Museen / Kunstgalerien
Maharaja Fatehsingh Museum, Laxmi Vilas Place Compound, Jawaharlal Nehru Marg, Tel: 56372, Di-So 10.30-17.30; **Museum & Picture Gallery**, Sayaji Bag, Tel: 67489, 9.00-17.00 Uhr, täglich außer an Feiertagen.

Touristen-Information
Tourist Office, Narmada Bhavan, India Rd., Tel: 427489.

Unterkunft in:
SURAT (0261)
LUXUS: **Rama Regency**, Athwa Lines, Tel: 666565. *EINFACH:* **Dhawalgiri Guest House**, Athwa Lines, Tel: 40040. **Palazzo**, Ring Rd, Tel: 623018. **Oasis**, Varacha Rd., Tel: 641124.

JAMNAGAR (0288)
President, Teen Batti, Tel: 70516. **Aram**, Pandit Nehru Marg, Tel: 78521-24.

CHORWAD (02876)
Palace Beach Resort, Tel: 88557.

JUNAGADH (0285)
Vailbhav, Nähe S.T. Stand, Tel: 21070/71; **Girnar** (Gujarat Tourism) Majwadi Darwaza, Tel: 21201, 21203.

GIR RESERVE
Sinh Sadan Forest Lodge, Tel: 775540 (hier auch Permits)

DWARKA/SOMNATH/VERAVAL (02876)
. **Meera**, Nähe Power House, Dwarka. **Somnath**, Prabhas Patan. **Guru Prerna**, nahe Bhadrakali Mandir, Tel: 385. **Toran Tourist Dormitory**, Nähe Vishranti Grah, Tel: 313; **Hotel Rajdhani**, Veraval, Tel: 23281. **Park Hotel**, Veraval, Tel: 22703.

PORBANDAR (0286)
Toran Tourist Bungalow, Chowpatty Beach Rd., Tel: 22745, 21476. Mehrere Strandvillen mit Blick auf das Arabische Meer.

PALITANA (02848)
TCGL Sumeru, Nähe Oberoi Naka, Tel: 2327, mehrere Gästehäuser, Lodges und *Dharamshalas*.

BHAVNAGAR (0278)
Welcomgroup Nilambag Palace, Tel: 424241; **Apollo**, geg. der Central Bus Station, Tel: 425249. **Blue Hill Hotel**, Tel: 26951-4.

BHUJ (02832)
Anam, Station Rd., Tel: 21390. **Prince**, Station Rd., Tel: 20832, (westlich orientiert).

KUTCH
Camp Zainabad Desert Courses, Via Dasada, Tel: 382751.

Feste
Beim *Makar Sankranti* (Jan.) läßt man mit Begeisterung Drachen steigen. Besonders festlich sieht Gujarat während des neun Tage dauernden *Navaratri-Festes* (Sept.-Okt.) zu Ehren der Göttin Durga aus. Eine Freude sind bei dieser Gelegenheit die *Garba-* und *Dandiya Ras-Tänze*. Gleich darauf folgt das *Dussehra-Fest*. Besonders farbenfroh sind die Jahrmärkte in Tarnetar (Aug.-Sept.), Dang Durbar (März), Dakor, Pavagadh und Madhavrai (März-April).

Anreise / Verkehrsmittel
Neun Orte in Gujarat, Ahmedabad, Bhavnagar, Bhuj, Jamnagar, Keshod, Porbandar, Rajkot, Surat und Vadodara unterhalten direkte Fluverbindungen nach Bombay. Western Railways verkehrt zwischen Ahmadabad und Bombay und regelmäßig zwischen Delhi und einigen Städten in Rajasthan. Ein Netz von Bundesstraßen und Autobahnen führt zu den Touristenorten.

Einkaufen
An erster Stelle stehen die Textilien. Handbedruckte, gefärbte und gebatikte Stoffe können sich mit Webarbeiten (aus Seide, Baumwolle und Gold) in Qualität und Design durchaus messen. Daneben existiert auch ein gutgehender Antiquitätenhandel.

MADHYA PRADESH

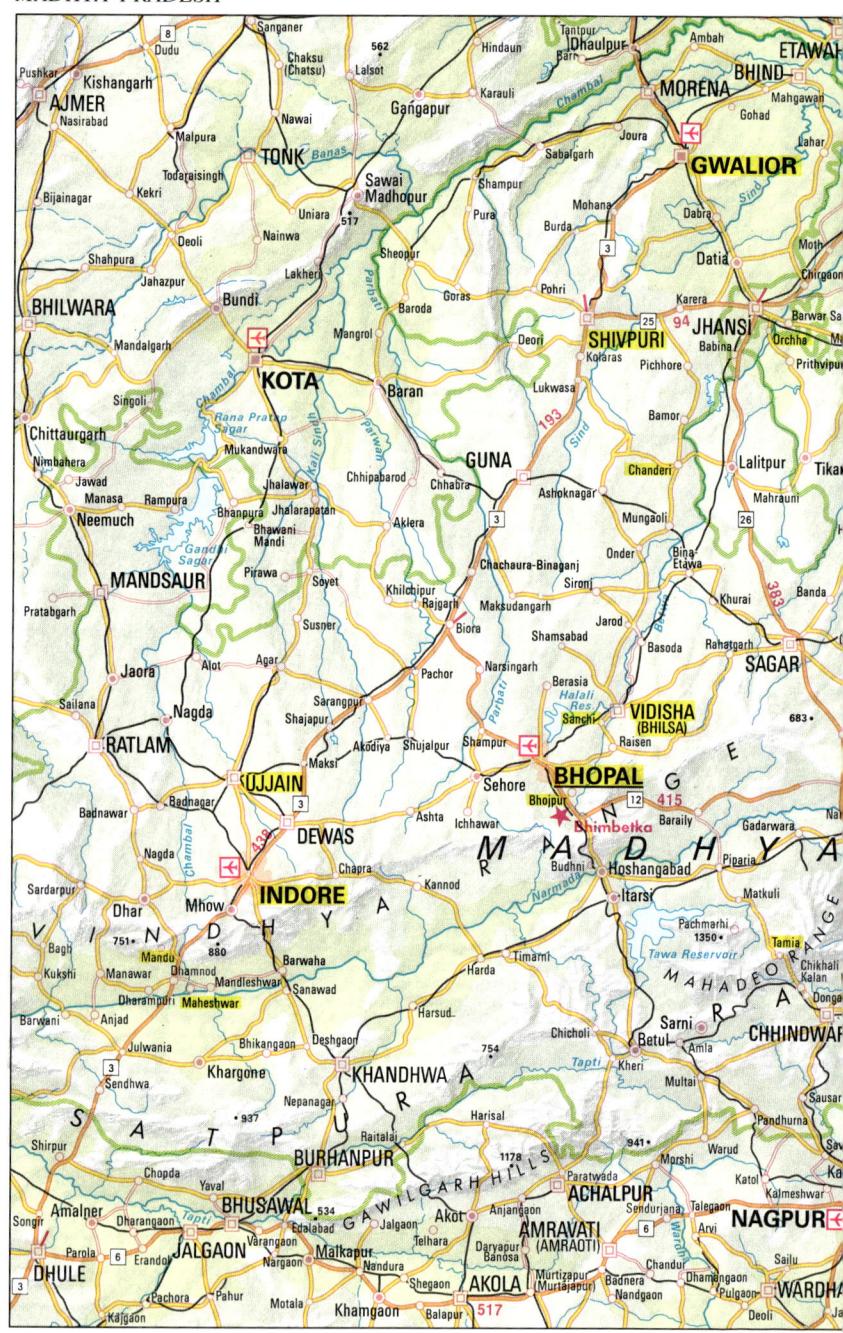

MADHYA PRADESH

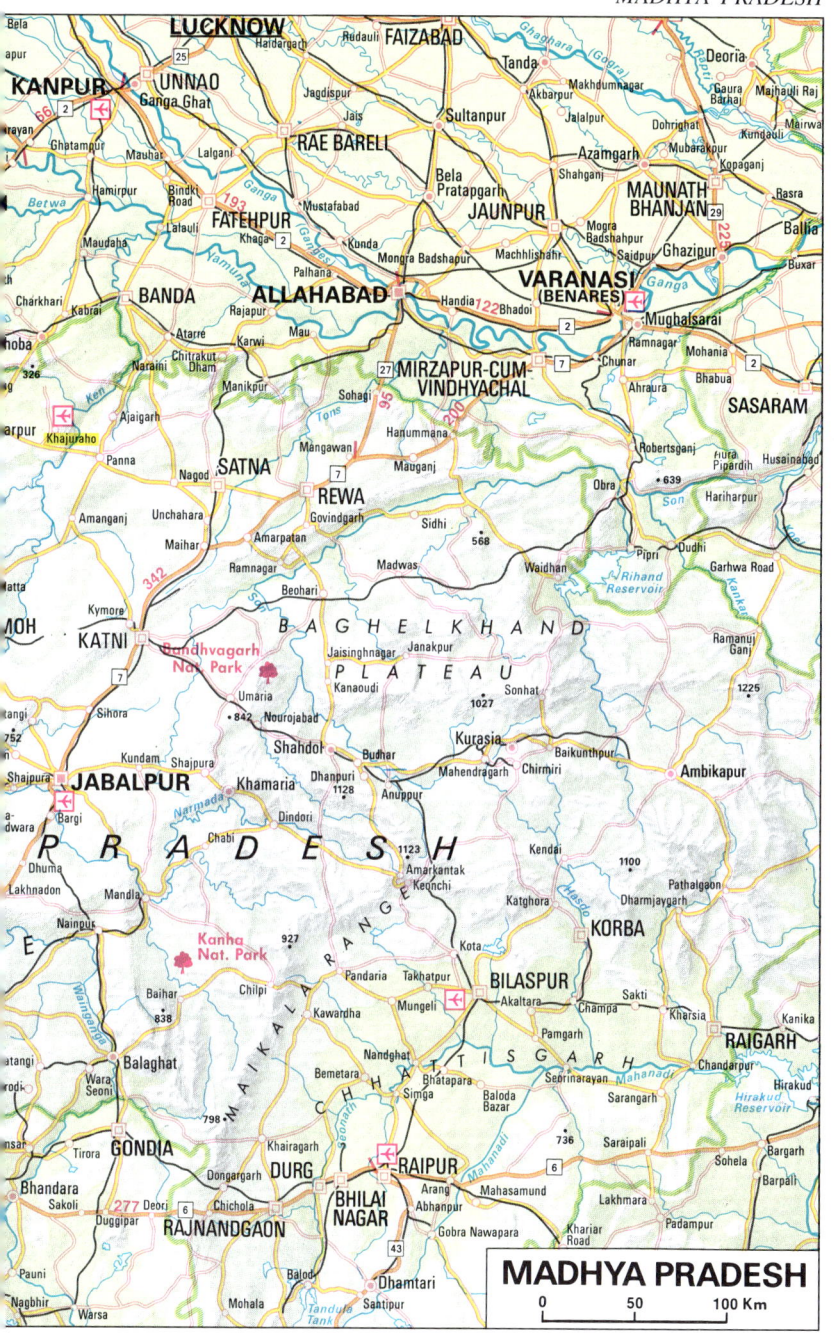

MADHYA PRADESH

Geographisch liegt Madhya Pradesh im Herzen Indiens. Hier sind auch die uralte Seele und der ewige Geist Indiens beheimatet. Ein Aufenthalt in Madhya Pradesh bedeutet deshalb, das wirkliche Indien zu erfahren – den unverfälschten Zauber der Wälder, die zurückhaltende Pracht der Baudenkmäler, den Überschwang der Menschen bei Festlichkeiten und den großen Frieden, den Einsamkeit und Stille mit sich bringen.

Madhya Pradesh ist der größte Staat Indiens und dehnt sich über 442841 Quadratkilometer aus. Hier erstreckt sich ein Drittel der gesamten Waldfläche Indiens und damit auch zahlreiche Naturparks und Schutzgebiete, darunter **Kanha** und **Bandhavgarh**, die als die schönsten Indiens gelten.

Neben den Wäldern gibt es noch die riesige Ebene, die Bergketten Vindhya und Satpura sowie die großen Flüsse Narmada, Tapti, Chambal, Sone, Betwa, Mahanadi und Indravati. Das Klima ist gemäßigt, und die Menschen sind warmherzig und sanft. Alle wichtigen Religionen Indiens – Hinduismus, Islam, Jainismus und Buddhismus – konnten sich hier ungehindert entfalten. Die unterschiedlichen Regionalkulturen verleihen den ausgedehnten Landstrichen noch mehr Vielfalt.

Da der Staat im Herzen Indiens liegt, führten sämtliche Handelsstraßen durch Madhya Pradesh. Der dadurch blühende Handel sowie der natürliche Reichtum des Bodens und der Flüsse brachten großen Wohlstand. Madhya Pradesh unterhielt zwar regen Kontakt zu allen Teilen Indiens, lag jedoch glücklicherweise südlich der Regionen, die ständigen Invasionen ausgesetzt waren. Der Umstand, daß das Land trotz seines Reichtums von Plünderungen verschont blieb, führte dazu, daß über 1000 Monumente und zahlreiche Altertumsschätze – von der Statue bis zur Stadt – erhalten sind, wo-

Oben: Steingewordene Drohgebärde – die Festung von Gwalior.

bei die Zeitspanne ihrer Entstehung vom Neolithikum bis zur Kolonialzeit reicht.

Gwalior

Gwalior ist das Tor nach Madhya Pradesh; seine Festung wacht groß und mächtig auf einem Hügel über die Stadt. Kaiser Babur bezeichnete sie einst als ,,die Perle unter den Festungen der Hindus". Die beiden Tempel **Sas Bahu Mandir** und **Teli Ka Mandir** im Inneren sind einen Besuch wert; wo man indes Stunden verbringen kann, ist der **Man Mandir-Palast** des Rajputenkönigs Man Singh Tomar aus dem 15. Jh. Besonders faszinierend sind das erstaunliche Beleuchtungs- und Kühlsystem, die kunstvollen blauen Kacheln, die unterirdischen Verliese, in denen Gefangene festgehalten wurden, sowie der riesige Feuerkessel, in den die Frauen des Palastes sprangen, wenn die Festung von Feinden eingenommen wurde. Unterhalb der Festung steht der **Gujari Mahal**, ein Palast, den Man Singh für seine Gemahlin Mrignayani erbaute und der heute als Museum mit der vermutlich schönsten Sammlung von mittelalterlichen Skulpturen Indiens dient. Unweit des Museums liegt das **Grabmal von Tansen**, einem der größten Sänger Indiens am Hof Akbars. Gwalior ist auch heute noch ein bedeutendes Zentrum klassischer indischer Musik.

Das Gwalior des 18. und 19. Jh. war die Hauptstadt der kriegerischen Scindia-Dynastie der Marathen, deren Soldaten das Land vom Westen Indiens bis nach Delhi eroberten. Der **Jay Vilas-Palast** wurde von den Scindia-Herrschern im 19. Jh. erbaut, – gerade rechtzeitig zum Besuch des Prince of Wales –, und weist italienische Stilmerkmale auf.

Shivpuri und Chanderi

Shivpuri wurde von den Scindia als Sommerresidenz genutzt und gilt mit seinem Wildschutzpark, dem See und seinen Palästen noch immer als idealer Erholungsort. Im Nationalpark, in dem heute mehrere Rotwildarten leben, schlugen einst die Maharajas und Kolonialherren zur Tigerjagd ihr Lager auf. Eine ungewöhnliche Zeremonie findet abends in den **Ehrenmälern** der Scindia statt: Musiker der Gwalior *gharana* (Musikschule) singen vor den Herrscherstatuen, die für diese Gelegenheit von rituell aufgeputzten Gefolgsmännern bekleidet werden. In Shivpuri ist die ehemals fürstliche Pracht noch deutlich spürbar.

Eine weitere Stadt mit mittelalterlichem Ambiente ist **Chanderi**, eine von Kopfsteinpflaster und typischem Baustil geprägte traditionelle Weberstadt, die in ganz Indien für ihre überaus fein gewebten Saris bekannt ist. Als Unterkunft bietet sich das **Rest House** an. Es wurde den Marathen auf einem Hügel erbaut und hat mehrere Veranden, von denen man, besonders in der Abend- oder Morgendämmerung, einen herrlichen Blick über die Stadt genießt.

In der Nähe, am Ufer der Betwa, liegt **Orchha**. Seine Tempel und Paläste aus dem 16. Jh. sind schöne Beispiele für die Architektur der Bundela-Rajputen. Der zu einem Hotel umgebaute **Jahangir Mahal-Palast** hat Terrassen und Fenster mit großartigem Ausblick auf die unterhalb liegende Stadt.

Bhopal

Bhopal, die Hauptstadt von Madhya Pradesh, ist 1984 durch einen schweren Unglücksfall in der Chemischen Industrie weltweit bekannt geworden. Giftgas strömte aus den Tanks von Union Carbide und tötete nach offiziellen Angaben 4000 Menschen.

Bhopals Moscheen, vor allem die **Tajul Masajid**, das **Staatliche Archäologische Museum** und **Bharat Bhawan** sind einen Besuch wert. Der moderne Bau am Ufer eines großen Sees ist mit Kunstgalerie, Repertoiretheater, Kunstwerkstatt,

Hörsälen, Bibliotheken, Schulen für klassische und traditionelle Musik ausgestattet und besitzt die größte Sammlung an Volkskunst in der ganzen Welt.

In **Bhojpur**, rund 30 Minuten Fahrzeit von Bhopal entfernt, steht der großartige **Shiva-Tempel**, den der Rajputenkönig Raja Bhoj (1010-1053), ein Krieger, Gelehrter und Förderer der Künste, erbaut hat. Beim Betreten des Tempels trifft man auf das riesenhafte *lingam*, das Symbol des Gottes Shiva – ein ehrfurchtgebietender Anblick. Vor dem Tempel stehen unvollendete Skulpturen, die Lehmrampe, über die Steine auf den Dachfirst des Tempels gehievt wurden, und Felsblöcke mit eingeritzten Bauplänen. Es scheint, als machten die Arbeiter gerade Pause – eine Szene, die seit 900 Jahren wie eingefroren wirkt.

Nach 40 Minuten Fahrzeit gelangt man zu den **Bhimbetka-Bergen**, die einige der schönsten Felsmalereien der Welt und die Überreste einer 100 000 Jahre alten Zivilisation bergen; die Malereien umspannen den Zeitraum vom Oberen Paläolithikum bis in die frühgeschichtliche Epoche. Auch für diejenigen, die sich nicht so sehr für Felsmalerei interessieren, ist der Anblick der bizarren Felsen mitten im Wald ein Erlebnis.

Sanchi und Udaigiri

Kaum 50 km von Bhopal entfernt liegt **Sanchi**, das neben seinem berühmten **Großen Stupa** etliche interessante Bauwerke zu bieten hat. Die *chaityas*, Tempel, Säulen, Klöster und *toranas* (behauene Tore), sind die schönsten Beispiele buddhistischer Architektur in Indien. Um den Großen Stupa herum wurde um 35 v. Chr. auf den *toranas*, als Kontrast zu der vom sanften Schwung der Kuppel ausgehenden Harmonie, die Geschäftigkeit des Lebens von Elfenbeinschnitzern aus der nahegelegenen Stadt **Vidisha** eingemeißelt. In der Nähe befindet sich die **Säule des Heliodorus**, ein Monument zu Ehren

Oben: Diese aufgesammelten Kuhfladen wird sie als Brennmaterial verwenden.

eines griechischen Botschafters, der zum Hinduismus konvertierte. In den **Udaigiri-Höhlen** sind wunderschöne Reliefs aus der klassischen Gupta-Zeit (um 5. Jh.) zu bewundern.

Etwa 200 km von Bhopal entfernt liegt **Indore** im Herzen des alten Staates **Malwa**. ,,Hier gibt es weder übermäßige Hitze noch übermäßige Kälte. Und die Nächte in Malwa – sind sie nicht berühmt aus alten Tagen? Wie es eben heißt: Die Morgendämmerung von Banaras, der Abend von Oudh und die Nacht von Malwa", so schrieb 1599 Ahmad-ul-Umri Turkoman. In **Indore** sollte man **Lalbagh**, den gut erhaltenen Palast der Holkar-Könige, **Kanch Mandir**, den sonderbar anmutenden gläsernen Jaina-Schrein, und das **Central Museum** mit seiner stattlichen Münzsammlung und den mittelalterlichen Skulpturen besuchen.

Mandu

Nehmen Sie sich in Indore auch Zeit, etwas über **Mandu** und seine Bewohner zu lesen – über den großen Krieger Hoshang Shah, über Sultan Ghiyas-ud-Din mit seinem Harem von 15000 Frauen, über den Besuch des Kaisers Jehangir und über die wunderschöne, tragische Geschichte von Baz Bahadur und Rupmati, einem Sultan, der sein Reich für eine Sängerin aufgab, die wiederum zu seiner Erinnerung ihr Leben opferte.

Wenn man in Mandu Paläste, Grabmäler und Moscheen mit dem Wissen um jene Geschehnisse besucht, ist es der romantischste Ort der Welt. Es gibt hier keine verfallenen Bauwerke, sondern die Überreste von **Shadiabad**, einer Stadt, die einst als Erholungsort angelegt wurde. Kaiser Jehangir schrieb: ,,Ich kenne keinen Ort, der vom Klima her so angenehm und landschaftlich so schön ist wie Mandu während der Regenzeit".

Besuchen Sie **Rupmati's Pavillon** in der Abenddämmerung – wenn der Wind über die Terrasse streicht, auf der sie ihre süßen Lieder sang, den Blick auf den durch die Ebene fließenden Fluß Narmada gerichtet, dann wird die Vergangenheit wieder lebendig. Die folgenden ein, zwei Tage kann man gut mit der Besichtigung der zahlreichen Baudenkmäler Mandus verbringen. Zwei Gebäude, die ganz eng mit mittelalterlicher Romantik verwoben sind, sind der **Jahaz Mahal**, ein Lustpalast, in Form eines Schiffes zwischen zwei Seen errichtet, und **Hindola Mahal**, der ,,schwingende Palast", in dessen unterirdischen Kammern die zahlreichen Mätressen Ghiyas-ud-Dins den Sommer verbrachten. **Hoshang Shahs Grabmal** gilt als eines der schönsten Beispiele afghanischer Baukunst; die besten Handwerker Shah Jahans suchten es auf, ehe sie mit dem Bau des Taj Mahal begannen. Sehenswert sind die **Jami Masjid**, der **Ashrafi Mahal**, **Rewa-Kund**, **Baz Bahadurs Palast**, der **Nilkanth-Palast** und die **Karawanserei**.

Omkareshwar und Maheshwar

Omkareshwar und **Maheshwar** kann man auf dem Rückweg nach Indore besuchen. Maheshwar, einst Mahishmati, ist für seine Saris berühmt, die vor 250 Jahren die bemerkenswerte Rani Ahilyabai, die auch Indore plante und bauen ließ, einführte. Das **Rajwada** besitzt interessante Erbstücke von ihr, und die prächtigen *ghats* am Ufer der Narmada pflegen ihr Andenken. An der Narmada liegt auch die heilige Stadt Omkareshwar, deren kunstvoller **Tempel** einen der zwölf *jyotirlingas* (Shiva-Schreine) beherbergt.

Ujjain

Eine der heiligsten Städte Indiens ist **Ujjain**, etwa 50 km von Indore entfernt. Ujjain hat zahlreiche Tempel, so den berühmten **Mahakal**, der alle 12 Jahre zum *Simhasta*-Fest von Millionen besucht wird. Die Stadt hält die Erinnerung an ihre große Vergangenheit unter der Herr-

Oben: Die Tempelanlagen von Khajuraho ziehen zahllose Besucher an.

schaft von Ashoka und Vikramaditya wach. Hier lebte und schrieb im 5. Jh. n. Chr. Kalidasa, einer der besten Dichter Indiens.

Khajuraho

Nach der Legende wurde vor 1000 Jahren Hemvati, die schöne Tochter eines Brahmanenpriesters, beim Baden in einem Teich vom Mondgott verführt; dieser Verbindung entstammte Chandravarman, der Begründer der Rajputendynastie der Chandela, die während eines Zeitraums von nur 100 Jahren, zwischen 950 und 1050 n. Chr., insgesamt 85 Tempel in **Khajuraho** errichten ließ, von denen noch 22 erhalten sind. Sie gelten als architektonische Meisterwerke – riesige Bauten aus behauenem Stein. Die gemeißelten Friese – steinerne Balladen – gehören zu den vollkommensten Schöpfungen von Menschenhand. Leider werden oft nur die erotischen Skulpturen gezeigt; sieht man sie nicht isoliert, sondern zusammen mit den 800 anderen Werken, spürt man Achtung und Ehrfurcht vor der Darstellung des Menschen in seinen unzähligen Stimmungen: im Kampf und beim Gebet, sehnsüchtig und liebend, in Bewegung und Ruhe. Den Gegensatz zu dieser überschwenglichen Lebendigkeit bildet die schlichte Erhabenheit des *garba griha* (Allerheiligstes) im Inneren. Diese Tempel und Skulpturen sollte man in Ruhe betrachten, denn nur selten fügte sich Gestein so willig dem Meißel des Künstlers. Der berühmteste Tempel ist der **Khandariya Mahadev**, wo alljährlich im März ein Tanzfest stattfindet.

Es ist nicht leicht, Madhya Pradesh gerecht zu werden, denn es hat viel mehr zu bieten, als hier beschrieben wird. So gibt es die Stammeswelt von **Chhatisgarh** und **Jhabua**, herrliche Schutzgebiete und Nationalparks, einsame Orte wie **Tamia**, **Pachmarhi** und **Amarkantak**, außerdem erlesene Handwerksstücke aus Messing, Terrakotta, Perlen und Textilien.

INFO: MADHYA PRADESH

BHOPAL (0755)
Unterkunft
MITTEL: **Jehan Numa Palace**, Shamla Hills, Tel: 540100. **Imperial Sabre**, Palace Grounds, Tel: 540702.
EINFACH: **Lake View Ashok**, Shamla Hills, Tel: 541600. **Nalanda**, Ibrahimpura, St. No. 2, Tel: 77035. **Pagoda Hotel and Restaurant**, Hamidia Rd., Tel: 77157.
Museen / Kunstgalerien
Government Archaeological Museum, Banganga Marg, Tel: 63207, 10.00-17.00 Uhr, Mo und an gesetzl. Feiertagen geschl. **Tribal Research Development Institute**, Tel: 4492, 10.30-17.00 Uhr. **Bharat Bhavan**, 13.00-19.00 Uhr, Mo geschl.
Touristen-Information
M. P. State Tourism Development Corporation, Gangotri, 4. Stock, T. T. Nagar, Tel: 554340-43; Informationsschalter am Flughafen und am Bahnhof.

GWALIOR (0751)
Unterkunft
MITTEL: **Welcomgroup Usha Kiran Palace**, Jayendraganj, Lashkar, Tel: 323993.
EINFACH: **Metro**, Gansh Bazaar, Nähe Gandhi Market, Tel: 25530. **Hotel Tansen**, 6A Gandhi Marg, Tel: 340370. **Vivek Continental**, Topi Bazaar, Lashkar, Tel: 427017.
Museen
Archeological Gujari Mahal Museum, Gwalior Festung, Tel: 8526, Öffnungszeiten: 10.00-17.00 Uhr, montags und feiertags geschlossen; **Maharaja Jivaji Rao Scindia Museum**, Jai Vilas Palace, Lashkar, Tel: 22290, Öffnungszeiten: 9.30-16.30 Uhr, montags geschlossen.
Restaurants
Volga, **Hotel Tansen** und **Gujari Mahal**.
Touristen-Information
Hotel Tansen, 6 Gandhi Road, Tel: 340370.

SANCHI (07592)
Unterkunft
Traveller's Lodge, Tel: 81223; **Buddhistisches Gästehaus**, Tel: 81239; **Railway Retiring Rooms**, Tel: 81225. **Tourist Cafeteria**, Tel: 81243.
Museum
Archeological Survey of India Museum, 9.00-17.00 Uhr, täglich geöffnet, Tel: 81227.

Unterkunft in:
INDORE (0731)
MITTEL: **Indotel Manor House**, Agra-Bombay Rd., Tel: 53701. **President**, 163 Tagore Marg, Tel: 433156. *EINFACH:* **Central**, 70-71 M. G. Road, Tel: 43562. **Kanchan**, Kanchan Baugh, Tel: 538501. **Hotel Samrat**, Mahatma Gandhi Rd., Tel: 433889. **Shree Maya**, 12/1 Tagore Marg, Tel: 431941.

SHIVPURI
Chinkara Hotel, Agra-Bombay Road, Tel: 31297; **Tourist Village**, Nähe Bhadaiya Kund, Tel: 33760 (MPSTDC); **Shivpuri Lodge**, Madhav Chowk.

KHAJURAHO (07686)
LUXUS: **Hotel Chandela**, Tel: 2101. **Hotel Jass Oberoi**, Bypass Road, Tel: 2085. *MITTEL:* **Hotel Khajuraho Ashok**, Tel: 2024. **Hotel Payal**, Tel: 2076. **Hotel Rahil**, Tel: 2062. **Tourist Village Complex**, Tel: 2128. **Tourist Bungalow**, Tel: 2064.

ORCHHA
MPSTDC's Hotel Sheesh Mahal, Tel: 224. **Betwa Cottages**, Tel: 218.

MANDU (07292)
MPSTDC's Traveller's Lodge, Tel: 63221 und **Tourist Cottages**, Tel: 63235 (vorher buchen); außerdem einige Gasthäuser.

UJJAIN (0734)
MPSTDC's Shipra Hotel, University Road, Tel: 551495; **Adarsh Gupta Lodge**, **Taj** und **Sher-i-Punjab Hotel**.

Einkaufen
An erster Stelle stehen Textilien – gewebte Baumwoll- und Seidensaris aus Chanderi und Maheshwar, mit Pflanzenfarben handbedruckte Stoffe, Tussahseide aus Raigarh und Bastar (Jagdalpur) und Baumwollstoffe mit *zari* (Stickereien mit Goldfäden) aus Bhopal. Aus Indore kommen Lederspielwaren und Armbänder aus Glas; die kunstvollen Votivlampen, Meßbecher und Figuren aus Messing werden nach einer Gießmethode mit Wachsformen gefertigt.

Feste
Das *Marrhai* ist ein Stammesfest; besonders eindrucksvoll sind die Feiern in Bastar und Chhatisgarh. Beim *Bhagoria-Fest* (in Jhabua) gewinnt man einen kleinen Einblick in die Traditionen des Volkstanzes und des Theaters. Die klassischen Künste werden beim jährlichen *Khajuraho*-Tanzfest (März) und dem *Tansen-Fest* in Gwalior gefeiert. Ebenso erwähnenswert sind die Feste *Mahashivaratri* im März (Khajuraho/Ujjain/Maheshwar), *Buddha Jayanti* im Mai (Sanchi), *Ram Navmi* (Chitrakoot), *Kartik Mela* im November (Muktagiri, Nohta) und die *Kumbh Mela*, die alle zwölf Jahre in Ujjain begangen wird.

Anreise / Verkehrsmittel
Bhopal, Gwalior, Jabalpur, Indore, Khajuraho und Raipur werden von den Indian Airlines aus allen Städten des Landes angeflogen. Touristenorte sind darüber hinaus auch per Bahn erreichbar, und es gibt ein ausgedehntes, brauchbares Straßennetz. In den Städten kommt man leicht mit Bussen, Autos, Taxis ohne Taxameter, motorisierten Rikschas mit Zähler, Mini-Bussen und *tempos* herum. In kleineren Orten wie Sanchi und Mandu ist man allerdings auf *tempos*, *tongas* und Leihfahrräder angewiesen.

ZUR QUELLE DES GANGES

Der Gangotri-Tempel, 248 km von Rishikesh entfernt (siehe Karte S. 214), gilt als spirituelle Quelle des heiligsten Flusses im Hinduismus. Jeder Hindu ist bestrebt, einmal im Leben dorthin zu pilgern. Die wirkliche Quelle ist der abschmelzende Gangotri-Gletscher, ca. 19 km südöstlich des Tempels. Die Eishöhle Gaumukh, ,,Kuhmaul", markiert die heutige Zunge des Gletschers, der zu den größten im Himalaya gehört. Trekking-Touren in diese Himalaya-Region organisiert u. a. das YATRA-Tourist Office in Rishikesh.

Startet man von **Rishikesh** (oder von **Haridwar** aus, 25 km südlich, wo der Ganges aus dem Gebirge in die Ebene fließt), windet sich der Pilgerweg nach **Narendranagar** hinauf, einer kleinen Sommerresidenz des früheren Maharaja von Tehri-Garhwal mit einer Sammlung von Pahari-Miniaturmalereien. Von **Chamba** (60 km) aus verläuft auch eine Nebenstraße nach Mussoorie, einem beliebten Ferienort (55 km). Die Hauptstraße windet sich in ihrem weiteren Verlauf hinab zur alten Hauptstadt **Tehri** (20 km), in deren Nähe ein umstrittener Großstaudamm entsteht.

Die Straße nach Gangotri verläuft am Westufer des Bhagirathi, der in Tehri mit dem Bhilangana zusammenfließt. Letzterer entspringt unterhalb des Thalay-Sagar-Gipfels (auch als Sphetik Prishtwan, 6904 m, bekannt). Auf dem Weg nach Uttarkashi (1158 m) kommt man durch **Dhunda**, ein Dorf, in dem sich nomadische Viehhirten aus dem Grenzgebiet zu Tibet niedergelassen haben. **Uttarkashi** besitzt viele *ashrams* (Meditationsstätten). Im Tempel von **Barahat** steht ein großartiger, über 1000 Jahre alter Dreizack. Auf der anderen Seite des Flusses befindet sich die Bergführerschule **Nehru Institute of Mountaineering**. Von Uttarkashi aus kann man einen Ausflug

Vorherige Seiten: Ein langer Tag geht zu Ende. Sadhus während des Kumbh Mela in Haridwar. Oben: Im Einklang mit sich selbst.

nach **Dodital** (3307 m) unternehmen – der von Dschungel umgebene kleine See ist bei Anglern sehr beliebt. Ab **Bhatwari** (30 km) verläuft der alte Pilgerpfad östlich von **Budh Kedar** und den Seen von **Sahastra Tal**.

Die Straße durchschneidet nun die Hauptkette des Himalaya; die Trasse ist ständig von Unterspülungen und Erdrutschen bedroht. In **Gangnani** kann man heiße Quellen (1855 m) besuchen. Die Fahrt hinauf nach **Sukhi** (2744 m) gibt den Blick auf die andere Seite des Berges frei – auf üppige Nadelwälder und den Fluß, der sich breit über silbrigen Sand hinwälzt. In **Harsil** (75 km) steht ein großes hölzernes Herrenhaus, erbaut vor über 100 Jahren von einem durch Holzhandel reich gewordenen Engländer, dem selbsternannten ,,Raja" Wilson. Bei Harsil liegt das Dorf **Mukhba**, wo die Göttin Ganga nach hinduistischer Vorstellung den Winter verbringt.

Der Fluß windet sich nun um die Nordseite des Himalaya-Hauptkamms herum nach Osten. Bei **Lanka** (10 km von Gangotri) treffen der Jad Ganga und der Bhagirathi in einer tiefen Schlucht zusammen. Als die erste Brücke über den 350 Meter tiefen Abgrund von Wilson fertiggestellt worden war, mußte er selbst darüberreiten, um den Pilgern ihre Tragfähigkeit zu beweisen.

Mit dem Bau der Autostraße wurde das kleine Dorf **Gangotri** (3048 m) zu einem bedeutenden Pilgerzentrum mit zahlreichen Guesthouses und (ausschließlich vegetarischen) Restaurants. Die Pilger beten zuerst am **Bhagirathi Sheel**, dem Stein, an dem einst der legendäre König Bhagirath Buße getan und so die wasserspendende Göttin Ganga dazu bewegt hatte, zur Erde herabzusteigen. Der **Gangotri-Tempel** ist etwa 250 Jahre alt. Die schönste Zeremonie ist das abendliche *aarti*, bei dem Lichter geschwenkt und dem Fluß, der alle Sünden fortwäscht, dargeboten werden. Die Lage inmitten dichter Zedernhaine ist beeindruckend, und die sonderbare Veränderung des Flusses schärft die Sinne für Mystisches. Denn der breite Fluß wird plötzlich schmaler und verengt sich nach einem tosenden Wasserfall bei Surajkund noch mehr und zwängt sich dann in eine sehr schmale, tief in den Fels eingekerbte Schlucht.

Wanderung zur Quelle

Bei **Surajkund** stehen die Hütten heiliger Männer. Das skurrilste ist das Häuschen von Sunderananda, dem ,,Foto-Swami". Manche dieser Heiligen unterliegen einem Schweigegelübde und meditieren auf den Felsen, manche sind nackt und haben sich zum Schutz gegen die Kälte lediglich mit Asche eingerieben, andere genießen durchaus irdischen Komfort.

Bei Surajkund, wo der Kedar Ganga mit dem Bhagirathi zusammenfließt, beginnt auch der Pfad nach **Kedar Tal**, dem Basislager für Thalay Sagar und Brighupanth (6722 m). Zwei Tage dauert die Wanderung auf dem sehr schmalen und steilen Pfad bis zur Quelle, wobei man häufig oberhalb der Baumgrenze Herden von *bharals* (Blauschafen) zu Gesicht bekommt.

Der Pfad nach **Gaumukh** ist von Mai bis Oktober begehbar, und manche Pilger marschieren auf der 19 km langen Strecke sogar an einem Tag hin- und zurück. Man passiert nach 10 km **Chirbas** (von Gangotri; 4 Std.), eine Lichtung im Kiefernwald in 2600 Meter Höhe, und übernachtet vernünftigerweise in **Bhojbas** (6 km) in der unwirtlichen Höhe von 3792 m (Tourist Bungalow und Restaurant). Hier befindet sich der berühmte *ashram* von Lal Baba, einem Heiligen, der den Pilgern freie Kost und Logis gewährt.

Die schneebedeckten Berge im Hintergrund deuten auf verborgene Schätze hin, die darauf warten, entdeckt zu werden. Der wunderschöne, pyramidenförmige

Gipfel **Sudarshan** (6516 m) war bereits vom Eingang des Gangotri-Tempels aus gut sichtbar. Bei Chirbas hat man den Blick auf die drei **Bhagirathi Sisters** genossen, deren höchster Gipfel sich auf 6857 Meter erhebt und die eine herrliche Kulisse auf dem Weg zur Quelle abgeben. Nach der letzten Wegbiegung ragt nun der faszinierende **Shivling** (6543 m) von der anderen Seite des Gletschers her empor, eine majestätische, weiß beflankte Felspyramide.

Die letzten drei Kilometer auf dem Weg vom Ashram zur Quelle sind nahezu flach, der Pfad ist allerdings mit Felsbrocken übersät, und man muß seinen Weg zum Ziel, dem Allerheiligsten des heiligsten Flusses (auf 3892 m Höhe), selbst finden. Die meisten Pilger baden in dem eisigen Wasser, das aus der **Gaumukh-Gletscherhöhle** tost und bereits an seinem Ursprung einen ausgewachsener Fluß bildet.

Für den gläubigen Pilger bedeutet bereits die Ankunft an der Gletscherzunge einen Höhepunkt. Für den Bergfreund allerdings bleibt dies nicht der einzige Genuß. Er steigt weiter auf zum Gletscher, bahnt sich seinen Weg einige Kilometer an dessen Rand entlang und trifft auf die schönste Gipfelkette der Welt – ein Anblick von unbeschreiblicher Erhabenheit. Die Ränder des Gletschers sind steil und instabil; am besten begeht man sie frühmorgens, bevor die Sonne das Eis antaut. Es gibt zwei Wege: nach Nandanvan (auf der gleichen Seite wie Gaumukh), oder nach Tapovan jenseits des Gletschers. Es können auch an einem Tag beide Strecken begangen werden.

Man startet an der erdigen Seite der Gletscherzunge und sucht sich seinen Weg durch das Geröll am Rand. In der Mitte des drei Kilometer breiten Gletschers gibt es gefährliche Spalten. Man erreicht **Nandanvan** nach sechs sehr beschwerlichen Kilometern. Hier in 4233 Meter Höhe soll sich die wirkliche Gangesquelle befinden. Nandanvan ist das Basislager für den Aufstieg zur Bhagirathi-Gruppe; Nandanvans Reiz für Genußwanderer besteht aber darin, daß es direkt vor dem Shivling liegt und den Blick auf den gesamten Berg freigibt.

Weiter zum Camp Tapovan

Dieses Juwel unter den Berggipfeln ist nur vier Kilometer vom Gletschern entfernt und dient als Orientierungspunkt auf dem Weg über den Gletscher (Vorsicht: Gletscherspalten!). Die steile Randmoräne des Gletschers ist etwas mühsam zu besteigen.

Die Wiesen bei Tapovan sind unbeschreiblich schön und umranken den Fuß des Shivling wie eine Girlande. Im Frühjahr vor der Schneeschmelze werden sie kurzzeitig in einen See verwandelt. Diese Zeit hat den Vorteil, daß man den Fluß hinter **Bhojbas** auf einer Schneebrücke überqueren kann (ihre Festigkeit muß getestet werden, indem man große Felsbrocken in die Mitte wirft). Um von Gaumukh nach Tapovan zu gelangen, muß die Gletscherzunge überquert werden, d. h., man klettert an der Seite hoch und benutzt die Höhle wie eine Brücke. Hat man das grünschimmernde Eis überschritten, folgt der Pfad quer über einen Schieferhang einem Schafstritt, der zu den Wiesen von **Tapovan** (4600 m; Camp) führt. Im Sommer leben hier heilige Männer in unterirdischen Kammern.

Man kann kilometerweit am **Gangotri-Gletscher** entlangwandern (er verläuft 24 km bis zum Chaukumbha-Massiv, 7138 m). Allerdings ist der Weg sehr beschwerlich – vorbei am Kedarnath (6940 m) und am Khachakund (6617 m). Zahlreiche Nebengletscher führen zu anderen bezaubernden, namenlosen Gipfeln. Dies ist wohl die schönste aller indischen Gebirgslandschaften.

Rechts: Meditierende Sadhus nahe Gaumukh an der Quelle des Ganges.

ZUR QUELLE DES GANGES

AUF BUDDHAS SPUREN

Für viele Menschen ist Indien das Land Buddhas, und ein Besuch in Indien ist gleichbedeutend mit einer Pilgerreise zu den heiligen Orten des Erleuchteten. Die Geschichte seines Lebens, seine Lehre des Mitgefühls und sein tiefgründiges Wissen um die menschliche Wirklichkeit hatten großen Einfluß auf dem indischen Subkontinent und in weiten Teilen Asiens und sind noch heute, nach über 2000 Jahren, lebendig.

Seine erste Reise unternahm der Buddha im Alter von 29 Jahren von seinem Heimatort Kapilavastu aus nach Vaisali, Rajgir und schließlich Bodh Gaya, wo er sechs Jahre verbrachte und die Erleuchtung erlangte. Daraufhin ging er nach Sarnath, wo er seine erste Predigt hielt, und damit „das Rad des Gesetzes ins Rollen brachte". Von Sarnath kehrte er nach Rajgir zurück und besuchte dann Sravasti und Kapilavastu, das er zwölf Jahre lang nicht mehr gesehen hatte. Seine letzte Reise unternahm er im Alter von 80 Jahren, von Rajgir nach Nalanda, Patna, Vaisali, Pava und Kusinagar.

In den 40 Jahren nach seiner Erleuchtung war er viel herumgekommen, aber er kehrte nie mehr nach Bodh Gaya zurück, obgleich er diesen Ort am Vorabend seines Todes den vier Stätten hinzufügte, die er als würdig erachtete, um seinen Anhängern als heilig zu gelten. Die übrigen drei Orte waren Lumbini, Sarnath und Kusinagar, wo Buddha schließlich ins Nirvana einging. Über das Leben des Buddha wissen wir aus den buddhistischen Texten Bescheid, die nach seinem Tod in mehreren Konzilen zusammengestellt wurden. Historische Spuren, die mit den genannten Orten zusammenhängen, gibt es jedoch erst aus der Zeit des ersten buddhistischen Großkönigs Ashoka (253-226 v. Chr.). Er ließ an allen wichtigen Stellen *stupas* und andere Heiligtümer errichten und versah sie mit datierten Stifterinschriften.

Sarnath, wo vom 3. Jh. v. Chr. bis 11. Jh. n. Chr. buddhistische Bauwerke errichtet wurden, hat, gefolgt von Nalanda und Sravasti, die am besten erhaltenen Ruinen zu bieten. Die buddhistische Ikonographie entstand bereits im 1. Jh. v. Chr. mit Symbolen wie dem Bo-Baum, Fußabdrücken, dem Rad, dem Parasol und dem Stupa, die allesamt Buddha repräsentieren. Zunächst war es nämlich verboten, den Buddha abzubilden. Die ersten Buddha-Figuren stammen aus dem 2. Jh. n. Chr., wahrscheinlich entstanden sie unter dem Einfluß griechischer Bildhauer. Insgesamt sind mehr buddhistische Statuen als Bauwerke erhalten, die man heute an Ort und Stelle oder in Museen bewundern kann.

Zu Lebzeiten Buddhas galten Haine, Teiche und Berge als heilig; beste Beispiele sind das *sal*-Wäldchen am Teich bei Lumbini, der *Bo*-Baum, der Lotusteich in Bodh Gaya, der Gazellenhain in Sarnath, der Obstgarten am See bei Nalanda, der Jeeta-Wald bei Sravasti, der Ambapali-Garten und -See in Vaisali und die *sal*-Bäume bei Kusinagar.

Rajgir

Rajgir besitzt mehr von all diesen Wahrzeichen als die übrigen heiligen Stätten: **Venuvana**, das Bambuswäldchen, wo Buddha und seine Schüler lebten; **Karnada Tank**, der Teich, in dem Buddha badete; **Jivakamarvana**, der Obstgarten, den der Arzt Jivaka Buddha schenkte; **Gridhakuta Hill** (Berg der Geier), von dem aus der Erleuchtete seine Predigten hielt, und die **Sattapani-Höhle**, in der das Erste Buddhistische Konzil zusammentrat. Das erste buddhistische Bauwerk Rajgirs entstand, als der König von Magadha, Ajatsatru, ein Kloster und einen Stupa für seinen Anteil an der Asche Buddhas errichtete.

Der Reiseweg Buddhas wird heute zunehmend zu einem Pilgerweg für den Weltfrieden. Die Japaner erbauten in Rajgir einen **Weltfrieden-Stupa** mit vergoldeten Darstellungen Buddhas. Man erkennt diesen Stupa schon von weitem auf demselben Hügel, auf dem Buddha seine Predigten hielt; er ist mit einer Drahtseilbahn zu erreichen. Die Verbindung des Buddhismus zum Frieden reicht bis 250 v. Chr. zurück, als Kaiser Ashoka sich anläßlich des Blutbades bei seiner Eroberung Kalingas zur Umkehr besann und zum Buddhismus konvertierte. In Rajgir stehen der japanische Tempel **Nipponzan Myohoji** und der **Centaur Hokke Club**, der für japanische Pilger Veranstaltungen anbietet. In Rajgir sprudeln auch heiße Quellen, die von Hindu- und Jaina-Tempeln umgeben sind.

Nalanda

Nalanda war eine der größten Kloster-Universitäten der antiken Welt Indiens. Sie wurde im 5. Jh. v. Chr. errichtet und blieb bis ins 12. Jh. n. Chr., als sie von dem Eroberer Bakhtiar Khilji zerstört wurde, eine lebendige Lehrstätte mit Tausenden von Mönchen und Studenten. Der chinesische Reisende Hsüan Tsang studierte hier im 7. Jh.; ihm zu Ehren wurde ein Monument errichtet. Er gehörte zu den vielen Studenten aus Ost- und Südostasien, die hierher kamen, um Logik, Metaphysik, Medizin, Prosa und Rhetorik zu studieren. Die Universität bot kostenlose Studien- und Wohnmöglichkeiten für 10 000 Studenten und 2000 Dozenten. Ihre Bibliothek soll neun Millionen Bände umfaßt haben. Die Zerstörung dieser Universität bedeutete das Ende des Buddhismus in Indien.

Ausgrabungen brachten neun bebaute Flächen ans Tageslicht. Über ein Areal von 15 Hektar sind die Ruinen von sechs Tempeln, elf Klöstern, des **Sariputra Stupa**, der von Ashoka zu Ehren von Buddhas erstem Schüler, dem Mönch Sariputra, errichtet wurde, und vereinzelter Gebetshallen verteilt. Zwischen diesen Ruinen sind uralte Skulpturen, Basreliefs und Fresken zu finden. Darüber hinaus gibt es noch ein Museum und einen Thai-Tempel.

Bodh Gaya und Vaisali

Für Buddhisten ist **Bodh Gaya** die heiligste aller Städte, denn hier erlangte Buddha unter einem *Bo*-Baum seine Erleuchtung. Der heutige Baum ist allerdings nur ein Ableger des Originalbaums. Unterhalb des Baumes steht heute der **Diamantthron Vajrasana**, der die genaue Stelle bezeichnet, wo Buddha meditierte. Unweit davon befindet sich der **Mahabodhi-Tempel** mit einem vergoldeten Abbild des Buddha. Er wurde im 2. Jh. erbaut, im Lauf der Jahrhunderte mehrmals beschädigt und immer wieder restauriert. Hsüan Tsang, der den Tempel im Jahr 635 v. Chr. besuchte, berichtete von 700 vergoldeten Darstellungen des Erleuchteten.

Weiterhin gibt es ein massives **Dharma Chakra**, den **Animalesh Lochan Chaitya** und den **Lotus-Teich**, in dessen Mitte sich eine Buddhastatue befindet, die von einer Kobra beschützt wird. Das **Archäologische Museum** besitzt Buddhastatuen aus Gold, Bronze und Stein. Hinter diesem ruhigen Ort fließt der heilige Fluß Niranjana vorüber.

In **Vaisali** (dem Geburtsort des Mahavira) stehen die Ruinen zweier Stupas, die zum Gedenken des Zweiten Buddhistischen Konzils erbaut wurden. Ashoka ließ zum Andenken an Buddhas letzte Predigt hier ein Löwenkapitell errichten. Daneben gibt es mehrere Jaina-Tempel und ein Museum.

Kusinagar und Lumbini

In **Kusinagar** erlangte Buddha das *mahaparinirvana*. Zu den hiesigen Ruinen gehören der **Mukutbandhan Stupa** und eine wunderschöne Statue des ruhenden Buddha. In Gorakpur, auf der Strecke nach Kusinagar, befindet sich das **Rahul Sankritayan Museum** mit einer Sammlung von *thangka*-Gemälden. Aus

Oben: Ruinen der Nalanda-Universität, wo einst Buddha und Mahavira lehrten. Rechts: Pilger im Morgengrauen bei Kusinagar, einer der heiligen Städte des Buddhismus.

AUF BUDDHAS SPUREN

den Ruinen eines Stupa bei **Piprahwa** wurde ein Reliquienschrein mit einer Inschrift ausgegraben, durch die man die in den buddhistischen Texten erwähnte Stadt **Kapilavastu** identifizieren konnte. **Lumbini**, der Geburtsort Buddhas, wurde 1890 lokalisiert, nachdem er um 1100 in Vergessenheit geraten war. Auf der Ausgrabungsstätte des **Maya-Tempels** befinden sich die Ruinen eines Klosters und eines Bassins. Auch in **Sravasti** sind Reste eines Stupa.

Sarnath

Sarnath (Karte: S. 95), wo Buddha im **Gazellenhain** seine erste Predigt hielt, besitzt die eindrucksvollsten Zeugnisse des Buddhismus sowie einen modernen Tempel. Ganz außergewöhnlich sind die Stupas **Dharmarajika**, **Chaukhandi** und **Dhamek**. Daneben existieren die Überreste eines Klosters und das wunderschöne Löwenkapitell einer Ashoka-Säule. Sarnat besitzt eine reich bestückte Bibliothek; im **Mulagandha Kuti Vihara** können moderne Fresken des japanischen Künstlers Kosetsu Nosu bewundert werden. Das nahe der Ausgrabungsstätte gelegene **Sarnath-Museum** enthält einige der schönsten Beispiele buddhistischer Bildhauerei.

In sämtlichen buddhistischen Zentren gilt der *vaisakha*-Vollmond (April-Mai) als Jahrestag von drei bedeutenden Ereignissen: Buddhas Geburt, Erleuchtung und Tod. Der *asadh*-Vollmond (Juli-August) hingegen wird als Jahrestag seiner ersten Predigt verehrt.

In den letzten 20 Jahren wurde der Komfort für Pilger wie Reisende erheblich verbessert. Die klimatisierten Reisebusse des *Vaisali Expreß* verkehren nach Sravasti, Kapilavastu, Lumbini, Kusinagar und Vaisali.

In Patna gibt es inzwischen eine Brücke über den Ganges; der Ort Hajipur an deren nördlichem Ende ist also inzwischen auch per Bus erreichbar. Auf derselben Strecke befinden sich von Hajipur aus im Umkreis von 190 km die Orte Nalanda, Rajgir und Bodh Gaya.

TREKKING IM HIMALAYA

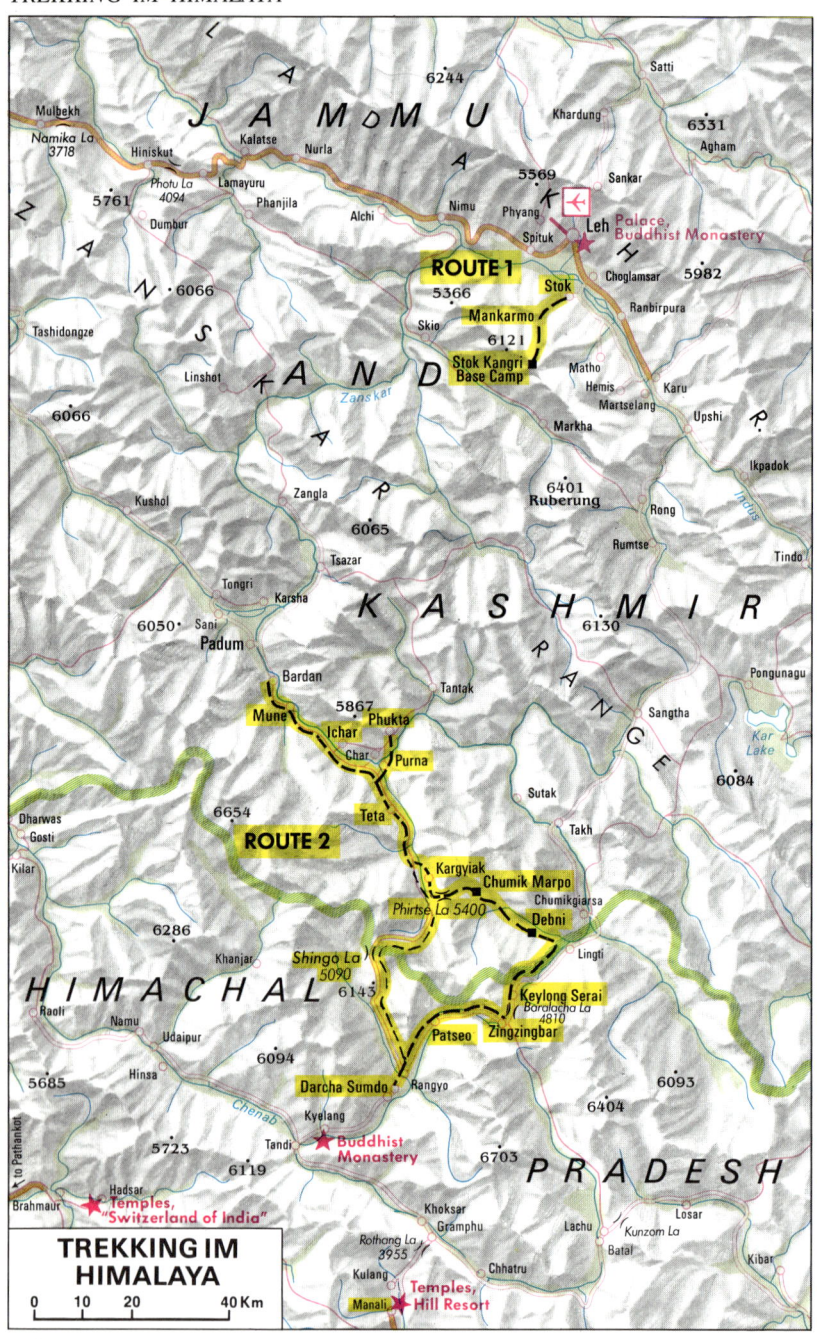

TREKKING IM HIMALAYA

Die beste Zeit für Trekking ist vor dem Monsun (Juni) und danach (September-Oktober). Blumenliebhaber sollten sich jedoch in den Regenmonaten Juli und August auf den Weg machen. Nördlich des Hauptkamms jedoch, in **Lahaul** und **Ladakh**, sind die Monsunmonate die beste Trekking-Zeit, da die schweren Regenwolken nur selten bis über die Pässe ziehen. In großen Höhen muß man sich zum Essen zwingen, nehmen Sie deshalb leichtverdauliche Nahrungsmittel mit, die schmecken; in den Läden der Bergdörfer sind, wenn überhaupt, nur Grundnahrungsmittel wie Reis, Linsen und Kartoffeln zu bekommen. Für größere Touren braucht man zudem Zelt, Schlafsack und Kochutensilien – und somit auch Träger oder Packmulis, die sich meist problemlos organisieren lassen. Die im Tagesverlauf enormen Temperaturunterschiede erfordern morgens warme Sachen, tagsüber leichte Kleidung und abends wieder Faserpelzpullis oder eine Daunenjacke. Regenponcho nicht vergessen – im Reich des unberechenbaren Schneegottes ist es gefährlich, sich auf Wettervorhersagen zu verlassen. Fünf Routen in verschiedenen Regionen – leichte bis schwierige – sollen Ihnen einige Möglichkeiten aufzeigen.

Kashmir

Ein leichter Monsun-Trek für religiös Interessierte (zur Zeit allerdings wegen der Aktivitäten muslimischer Separatisten nicht zu empfehlen!): Der dreitägige Pilgerweg zur Höhle von **Amarnath**, der durch Blumenwiesen und herrliche Berglandschaft führt, beginnt in **Pahalgam**. Campiert wird am Sheshnag-See (3700 m). Nach Überschreitung eines 4500 Meter hohen Passes erreicht man die große Höhle mit ihrem kleinen phallischen *lingam* aus Eis, der als Shiva, der Herr des Schnees, verehrt wird.

Ladakh

Leichter Hochgebirgs-Trek mit guten Chancen, Wild zu beobachten. Vom Dorf **Stok** (gegenüber **Leh** am Indus) führt dieser Dreitages-Trek entlang des Stok-Flusses durch einen Canyon mit bizarren Felsformationen hinauf zum Basislager des **Stok Kangri** (6316 m). Campiert wird in einer Hirten-Tenne bei **Mankarmo** (14 km), wo man versuchen kann, trotz des Lärms der Ziegen, Esel und Yaks zu schlafen, die um einen herumliegen. Gehen Sie auf diesen Gipfel im Westen zu und steigen Sie zehn Kilometer zum **Base Camp** auf. Halten Sie dabei Ausschau nach dem *baral*, dem äußerst seltenen Blauschaf. Der Zeltplatz ist von schroffen Felstürmen umgeben. Am dritten Tag geht es zurück nach Stok und Leh. Diesen Trek unternimmt man am besten im Juli oder August. (Route 1, Karte S. 212).

Zanskar

Ein anstrengender 7-9 Tage-Trek mit Pferden über den Himalaya. Man braucht die Pferde nicht nur fürs Gepäck, sondern auch bei gefährlichen Flußdurchquerungen. Diese können tödlich enden und sollten nie allein gewagt werden. Versuchen Sie immer, so früh wie möglich (morgens ist der Wasserstand am niedrigsten) mit Hilfe eines Seils zu queren. Tragen sie Ihr Geld in einem wasserdichten Beutel möglichst hoch am Körper. Pferdeführer findet man in **Manali**, obwohl der Trek erst in **Darcha**, per Bus eine Tagesreise ins Landesinnere, beginnt. Sind Sie über den Himalaya nach Zanskar gelangt – **Kargyiak**, das erste Dorf, liegt 4-5 Tage hinter Darcha – können Sie, sofern Sie sehr ausdauernd sind, das Luna-Tal bis **Padum** hinunterwandern. Zwischen Darcha und **Purna** gibt es keinerlei Verpflegung, nicht einmal Tee. Der kürzeste Weg führt über den **Shingo La-Paß** (5090 m); die sicheren Monate sind Juli

und August. Der Alternativweg über Baralacha La (4810 m) und Phirtse La (5400 m) führt in noch größere Höhen. Ist man drüben, weichen die leeren grauen Täler mit ihren *mani*-Mauern den verstreut liegenden grünen Feldern um die weißen Dörfer Zanskars. (Route 2 in der Karte auf S. 212).

Garhwal

Ein leichter Dreitage-Trek von **Mussoorie** und zurück – zu jeder Jahreszeit. Nördlich von Mussoorie sieht man den schwarzen, bewaldeten **Nag Tibba**, den „Schlangengipfel". Am besten erreicht man ihn zu Fuß auf der Fahrstraße von **Tehri** nach **Suwakholi** (11 km) und dann 2 km bergab entlang des Aglar-Flusses durch den Pinienwald über **Thatyur**. (Auf dem Rückweg kann man von hier einen Bus nach Mussoorie nehmen.) Ein 7 km langer Marsch nach Norden, entlang des Flusses, der am Nag Tibba entspringt, bringt Sie nach **Aunter** am Fuß des Berges. Der Saumpfad im Wald verläuft östlich des Flusses und führt zu einer Forsthütte bei **Deolsari** (3 km von Aunter). Bei der Hütte steht ein hölzerner Tempel im Pagodenstil in einem dichten Nadelwald. Der Tempel in Aunter ist ein hoher, schlanker Steinturm auf einem massiven Fundament. Der Aufstieg zum Nag Tibba auf dem Waldweg ist 5 km lang, doch ist der Dschungel so dicht, daß es sicherer ist, im Dorf einen Führer zu

TREKKING IM HIMALAYA

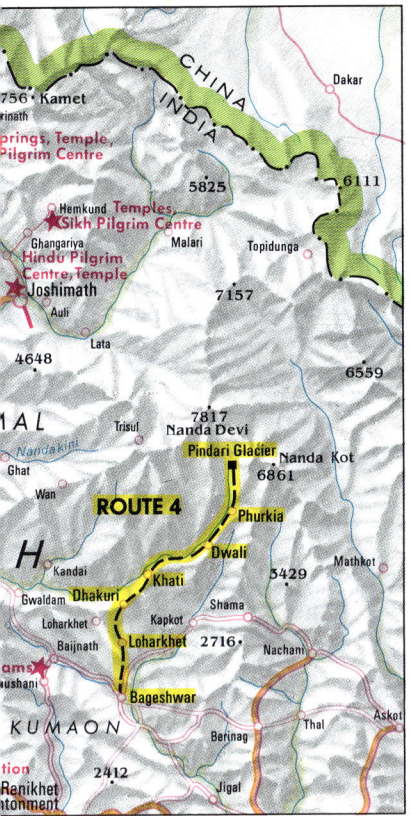

nehmen. Muntjaks, Wildschweine und Bären sind in dieser Gegend nichts Ungewöhnliches, und aus Furcht vor ihnen vermeiden es die Dorfbewohner, nachts auszugehen. Ein kleiner Tempel des Schlangengottes steht westlich des Gipfels (3038 m), wo die Ruine einer alten Waldhütte einen anderen Abstieg ins Yamuna-Tal markiert. Vom Gipfel genießt man eine herrliche Aussicht über ganz Garhwal. (Route 3 in der Karte auf S. 214).

Kumaon und Pindari-Gletscher

Ein Klassiker unter den Himalaya-Treks (die Route 4 in der Karte auf Seite 215). Die acht Tage lange Wanderung bietet eine Mischung aus Kultur- und Naturschönheiten. Alles ist geboten – grüne Flußtäler, schneeglänzende Gipfel, dichter Dschungel, majestätische Wasserfälle sowie ein gleißender Gletscher als Krönung aller Mühen. Die ideale Reisezeit ist Oktober, wenn die Berge frei sind. Der Pindar-Fluß im Osten des Nanda Devi-Schutzgebiets entspringt aus dem atemberaubendenen Eisbruch ,,Traill's Pass", so benannt nach einem früheren britischen Verwalter, der von einem Dorfbewohner hindurchgeführt wurde. Dessen Urgroßenkel lebt immer noch in **Khati** (am Weg) und zeigt gern sein Besucherbuch mit den Namen berühmter Reisender der letzten 150 Jahre.

Der Trek beginnt in der Nähe von **Loharkhet** (39 Kilometer nördlich von Bageshwar). Man steigt steil nach Dhakuri auf und wird mit einem atemberaubenden Blick auf den **Nanda Kot** (6861 Meter) belohnt.

Nach diesem aufregenden Ausblick geht es steil nach **Khati** hinunter. Von diesem Dorf verläuft ein Weg zum **Sunderdhunga-Gletscher**, eine weitaus schwerere Tour, die Sie an den Fuß des Maiktoli (6803 Meter) führt. Von der schön gelegenen Hütte von **Dwali** führt ein Weg zum **Kafni-Gletscher** am Fuß des Nanda Kot.

Der Dschungel ist eine großartige Mischung aus Farnen und Bambus; die Vogelwelt ist sehr vielfältig. Die Entfernung Loharkhet – Pindari-Gletscher beträgt 45 Kilometer, Hütten finden sich in bequemen Abständen von sechs bis acht Kilometern. Die letzte bei **Phurkia** liegt bereits oberhalb der Baumgrenze. Sie wurde an der Zunge des Gletschers errichtet, doch weil sich dieser so rapide zurückgezogen hat – drei Kilometer pro Jahrhundert – muß man heute erst ein Stück laufen, um den herrlichen Eissturz von **Zero Point** (3353 m) aus zu sehen.

(Die Route 5 in der Karte auf Seite 214 bezieht sich auf das Kapitel ,,Zur Quelle des Ganges", Seite 204)

NOSTALGISCHE REISE

NOSTALGISCHE REISE

In Indien wird man schnell von Nostalgie befallen, denn hier verschmelzen Vergangenheit und Gegenwart mit erstaunlicher Leichtigkeit. Dies zeigt sich überall und auf verschiedenen Ebenen, angefangen bei Äußerlichkeiten bis hin zu den abstrakteren Bereichen des Glaubens und der Lebenseinstellung. In früheren Jahrhunderten betrachtete der Westen Indien als das Land der Maharajas; diese Vorstellung hat sich bis heute gehalten. Trotz tiefgreifender Wandlungen der Lebensart in Indien ist diese längst vergangene Ära noch immer spürbar.

Palast-Hotels

Indiens Palast-Hotels bieten eine anschauliche Vorstellung von dieser legendären Vergangenheit. In den Jahrzehnten vor der Unabhängigkeit (1947) und selbst danach herrschte in Indiens Palästen königliche Lebensart und der Champagner floß in Strömen. Viele Paläste sind heute Hotels, so daß man tatsächlich im einstigen Zimmer eines Königs oder Fürsten wohnen kann.

Das **Lake Palace**-Hotel in Udaipur ist einzigartig und gehört zu den luxuriösesten Hotels der Welt. Wie ein Juwel liegt es in der Mitte des von schroffen Bergen umgebenen Pichola-Sees und ist nur mit dem Boot erreichbar. Das 1971 eingerichtete Hotel bietet über 80 Räume, darunter großzügige Suiten wie den Kush Mahal (Palast des Glücks). Hinzu kommt eine exklusive Ausstattung: teure Möbel, traditionell-indisch und antik-europäisch, Glasmalereien, Wandgemälde mit Jagdszenen und tanzenden Mädchen sowie mehrere geschickt angelegte Teiche. 1746 wurde diese Insel in einen Vergnügungsgarten für die königliche Familie mit Pavillons und Springbrunnen umgewandelt. Allein der Blick vom Lake Palace ist schon bezaubernd: die Weite des

Oben: Malerisch spiegelt sich das Lake Palace Hotel im Pichola-See bei Udaipur.

Wassers, die alte Stadt und ihr Palast, der sich am Ufer ausbreitet – und all das umgeben von dunklen Hügelketten.

Der Jodhpur-Palast

Weiter nördlich, bei **Jodhpur** wartet auf Besucher eine Reihe von Sehenswürdigkeiten. Der **Umaid Bhawan-Palast**, zwischen 1929 und 1942 während einer Dürre als Arbeitsbeschaffungsmaßnahme erbaut, dient dem ehemaligen Maharaja von Jodhpur immer noch als Wohnsitz. Dieser Palast besitzt zwar nicht den märchenhaften Charme des Lake Palace von Udaipur, doch er ist imposant und mit seinen 300 Räumen, von denen 80 zum Hotel gehören, von eindrucksvoller Größe. Die Ausstattung umfaßt antikisierende Möbel und Teppiche, Rüstungen, Porträts, Kerzenleuchter und ausgestopfte Tiger und harmoniert ausgezeichnet mit der Inneneinrichtung im Art-Deco-Stil. Die königlichen Suiten sind besonders großzügig. In der Marwar Hall und der exklusiveren Chamber of Princes genießt man eine ausgewählte Küche. Im Erdgeschoß bietet der Palast einen Swimmingpool sowie ein Museum. Ein Raum mit antiken Uhren und eine schöne Miniaturensammlung zählen zu den herausragenden Angeboten. Pfauen durchstreifen den Landschaftsgarten, in dem ein kühler Marmorpavillon steht, der einen Blick auf das ehrfurchtgebietende Fort Mehrangarh in der Ferne bietet. Im Palast werden Volkstänze und Vorführungen traditioneller Wandersänger geboten.

Leben wie ein Fürst

Nicht weit vom Umaid Bhawan liegt **Ajit Bhawan**, eine weitere ehemals fürstliche Residenz, nicht so groß und mehr in indischer Tradition, mit allem Beiwerk der indischen Königshäuser. Der Service ist ungezwungen und freundlich, die Besitzer (die zur königlichen Linie Jodhpurs zählen) sind bemüht, ausgezeichnete Gesellschaft und Konversation zu bieten. Die Mahlzeiten werden zu den beruhigenden Klängen klassischer indischer Musik im zentralen Innenhof eingenommen. Abseits des Hauptgebäudes wurde mit Erfolg die Atmosphäre eines traditionellen indischen Dorfes zum Leben erweckt. Die Ausflüge in die umliegenden Dörfer bieten interessante Einblicke in das Landleben.

Der Ram Bagh von Jaipur

Auch die Stadt **Jaipur** versetzt Sie in die Vergangenheit, denn hier haben Sie die Wahl gleich zwischen zwei Palast-Hotels, dem **Jai Mahal** und dem **Ram Bagh Palace** aus dem 19. Jh. Einst war der Ram Bagh Palace weltweit die einzige Privatresidenz mit einem Polofeld. In einer Stadt, die vielleicht mehr als alle anderen in Rajasthan mit Palästen und Festungen gesegnet ist, läßt sich die einstige Pracht des fürstlichen Indiens in diesen Hotels aus erster Hand erleben.

Bevor man Rajasthan verläßt, verdient noch ein anderes Hotel Erwähnung: das **Royal Castle** in Khimsar, nach 90 km auf der Fahrt von Jodhpur nach Bikaner. Es ist ein weitläufiges Bauwerk, ähnlich wie Ajit Bhawan – teils Ruine, teils modern restauriert und gehört seit 21 Generationen der Familie der früheren Feudalherren von Khimsar. **Khimsar** selbst ist heute eine kleine Stadt, und in dem Hotel mit seinen 14 Zimmern fühlt man sich eher als Freund des Hauses. Khimsar bietet Ihnen reichlich Zeit und die Umgebung für nostalgische Gefühle. Diese Atmosphäre wird durch die Stille, die abgeschiedene Lage und einen diskreten Service noch verstärkt. Nahe beim Hotel streifen Hirschziegenantilopen über weite Felder und unwegsames, steiniges Buschland, das oft in Wüste übergeht.

Im Land gibt es aber noch andere Palast-Hotels, wie das **Lalgarh Palace Hotel** in Bikaner oder das **Nilambagh Palace Hotel** in Bhavnagar. Im niederen Himalaya von Himachal Pradesh liegt **Chail** (2250 m), der Sommerpalast des Maharajas von Patiala. Chail ist nur 45 km von Shimla entfernt. Das luxuriös ausgestattete Hotel bietet einen atemberaubenden Blick auf die Berge.

Forsthütten

Am anderen Ende der Skala rangieren die Forsthütten, meist eine Hinterlassenschaft der Briten. Sie liegen oft vergessen und verstreut über ganz Indien in einer Umgebung von wilder Schönheit; zum Teil werden sie nur zeitweise unterhalten. Diese alten Forsthütten wurden für Jagdexpeditionen und für die Forstwirtschaft gebaut. Heutzutage werden sie von Regierungsangestellten genutzt, und mit einer schriftlichen Genehmigung dürfen dort auch Touristen wohnen. Ihr Ambiente entschädigt durchaus für eventuelle Unbequemlichkeiten. In staubigen Ekken oder auf alten Regalen findet man Gästebücher, die häufig mehr als 50 Jahre alt sind, oder seltsame Regierungsnoten und abgegriffene Vorkriegsausgaben von Reiseführern, die von Fremden hier vergessen wurden.

Zurück zur Natur

Die Einrichtung in den meisten dieser Hütten ist primitiv, doch sind sie sauber und erstaunlich billig. Es gibt keinen Strom und man muß selbst kochen und auch die Vorräte selbst mitbringen. Vorausbuchung ist notwendig, meist gibt es einen alten Wachmann oder Hausmeister, der Bettzeug und heißes Wasser bereitstellt. Man hat oft den Eindruck, man sei mit einer Zeitmaschine im vorigen Jahrhundert gelandet. Rundherum atmet die Stille des Waldes, nur unterbrochen vom Gurgeln eines nahen Wasserlaufes oder dem entfernten Stampfen einer Dampflok auf einer Schmalspurbahn, wie in **Motichur**, wo solch eine Hütte zwischen Haridwar und Rishikesh in Uttar Pradesh am Rand des Rajaji-Nationalparks liegt. Zwar sind manche dieser Hütten nur über Schönwetterstraßen erreichbar, doch Motichur liegt, obwohl von einer Baumreihe verdeckt, gleich an der Hauptstraße. Um in Motichur zu buchen, schreibt man an den Direktor des Rajaji-Nationalparks in Dehra Dun. In ähnlicher Weise werden die meisten dieser Hütten beim obersten Forstamt oder dem Wildschutzbeauftragten des Distrikts gebucht.

Eine gehobenere Version der traditionellen Forsthütten ist die **Kabini River Lodge** bei Nagarahole, zwei Autostunden von Mysore entfernt. Nagarahole ist ein üppiger, überwiegend aus Teakbäumen bestehender Wald, der wegen seines Sees und der Elefanten berühmt ist. Die frühere Jagdhütte des Maharajas ist heute eine Touristenunterkunft. Hier können Sie unter einem Strohdach am Ufer des gestauten Kabini-Flusses ein flackerndes Holzfeuer genießen. Die Ausstattung der großen Räume und der weiten Veranda, die zum Entspannen einlädt, ist angenehm altmodisch.

Koloniale Clubs

Auch eine andere Hinterlassenschaft der Briten, die Clubs, sind über ganz Indien verstreut. Die kleinen Golf- und Country-Clubs in den Hügeln des Nordostens und Südens sind die gemütlichsten, da sich die Lebensweise der Tee- und Kaffeepflanzer seit der Kolonialzeit scheinbar kaum verändert hat.

Einer der bekannteren Clubs befindet sich in **Ooty** (Uthagamandalam), einer Kleinstadt mit einem See zwischen den sanften grünen Hügeln in der Nähe von Mysore, der Gegend, die früher „Schottland des Ostens" genannt wurde. Im **Ooty Club** hängen die Trophäen der Fuchsjagden immer noch an hölzernen Tafeln an den Wänden, und man ist von einer gemütlichen Atmosphäre der Behaglichkeit umgeben.

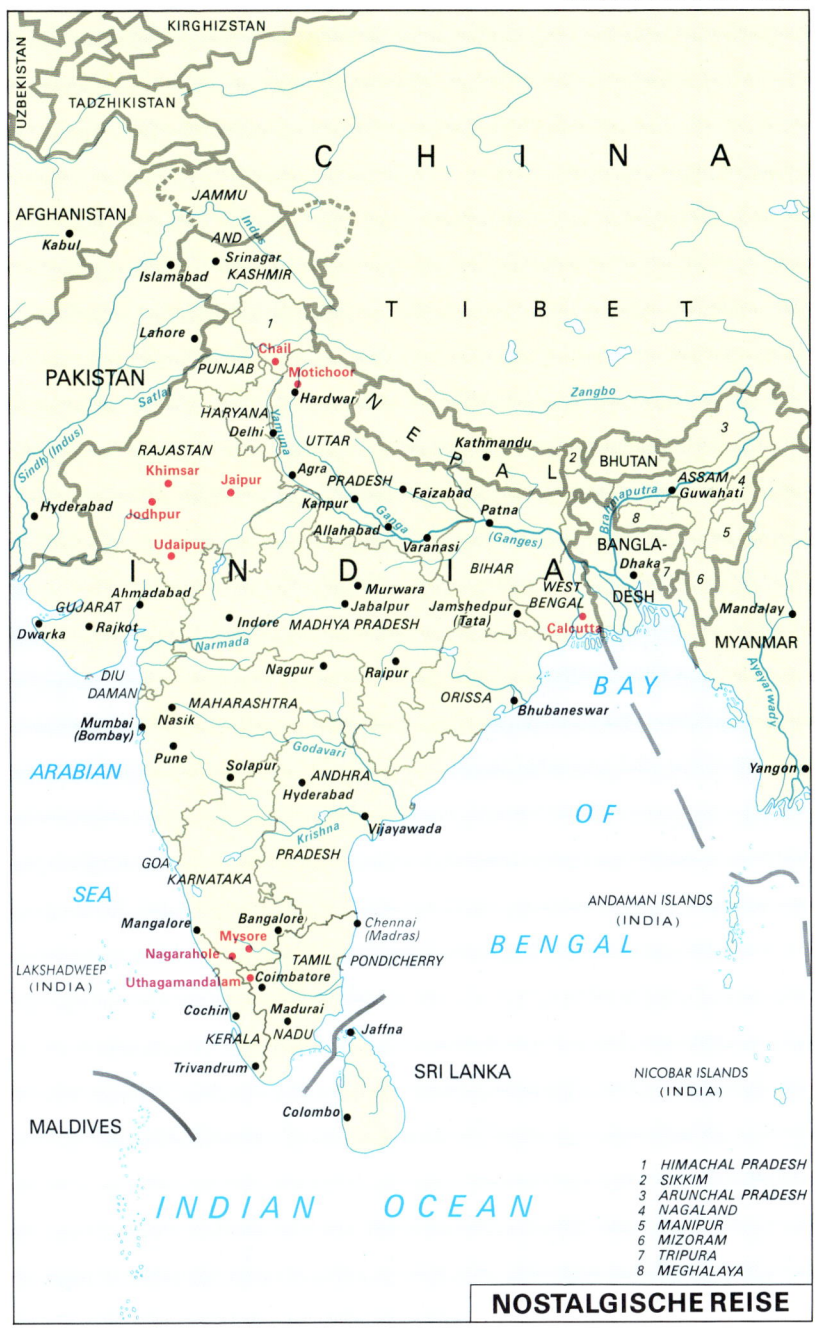

Oben: Nur tiefster Glaube ermöglicht diese Art von Buße.

DIE SIEBEN HEILIGEN STÄDTE

Im Hinduismus ist das Leben ein magischer Überfluß an Energie, ein Einfließen des Göttlichen. Gewissen Orten werden heilige Kräfte zugeschrieben, die dem Pilger sofortige Segnung verleihen und seine Seele vor weiterem Unheil bewahren. Während der Epoche des klassischen Hinduismus (ca. 4. Jahrhundert n. Chr.) wurden all diese Orte in Sanskrit-Versen besungen, deren Rezitation zur Erlösung führen konnte, die aber auch als Leitfaden für Pilger dienten. So war beispielsweise das reine Aufzählen der sieben heiligen Flüsse gleichbedeutend mit einem rituellen Bad.

Derzeit (denn die Traditionen haben sich seit dem 4. Jh. geändert) sind die sieben heiligen Städte des Hinduismus: Ayodhya (Geburtsort Ramas), Mathura (Geburtsort Krishnas), Haridwar (der günstigste Ort für die Versenkung der Asche von Verstorbenen), Varanasi (beim Bad im Ganges kann man die Erlösung finden), Kanchipuram (jahrhundertealte Metropole der hinduistischen Lehre und Kultur), Ujjain (wichtige Manifestation Shivas) und Dwarka (das alte Königreich an der Küste, wo Krishna in den Himmel aufstieg).

Es gibt jedoch auch noch andere heilige Orte, die große Anziehungskraft auf Pilger ausüben, und die nicht in dieser Liste stehen. Die Stadt Gaya in Bihar gehörte früher zu den sieben berühmten Städten und war der Ort, wo die Hindus ihrer Vorfahren gedachten.

Der Geburtsort Ramas

Die hohe Bedeutung des Pilgerorts **Ayodhya** hat sich besonders deutlich 1992 gezeigt, als Hindufanatiker im Namen Ramas eine 1528 über dessen Geburtsstätte errichtete Moschee niederrissen. **Mathura** und **Dwarka** ziehen Anhänger anderer Sekten an, die Radha und Krishna verehren. Der Hinduismus

DIE SIEBEN HEILIGEN STÄDTE

spricht sämtliche psychologische Nuancen zwischenmenschlicher Beziehungen an, wobei er sich eher mit den Feinheiten des Lebens als mit den Alltäglichkeiten befaßt. Rama und seine Gemahlin Sita repäsentieren das höfische Beispiel tugendhafter Herrscher, Radha und Krishna hingegen verkörpern ein eher dörfliches Liebespaar.

Wo Krishna tanzte

In der Nähe von Mathura liegt **Vrindavan**, wo sich das göttliche Liebespaar traf. Jedes religiöse Fest dort ist eine farbenfrohe Erinnerung an diese göttliche Romanze. Im Gegensatz dazu steht die zurückhaltende Stimmung in **Dwarka**, die Krishnas reifere Natur als Berater der Helden des *Mahabharata* widerspiegelt. Dwarka gehört nebenbei auch zu den vier spirituellen Himmelsrichtungen des Hinduismus. Der Philosoph Shankaracharya bestimmte es als den am weitesten westlich gelegenen Tempel, wo die Pilger auf ihrer Rundreise durch den Subkontinent bei den Nachkommen der Lehrer, die er damals an diesen vier Orten eingewiesen hatte, Belehrung erfahren können.

Tore zu Gott

Haridwar ist dank seiner mythischen Bedeutung als Platz, an dem ein Tropfen des Unsterblichkeitsnektars auf die Erde fiel, einer der beliebtesten Pilgerorte. Wer im Ganges badet, muß sich an Ketten festhalten, um nicht vom Strom mitgerissen zu werden. Die abendliche Andacht bei Har-ki-Pauri ist eines der faszinierendsten religiösen Rituale der Welt. Mit Blumen und einer Öllampe geschmückte Blattschiffchen werden in der Abenddämmerung auf dem Fluß ausgesetzt und treiben dann einem ungewissen Schicksal entgegen. Diese Symbolik ist sehr bewegend und gibt dem Besucher Gelegenheit, die drängelnde Menge von Bettlern, Priestern, Betrügern und wunderlichen Käuzen zu beobachten, die in sämtliche heiligen Orte eindringt, wo einfache Menschen, die nur ihren Glauben besitzen, zusammenkommen.

Haridwar bedeutet „das Tor zu Vishnu", da man von hier aus die wichtigen Vishnu-Pilgerorte im Himalaya besuchen kann. Der Name bezieht sich jedoch auch auf die Erlösung der Seele bei der Verbrennung des Körpers. Der Hauptfluß in Haridwar ist heute der Ganga Canal; der alte Flußlauf führt durch die südlich gelegene Vorstadt Kankhal, wo der orthodoxe Pilger seine *yatra* (Pilgerreise) antreten muß. In Haridwar findet alle zwölf Jahre die *Kumbh Mela*-Feier statt, bei dem Millionen von Hindus im Ganges baden.

Die Kumbh Mela

Die *Kumbh Mela*-Feier findet abwechselnd in drei weiteren Städten statt: **Prayag**, wo bei Allahabad die Flüsse Ganges und Yamuna zusammenfließen; **Nasik** in Maharashtra, in der Nähe der Godavari-Quelle; und in **Ujjain**. Um der Beliebtheit der Feier gerecht zu werden, wird alle sechs Jahre noch eine *Ardh* (halbes) *Kumbha* abgehalten, die die Vorfreude der Gläubigen auf das Hauptfest noch steigert.

Diese *Melas* gehen bis ins 13. Jh. zurück und spiegeln die Vorliebe des Hinduismus für Prunk und Hierarchie wider. Die verschiedenen Sekten sammeln sich in Lagern am Flußufer, und ihre Vertreter reichen von äußerst gelehrten, aber bescheidenen Eremiten bis hin zu Yogis mit ihren Nagelbrett-Übungen. Die Naga-Orden entstanden zur Verteidigung des Hinduismus vor Angriffen fremder Glaubensgemeinschaften. Die Reihenfolge, nach der die verschiedenen sozialen Klassen im Ganges baden, ist für den friedvollen Ablauf der *Mela* von äußerster Bedeutung; früher gab es deswegen bereits häufig gewaltsame Auseinandersetzungen.

DIE SIEBEN HEILIGEN STÄDTE

Auf seinem Weg entlang des Ganges erreicht der Pilger schießlich die heiligste Stadt des Hinduismus, **Varanasi**, deren Zauber bis ins kleinste Detail ihren Ruf bestätigt. Das brodelnde Leben am Fluß prägt diese Stadt, denn der Pilger stillt an den *ghats* (Uferstufen) seine tiefsten Sehnsüchte. Wie der Hinduismus selbst überwindet Varanasi alle Schwierigkeiten mühelos. Der uralte Sarnath Stupa, die mittelalterliche Moschee und die moderne Eisenbahnbrücke – alles verschmilzt in der ältesten, ununterbrochen bewohnten Stadt der Welt zu einer unauflöslichen Einheit. Man sitzt gelassen auf den Stufen des Dasasvamedh Ghat inmitten der Menschenmenge und spürt, daß diese Steine nicht nur Relikte des Flusses, sondern auch Zeugen des Lebens an sich sind. Der **Vishvanath-Tempel** trägt auch den Namen ,,Kashi", Stadt des Lichts, und enthält eine der zwölf *jyotirlingams* (Lichtsäulen) des Shivaismus.

Oben: Pilger vor dem Bad im Ganges bei Varanasi.

Diese über Nord- und Westindien verstreuten Tempel sind Ziele einer weiteren Pilgerreise für besonders gläubige Hindus.

In jedem Fall muß die Stadt **Ujjain** (die ebenfalls einen *jyotirlingam*-Tempel besitzt) mit zu den heiligsten Städten Indiens gezählt werden. Das moderne **Ujjain** am Ufer des Sipra, einem Seitenarm des Ganges, ist eine saubere, übersichtlich angelegte Stadt, was man von den heiligen Städten in Uttar Pradesh nicht behaupten kann. Die Vornehmheit, die Ujjain ausstrahlt, läßt sich am besten in den Gedichten des Sanskrit-Dramatikers Kalidas nachvollziehen.

Die siebte der heiligen Städte des Hinduismus ist schließlich **Kanchipuram**, die architektonisch herausragende Vertreterin des Südens, und mit ihrem *Saptpuri Yatra*-Tempel auch die spektakulärste Stadt. Es heißt, Kanchipuram verbände das Wissen Ujjains, die Hingabe der Vaishnav-Städte und die Askese Shankaracharyas, dessen Leichnam hier zurückgeblieben sein soll.

DIE SIEBEN HEILIGEN STÄDTE

NATIONALPARKS

In Indien findet sich eine unvergleichliche Vielfalt an Wäldern und Tierarten. Es wurde zwar bereits erschreckend viel gesunder Waldbestand zerstört, doch existieren zahlreiche Schutzgebiete in allen Teilen des Landes, die viel Lebensraum bieten. Die einzelnen Gebiete sind je nach Jahreszeit und Bodenbeschaffenheit unterschiedlich leicht zugänglich.

Der **Dachigam National Park** (21 km von Srinagar, Kaschmir) ist ein ursprüngliches alpines Ökosystem, das sich von 1700 Meter bis in Höhen von 4300 Meter hinauf erstreckt. Dort lebt der stark vom Aussterben bedrohte Kaschmir-Hirsch oder *hangul* sowie eine ansehnliche Population schwarzer (und in höheren Lagen) brauner Himalaya-Bären, die man vor allem im Sommer beobachten kann. Ferner gibt es dort Moschus-Hirsche, Füchse, Murmeltiere und eine reiche Vogelwelt, doch sind viel Glück und Erfahrung nötig, um die verschiedenen Arten beobachen zu können. Die beste Zeit zur Beobachtung der Kaschmir-Hirsche ist der Winter, wenn sich die Tiere wegen der Schneemassen in Lagen weiter unten, in Lower Dachigam, versammeln.

Corbett-Nationalpark

Der **Corbett National Park** und das **Project Tiger Reserve** befinden sich in Uttar Pradesh, 300 Kilometer östlich von New Delhi. Dieser älteste Nationalpark Indiens ist zugleich einer der schönsten und ist in den üppig-grünen Vorbergen des Kumaon-Himalaya gelegen. Er bietet mit seinen laubwerfenden, überwiegend aus Salbäumen bestehenden Mischwäldern, ausgedehnten Wiesen und ständig wasserführenden, unterirdischen Flüssen Lebensraum für Tiger, deren Beutetiere und eine Population wilder Elefanten, die im Sommer aus den umliegenden Wäldern einwandern. Der Corbett National Park befindet sich im Herzen des Gebietes, wo Jim Corbett die meisten ,,seiner" Menschenfresser-Tiger erlegte. Besucher können auf Elefanten durch den Park reiten, und außerdem existiert ein recht gutes Straßennetz. Man bekommt relativ leicht Exemplare von *chitals*, *sambars*, der größten Hirschart Indiens, Muntjaks, Wildschweinen, Waranen, Ghavialen (fischfressende Krokodile) und über 500 Vogelarten, darunter Rebhühner, Bankiva-Hühner, Fasane, Habichte, Bussarde, Adler und Paradiesfliegenschnäpper zu sehen. Seit einiger Zeit werden erfreulicherweise auch wieder häufiger Tiger und Leoparden beobachtet.

Dudhwa, Manas und Kaziranga

Südöstlich von Corbett befindet sich der **Dudhwa National Park** im berühmten *terai*-Gebiet: ein dichter, oft sumpfiger Dschungel an der Grenze zwischen Indien und Nepal am Fuß des Himalaya-Gebirges. Dudhwa ist berühmt für seine große Population der Hirschart *barasingha*. Auch Tiger und deren Beutetiere sind zahlreich vertreten, und die Vielfalt der Vogelwelt ist verblüffend. Vor langer Zeit gab es in Dudhwa auch Nashörner, ehe sie vom Menschen völlig ausgerottet wurden; vor einigen Jahren brachte man nun eine kleine Population dieser Tiere aus Kaziranga in Assam wieder hierher.

In Richtung Grenze nach Bhutan, 176 km von Guwahati in Assam, befindet sich das **Manas Tiger Reserve**. Hier herrscht üppig-grüner tropischer Regenwald vor. Das Reservat wurde nach dem Manas-Fluß, der es durchfließt, benannt und ist der einzige bekannte Lebensraum der einmaligen und wunderschönen Goldlanguren, einer Affenart. Hier lebt eine größere Population von Tigern, wilden Büffeln und Elefanten; die farbenfrohe Vogelwelt reicht vom bedrohten großen Indischen Nashornvogel bis zum winzigen Mennigvogel. Es ist nicht ganz leicht, in Manas Tiger zu Gesicht zu bekommen, Büffel und Elefanten kann man

NATIONALPARKS

NATIONALPARKS

jedoch gut beobachten. Außerdem gibt es Lippenbären, Sambars, Wildschweine und Muntjaks. Die Vielfalt der Insektenarten ist faszinierend. Ein unvergeßliches Erlebnis stellt eine Bootsfahrt auf dem Fluß dar. Im Dschungel leben auch einige Exemplare von Nashörnern und Gaurs.

Flora und Fauna in **Kaziranga** (221 km von Guwahati) sind reichhaltig und gut zu beobachten. Nashörner, Wasserbüffel und kleine Herden von *barasinghas* stehen vereinzelt auf den Wiesen und in den Sümpfen, Bankiva-Hühner stolzieren umher, und am Himmel kreisen Fischadler und Weihen. An den zahlreichen, dichtbewachsenen Wasserläufen sind häufig wilde Elefanten zu sehen. Der an einer Seite vom großen Brahmaputra-Strom und auf der anderen Seite von der Autobahn Guwahati-Jorhat begrenzte Kaziranga-Park beherbergt die letzten Exemplare des Indischen Panzernashorns. Im Winter kommen Wanderenten, Gänse und andere Wasservögel hierher, und an klaren Tagen kann man im Hintergrund den Himalaya erkennen. Wanderungen sind gefährlich, man kommt aber auf dem Elefantenrücken oder im Auto recht nah an Nashörner heran.

Die Sunderbans

Die **Sunderbans**, weitläufige Mangrovensümpfe, sind heute ein Nationalpark und Tigerreservat mit der größten Tigerpopulation Indiens und der geringsten Entfernung zur nächsten Großstadt: Calcutta ist lediglich 70 Kilometer entfernt. In diesem Gebiet wird mehr als anderswo die Anpassungsfähigkeit des Tigers deutlich. Man weiß, daß Tiger zur Verteidigung ihres Reviers bis zu zehn Kilometer durch brackige Mündungsflüsse schwimmen. Auf den ersten Blick erscheinen die Sunderbans nur wie Sumpfland und niedriger grüner Dschungel. Bei näherer Be-

Rechts: Chital-Hirsche posieren für den Fotografen im Sariska-Reservat, Rajasthan.

trachtung jedoch treten etliche faszinierende Lebensformen zutage: Winkerkrabben, Schlammspringer, Meereskrokodile und -schildkröten und natürlich Tiger, die sich aber nicht so häufig sehen lassen. Gegen Abend kann man oft Axis-Hirsche und Wildschweine beobachten. Bei Sajnekhali lebt eine Kolonie interessanter Wasservögel. Die einzige Möglichkeit, die Sunderbans zu erleben, ist, per Boot auf den winzigen Flüßchen zwischen den Mangroven durchzuschippern.

Ranthambhore, Ghana und Sariska

Die Tiger von **Ranthambhore** lassen sich weit weniger durch die Nähe des Menschen stören als die in Corbett, Dudhwa oder in den Sunderbans. Dieses Tigerreservat mit Nationalpark besteht aus nahezu unfruchtbarer Felslandschaft und niedrigem Dschungel, der von grünen Lichtungen unterbrochen wird. Aufgrund dieses offenen Dschungels und der Lage von Wasserstellen können die Tiere, darunter auch Tiger, gut beobachtet werden. In Ranthambhore konzentrieren sich Sambars, Axis-Hirsche und Krokodile um ein System von drei kleinen natürlichen Seen, die im Winter auch Zugvögel anziehen. Mit einiger Ausdauer sieht man sogar die wunderschöne, heute bedrohte Indische Echtgazelle *chinkara*, Nilgai-Antilopen und Wildschweine.

Zwischen Ranthambhore und dem Sariska Tiger Reserve, 176 Straßenkilometer von Delhi, liegt das vermutlich bekannteste Vogelschutzgebiet der Welt, der **Keoladeo Ghana National Park**. Der ursprünglich künstlich angelegte Sumpf besteht nun aus einem 29 Quadratkilometer großen Seensystem, durchzogen von Fahrwegen und Pfaden und unterbrochen von Gebieten, in denen Sambars, Nilgai-Antilopen, Wildschweine, Axis-Hirsche, Pythons und eine Vielzahl verschiedener Vogelarten leben. Berühmt ist der Ghana indes für seine Wasservögel. Im September, bei gutem Wasserstand, verwandeln

NATIONALPARKS

Störche, Löffler, Silberreiher, Ibisse, Reiher und andere Vogelarten die Akazienbäume in eine riesige krächzende, flatternde und zwitschernde Kinderstube. Kurz nach der Brutzeit kommen die Zugvögel aus der GUS, aus China und Indiens äußerstem Norden: Abertausende von Enten und Gänsen. Im November ist eine Attraktion geboten – die Ankunft des Sibirischen Kranichs.

Sariska National Park, 200 km südwestlich von Delhi, ist ein großes Tigerreservat und von Delhi aus am besten zu erreichen. Sambars, Axis-Hirsche, Nilgai-Antilopen und Affen sind hier gut zu beobachten; einen Tiger zu sehen, ist allerdings Glückssache. In diesem trockenen, laubabwerfenden Wald sind an günstig gelegenen Wasserstellen verborgene Aussichtstürme aufgebaut.

Kanha und Bandavgarh

In Madhya Pradesh gibt es die beiden außergewöhnlichen Schutzgebiete von **Kanha** und **Bandhavgarh**, die ebenfalls hervorragend zur Tigerbeobachtung vom Auto oder von Elefanten aus geeignet sind. Die Tiger leben hier ungestört neben den anderen Großsäugern, den Elefanten. Der Dschungel besteht aus Laubbäumen, in Kanha aus Bambuswäldern, unterbrochen von freiliegenden Wiesen, die häufig von Axis-Hirschen und *barasin-ghas* aufgesucht werden. Zu beobachten sind auch die *chousingha*-Antilope, die Hirschziegenantilope sowie Wildhunde. Bandavgarh besitzt außerdem eine Festung und alte Höhlen.

Gir Forest

Der indische Löwe, der bis zum 17. Jh. noch zahlreich vertreten war, findet heute nur noch Lebensraum im **Gir Forest** in Gujarat. Der Löwe ist hier das wichtigste Raubtier und läßt sich vom Menschen erstaunlicherweise kaum stören. Diese majestätischen, gelbbraunen Großkatzen sind die letzten ihrer Art in Indien und der Welt. In **Kutch** (Gujarat) trifft man indische Wildesel an.

LANDFLUCHT

Bei der letzten Volkszählung im Jahr 1991 lebten in den Städten Indiens etwa 230 Millionen Menschen. Das entspricht 27,4 Prozent der Gesamtbevölkerung. Die Verstädterung Indiens begann schon vor 5000 Jahren, als sich im Indus-Tal die ersten städtischen Siedlungen der Menschheitsgeschichte entwickelten. Das heutige Stadtbild in Indien ist jedoch ein Mosaik aus Baustilen wesentlich späterer Epochen, die sich grob einteilen lassen in die Zeit vor der Kolonisation durch die Europäer, in den Zeitraum der Kolonisation und in die Zeit seit der Unabhängigkeit. Am besten werden die unterschiedlichen Entwicklungsphasen einer indischen Stadt von den Städten repräsentiert, deren traditionelle Viertel während der britischen Kolonialherrschaft um Straßen und Eisenbahnersiedlungen erweitert wurden und wo nach 1947 neue Wohn-, Verwaltungs- und Industriebauten gebaut wurden.

Alle indischen Millionenstädte wurden von der für Indien typischen Landflucht gleichermaßen betroffen; die meisten sind heute Industriezentren, andere zugleich Provinzhauptstädte. Magnetisch ziehen die Städte die Arbeitslosen der ländlichen Gebiete an, die in den Fabriken und auf Baustellen Arbeit suchen oder mit kleinen Dienstleistungen ihren Lebensunterhalt verdienen. Die Indikatoren für die Armut auf dem Land, so heißt es, sind die Slums der Städte. Denn es sind allzuviele, die den Verlockungen einer auf dem Reißbrett geplanten Industrialisierung folgen, die darüber hinaus teilweise in nicht mehr kontrollierbaren Ausmaßen verläuft.

Die Menschenmassen, die im Zug dieser chaotischen Landflucht in die Städte gelangen, können dort kaum menschenwürdig unterkommen. Die Folge sind trostlose Barackensiedlungen am Rand der Städte. In Großstädten wie Bombay existieren sogar sogenannte Mittelklasse-Slums wie Dharavi, wo Ärzte, Rechtsanwälte und andere Akademiker zu leben gezwungen sind.

Hausbesetzungen und Übergriffe sind an der Tagesordnung. Über Nacht entstehen neue Barackensiedlungen, die aufzulösen politische Kraftakte erfordern würde. Zwar droht die Regierung immer wieder mit Aktionen, doch bleibt es häufig bei diesen Drohungen, da es weder konkrete Alternativen noch endgültige Lösungen für die Armut der Landbevölkerung und für die insgesamt herrschende Arbeitslosigkeit gibt. Zudem dürfen Entscheidungen nicht unpopulär ausfallen. Eine Konzentration der Politik auf die Förderung der Kleinbauern und besitzlosen Landarbeiter ruft jedoch heftigen Widerstand einer großen Wählerschaft, der besitzenden Bauern, hervor.

Wie in so vielen Entwicklungsländern führt das unkontrollierbare Anwachsen der Slums in den Randgebieten der Städte zu hygienisch unhaltbaren Verhältnissen, die sich auf die gesamte Stadt auswirken. Kurzfristig befreien sich die Betroffenen zwar durch die Flucht in andere Städte von den Arbeitsverpflichtungen und der oft drückenden Schuldenlast, doch eine dauerhafte Lösung kann das natürlich nicht sein.

Eine denkbare Erleichterung für die Städte wäre der Bau von Trabantenstädten rund um die Ballungsgebiete – Vorstädten mit einer eigenen Infrastruktur, also mit mittelständischer Industrie und Kleinunternehmern, wo angelernte und auch ungelernte Arbeitskräfte arbeiten können. Damit könnte der Druck auf die Großstädte zumindest teilweise aufgefangen werden. Versuche in diese Richtung sind in einigen Teilen des Landes in Angriff genommen worden, doch haben diese Vorstädte für Investoren nur geringe Attraktivität.

Vorherige Seiten: Inderinnen in bunten Saris beobachten eine Prozession in Pushkar.

KOMMUNALISMUS

Der Begriff Kommunalismus ist zu einem Synonym für den unversöhnlichen Gegensatz zwischen religiösen Glaubensrichtungen geworden. Der politische Konflikt zwischen religiösen Gruppen (engl. community) entstand erstmals in den 20er Jahren, als die repräsentative Demokratie eingeführt wurde. Hinduistische und islamische Organisationen wetteiferten um die eingeschränkte politische Herrschaft, die ihnen die Kolonialmacht zugestand; doch wurden in den 20er Jahren aus dem Machtgerangel schnell gewalttätige Auseinandersetzungen.

Zwar hatte es früher bereits Zusammenstöße zwischen den Hindus und Moslems gegeben, doch fielen diese gewalttätigen Auseinandersetzungen nun mit dem Entstehen einer neuen politischen Ordnung zusammen. Kommunalismus ist seither ein Phänomen, bei dem Machtgelüste die Triebfedern der Politiker sind, die deshalb eine Lobby von religiös Gleichgesinnten um sich scharen.

Die nationale Unabhängigkeitsbewegung, angeführt von der Indischen Kongreßpartei, verstand sich als weltliche Bewegung, doch gab es auch in ihr Kräfte, die auf ein Erstarken des Hinduismus hinarbeiteten. Moslems, die sich unter dem Banner der Moslem-Liga sammelten, fürchteten, daß im Fall eines Sieges der Unabhängigkeitsbewegung die Moslems als Minderheit an den Rand der indischen Gesellschaft gedrängt würden.

Der Streit spitzte sich gegen Ende des Unabhängigkeitskampfes zu, und die Kongreßpartei konnte sich letztlich nicht gegen den Druck der Moslem-Liga durchsetzen. Damit waren, als Indien 1947 seine Unabhängigkeit erhielt, die Voraussetzungen für die Geburt zweier souveräner Staaten geschaffen: Indien und Pakistan. Die Teilung wurde begleitet von Kämpfen und schrecklichem Blutvergießen, und ein Massenexodus von Flüchtlingen in beide Richtungen der pakistanisch-indischen Grenze sowohl im Punjab als auch in Bengalen setzte ein. Die Mehrheit der Moslems blieb jedoch in Indien, da laut Verfassung Staat und Religion getrennt sind.

Bis zur Unabhängigkeit Indiens blieben die Unruhen örtlich begrenzt, und bis in die 60er Jahre wurde sogar eine abnehmende Tendenz registriert. Seit dieser Zeit jedoch nehmen die Ausschreitungen wieder zu, und überdies veränderten sich die Methoden: Während sich die Auseinandersetzungen in den 60er Jahren noch an lokalen Problemen entzündeten, bei denen zänkisch erörtert wurde, wie der Weg einer religiösen Prozession verlaufen sollte, oder deswegen Streit ausbrach, weil vor einer Moschee Musik gespielt worden war, so sind die Unruhen heute politisch motiviert, durchorganisiert und lösen Kettenreaktionen aus, die ungeahnte Dimensionen annehmen können. Bei diesen regional übergreifenden Unruhen verlieren heute wesentlich mehr Menschen ihr Leben als früher, und die Zerstörungen sind erheblich schlimmer.

Während die 80er Jahre vor allem durch den Konflikt zwischen Hindus und Sikhs geprägt waren, haben politische Kräfte in den letzten Jahren den Gegensatz zwischen Hindus und Moslems zugespitzt. Die angebliche jahrzehntelange Bevorzugung der Moslem-Minderheit (11% der Bevölkerung), die endlich einer Hindu-Herrschaft weichen müsse, ist zum Wahlkampfthema geworden.

Politik war auch mitverantwortlich für die Zerstörung der Babri-Moschee von Ayodya durch Hindu-Fanatiker im Jahr 1992, ein Ereignis, das die ganze Nation erschüttert hat. Es stellte die von der Verfassung garantierte Religionsfreiheit in Frage. Wirtschaftliche Not hat dazu beigetragen, daß Forderungen nach radikaler Politik zugunsten einzelner Gemeinschaften immer lauter werden. Dieser Umstand wird von den hindunationalistischen Parteien für ihre Zwecke ausgenutzt, die Konflikte zusätzlich anheizen.

231

SATELLITEN, RAKETEN UND ATOMBOMBEN

Im Gegensatz zu den meisten anderen Entwicklungsländern existierte in Indien zum Zeitpunkt der Unabhängigkeit bereits eine ansatzweise industrialisierte Gesellschaft mit funktionierender Infrastruktur. Das unabhängige Indien forcierte die Industrialisierung und technische Umgestaltung durch Planwirtschaft und Förderung der Staatsbetriebe, wobei man jedoch privaten Unternehmern genügend Spielraum ließ. Indien, dessen Wirtschaft mittlerweile den neunten Fünfjahresplan durchläuft, hat sich dadurch eine leistungsfähige, industrielle und technologische Infrastruktur geschaffen.

Eine besondere Leistung Indiens ist die zügige Schaffung einer Basis für die wirtschaftliche Selbständigkeit und die Entwicklung einer heimischen Technik und Technologie, die von seiten des Staates stark gefördert wird. Forschungen auf den Gebieten der Atomenergie, des Bergbaus, der Ozeanographie und nicht zuletzt Forschungen im Weltraum mit selbstentwickelten Weltraumtechnologien werden heute von indischen Instituten durchgeführt. Die Zusammenarbeit mit anderen Ländern wurde dabei, über ideologische Grenzen hinweg, angestrebt. Indiens erster Mann im Weltraum war Major Rakesh Sharman, der im Jahr 1984, zusammen mit zwei sowjetischen Kosmonauten, an Bord der *Sojus T II* von Baikonur aus ins All startete.

Verantwortlich für die Planung, Ausführung und Leitung der Weltraumforschung ist die India Space Research Organization (ISRO) in Bangalore, die verschiedene Zweigstellen unterhält: das Vikram Srabhai Space Centre in Trivandrum, das ISRO Satellite Centre und das Telemetry, Tracking & Command Network (ISTRAC) in Bangalore, das SHAR Centre auf der Sriharikota-Insel in Andhra Pradesh, das Space Applications Centre in Ahmedabad, die Auxiliary Propulsion System Unit in Bangalore und die Developmental and Educational Communication Unit in Ahmedabad.

Indiens erstes selbstständiges Weltraumunternehmen war der Start des Forschungssatelliten *Aryabhatta* im April 1975. Bereits fünf Jahre später startete Indiens erste Satellitenträgerrakete (SLV-3) erfolgreich vom SHAR Center in Sriharikota, der – nach zwei gescheiterten Versuchen – schließlich 1992 ein weitaus tragfähigeres Modell (ASLV) nachfolgte. Nur ein Teilerfolg war der erstmals im Jahr 1993 vorgenommene Start einer polaren SLV. Das Weltraumprogramm war entscheidend für die Entwicklung des Indian National Satellite Systems (INSAT). Mehrere INSAT-Satelliten, gestartet in den USA oder von der europäischen ESA, dienen als Fernseh-, Kommunikations- und Wettersatelliten. Als Indiens Remote Sensing Satellite am 17. März 1988 mit Hilfe einer sowjetischen Trägerrakete ins All startete, war Indien das erste Land der Dritten Welt mit einem eigenen Remote Sensing Satelliten, dem 1991 ein zweiter folgte.

Indien verfügt über eine hochentwickelte Atomtechnologie, die der Stromgewinnung und militärischen Zwecken dient. Da Indien den Atomwaffensperrvertrag nie unterschrieb und 1974 einen erfolgreichen Atomversuch durchführte, wurde angenommen, daß es heimlich ein Atomwaffenprogramm entwickelte – immerhin hatte Indien bereits seit 1963 einen eigenen Schnellen Brüter im Reactor Research Center in Kalpakkam, in der Nähe von Madras.

Mit der unterirdischen Zündung von Atomsprengköpfen in der Wüste Thar, nahe der pakistanischen Grenze, signalisierte das Land 1998 der Welt, aber insbesondere seinen Erzfeinden China und Pakistan: Indien hat die „Hindubombe"! Die politischen Erschütterungen im Ausland waren gewaltig, zumal die neue indische Mittelstreckenrakete *Agni* eine Reichweite von 2500 km haben soll.

GURUS UND ASKETEN

In Indien ist der Anblick eines *sadhu* (Wandermönch) keineswegs ungewöhnlich. Entweder ist der Kopf kahlgeschoren, oder er trägt einen langen Bart und verfilztes Haar und wandert mit einer Bettelschale durch das Land. Ebenfalls alltäglich ist die Verehrung, die man ihm entgegenbringt. Häufig begegnet man den *sadhus* an Wallfahrtsorten, wo trotz der Ähnlichkeit ihres Erscheinungsbildes Unterschiede deutlich werden.

In den letzten zwei Jahrzehnten haben die *gurus* die Phantasie der Menschen der westlichen Welt angeregt, und wurden dabei zu Kultfiguren hochstilisiert. Überall in Indien existieren *ashrams*, deren Spektrum von einigen kleinen, in abgelegenen Wäldern liegenden Hütten bis hin zu durchorganisierten Siedlungen mit Schulen, Krankenhäusern und anderen sozialen Einrichtungen reicht. Besucher werden in einem solchen *ashram* gerne aufgenommen, auch dürfen sie an den Lehrveranstaltungen des *gurus* und seiner Schüler teilnehmen. Lange Zeit war im Westen der *guru* ein Synonym für Indien. Die *gurus* sind, zumindest das ist richtig, ein integraler Bestandteil der indischen Kultur, in der sie nicht nur die Rolle eines religiösen Lehrers spielen.

Vor etwa 2000 Jahren tauchten die ersten *sadhus* in Indien auf, die überzeugt waren, daß die Wurzel allen menschlichen Leidens die materiellen Bedürfnisse sind. So heißt es: „Sobald der Mensch in Objektbegriffen denkt, entwickelt er eine Beziehung zu diesem Objekt, und von diesem Moment an dauert es nicht mehr lange, bis man dieses Objekt besitzen will. Die Folgen dieses Besitzdenkens sind Angst, Haß, Neid. Dann denkt der Mensch nicht mehr sachlich und verliert seine Erkenntnisfähigkeit; am Ende gar sich selbst."

Ähnlich dachten die buddhistischen und jainistischen Seher: Will man dem Leiden entfliehen, bedeutet dies, seine Bedürfnisse zu kontrollieren und seine Wahrnehmung zu schulen. Der beste Weg ist die völlige Loslösung von allem Irdischen. Im Jainismus kennt man das Fasten bis zum Tod als höchste Form der Entsagung und als Bekundung, daß selbst der Tod nichts bedeutet.

Sobald sich ein Mensch entschieden hat, ein Leben als *sadhu* zu führen, sprengt er die Grenzen seines bisherigen Lebens, die seiner Familie, seiner Heimat, seiner Kastenzugehörigkeit oder die seiner Religion. Er begibt sich in ein Reich ohne Grenzen, das Reich des universalen Bewußtseins, und er wird zu einem Zentrum der Ruhe. Die Ausgeglichenheit und die Selbstbeherrschung der *sadhus* erwecken bei ihren Mitmenschen tiefe Verehrung, die sie sich nur durch ununterbrochene Bemühungen, ständige Bewußtheit und den wahren Willen nach Loslösung von allem Irdischen erhalten. Manchmal gewinnt man den Eindruck, diese Männer verfügten über übernatürliche Kräfte, und sie könnten geistige wie körperliche Schmerzen heilen. In den heiligen Schriften steht, daß diese Kräfte nur für die Heilung der Leiden anderer Menschen genutzt werden dürfen; sollte ein *sadhu* sie zu seinen eigenen Gunsten nutzen wollen, etwa um Ruhm und Wohlstand zu erlangen, dann verliert er diese Kräfte.

Dieses Ideal der *sadhus* wird seit dem Vedischen Zeitalter ungebrochen überliefert. Trotzdem gibt es unter ihnen genügend Scharlatane, die den gesellschaftliche Rang eines *sadhus* für ihre Bereicherung auszunutzen wissen. Selbst vor 1500 Jahren war man sich der Gefahr des Mißbrauches des Status eines *sadhus* bewußt. In einer Verszeile aus der Shankara-Zeit heißt es: „Safrangelbe Roben oder seidene Kleidung, ein geschorener Kopf und verfilzte Locken sollen die Mitmenschen blenden, um sich als *sadhu* den Bauch vollzuschlagen. Unter einer Million *sadhus* gibt es vielleicht einen, der ernsthaft die Wahrheit sucht."

233

DIE HEILIGE KUH

Die außerhalb Indiens kaum noch nachvollziehbare Tradition der Verehrung der Kuh läßt sich etwa 3500 Jahre zurückverfolgen, also bis zu den Ariern, einem indogermanischen Hirtenvolk. Zum Alltag der Arier gehörten Opferrituale, bei denen neben der Opferung heilige Verse rezitiert wurden.

Den formalen Ablauf des Opferrituals bestimmten die Brahmanen-Priester; die Opfergaben, hauptsächlich geschmolzene Butter, wurden von der Bevölkerung dargebracht. Im Leben der Menschen hatte die Kuh denselben Stellenwert wie das vedische Feuer oder die Verse der Brahmanen. Von den domestizierten Tieren war die Kuh das mit Abstand nützlichste Tier. Alle Produkte einer Kuh waren verwertbar: Milch, *curd* (Yoghurt), Butter, Sahne, der Mist und sogar der Urin (als vielseitiges Heilmittel). So gesehen hatte die Kuh einen unschätzbaren Wert.

Die Kuh war *kamadhenu*, die Erfüllerin aller Wünsche. Das Füttern und die Pflege einer Kuh wurden als aktive Verehrung verstanden. Im Lauf der Zeit entwickelte sich die Kuh zum Sinnbild der Göttlichkeit, gleichsam zum Wohnsitz der Götter. Die Religion verlangte von den Menschen, einem Brahmanen eine Kuh (*godana*) zu schenken, damit dieser sie anbeten und dadurch die Götter wohlwollend stimmen konnte.

Eine Legende des Veda, die den Kampf zwischen dem brahmanischen Weisen Vasishta und dem König Visvamitra schildert, verdeutlicht die Verehrung, die die Menschen der Kuh entgegenbrachten. Vasishta besaß die Kuh Kamadhenu, die alle Wünsche erfüllte. Deshalb wollte der König die Kuh haben, doch all seiner Macht zum Trotz gelang es ihm nicht, sie in seinen Besitz zu bringen. Er mußte erkennen, daß die geistige Kraft des Brahmanen – symbolisiert in der Kuh – stärker war als die materielle Macht eines Königs. Er tat Buße und wurde später ein brahmanischer Weiser.

Eine andere Legende erzählt die Geschichte des Weisen Chyavana, der am Zusammenfluß von Ganges und Yamuna seine Bußübungen unter Wasser vollzog. Als an dieser Stelle Fischer ihr Netz auswarfen und den Weisen aus dem Wasser fischten, waren sie ziemlich verstört; der Weise aber beruhigte sie. Er bat sie, zum König zu gehen und ihm zu sagen, daß auch er, der Weise, wie die Fische seinen Preis hätte. Sofort eilte der König herbei und bot Unsummen von Geld, dann die Hälfte seines Königreiches und schließlich – in seiner Verzweiflung – das ganze Reich. Doch immer lehnte der Weise das Angebot ab. Schließlich bot der König eine Kuh als Gegenwert an, und siehe da, der Weise nickte zustimmend.

Die fünf Produkte der Kuh – Milch, Joghurt, Sahne, Urin und Mist – sind wesentlich für den Tempelkult. Wenn morgens die Tore des Tempels geöffnet werden, wird eine Kuh hingestellt, damit der Blick des Gottes, wenn er die Augen ins Universum öffnet, als erstes auf die Kuh fällt. Dieser Brauch, der die Götter günstig stimmen soll, wird *Visvarupa Darsana* genannt. Er garantiert den Menschen den göttlichen Segen. So hat man früher dem König, nachdem er aufgewacht war, einige heilige Gegenstände gezeigt, unter anderem eine Kuh.

Es gibt 16 Geschenke – einschließlich einer Kuh –, die ein König oder ein reicher Mann bei passender Gelegenheit machen kann. Bei einer Beerdigung ist das Geschenk einer Kuh unabdingbar, um die Erfüllung der Rituale zu garantieren. Die Shivaiten reiben sich ihren Körper und die Stirn mit einer heiligen Asche aus Kuhdung ein. Krishna, als Kuhhirte eine der Inkarnationen Vishnus, bevorzugte Kuhmilch und Butter, und mit eben diesen Opfergaben wirbt man um seine Gunst. Es ist also nicht verwunderlich, daß die Kuh eine solch wichtige Rolle im täglichen Leben der Inder spielt.

PANTHEON DES HINDUISMUS

Die Hymnen des Veda sind häufig von den furchteinflößenden Naturerscheinungen der Landschaft, in der die Arier lebten, beeinflußt worden. Jede einzelne dieser Naturerscheinungen wurde personifiziert, und der Geist, der sich dahinter verbarg, hatte übernatürliche Kräfte. In den nachfolgenden Jahrhunderten entwickelten sich aus diesen Naturgeistern die Götter des Hinduismus, die man alle für unterschiedliche Erscheinungsformen ein und desselben übergeordneten Wesens hielt und die bis heute von den Hindus angebetet werden. Insgesamt wurden 33 Gottheiten verehrt, die man in drei große Gruppen einteilen kann: die Götter der Erde, der Luft und des Himmels. All diese Götter wurden im Vedischen Zeitalter durch Opfergaben wie Butter und *soma*-Saft und das Singen der vedischen Hymnen günstig gestimmt. Obwohl die meisten Götter männlich waren, wurden auch weibliche Gottheiten wie die Göttin der Morgenröte, Ushas, und die Göttin des Flusses, Sarasvati, verehrt.

Der Feuergott Agni war ein wichtiger Gott für die Menschen des Vedischen Zeitalters. Agni leitet sich von einem indo-germanischen Wort ab, das im Lateinischen *ignis* und im Slawischen *ogoni* heißt. Agnis emporlodernde Flammen erscheinen wie Haare und Zungen, mit denen er die Opfergaben empfängt und zu den anderen Göttern trägt.

Indra war der mächtigste Gott der vedischen Zeit. Er personifiziert das Gewitter, das die Trockenheit beendet und die Dunkelheit vertreibt. Die Wolken erinnern an sich bewegende Festungen, die von Indra angegriffen werden: Also heißt er auch der Zerstörer und wurde deshalb von den Ariern bevorzugt in Kriegszeiten angerufen.

Der alles umschließende Himmel wird durch Varuna verkörpert, den Großen Herrn, in seiner Bedeutung fast ebenso wichtig wie Indra. Er beherrscht Himmel und Erde und trennt sie voneinander; dies wird das Große Gesetz genannt.

Der Gott des Sturmes und des zerstörerischen Blitzes ist der ewig junge Rudra. Rudra scheint wie eine glühende Sonne. Im Laufe der Geschichte wurde Rudra mit Agni, dem Feuergott, identifiziert – und aus dieser vereinigten Gottheit wurde der großzügige und glückverheißende Shiva, der aber auch Schrecken verbreiten konnte und diejenigen tötete, die Angst vor seinem Zorn hatten. Ebenfalls ein Gott aus dem Vedischen Zeitalter ist Vishnu; er ist das Leuchten der Sonne, er ist ein Strahl, der durch den Himmel und die Luft auf die Erde fällt. Ein anderer wichtiger Gott, der allerdings erst später Bedeutung erlangte, ist Brahma, der Schöpfer. Er ist identisch mit dem Gott Brihaspati aus dem Veda.

Zwar spielten die Gottheiten Rudra, Vishnu und Brahma zu Beginn der Vedischen Zeit eine nur untergeordnete Rolle, doch die kraftvolle Bildersprache, die sich später um sie herum entfaltete, hob sie in den Pantheon des Hinduismus. Shiva ist der Gott des Gegensatzes und der Vereinigung des Gegensatzes, das ist das Merkmal dieses furchteinflößenden und glückverheißenden Gottes. In der Dreieinigkeit der hinduistischen Götter gilt Brahman als der Schöpfer und Vishnu als der Bewahrer. Shiva ist der Zerstörer des Alls, wenn die Zeit gekommen ist; er bringt den Tod. Doch für seine Anhänger ist er nicht nur Zerstörer, sondern auch Schöpfer und Bewahrer. Auch Vishnu wird als Bewahrer der erschaffenen Welt begriffen, bis sie erneut zerstört und wieder erschaffen wird. Er heißt der „Allesbewahrer" und ist der höchste Gott und Erstgeborere der Schöpfung, die weder Anfang noch Ende kennt.

Die mannigfaltige Macht der Götter spiegelt sich sowohl in ihrer Vielarmigkeit als auch in ihren unzähligen Beinamen wider. Die Einigkeit und Vielfalt des hinduistischen Pantheon erklingt in den Versen der vedischen Hymnen.

REISE-INFORMATIONEN

VORBEREITUNGEN
Klima / Reisezeit

Die Temperaturen in Indien sind sehr unterschiedlich; sie können unter dem Gefrierpunkt oder über 50 °C liegen. Die empfehlenswerte Reisezeit ist zwar von Oktober bis März, aber eine Reise in anderen Monaten ist ebenso möglich. Im Sommer, wenn es in den Ebenen heiß und trocken ist, kann man sich in die Erholungsorte in den Bergen zurückziehen.

Ein Wetter-Schreckgespenst ist der indische Monsun. Jahr für Jahr zieht er auf demselben Weg über den Subkontinent. Regenwolken hängen von Juni bis September über dem Land, aber wenn sie sich nicht überall gleichzeitig entladen, kann man ihnen leicht ausweichen.

Im Winter herrscht in den hochgelegenen Touristenzielen ein rauhes Wetter, das manchmal unerträglich sein kann. In den tiefergelegenen Gebieten ist es in dieser Zeit sonnig und angenehm bis kühl. Ab März wird es rapide wärmer, bis es im Mai und Juni unerträglich wird. Besonders zu beachten sind die großen Tagesschwankungen, die bis zu 20 Grad betragen können.

Bekleidung

Reiseroute und Reisezeit sind ausschlaggebend für die Bekleidung. Im Winter kann im ganzen Norden ein warmer Anorak nicht schaden; besonders morgens und abends kann es kalt werden. Von März bis Oktober reicht eine leichte Wolljacke. Verzichten Sie auf synthetische Kleidung, lockere Baumwoll- oder Seidensachen sind das angenehmste. Insgesamt sollte auf saubere und gepflegte Kleidung geachtet werden. Die Inder achten nachlässig gekleidete Menschen nicht. Nackte Oberarme und Beine sollten für Männer wie für Frauen tabu sein.

Einreisebestimmungen

Visum: Ein gültiger Reisepaß und ein Visum, das man bei den ausländischen Vertretungen Indiens beantragt, sind die Voraussetzung für die Einreise. Der Antrag auf Erteilung des Touristenvisums sollte auf vorgedruckten, bei den Visastellen erhältlichen Formularen erfolgen, denen zwei Paßfotos und eine Flugticketbestätigung beizufügen sind. Die Anträge kann man oft auch im Reisebüro bekommen. Das Visum kann bis zu einem Monat Aufenthalt mit höchstens dreimaliger Einreise für 35 DM oder für häufigere Einreisen und bis zu sechs Monaten Aufenthalt für 70 DM, bis 1 Jahr für 170 DM beantragt werden. Visaanträge sind an die dem Wohnsitz jeweils nächstgelegene Auslandsvertretung zu richten:

Deutschland: Indische Botschaft, Adenauerallee 262, 53113 Bonn, Tel: 0228 / 540 50, Fax: 0228 / 540 51 53. Indisches Generalkonsulat, Friedrich-Ebert-Anlage 26, 60325 Frankfurt, Tel: 069 / 153 0050, Fax: 069 / 55 41 25. Büro Indische Botschaft, Majakowskiring 55, 13156 Berlin-Niederschönhausen, Tel: 030 / 4853002, Fax: 030 / 4853002.

Österreich: Indische Botschaft, Kärtner Ring 2, 1015 Wien, Tel: 01-505 86 660, Fax: 222/ 505 92 19.

Schweiz: Consulate General of India, 9 rue de Valais, 1202 Geneva, Tel: 022/ 732 08 59. Indische Botschaft, 45 Effingerstr., 3008 Bern, Tel: 031/382 31 11.

Für den Besuch von Sperrgebieten ist eine Sondergenehmigung (*Restricted Area Permit*) erforderlich, die neben dem Visum beantragt wird. Für den Besuch der Staaten Arunachal Pradesh, Manipur, Mizoram, Nagaland sowie für Trekkingtouren in West- und Nordsikkim werden diese Reisegenehmigungen nur für Reisegruppen ab 4 Personen ausgestellt. Auf einige Andamanen- und Lakkadiven-Inseln sowie nach Sikkim bei Beschränkung auf den Besuch von Gangtok und Umgebung dürfen jedoch auch Einzelreisende fahren; die Genehmigung hierzu wird mit dem Visum ausgestellt. Von einem Besuch des Kashmir-Tals wird derzeit aufgrund der politischen Unruhen abgeraten; dies gilt immer wieder auch für den Staat Assam. Vor einer Reise in diese Gebiete sollte man sich über die ak-

REISE-INFORMATIONEN

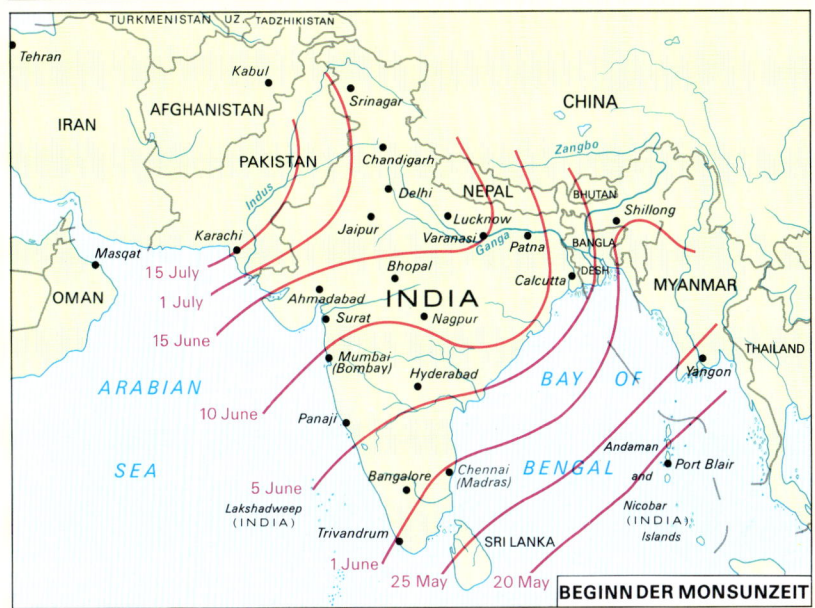

BEGINN DER MONSUNZEIT

tuelle Situation beim indischen Touristenamt informieren: Secretary, Ministry of Home Affairs (Foreigners Division), Government of India, Lok Nayak Bhavan, Khan Market, New Delhi 110003; Tel: 61 97 09.

Zoll: Auch wer durch die grüne Zollschranke geht, muß mit stichprobenartigen Gepäckuntersuchungen rechnen. Als zollfreie Artikel gelten Gegenstände des persönlichen Bedarfs wie Schmuck, eine Kamera mit fünf Filmen, Brillen, Reiseschreibmaschine, Radio, Kassettenrecorder, Campingausrüstung, Skier usw. Außerdem noch 200 Zigaretten und 0,95 l Alkohol. Weitere Kameras und Filme sowie Videokameras müssen deklariert werden. Fahrzeuge kann man über internationale Automobilgesellschaften nach Indien bringen lassen. Teure Wertgegenstände wie auch Berufsausrüstungen müssen deklariert werden. Die Einfuhr von Drogen, lebenden Pflanzen, ungemünztem Silber und Gold sowie von Waffen ohne Waffenschein ist verboten. Diese Zollbestimmungen gelten auch für verschicktes Ge-

päck. Aus Indien ausführen darf man weder Antiquitäten, die über 100 Jahre alt sind, noch Tierhäute, Goldschmuck im Wert von über 20 000 Rs oder anderen Schmuck im Wert von über 10 000 Rs.

Währung / Geldumtausch / Devisen

Die indische Landeswährung ist die Rupie, die in 100 Paise unterteilt wird. Im Umlauf sind Münzen zu 5, 10, 20, 25 und 50 Paise und Scheine im Wert von 1, 2, 5, 10, 20, 50, 100 und 500 Rupies. Indisches Geld darf weder ein- noch ausgeführt werden. Reiseschecks in Rupien werden im Ausland selten ausgestellt.

Geldumtausch: Geld sollte man nur bei Banken oder autorisierten Geldwechslern tauschen. Mit den wichtigsten Kreditkarten kann man in allen größeren Städten Bargeld abheben, in vielen Geschäften und Hotels auch bezahlen.

Devisenvorschriften: Fremdwährung darf jederzeit in Form von Münzen, Scheinen oder Reiseschecks in beliebiger Höhe eingeführt werden – vorausgesetzt, man deklariert den Betrag beim Zoll. Geld im Wert von bis zu 10 000 Dollar

REISE-INFORMATIONEN

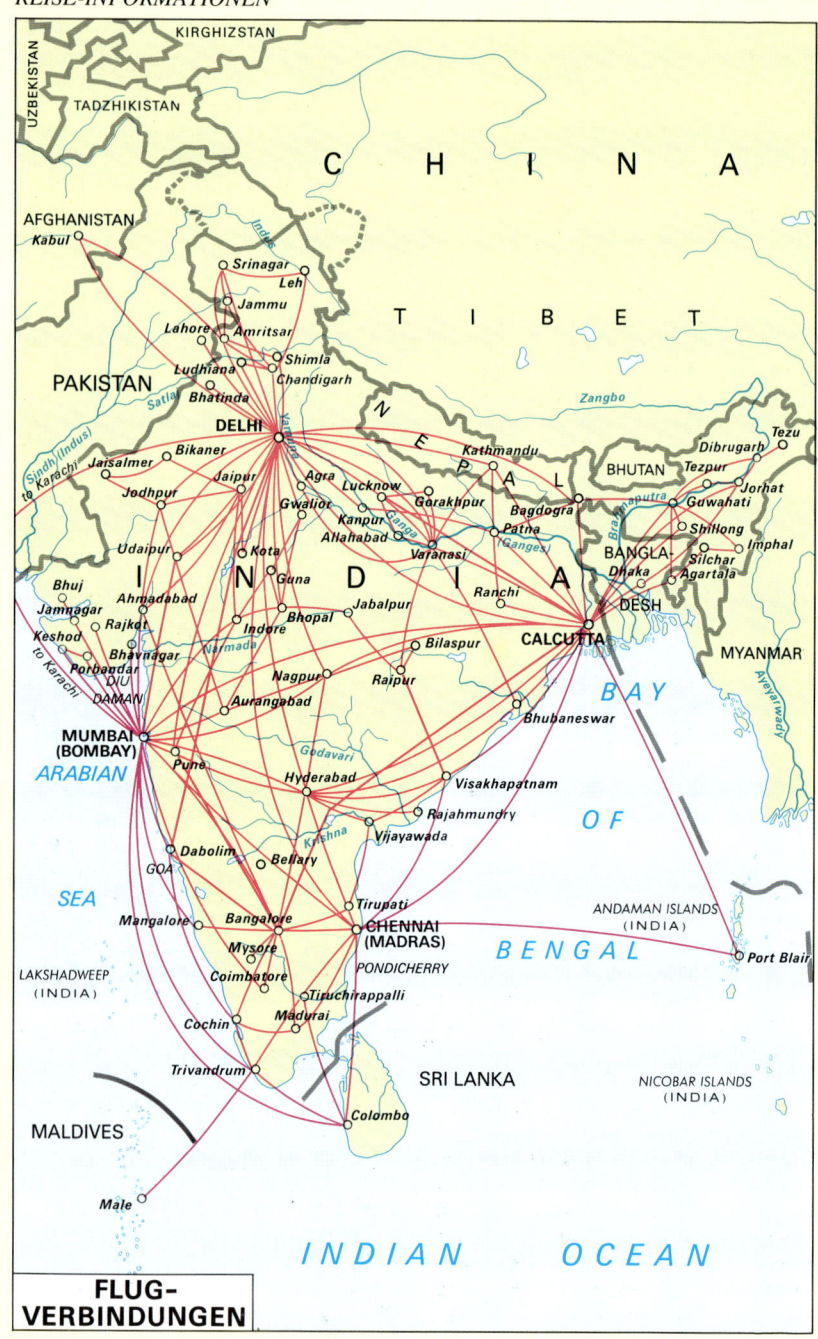

FLUG-VERBINDUNGEN

ist nicht deklarationspflichtig. Alle Einnahmen und jeder Geldumtausch müssen belegbar sein, um beim Verlassen des Landes übriges Geld zurücktauschen zu können. Das ist auch notwendig, um von der Einkommenssteuer befreit zu werden – vorausgesetzt, der Aufenthalt dauert länger als drei Monate.

Gesundheitsvorsorge

Eine Impfung ist nur dann notwendig, wenn Sie zehn Tage vor der Einreise nach Indien ein Gelbfiebergebiet besucht oder durchfahren haben (vor allem Gebiete in Afrika und Südamerika). Gegebenenfalls müssen Sie mit einer 6tägigen Quarantäne rechnen. Offiziell benötigt man keine Impfung, doch Impfungen gegen Polio, Typhus, Tetanus und Hepatitis sind anzuraten. In die Reiseapotheke sollten Sie folgende Medikamente packen: Malariatabletten, Mittel gegen Brechreiz und Durchfall, Antibiotika, Lotion gegen Insekten und Sonnenschutzmittel, ein Antiseptikum, Verbandszeug, Mineralstoff- und Salztabletten (nur im Sommer), evtl. Micropur zur Wasser-Entkeimung. Diese Medikamente erhält man auch in allen Apotheken der großen Städte. Apotheken, die an Krankenhäuser angeschlossen sind, haben rund um die Uhr geöffnet. Wasser sollte man abkochen, ansonsten empfehlen sich Soda- oder Mineralwasser oder sonstige Erfrischungsgetränke. In jedem Fall vermeiden sollte man den Genuß von Salat, bereits geschälten Früchten und Eis und Leitungswasser. Frisch zubereitete Nahrungsmittel, die vom Feuer kommen, sind meist ungefährlich.

Ausreise

Reservierungen für die Ausreise muß man zwei Tage vor der Abreise bei der Fluggesellschaft bestätigen lassen. Man sollte für die Abfertigung am Flughafen mindestens zwei Stunden veranschlagen, da die Sicherheitsüberprüfungen lange dauern. Jeder Passagier (Kinder auch) muß vor dem Einchecken in ein Flugzeug oder ein Schiff eine Hafen- oder Flughafengebür von 500 Rupien zahlen, bei Flügen nach Afghanistan, Bangladesh, Bhutan, Burma, Nepal, Pakistan und Sri Lanka zahlt man nur die Hälfte.

REISEWEGE NACH INDIEN

Mit dem Flugzeug: Etwa 50 internationale Fluggesellschaften fliegen die vier wichtigsten Großstädte Indiens – Calcutta, Bombay, Delhi und Madras – mit über 150 Flügen wöchentlich an. Die Anschriften der Fluggesellschaften finden Sie auf S. 248.

Mit dem Schiff: An der Küste Indiens liegen Hafenstädte wie Bombay, Cochin, Madras, Visakhapatanam und Calcutta; sie dienen allerdings hauptsächlich der Handelsschiffahrt. Das einzige Passagierschiff, das Indien ansteuert, ist die *Queen Elisabeth II.*

REISEN INNERHALB INDIENS
Fluglinien

Die wichtigste innerindische Fluglinie ist nach wie vor die staatliche *Indian Airlines*. IA fliegt 70 inländische Ziele an, außerdem fliegt IA nach Afghanistan, Bangladesh, den Malediven, Nepal, Pakistan und Sri Lanka. In den letzten Jahren wurden mehrere Privatfluggesellschaften gegründet, deren Streckennetz teilweise regional begrenzt ist. Hierzu gehören Archana Airways, Damania Airways, Jet Airways, East West Airlines und Sahara India. Einige Gesellschaften, wie Jetair und Citylink, unterhalten eigene Büros in Deutschland. Während der Touristensaison Oktober-März muß man sich bei allen Gesellschaften rechtzeitig um Plätze bemühen und sollte eine Stunde vor Abflug am Flughafen einchecken. Zubringerbusse verbinden einige Hotels mit dem Flughafen.

IA bietet Flugpässe an, die man im Ausland kaufen kann: *Discover India* für 750 US $ erlaubt für 21 Tage nahezu uneingeschränkte Flugmöglichkeiten in ganz Indien (nur bestimmte Routen sind ausgeschlossen); mit dem *India Wonderfare*-Flugpaß (halber Preis) kann man eine

Woche lang wahlweise durch den Norden, den Osten, den Süden oder Westen fliegen. Wer Port Blair von Calcutta oder Madras aus anfliegen möchte, zahlt 100 US $ extra. Diese Tickets lohnen sich jedoch nur für ausgesprochene Vielflieger. Reservieren muß man ohnehin noch extra, oft kann es passieren, daß auf dem gewünschten Flug keine Plätze frei sind. 25%ige Ermäßigungen erhalten Studenten unter 30 Jahre. Wer in den Süden fliegt, sollte sich nach Preisnachlässen erkundigen, da sie auf verschiedenen Strecken angeboten werden.

Eisenbahn

Das indische Eisenbahnnetz ist mit über 62 000 km das größte Asiens und das viertgrößte der Welt. Es ist das Transportmittel erster Wahl für denjenigen, der Indiens Vielfalt kennenlernen möchte. Es gibt verschiedene **Klassen**: Die 1. Klasse mit und ohne Klimaanlage, klimatisierter Liegewagen (,,AC-2 tier"), die normale 1. Klasse ohne Liegemöglichkeit, und *aircon chair cars* mit Liegesitzen. Deutlich weniger komfortabel ist die 2. Klasse. Für längere Nachtfahrten sollte eigenes Bettzeug (leichter Schlafsack) mitgebracht werden. Es gibt Speisewagen, meist wird das Essen jedoch auch ins Abteil geliefert. Genügend Mineralwasser sollte dagegen mitgebracht werden.

In großen Bahnhöfen wie z. B. Bombay, Delhi und Madras befinden sich spezielle Buchungsbüros für Ausländer, die auf vielen Strecken außerdem bei der Reservierung Vorrang erhalten. Besonders zeitsparend ist die Fahrt mit den indischen ,,Intercity"-Zügen, wie dem *Shatabdi Express* von Delhi nach Bhopal (mit Stop in Agra), oder dem *Rajdhani Express* Delhi-Bombay, Delhi-Calcutta. *Indrail-Pässe*, die zwischen 15 und 1060 US-Dollar kosten und für die oben genannten Klassen gelten, erhält man bei Asra-Orient, Kaiserstraße 50 in 60329 Frankfurt/M., Tel: 069/25 30 98. Diese Pässe haben eine Gültigkeitsdauer von einem bis zu 90 Tagen.

Palast auf Rädern: Die prächtig ausgestatteten Salonwagen dieses Renommierzuges, die einst von indischen Prinzen und britischen Kolonialherren benutzt wurden, gehören jetzt verschiedenen Hotelketten und verlassen jeden Mittwoch Delhi (von Sept. bis April) nach Jaipur, Udaipur, Jaisalmer, Jodhpur, Bharatpur, Fatehpur Sikri und Agra. Die Reisedauer beträgt eine Woche, der Zug fährt in der Nacht, so daß die Passagiere tagsüber die Sehenswürdigkeiten besichtigen können. Der Preis von DM 2500 – 4000 pro Person schließt die Mahlzeiten ein, außerdem Führungen und Eintrittsgelder, Elefanten- und Kamelritte, Bootsfahrten und ein kulturelles Unterhaltungsprogramm. Weitere Rundfahrten sollen in Kürze hinzukommen. Genauere Informationen erhalten Sie beim GITO oder von der Rajasthan Tourism Development Corporation, Palace on Wheels, Bikaner House, Pandara Rd. (nahe India Gate), New Delhi, Tel: 38 18 84.

Rundreisen

Sightseeing-Touren durch die Städte und in die unmittelbare Umgebung werden von fast jedem State Tourism Department veranstaltet. Daneben gibt es auch Tourenpakete, die verschiedene Ziele im Land ansteuern. Rundreisen, die zwischen einer Woche und zehn Tagen dauern, werden in großer Anzahl angeboten. Sollten Sie besondere Vorlieben haben – Tierwelt, Museen, Volksgruppen oder Abenteuersportarten wie Drachenfliegen, Trekking oder Rafting – wenden Sie sich am besten an eins der folgenden indischen Reisebüros in Delhi: Sita World Travel (Tel: 0091-11-3311122, Fax: 24294977) und Travel Corporation of India (Tel: 0091-11-3315181).

PRAKTISCHE TIPS
Alkohol

Die bis vor einigen Jahren noch in mehreren Staaten bestehende Prohibition gilt heute nur noch in Gujarat, dem geburtsland Mahatma Gandhis, wo Alkohol

REISE-INFORMATIONEN

im wesentlichen nur mit einer Sondergenehmigung in Luxushotels erhältlich ist (ein Alkohol-*Permit* ist z.b. beim GITO in Bombay oder Delhi erhältlich).

Ansonsten ist Alkoholkonsum grundsätzlich zulässig, doch – abgesehen von großen Hotels und Restaurants, in denen eine Vielfalt von Alkoholika angeboten wird – oft nur in besonders ausgewiesenen *Permit Rooms* und zu bestimmten Stunden möglich. Man sollte Alkoholika nur in gekennzeichneten staatlichen Geschäften erstehen, die ,,English Wine" oder ,,Indian made Foreign Liquor" (IMFL) anbieten. Die indischen Alkoholika sind mit Vorsicht zu genießen.

Banken

Die Schalter der ausländischen und inländischen Banken sind von Montag bis Freitag von 10 bis 14 Uhr geöffnet, am Samstag von 10 bis 12 Uhr. Einige Banken haben auch abends und sonntags geöffnet. An gesetzlichen Feiertagen, am 30. Juni und am 31. Dezember bleiben die Banken geschlossen.

Buchhandlungen

Englischsprachige Titel findet man in den Buchhandlungen der Städte. Ausländische Zeitschriften und Zeitungen sind jedoch nur in den Großstädten zu bekommen.

Einkaufen

Indien hat eine lange kunsthandwerkliche Tradition. Selbst Gegenstände des täglichen Bedarfs werden kunstvoll hergestellt. Der Unterschied zwischen handgewobenen Textilien und Fabrikkleidung ist nicht zu übersehen. Falls Sie befürchten, beim Einkauf übers Ohr gehauen zu werden und einen ,,Touristenpreis" bezahlen zu müssen, kaufen Sie nur in staatlichen Kaufhäusern oder bei amtlich lizensierten Geschäften; eine Liste dieser Geschäfte gibt es beim GITO.

Essen

Dank einer Vielfalt von Zutaten und Gewürzen besticht die indische Küche mit ungeahnten Geschmacksnuancen. Reisende aus dem Westen sind überrascht, wenn sie erfahren, daß der Begriff ,,Curry" eine Erfindung der englischen Kolonialherren ist. ,,Curry" ist eine Verballhornung des Tamil-Worts *kari*, was lediglich ,,Sauce" bedeutet.

Die indische Küche kennt etwa 25 verschiedene Gewürze, und je nach Gericht wird eine bestimmte Gewürzzusammenstellung frisch im Mörser zerstampft, z.B. Chili und Pfeffer für besondere Schärfe, Ingwer für leichte Schärfe und für die Verdauung, dazu noch Kardamom, Muskat, Zimt, Kümmel, Kreuzkümmel, Nelken, Gelbwurz und Knoblauch. Safran gibt dem Reis sein unvergleichlich delikates Aroma und die gelbe Farbe. Viele *Masala*-Saucen enthalten den scharf-süßlichen Koriander; *Garam Masala* ist eine aromatische Mixtur, meist aus scharfem Pfeffer, Nelken, Zimt, Kardamom und Kümmel. Auch Pfefferminze, Lorbeer, Sesam, Fenchel, Zwiebelsamen und Senf finden in der indischen Küche Verwendung. Gekocht wird meist mit *Ghee* (geklärter Butter), oft auch mit Sesam-, Senfsamen- oder Kokosöl. Im Norden Indiens wächst der beste Reis, der *Basmati*.

Die indischen Fladenbrote (*Roti*) kommen in vielen Variationen – heiß serviert und verführerisch duftend sind sie einfach köstlich. Die Wartezeit bis zur Ankunft des Hauptgerichts verkürzt man sich gern mit dem Knabbern von *Pappadams* (hauchdünne, kross fritierte Fladen aus dem Mehl von Hülsenfrüchten, oft aus Linsenmehl). Ein Berg heißer *Chapatis* (Fladen aus Mehl und Wasser) gehört zu jeder Mahlzeit dazu. Mit Butter bestrichen heißt das Brot *Paratha*, im Ofen gebacken *Nan* und fritiert *Puri*.

Beliebte Snacks sind *Masala Dosa* (scharf gewürztes Gemüse in einer Teigtasche aus Linsenmehl), *Pakora* (in Fett ausgebackene Gemüsestücke im Teigmantel, z. B. Blumenkohl, Auberginen, Kartoffeln), *Samosa* (dreieckige, mit Gemüsecurry gefüllte Pastetchen) und *Chana* (gewürzte Kichererbsen, mit *Nan*-Brot serviert).

Eine Spezialität Nordindiens ist die **Tandoori-Küche**, benannt nach dem *tandoor*, einem traditionellen Lehmofen, der mit Holzkohle beheizt wird. Die Gerichte werden in einer besonderen Mischung aus Gewürzen und Joghurt mariniert, bevor sie in diesem Ofen gegart werden. Der Punjab, Heimat des *tandoor*, besitzt eine deftige Küche, die von Eroberern aus dem Nordwesten beeinflußt wurde – von Griechen, Persern, Afghanen und Mongolen. Besonders köstlich sind *Tandoori Murgh* (Huhn), *Murgh Tikka* (mit Pfefferminze und Knoblauch marinierte Hühnerstücke ohne Knochen), *Shikh Kebab* (Lammhackfleisch-Röllchen im *tandoor* gegrillt), *Tandoori Jhinga* (Garnelen) und *Tandoori Pomfret* (Fisch).

Weitere beliebte Punjabi-Gerichte sind *Murgh Makhani* (Huhn in Butter) und *Raarha Meat* (geröstetes Lamm).

Die **Kashmiri-Küche** ist mild mit fein abgerundeten Aromen; Gewürze werden eher sparsam verwendet, viele Gerichte enthalten Joghurt oder auch Mandeln. In Kashmir sollte man *Rogan Josh* (Lammcurry) oder *Gushtaba* (gewürzte Fleischbällchen in Joghurtsauce) probieren.

Die **Mughlai-Küche** kommt aus der nördlichen Ganges- und der Indus-Ebene. Die Mogule förderten die indische Kochkunst und wurden deren begeisterte Anhänger. In Awadh, dem heutigen Lucknow-Distrikt in Uttar Pradesh, entwickelte sie sich zu ihrer vollen Blüte. Einige Awadh-Köstlichkeiten sind *Murgh Mussalam* (gefülltes Huhn), *Gosht Korma* (ein unvergleichliches Lamm-Curry, das mit Safran, Muskatblüte und Kardamom gewürzt ist), *Nahari* (Lamm-Curry, das zum Frühstück mit Sauerteig-Brot gegessen wird), *Sabzi Gosht* (Eintopf aus Lamm, Rüben oder Zucchini und Spinat, mit Senföl zubereitet), *Phaldari Kofta* (Bällchen aus rohen Bananen in einer reichhaltigen Tomatensauce) und *Dhingri Dulma* (eine mit Kreuzkümmel abgeschmeckte Mischung aus Pilzen und Quark). *Kakori* und *Galouti* sind zwei *kebab*-Spezialitäten.

Bei *Biriyani*-Gerichten wird das Fleisch (Huhn oder Lamm) mit köstlich gewürztem, orangefarbenem Reis vermischt, der oft noch zusätzlich mit Nüssen und Trockenfrüchten angereichert ist. Das Reisgericht *Pulao* ist eine simplere Version des *Biriyani*.

Beim sehr scharfen *Vindaloo*-Curry wurde das Fleisch vorher in Essigmarinade eingelegt, und für die reichhaltigen *Korma*-Gerichte wird das geschmorte Fleisch in einer milden Sauce aus Joghurt oder Sahne serviert. *Saag Gosht* besteht aus Fleisch und Spinat.

Viele vegetarische Gerichte kann man auch als Beilagen bestellen: *Dhal* (das obligaorische Linsenpüree) und *Dhal Makhani* (Linsen mit Sahnesauce), *Mattar Paneer* (Käse und Erbsen in Sauce), *Alu Dum* (Kartoffelcurry), *Alu Chhole* (sauer-gewürzte Kichererbsen und gewürfelte Kartoffeln), *Sarsonda Saag* (Gemüse aus Senfblättern mit Butterflocken), *Chholia Te Paneer* (Kichererbsen mit gebratenen Käsewürfeln) und *Bharta* (Auberginen mit Zwiebeln und Tomaten vom Holzkohlengrill), *Sabzi* (Gemüsecurry), *Bhujias* (frisches Gemüse).

Dahi (joghurt) oder *Raita* (Joghurt mit Gemüse, meist Gurken, ähnlich dem griechischen *tzaziki*) gibt man oft über den Reis, um seine Schärfe zu mildern; *Chutneys* sind scharfe, meist süß-saure Saucen mit eingelegtem Gemüse oder Obst (z.B. *Mango-Chutney*, *Coconut-Chutney*, *Lime Chutney*). Von erfrischender Kühle ist *Lassi* (gequirlte Buttermilch, süß oder gesalzen).

In vielen Restaurants werden preiswerte, vegetarische *Thali*-Menüs angeboten. *Thali* ist eigentlich die Bezeichnung für ein rundes Metalltablett mit einer Anzahl kleiner Metallschalen; in ländlichen Gegenden kann das „Tablett" auch aus Bananenblättern bestehen. In den verschiedenen Schälchen findet man z.B. Reis, *Dhal*, Joghurt und Gemüsecurry, beglei-

REISE-INFORMATIONEN

tet von Pickles, *Chapatis* und *Pappadams*.

Ein Vorurteil westlicher Besucher ist, daß es in der indischen Küche keine nennenswerten Nachspeisen gäbe. Basis vieler Süßspeisen ist Käsequark oder Milch, die solange gekocht wird, bis sie eingedickt ist. Einige indische Süßigkeiten, die ihresgleichen suchen, sind *Jalebi* (fritierte Teigspiralen in Sirup), *Kulfi* (eine Art Eiscreme mit Pistazien und/oder Mandeln), *Halwa* (nicht zu verwechseln mit türkischem Halva), *Gulab Jamun* (Süßigkeit aus Milch, Joghurt und gemahlenen Mandeln in Sirup), *Rasgulla* (kleine süße Quarkbällchen, mit Rosenwasser parfümiert) oder *Firni* (Reispudding mit Mandeln, Rosinen und Pistazien).

Das nachfolgenden Hindi-Vokabuklar soll Ihnen die Auswahl im Restaurant erleichtern.

alu . . . . Kartoffel
alu dum . . . Kartoffelcurry mit Joghurt, ... Tomaten und Zwiebeln
alu gosht . . . . Eintopf aus Kartoffeln . . . . und Lamm
alu gobi . Kartoffeln und Blumenkohl . . . . mit Kümmel
baingan . . . . Aubergine
bhindi . . . . Okra
bhoona . . . . . dicke, gewürzte Sauce
chai . . . . Tee
chamach . . . . Löffel
chana dal . . . . Kichererbsen
chawal . . . . Reis
chhuri . . . . Messer
chini . . . . Zucker
dahi . . . . Joghurt
dhal . . . . Linsen
dumphuk . . . . gedünstet
dudh . . . . Milch
gajar . . . . Karotten
gosht . . . . Fleisch, meist Lamm
jhal frazi . . scharfe Sauce mit Tomaten . . . . und Chilis
jhinga . . . . Garnelen
kanta . . . . Gabel
kebab . . . gegrillte Fleisch- oder Fisch- . . . . Spießchen
khumbhi . . . . Pilze
kima . . . . . Hackfleisch, meist Lamm
kofta . . . . . Bällchen aus Hackfleisch . . . . oder Gemüse
korma . . . . . . in milder Sahne- oder . . . . Joghurt-Sauce
macchli . . . . Fisch
makkhan . . . . Butter
makhani in reicher Butter-Sahne-Sauce
masala . . in scharfer Gewürzmarinade
matar . . . . Erbsen
mirch . . . . Chilli
mirch nahin dalna . . bitte keine Chillis
murgh . . . . Huhn
murgh masalam . Huhn in Sahnesauce . . mit Joghurt, Gewürzen und Nüssen
namak . . . . Salz
paneer . . . . . Würfel aus Käsequark
pani . . . . Wasser
piaz . . . . Zwiebel
phool gobi . . . . Blumenkohl
pulao/pilau . . angebratener, dann mit . . . . Gewürzen (Nelken, . . . Zimt, Kardamom) gekochter Reis
sabzi . . . . Gemüse
sag . . . . Spinat
saym . . . . grüne Bohnen
shabdeg . . . Lamm mit weißen Rüben
tikka . . . . gebackene, marinierte . . . . Fleischstückchen
yakhni . . . . Lamm-Eintopf

Feste / Ferien

Da sich die Termine für die indischen Feste nach dem Mondkalender richten, sollte man sich beim GITO eine Liste mit den Fest- und Ferienterminen besorgen. Einige Feiertage sind jedoch festgelegt: Tag der Republik (26. 1.), Unabhängigkeitstag (15. August), Gandhi Jayanti (2. 11.) und Weihnachten (25. 12.). Die wichtigsten Termine indischer Feste finden Sie auch in den Info-Boxen der entsprechenden Reisekapitel.

Führer

Touristenführer, die Englisch oder eine andere Fremdsprache beherrschen, kann man in allen größeren Touristenzentren über ein Reisebüro oder über GITO mieten. Die Führer sollten im Besitz einer Lizenz des Indian Department of Tourism sein; nichtzugelassene Führer werden in geschützten Gedenkstätten nicht eingelassen. Für einige historische Bauwerke hat das Archaeological Survey of India jeweils Handbücher herausgegeben.

Gewichte und Maße

In Indien gilt für Gewichte und Maßeinheiten das metrische System. Goldschmuck und bestimmte Silberartikel werden nach Gewicht verkauft, ausgedrückt in *tola*, einer traditionellen Gewichtseinheit, die etwa 11,5 Gramm entspricht. Der Wert der Edelsteine hängt von ihrem Karat ab (ein Karat entspricht 0,2 g). Die Inder haben für die Zahl 100 000 ein eigenes Wort, *lakh*, 10 Millionen heißen *crore*.

Kino

Täglich gibt es vier Vorstellungen. In den größeren Städten werden auch englischsprachige Filme gezeigt, in den Provinzkinos oft nur Filme in Hindi oder in der entsprechenden Landessprache.

Museen und Kunstgalerien

Die Nationalgalerien vermitteln Besuchern ein Bild von den Kunstepochen und Kunststilen der 4000 Jahre alten Geschichte Indiens. Einige Museen befinden sich unmittelbar an den historischen Stätten, andere konzentrieren sich als Heimatmuseen auf das lokale Kunsthandwerk und das Brauchtum. Die meisten Museen sind sonntags geöffnet, schließen dafür aber an einem anderen Wochentag und an den Nationalfeiertagen. Die Eintrittspreise sind ausgesprochen niedrig. Kunstgalerien, in denen gelegentlich Verkaufsausstellungen organisiert werden, gibt es nur in Großstädten.

Nahverkehr

Neben dem Zug ist das Auto das wichtigste Transportmittel innerhalb und zwischen den Städten.

Taxis: Die offiziellen Taxis sind gelb und schwarz lackiert, sie unterscheiden sich von den privaten Taxis der Reiseveranstalter, die teilweise mit Klimaanlage ausgerüstet sind. Die Gebühren unterscheiden sich von Bundesstaat zu Bundesstaat, sind aber meistens nicht höher als fünf Rupien pro km. In einer dreirädrigen Autorikscha können bis zu drei Personen (ohne Aufpreis) mitfahren. Da die Benzinpreise schwanken und die Fahrer ihre Taxameter nicht immer sofort neu einstellen, zeigen die Taxameter nicht immer den tatsächlichen Preis. Bitten Sie den Fahrer um die Preistafel oder zahlen sie sechs bis zehn Prozent mehr als angezeigt. In der Nacht werden Zuschläge verlangt. An den Flughäfen werden die Taxikennzeichen sowie Name und Ziel des Fahrgastes notiert. An internationalen Flughäfen gibt es einen bezahlten Taxiservice und für Transitreisende einen Zubringerbus zu den nationalen Flughäfen. Bevor Sie mit einem Taxi losfahren, achten Sie darauf, daß das Taxameter vor der Fahrt auf Null bzw. auf den Mindestpreis zurückgestellt wurde.

Busse: Während der Stoßzeiten sollten die Nahverkehrsbusse gemieden werden. Busverbindungen zwischen den Städten werden von verschiedenen Busunternehmen unterhalten, eingesetzt werden komfortable und einfache Busse. In den Luxusbussen sorgen manchmal Videogeräte für die Unterhaltung der Fahrgäste.

Netzspannung

Die Stromspannung beträgt in den meisten Städten 220 Volt (Wechselspannung). Die besseren Hotels stellen Adapter für Niedervoltgeräte zur Verfügung. Schuko-Stecker passen selten, da die Steckdosen in Indien dreipolig sind. Darüber hinaus gibt es in manchen Teilen Indiens noch Gleichstrom.

Fotografieren

Fotografieren ist an den meisten Orten erlaubt. Dort, wo es verboten ist, etwa bei militärischen Anlagen, Brücken und bestimmten Heiligtümern, weisen große Tafeln auf das Fotografierverbot hin. Filme kann man in Indien auch entwickeln lassen. Kauf und Entwicklung von Diafilmen ist allerdings schwierig. Diafreunde sollten unbedingt genügend Vorrat mitnehmen.

REISE-INFORMATIONEN

Postservice
Die Post arbeitet recht zuverlässig, Briefe kann man sich an die Hauptpostämter der Großstädte schicken lassen, wo sie bis zur Abholung gelagert werden: Name (Nachname unterstreichen), General Post Office – poste restante -. Briefe sollte man nicht in einen Briefkasten werfen, sondern zum nächsten Postamt bringen und sofort entwerten lassen.

Presse
Die große Anzahl englischer und einheimischer Veröffentlichungen macht deutlich, welches Interesse Indien dem modernen Zeitgeschehen entgegenbringt. Täglich in englischer Sprache erscheinende Zeitungen sind *The Times of India*, die *Hindustan Times*, *The Hindu*, *The Telegraph* und der *Indian Express*. Die beiden Zeitschriften *India Today* (vierzehntägig) und *Sunday* (wöchentlich) greifen Geschehnisse außerhalb Indiens allerdings kaum auf. *The India Magazine*, *Imprint* und *Marg* richten sich mit ihren spezielleren Themen an einen kleineren Käuferkreis. *Destination Traveller* ist die Zeitschrift für Reisende und Touristen.

Telekommunikation
Telefonieren ist in Indien kein Problem mehr. Heute gibt es selbst in kleineren Städten privat betriebene Fernsprechzellen (durch die Aufschrift STD/ISD gekennzeichnet), von denen aus man Anschlüsse im ganzen Land und auch ohne weiteres im Ausland direkt anwählen kann. Die Gebühren werden automatisch errechnet. Immer mehr Telegraphenämter haben auch Faxgeräte. Vorwahl für Indien: 0091

Touristen-Information
Das Department of Tourism der indischen Regierung hat 18 überseeische Informationsstellen (siehe S. 248) und 21 inländische Informationsbüros (siehe Info-Boxen). Sie stehen Besuchern in allen Belangen helfend zur Seite – seien es Fragen zum Visum, zur Gesundheit und zu Exportbestimmungen. Außerdem geben sie Informationsbroschüren über jedes Reiseziel in Indien heraus. Beim GITO (Government of India Tourist Office) erhält man Listen der Unterkünfte einschließlich Preisliste, Taxigebühren, Entfernungstabellen und Informationen über Nahverkehr, Einkauf, Banken, Geldumtausch und Restaurants.

Unterkunft
Indien bietet für jeden Geldbeutel und für jeden Geschmack eine entsprechende Übernachtungsmöglichkeit. Die preisgünstigen Hotels entsprechen jedoch nur selten westlichen Vorstellungen von Mindestkomfort. Luxushotels sind relativ teuer. Sie sollten im Voraus gebucht werden, namentlich in der Saison von Oktober bis März. Bei größeren Hotelketten werden die Reservierungen zentral bearbeitet und gegebenenfalls Ausweichmöglichkeiten angeboten.

Hotels finden Sie auch rund um die Flughäfen der Metropolen und bei den Bahnhöfen. YMCA, YWCA, Jugendherbergen und Unterkünfte des State Tourism sind billig und bequem. In kleineren Städten kann man sich sechs Wochen vorher bei der Stadtverwaltung um Inspection Houses und Dak Bungalows bewerben, die eigentlich für die Beamten bestimmt sind. Die Bezahlung erfolgt über das GITO.

In einigen Gebieten gibt es auch Campingplätze. Kashmir bietet eine Spezialität an – Hausboote. Einige sind luxuriös ausgestattet, und Bedienungspersonal an Bord sorgt für das leibliche Wohl (siehe auch entsprechende Info-Box).

Verhaltensregeln
Beim Betreten von Tempeln, Moscheen, Gedenkstätten und Heiligengräbern muß man die Schuhe ausziehen und allenfalls Socken tragen – vereinzelt muß man barfuß gehen. In *gurdwaras* muß man den Kopf bedecken. Mancherorts wird an Lederkleidung Anstoß genommen, anderswo ist Fotografieren verboten. Meist sind Verbots- und Gebotstafeln ausgehängt, und man sollte sich danach richten.

Die Inder sind sehr aufgeschlossene

Menschen, die es zu schätzen wissen, wenn man ihren Gruß *namaste* erwidert. Man grüßt mit zusammengelegten Händen; per Handschlag grüßt man nur Männer, die man gut kennt. Die indischen Frauen grüßen nicht einmal die einheimischen Männer per Handschlag.

Zeit

Trotz der Größe des Landes hat Indien nur eine Zeitzone. Indian Standard Time (IST) liegt 4,5 Stunden vor der mitteleuropäischen Zeit. (Wenn es in Delhi 12 Uhr ist, ist es in Bonn 7.30 Uhr).

INDIEN IN DER STATISTIK

Gesamtfläche: 3 287 263 qkm; Bevölkerung 1994: 913 747 000; Bundesstaaten: 25, daneben noch 7 sogenannte Unionsterritorien. Religion: Hindus – 82,64 %, Moslems (überwiegend Sunniten) – 11,35 %, Christen – 2,43 %, Sikhs – 1,96 %, Buddhisten – 0,71 %, Jainas – 0,48 %, andere 0,42 %.

ADRESSEN
Botschaften und Konsulate

Belgien. *Bombay:* Morena, 11 M. L. Dahanukar Marg, Tel: 493 92 61. *Delhi:* 50 N Shantipath, Tel: 688 98 51. *Calcutta:* 5/1 A Hungerford St., Tel: 44 38 86. *Madras:* 23 Spurtank Rd., Chetpur, Tel: 66 54 95. **Bhutan**. *Calcutta:* 48 Tivoli Court, Pramothesh Barua Sarani, Tel: 24 13 01. *Delhi:* Chandragupta Marg, Tel: 688 92 30. **Bundesrepublik Deutschland**. *Bombay:* Hoechst House, 10th Floor, Nariman Pt., Tel: 283 24 22. *Delhi:* 6 Shantipath, Chanakyapuri, Tel: 60 48 61. *Calcutta:* 1 Hastings Park Rd., Alipore, Tel: 479 11 41. *Madras:* 22 Commander-in-Chief Rd., Tel: 827 17 47. **Burma**. *Delhi:* 3/30 F Nyaya Marg, Chanakyapuri, Tel: 60 02 51/52. **China**. *Delhi:* 50 D Chanipath, Chanakyapuri, Tel: 60 03 28. **Dänemark**. *Bombay:* L&T House, Narottam Morarjee Mg., Ballard Estate, Tel: 261 81 81. *Delhi:* 2 Golf Links, Tel: 30 10 90. *Madras:* 8 Cathedral Rd., Tel: 47 33 33. **Frankreich**. *Bombay:* Datta Prasad, 19 Naoroji Gamacha Cross Rd., Tel: 495 09 18. *Calcutta:* 26 Park Mansions, Tel:24 09 28. *Delhi:* 2 Shantipath, Chanakyapuri, Tel: 611 87 90. *Pondicherry*: 2 Rue de la Marine, Tel: 241 74. **Großbritannien**. *Bombay:* Makers Chambers IV, Nariman Point, Tel: 283 05 17. *Calcutta:* 1 Ho Chi Minh Sarani, Tel: 242 51 71. *Delhi:* Shantipath, Chanakyapuri, Tel: 687 21 61. *Madras:* 24 Anderson Rd, Tel: 827 31 36. **Irland**. *Bombay:* Royal Bombay Yacht Club Chambers, Apollo Bunder, Tel: 202 46 07. *Delhi:* 13 Jorbagh, Tel: 462 67 33. **Italien**. *Bombay:* Generalkonsulat, ,,Vaswani Mansions", 120 Dingsha Wachha Rd. Churchgate, Reclamation, Tel: 387 23 41. *Calcutta:* 3 Raja Santosh Rd., Alipore, Tel: 479 24 26. *Delhi:* 50 Chandragupta Marg, Chanakyapuri, Tel: 611 43 55. *Madras:* Sudarshan Building, Chamiers Rd. 86, Tel: 45 23 29. **Nepal**. *Delhi:* Barakhamba Rd., Tel: 332 81 91. **Niederlande**. *Bombay:* ,,The International" 16 Maharshi Karve Rd., Tel: 201 67 50. *Calcutta:* 18 A Brabourne Rd., Tel: 26 21 60/64. *Delhi:* 6/50 F Shantipath, Chanakyapuri, Tel: 688 49 51. *Madras:* c/o Wilson & Co, P.O. Box 393, Tel: 86 32 76. **Norwegen**. *Bombay:* Naoroji Mansion, 31 Nathelal Parekh Marg, Tel: 24 20 42/98. *Calcutta:* SF Indian Ltd. 6, Poonam Building, 5/2 Russell St., Tel: 21 36 21. *Delhi:* 50C Shanti Path, Chanakyapuri, Tel: 687 35 32. *Madras:* c/o International Services, ,,Parry House", P.O.Box 1396, 43 Moore St., Tel: 205 61. **Österreich**. *Bombay:* 206 -210 Balram Building, Tel: 644 22 91. *Delhi:* EP-13 Chandragupta Marg, Chanakyapuri, Tel: 60 11 12. *Madras:* Kothari Bldg. Nungambakkam High Rd., Tel: 81 21 31. *Calcutta:* 69/1 Sarat Bose Rd. Tel: 47 21 31. **Pakistan**. *Delhi:* 2/50 Shantipath, Chanakyapuri, Tel: 60 06 01. **Schweden**. *Bombay*. Indian Mercantile Chambers, Nicol Rd., Ballard Estate, Tel: 436 04 93. *Calcutta:* 6 Poonam Bldg., 5/2 Russel St., Tel: 29 36 39. *Delhi:* Nyaya Marg, Chana-

REISE-INFORMATIONEN

kyapuri, Tel: 60 49 61. *Madras:* 6 Cathedral Rd., Tel: 47 57 92. **Schweiz**. *Bombay:* Manek Mahal, 7th Floor, 90 Vir Nariman Rd., Tel: 288 45 63. *Delhi:* Nyaya Marg, Chanakyapuri, Tel: 60 42 25. **Sri Lanka**. *Bombay:* ,,Sri Lanka House", 34 Homi Modi St., Tel: 204 58 61. *Delhi:* 27 Kautilya Marg, Chanakyapuri, Tel: 301 02 01-3.

Vereinigte Staaten. *Bombay:* Lincoln House, 78 Bhulabhai Desai Rd., Tel: 363 36 11. *Calcutta:* 5/1 Ho Chi Minh Sarani, Tel: 242 36 11. *Delhi:* Shantipath, Chanakyapuri, Tel: 688 70 33. *Madras:* 220 Mount Rd., Tel: 827 30 40.

Fluggesellschaften

Aeroflot. *Calcutta:* 58 Jawarharlal Nehru Rd., Tel: 2429831. *Delhi:* B.M.C. House, N 1 Connaught Place, Middle Circle, Tel: 331 04 26. **Air France**. *Delhi:* Scindia House, Janpath, Tel: 331 04 07. **Air India**. *Calcutta:* 50 Chowringhee Rd., Tel: 22 23 56. *Delhi:* Jeevan Bharati Bldg., 124 Connaught Circus, Tel: 331 12 25. **Air Lanka**. *Delhi:* Imperial Hotel, Janpath, Tel: 332 47 89. **Alitalia**. *Delhi:* Suryakiran Bldg., 19 Kastruba Gandhi Mg., Tel: 331 07 85. **British Airways**. *Calcutta:* Jawaharlal Nehru Rd., Tel: 29 34 30. *Delhi:* DLF Centre, Parliament St., Tel: 332 74 28. **Delta Airlines**. *Delhi:* Chandralok, 36 Janpath, Tel: 332 52 22. **KLM Royal Dutch Airlines**. *Calcutta:* Middleton St., Tel: 40 16 36. *Delhi:* Prakash Deep, 7 Tolstoy Marg, Tel: 331 17 47. **Lufthansa**. *Calcutta:* 30 A/B, J. L. Nehru Rd., Tel: 29 93 65. *Delhi:* 56 Janpath, Tel: 332 72 68. **Pakistan International Airlines**. *Delhi:* 26 Kasturba Gandhi Mg., Tel: 331 31 61/2. **Royal Nepal Airlines**. *Calcutta:* 42 Chowringhee Rd., Tel: 29 85 34. *Delhi:* 44 Janpath, Tel: 332 08 17, 332 15 72. **Singapore Airlines**. *Calcutta:* 18 D Park St., Tel: 29 22 37. *Delhi:* G11 Connaught Circus, Tel: 332 63 73. **Swissair**. *Calcutta:* 46 C J. L. Nehru Rd. Tel: 2424643. *Delhi:* DLF Centre, Parliament St., Tel: 332 55 11.

Inlandsfluggesellschaften

Indian Airlines. *Agra:* Hotel Clarks Shiraz, 54, Taj Rd., 0562/360948. *Ahmedabad:* Airlines House, Lal Darwaja, 079/5503061. *Bhopal:* Badbhada Rd., TT Nagar, 0755/550480. *Calcutta:* Airlines House, 39 Chittaranjan Ave, 033/262548. *Darjeeling:* Bellevue Hotel, Chowrasta, 0354/54230. *Delhi:* Malhotra Bldg., Connaught Place, 011/ 3310517. *Guwahati:* Paltan Bazar, 0361/51270. *Indore:* Dr. R.S. Bhandari Marg, 0731/431595. *Jaipur:* Mundhara Bhavan, Ajmer Rd. 0141/70624. *Jamnagar:* Indra Mahal, Bhind Bhanjam Rd., 0288/552911. *Jodhpur:* Ratanada Rd., 0291/28600. *Leh:* Ibex Guest House, 01982/2276. *Lucknow:* Clarks Avadh, 5 Mahatma Gandhi Marg, 0522/220927. *Patna:* South Gandhi Maidan, 0612/226433. *Srinagar:* Air Cargo Complex Bldg., Shervani Marg, 0194/77370. *Udaipur:* LIC Bldg., Outside Delhi Gate, 0294/ 410999. *Varanasi:* Mint House Motel, Vadunath Marg, Cantonment, 0542/343746. **East-West Airlines**. *Delhi:* DCM Bldg., Barakhamba Rd., 011/3755167. *Calcutta:* 2A Sarat Bose Rd., 033/745179. **Jet Airways**. *Delhi:* 3E Hanslaya Bldg., Barakhamba Rd., 011/3724727. **NEPC Airlines**. *Delhi:* G39 4th Floor, Pawan House, Connaught Place, 011/ 3322525. **Sahara Airlines**. *Delhi:* Ambadeep Bldg., Kasturba Gandhi Marg, 011/3326851. *Calcutta:* 2A Shakespeare Sarani, 033/2429067.

Informationen im Ausland

Deutschland: Indisches Fremdenverkehrsamt, Baseler Str. 48, 60329 Frankfurt/M, Tel: 069/ 2429490, Fax: 24294977. **Frankreich**: 8 Boulevard de la Madeleine, 75009 Paris 9, Tel: 01 42 65 83 86. **Großbritannien**: 7 Cork St. London WIX2AB, Tel: 01437/36 77/78. **Italien**: Via Albricci 9, 20122 Mailand, Tel: 80 49 52. **Schweden**: Sveavagen 911, Stockholm S 11157, Tel: 08215-081. **Schweiz**: 1-3 Rue de Chantepoulet, 1201 Genf, Tel: 022/732 18 13.

SPRACHFÜHRER

REDEWENDUNGEN IN HINDI

Hindi sprechen etwa 50 Prozent der Bevölkerung, und es ist die vorherrschende Sprache des Nordens. Insgesamt gibt es 14 Hauptsprachen und 200 Dialekte in Indien. Englisch wird von vielen verstanden und gesprochen, so daß die folgenden Ausdrücke in Hindi eher Freude an dieser ganz anderen Sprache vermitteln sollen.

Hallo/Auf Wiedersehen.	*Namaste*
Wie heißen Sie?	*Aap ka shubh naam?*
Ich heiße ___.	*Mera naam ___ hai.*
Ich wohne in ___.	*Mera ghar ___ mein hain.*
Wo ist der/die/das ___?	*___ kidhar hai?*
Wie weit liegt ___ entfernt?	*___ kitni dur hai?*
Wie komme ich nach ___?	*___ kaise pahunch sakte hain?*
Wieviel kostet das?	*Iski kimat kya hai.*
Das ist teuer!	*Ye bahut mehenga hai.*
Kann ich einmal die Speisekarte haben?	*Mujhe menu dikhaiye.*
Ich hätte gerne etwas zu trinken.	*Mujhe kuch piini hai.*
Bitte ohne Eis!	*Baraf nahin daaliye.*
Die Rechnung bitte!	*Bill laayiye.*
Ich bleibe hier ___ Tage.	*Mein ___ din ke liye yahan hun.*
Wo leben Sie?	*Aap kidhar rehte hain?*
Was ist das?	*Ye kya hai?*
Was macht er?	*Vo kya kar rahe hain?*
Ich fühle mich nicht wohl.	*Meri tabeyat thik nähin hai.*
Wie spät ist es?	*Kya bajaa hai?*

ich	*mai*	weniger	*kam*	1	*ek*
du	*aap*	mehr	*zyada*	2	*do*
wir	*ham*	kommen Sie	*aaiye*	3	*tin*
Okay	*achha*	gehen Sie	*jaaiye*	4	*char*
ja	*han*	Preis	*daam/kimat*	5	*paanch*
nein	*nähin*	Geschäft	*dukaan*	6	*chche*
groß	*baraa*	Arznei	*dawaa*	7	*saat*
klein	*chhotaa*	Apotheke	*dawai ki dukan*	8	*aath*
heute	*aaj*	Markt	*bazaar*	9	*nau*
Nachmittag	*dopahar*	Postamt	*dak khana*	10	*das*
Abend	*shaam*	Zimmer	*kamra*	20	*bis*
Nacht	*raat*	Gemüse	*sabzi*	30	*tis*
Woche	*hafta*	Wasser	*pani*	40	*chalis*
Monat	*mahina*	Tee	*chai*	50	*pachaas*
Jahr	*saal*	Milch	*dudh*	60	*saath*
sauber	*saaf*	Joghurt	*dahi*	70	*sattar*
schmutzig	*gandaa*	Reis	*chawal*	80	*assi*
heiß	*garam*	Zucker	*chini*	90	*nabbe*
kalt	*thanda*	Salz	*namak*	100	*sau*
bitte	*meherbani se*	Butter	*makkhan*	1000	*hazaar*
danke	*shukriya* (Muslim)	Essen	*khanaa*	100 000	*lakh*
	dhanyavad (Hindu)	Frühstück	*nashtaa*	10 000 000	*crore*

AUTOREN

Shalini Saran ist eine bekannte Reiseschriftstellerin und Fotografin. Sie hat weite Teile Indiens bereist. Ihre Artikel und Fotografien erschienen in *The India Magazine, Namaste, Swagat, Namaskaar, Udit, The Taj Magazine* und *Soma* (veröffentlicht in Indien). Frau Shalini lebt in Delhi und hat dort lange Zeit als Redakteurin eines Verlagshauses gearbeitet. Sie verfaßte die Kapitel ,,Delhi" und ,,Rajasthan".

Ravinder Kumar ist Soziologe und Direktor des Nehru Memorial Museum, New Delhi. Vorher hatte er an der Universität von New South Wales, Sydney, und der Universität von Allahabad einen Lehrstuhl für die Geschichte Indiens inne. Zu seinen Veröffentlichungen zählen u. a. *Western India in the 19th Century* (London, 1968), *Essays in the Gandhian Politics* (Hrsg., Oxford, 1971), *Essays in the Social History of Modern India* (Oxford, 1983), und *The Making of a Nation* (New Delhi, 1989). Er schrieb das Kapitel ,,Streifzug durch die indische Geschichte".

Nirmal Ghosh, ein in New Delhi lebender Fotojournalist, hat sich auf ökologische und sozialökonomische Themen sowie auf Reisefotografie spezialisiert. Er stellt bevorzugt Fotografien zum Thema Umweltschutz aus. 1986 und 1987 erhielt er den *Best Travel Writer Award* der Travel Agents Association of India. Erfolgreich verbindet er Fotografieren, Schreiben und seine Aktivitäten als Naturschützer in seiner Position bei *The Times of India*. Er verfaßte die Kapitel ,,Haryana und Punjab", ,,Nostalgische Reise" und ,,Nationalparks".

Sumita Paul verbrachte mehrere Jahre in Uttar Pradesh, bevor sie nach New Delhi übersiedelte. Sie arbeitete erst als freie Schriftstellerin und ist heute die Herausgeberin des *Udit*, einem Magazin der International Airports Authority of India. Sie schrieb das Kapitel ,,Die Ebenen von Uttar Pradesh".

Bill Aitken wurde 1934 in Schottland geboren. Er machte seinen Magister in Vergleichender Religionswissenschaft an der Leeds Universität und reiste 1959 nach Indien. Er hat in Ashrams im Himalaya gelebt, als Lehrer gearbeitet und war der Privatsekretär einer Maharani, einer indischen Fürstin. Den Sommer verbringt er im Himalaya auf den Spuren der Blauschafe, während der Wintermonate fährt er in Dampflokomotiven durch die Ebenen. Er schrieb die Kapitel ,,Jammu und Kashmir", ,,Ladakh", ,,Himachal Pradesh", ,,Die Berge von Uttar Pradesh", ,,Zu den Quellen des Ganges", ,,Trekking im Himalaya" und ,,Die sieben heiligen Städte".

Hamdi Bey, der bereits für viele bedeutende Zeitungen arbeitete, stammt aus Calcutta. Für die Zeitung *The Statesman* schreibt er Buchrezensionen. Er verfaßte die Kapitel ,,Bihar", ,,Calcutta", ,,Westbengalen" und ,,Auf Buddhas Spuren".

Zothanpari Hrahsel ist eine Angehörige der Lusei aus Mizoram. Sie studierte an der Jawarharlal Nehru Universität in New Delhi; Thema ihrer Doktorarbeit sind die Ethnien Mizorams. Derzeit ist sie Direktorin einer Zweigstelle des Indian National Trust for Art and Cultural Heritage (INTACH). Sie schrieb ,,Sikkim und der Nordosten".

Varsha Das arbeitet als Redakteurin der Adult Literacy Publications, National Book Trust in New Delhi. Sie hat Sanskrit und Hindu studiert und schreibt für Tageszeitungen und Monatsmagazine in Gujarati, Hindi und Englisch. Ihre Themen reichen von Kunst über Kultur bis zur Literatur. Sie veröffentlichte Bücher in Gujarati und Hindi und hat an mehreren Übersetzungen mitgewirkt. Sie schrieb das Kapitel ,,Gujarat".

Probir Sen ist Angestellter des Indian Administrative Service. Nach Abschluß des Geschichtsstudiums wurde er Mitglied der Madhya Pradesh-Truppe. Unter anderem war er Direktor des Archeology Museums, Direktor für Tourismus und

AUTOREN / FOTOGRAFEN

Management und Direktor der Tourism Development Corporation von Madhya Pradesh. Während seines 17jährigen Staatsdienstes hat er sich fundierte Kenntnisse über diesen Bundesstaat angeeignet. Er verfaßte das Kapitel „Madhya Pradesh".

Ashis Banerjee hat Politische Wissenschaft an der Allahabad-Universtiät studiert und lehrte dort einige Jahre. Er erhielt das Rhodes-Stipendium des Balliol College der Universität von Oxford, wo er den Magister der Literaturwissenschaft machte. In New Delhi war er Gastdozent am Centre for Policy Research und beschäftigte sich mit Fragen der nationalen Integration. Zur Zeit ist er Dozent am Nehru Memorial Museum und Library in New Delhi. Gegenstand seiner Veröffentlichungen ist die Politik und Gesellschaft Indiens. Er schrieb die Features „Landflucht", „Kommunalpolitik" und „Satelliten, Raketen und Atombomben".

Dr. R. Nagaswamy hat zuletzt als Direktor des Department of Archeology in Tamil Nadu gearbeitet. Er ist einer der führenden Gelehrten auf dem Gebiet des Sanskrit und ein Experte für südindische Kunst und Kultur. Als Archäologe hat er einige südindische Bronzefiguren ausgegraben und sie chronologisch zugeordnet. Über 20 Bücher in Englisch und Tamil und über 300 Forschungsberichte sind von ihm veröffentlicht worden. Dr. Nagaswamy ist auch ein Poet und schreibt Tanzdramen in der klassischen Tradition. Für dieses Buch verfaßte er die Features „Gurus und Asketen", „Heilige Kühe" und „Pantheon des Hinduismus".

Poonam Kulsoom hat über sechs Jahre lang bei der India Tourism Development Corporation gearbeitet. Sie hatte die undankbare Aufgabe, die Informationen für die Info-Boxen mit Akribie zusammenzutragen.

Ulrike Teuscher, Indologin und Studienreiseleiterin, war für die aktualisierte Auflage des *Nelles Guide Indien* als Korrespondentin tätig.

FOTOGRAFEN

Arya, Aditya	16, 27, 42, 115, 157, 159L, 159R, 170, 188, 198, 202/203, 207, 210
Chwaszcza, Joachim	98/99, 107, 108, 204
Dilwali, Ashok	19, 90, 120
Ghosh, Nirmal	121, 227
Höbel, Robert	8/9, 12/13, 35, 65, 82, 92, 216
Horn, Hans-Joachim	74
Israni, Prakash	10/11, 66/67, 71, 81, 132
Kaempf, Bernhard	179, 228/229
Kiedrowski, Rainer	80
Klein, Wilhelm	22, 23, 30, 36, 39, 41, 43, 47, 59, 68, 84, 89, 114, 138L, 138R, 144, 150/151, 162/163, 164, 166, 171, 175, 176, 180, 181, 187, 196, 200/201, 211, 220, 222, 234
Mazzoni, Leandro	37
Mitra, Santanu	25, 135, 140, 142, 147, 148
Neuhauser, Andreas	26
Sahai, Kamal	60, 91, 124/125, 194
Saran, Shalini	32, 45, 46, 50, 52, 57, 63, 177
Scharf, Werner	cover
Schwarz, Berthold	77
Sharma, Satish	28, 51, 131, 189, 190

REGISTER

A

Abu Road 178
Achabal 101
Achighat 146
Adalaj Vaava, Stufenbrunnen 187
Adbadri 122
Agartala 158
  Brahmakunda, Pilgerstätte 158
  Tripura-Palast 158
Agra 51, **84-85**, 87
  Jami Masjid-Moschee 87
Agra Fort 85-86
Ahmadabad 184-186
  Calico Museum 185
  Gandhi Ashram 185
  Jami-Moschee 185
  Pichchwai-Museum 186
  Rajpur-Bibi-Moschee 185
  Rani-Rupmati-Moschee 185
  Rani-Sipri-Moschee 185
  Sanskar Kendra 186
  Seth-Hathisingh-Jain-Tempel 185
  Shreyas Folk Art Museum 185, 186
  Sidi-Bashir-Moschee 185
  Sidi-Saiyed-Moschee 185
  Tribal Museum 186
Aizawl 160
Ajanta-Höhlen 52
Ajmer 173
  Dargah Sharif-Grabmal 173
  Government Museum 174
  Jain-Tempel 174
  Taragarh-Festung 173, 174
Akbar, Kaiser 46, 51, 87, 88, 89, 93, 104, 166, 170, 172, 176, 195
Akhnoor 101
Alchi, Kloster 109
Aligarh 90
  Hindu-Fort 90
Allahabad 51, 93
  Festung 93
Almora 122
Alubari 145
Alwar 170
  Alwar Museum 170
  Fort Bala 170
  Stadtpalast 170
Amarkantak 198
Amarnath-Höhle 105, 213
Amarpur 158
  Tirthamuk, Pilgerstätte 158
Ambaji 187
Amritsar 62, 82
  Goldener Tempel 62, 82
Anandpur-Sahib 82
Anantnag 101
Arabisches Meer 15, 16, 17, 184
Aravalli-Berge 165, 170, 173, 177, 178

Arier 22, 23, 24, 25, 27, 28, 31, 32, 38, 41
Arki 114
Arunachal Pradesh 160
Ashoka, Herrscher **36-37**, 38, 46, 47, 51, 118, 130, 146, 189, 198, 208, 209, 210
Assam 136, **154-155**
Atombombe 62, 232
Auli Buggial 121
Aunter 214
Aurangzeb, Kaiser 52, 75, 76, 85, 95, 104, 167, 173
Avantipur 101
  Hindu-Tempel 101
Ayodhya 92, 131, 220

B

Babor, Tempel 101
Badrinath 119, 121, 122
  Hindu-Tempel 121
Badripada-Wildschutzpark 188
Bagan 148
Bagdogra 145
Bageshwar 122
Baijnath 115, 122
  Shiva-Tempel 115
Bakreshwar 148
Balsamand 175
Bandhavgarh-Schutzgebiet 194, 227
Bankipur 130
  Padre Ki Haveli, Kirche 130
Bankura 147
Bansberia 146
Bara Bagh 180
Barahat, Tempel 204
Bardan-Klosterburg 110
Bardoli 188
  Sardar Vallabhbhai Patel Museum 188
Barkot 119
Basohli 101
Batote 101
Beacon Highway 108, 109
Belur 146
Betla 132
Bhakti-Bewegung 48, 49, 52
Bhalka Tirth 189
Bharatpur 170
  Fort Lohagarh 170
  Museum 170
Bhatwari 205
Bhojbas 205, 206
Bhojpur 196
Bhopal 195
  Archäologisches Museum 195
  Tajul Masajid-Moschee 195
Bhuj 190
  Ayanamahal-Spiegelpalast 190
  Museum 190

Bhujodi 190
Bihar 126-132
Bihar Sharif 127
  Ibrahim Baya-Mausoleum 127
Bikaner 172
  Ganga Golden Jubilee Museum 172
  Sri Sadul Museum 172
Bilaspur 114
Billawar, Tempel 101
Binsar 122
Blumental 121
Bodh Gaya 126, 127, 208, 210
Brahmaputra, Fluß 15, 16, 154, 155, 160
Brahmaur 115
Briten 53, 54, 59, 67, 75, 76, 80, 91, 92, 113, 115, 127, 131, 134, 136, 146, 153, 155-159, 166, 167, 171, 179, 187, 205, 218
Buddha 32-35, 36, 37, 41, 95, 109, 126, 127, 178, **208-211**
Buddhismus 36, 38, 41, 42, 45, 46, 47, 84, 100, 101, 110, 115, 160, 194, 209, 211
Budh Kedar 205
Bundi 167, 175
  Bundi-Palast 175
  Taragarh-Festung 175
Bunthar 115
Burdwan 148

C

Calcutta 52, 53, 54, 60, **134-142**, 146, 146
  Armenische Kirche 142
  Asutosh-Museum 141
  Birla Planetarium 141
  Botanischer Garten 136
  Eden Garden 140
  Fort William 134
  Girish Mancha Auditorium 140
  Indian Museum 138, 141
  Kalighat-Tempel 141
  Marmorpalast des Raja Mullick 141
  Metiaburz Shiite-Moschee 142
  Nakhoda-Moschee 142
  National Library 141
  Nehru-Kindermuseum 141
  Parasnath-Tempel 142
  Rabindra Bharati 141
  Sitalnath-Tempel 142
  St. John's Church 134
  St. Paul's Cathedral 136
  Victoria Memorial 134, 141
  Zoo 141
Canning 147
Chaibasa 132
Chakki 114

REGISTER

Chakrata 118
Chalbasa 132
Chamba 115, 204
Chamoli 120
Champavat 122
Chanderi 195
Chandernagar 146
Chandigarh 80, **81-82**
Changabang 122
Chapra 126
Chashmi Shahi-Garten 104
Chaukori 122
Chenab-Fluß 15, 101, 116
Cherrapunji 157
Chhatisgarh-Schutzgebiet 198
Chibartia 119
Chinika Rawza 86
Chinsurah 146
Chirand's Mound 126
Chirbas 205
Chittor 177
Chittorgarh-Festung 177
Chopta 120
Chorwad 189
Churu 171
Corbett-Nationalpark 122, 224
Craignano 113

D

Dachigam-Nationalpark 105, 224
Dada Harini Vaava, Stufenbrunnen 187
Dal-See 102, 103, 104, 105
Dalhousie 114, 115
Dalma Hill 132
Darcha 213
Darjeeling 136, 144, 145
   Lloyd Botanical Garden 145
   Naturgeschichtliches Museum 145
Dehra Dun 118
Delhi 51, 53, 60, **67-77**, 80
   Archäologische Museum 75
   Ashoka-Säulen 73
   Bara-Gumbad-Grab 73
   Darul Aman-Grabmal 71
   Flagstaff-Turm 77
   Freilicht-Eisenbahnmuseum 77
   Ghiyasuddins-Grabstätte 71
   Grab des Iltutmish 70
   Hauz Khas 71
   Hayat Baksh-Garten 75
   Humayun-Mausoleum 51, 73
   India Gate 76
   Indira Gandhi Memorial 77
   Internationales Puppenmuseum 77
   Jama Masjid-Moschee 51, 75
   Jantar Mantar-Observatorium 77
   Kunstgewerbe-Museum 73
   Lodi-Gärten 73
   Lodi-Mausoleen 51
   Muhammad Shah-Grab 73
   National Museum 76
   Perlenmoschee 75
   Planetarium 77
   Qila-i-Kuhna-Moschee 73
   Qutab Minar 51, 70, 71
   Quwwat-ul-Islam-Moschee 70
   Rotes Fort 51, 74
   Safdarjang-Grabmal 77
   Sikandar Lodi-Grabmal 73
   St. James Church 77
   Teen Murti House, Museum 77
   Tempel der Bahai 77
   Tibet-Haus, Museum 77
Deo-prayag 120
Deolsari 214
Deshnoke 172
Devikund 172
Dhalbhumgarh 132
Dharamsala 115
Dhunda 204
Diamond Harbour 147
Digha 147
Dilwara, Tempel 178
Dispur 155
Dodital 205
Dras 108
Dudhwa-Nationalpark 224
Duliajan 155
Durgapur 147
Dwali 215
Dwarka 189, 220, 221
Dzongkhul, Kloster 110

F

Faizabad 92
Fatehpur 171
Fatehpur Sikri **87-89**
   Buland Darwaza 89
   Jami Masjid-Moschee 88, 89
   Palastanlage 88
Fort Amber 170

G

Gandarbal 105
Gandhi, Indira **58-59**, 62, 77, 93
Gandhi, Mahatma **54-56**, 77, 122, 188, 189
Gandhinagar 184
Ganges, Fluß 15, 16, 17, 40, 46, 84, 90, 93, 93, 94, 113, 118, 120, 122, 126, 127, 130, 131, 220, 221, 222, 234
Ganges-Ebene 22, 27, 28, 29, 34, 35, 38, 42, 45, 49, 80, 165
Ganges-Tal 27, 35
Gangesdelta 29, 126
Gangharia 121
Gangnani 205
Gangotri, Stadt 119, 205
Gangotri, Tempel 119, 204, 205
Gangtok 145, 153
Garhwal 118, 214
Gaumukh 205, 206
Gaumukh, Tempel 178
Gaur 146
Gauri Kund 119
Gaya 220
Ghoom 145
Ghuttu 119
Gir Forest-Schutzgebiet 227
Golf von Bengalen 15, 16, 17, 144
Gopeshwar 119
Govindghat 121
Gujarat 165, **184-190**
Gulmarg 104
Gupt Kashi 119
Gupta-Dynastie 41, 130
Gupta-Reich 40-42
Gurus/Asketen 233
Guwahati 155
Gwaldam 121
Gwalior 195
   Grabmal von Tansen 195
   Gujari Mahal-Palast 195
   Jay Vilas-Palast 195
   Man Mandir-Palast 195
   Sas Bahu Mandir-Tempel 195
   Teli Ka Mandir-Tempel 195

H

Hakila 148
Haldia 147
Hangroo Loops 109
Hanuman Chatti 118
Har-ki-Doon 118
Haridwar 204, 218, 220, 221
Harsil 205
Haryana 80-81
Hatgamaria 132
Hathkoti 114
Hathu 114
Heilige Kühe 234
Hemis, Kloster 110
Hemkund Sahib 121
Himachal Pradesh 80, 81, **113-116**
Himalaya-Gebirge 15, 16, 30, 105, 108, 110, 113, 116, **118-122**, 131, 144, 153
Hinduismus 22, **30-31**, 41, 46, 47, 48, 50, 51, 84, 92, 101, 113, 158, 194, 204, 220, 222, 234
Hindustan Tibet Road 113
Hirni 132
Hooghly 141, 146
Hugli 127, 146

253

REGISTER

I

Imphal 158
Indore 197
  Central Museum 197
  Lalbagh-Palast 197
Indus, Fluß 15, 17, 25, 29, 46, 100, 110, 113
Indus-Kultur 20, 21, 22, 25
Indus-Tal 16, 17, 20, 110, 165
Islam 44-46, 51, 84, 100, 101, 109, 194
Itangar 160

J

Jagannathpur 132
Jagat Sukh 116
Jageshwar 122
Jaigarh Fort 170
Jainismus 35, 84, 127, 178, 194
Jaipur 167-170
  Central Museum 170
  Hawa Mahal-Palast 169
  Jantar Mantar, Observatorium 169
  Nahargarh Fort 167
  Ram Niwas-Gärten 169
  Rambagh-Palast 170
  Stadtpalast 167, 169
Jaisalmer 178-180
  Ashtapadi Mandir-Tempel 180
  Jaisalmer-Festung 179
  Rishabdevji-Tempel 180
  Sambhavnath-Tempel 180
Jaldapara-Reservat 145
Jalpahar 145
Jammu 100
  Amar-Palast 100
  Dogra-Museum 100
  Fort Bahu 100
  Raghunath-Tempelkomplex 100
Jamnagar 189
  Lakhota-Palast 189
Jamshedpur 126, 132
Janakpur 131
Jehangir, Kaiser 52, 86, 87, 101, 104, 187, 197
Jhabua-Schutzgebiet 198
Jhelum-Fluß 15, 101
Jhunjhunu 171
Jodhpur 167, **174-175**
  Mehrangarh-Festung 174
  Umaid Bhavan-Palast 175
Jogindernagar 115
Jorhat 155
Joshimath 121
Jubbal 114
Junagadh 189
Junagarh-Festung 172
Jwalamukhi, Tempel 114

K

Kabir 49, 50, 50
Kala Amb 113
  Museum 113
Kaladhungi 122
Kalibangan 165
Kalimpong 144, 145
Kalka 113
Kalsi 118
Kalyaneshwari, Tempel 126
Kamkhya, Tempel 155
Kanchenjunga 144, 145, 153
Kanchipuram 220, 222
Kandaghat 113
Kangra-Tal 113, 113, **114-115**
Kanha-Schutzgebiet 194, 227
Kanpur 90
Kapilavastu 208, 211
Karding, Kloster 116
Kargil 108, 110
Kargyiak 213
Karnal 80
Karsha, Kloster 110
Kashi 95
Kashmir 100, 213
Kashmir-Tal 101, 104, 105, 108, 110
Katra 101
Katrain 116
Kausani 122
Kaza 116
Kaziranga-Nationalpark 155, 226
Kedarnath 119
Keoladeo Ghana-Nationalpark 226
Keylong 116
Khajuraho 198
  Khandariya Mahadev-Tempel 198
Khaltse 109
Kharsali 118
Khati 215
Khoksar 116
Ki, Kloster 116
Kibar 116
Kinnaur 114
Kiriburu 132
Kishangarh 167, 173
Kishtwar 101, 116
Kohima 156
Kokarnag 101
Kommunalismus 231
Kota 167, 176
Kotar Khana 104
Kotgarh 114
Krimchi, Tempel 101
Krishna, Gott 27, 32, 40, 89, 90, 177, 178, 189, 220, 221
Krishnanagar 146, 148
Kshatriya-Krieger 24, 29, 32

Kud 101
Kufri 113
Kulu, Stadt 114, 115, 116
Kulu-Tal 110, 113, 114, **115-116**
Kumaon 118, 122, 215
Kumhrar 127
Kumri 132
Kurseong 145
Kurukshetra 80
Kusinagar 209, 210
Kutch 190
Kutch-Schutzgebiet 227

L

Laching 154
Ladakh 100, **108-110**, 213
Lahaul 101, 116, 213
Lakhamandal, Tempel 118
Lallgarh, Palast 172
Lamayuru, Kloster 109
Landaur 118
Landflucht 230
Lanka 205
Lansdowne 120
Lata 121
Latehar 132
Leh 108, 109, 213
  Königspalast 109
Lekong 145
Likir, Kloster 109
Lodurva 180
Logtak-Keibut Lamjao-Feuchtgebiet 159
Loharkhet 215
Lothal 17, 21, 187
Lucknow 91-92
  Jami Masjid-Moschee 92
  Kaisar Bagh-Garten 92
  Residenz 92
  Zoo 92
Lumbini 208, 211
Lungki 160

M

Madhubani 131
Madhya Pradesh 165, **194-198**
Madras 52, 54
Magadha-Reich 29, 30, **36-37**, 38, 46, 52, 126, 127
Mahabharata-Schriften 25-27, 28, 32, 40, 60, 67, 80, 148, 157, 221
Mahansar 171
Mahavira 34, **35-36**
Maheshwar 197
Malana 116
Malda 145
Manadawa 171
Manali 110, 116, 213
Manali Leh Highway 110, 116

REGISTER

Manas-Naturschutzgebiet 155, 224
Mandi, Stadt 114, 115
   Palastanlage 115
Mandore 175
Manes 127
   Shah Daulat-Mausoleum 127
   Yaha-Mausoleum 127
Manikaran 116
Manipur 158-159
Mankarmo 213
Mansar 101
Martand 101
Mashobra 113
Matho, Kloster 110
Mathura 89-90, 220
   Dwarkadesh-Tempel 90
   Mathura-Museum 90
McLeodganj 115
   Hl. Johannes in der Wildnis-Kirche 115
Meghalaya 156-157
Mirik 145
Mirza Ghiyas Beg-Mausoleum 86
Mithila 131
Mizoram 159-160
Modhera 187
Mogul-Dynastie 46-47
Morni 82
Moslems 44, 45, 51, 52, 62, 70, 74, 131, 173, 173
Motichur 218
Mount Abu 177, 178
   Museum 178
   Raj Bhawan-Kunstgalerie 178
Mukhba 205
Mukteshwar 122
Mulbekh 109
Mundeshwari, Tempel 126
Murshidabad 146
   Hazarduari-Palast 146
   Katra-Moschee 146
Mussoorie 118, 204, 214

N

Nabadwip 146
Nadaun 114
Nagaland 156
Naggar Castle 116
Nagin-See 102, 104
Nahan 113
Nahargarh-Festung 170
Nalanda 127, 208, 209
Naldhera 113
Nanak 50
Nanda Prayag 120
Nandanvan 206
Narendranagar 204
Narkanda 113, 114
Nasik 221

Nasim Bagh, Mogulgarten 104
Nationalparks 224-227
Navagraha, Tempel 155
Nawalgarh 171
   Dundhlod-Festung 171
Nehru, Jawaharlal 16, 57, 58, 77
Nehru-Park 104
Neminath, Tempel 189
Netarahat 132
Netarhat 132
Nishat Bagh, Mogulgarten 104

O

Omkareshwar 197
Orchha 195
Orchideen-Schutzgebiet 154
Osiyan 175
Ostindienkompanie 53, 134, 136, 146

P

Pachmarhi 198
Paddar 101
Padum 110, 213
Pahalgam 104
Palampur 115
Palast-Hotels 216-218
Palitana 188
Pampore 101
Pandrethan 101
Pandua 146
Panipat 80
Paonta Sahib, Sikhheiligtum 113
Parkachik 110
Patan 187
Pathankot 113
Patna 29, 51, 126, **127-130**
Patni Top 101
Pauri 120
Pawapuri 127
Pemayangtse, Kloster 154
Phalut 145
Phodang, Kloster 154
Phurkia 215
Phyang-Klosteranlage 109
Pibiting-Guru, Tempel 110
Pichola-See 176, 177
Piprahwa 211
Pithoragarh 122
Porbandar 189
Prabhas Patan 189
Prayag 221
Project Tiger Reserve 224
Punjab 17, 50, 62, 82, 82
Purmandal, Tempel 101
Pushkar 174
Pushkar-Kamelmarkt 174

R

Rajaji-Nationalpark 218
Rajasthan 17, 41, 52, **165-180**
Rajgir 126, 208, 209
Rajputen, Herrscherkaste 41, 42, 44, 45, 46, 51, 52, 70, 100, 165, 166, 167, 174, 177, 178, 187, 195, 196
Ram Bagh-Garten 87
Rama, Prinz 27, 28, 49, 93, 131, 178, 220, 221
Ramayana-Schriften **27-28**, 60, 95, 131, 148
Ramnagar 95
   Museum 95
Rampur 90, 114
   Hamid Manzil 90
   Jami Masjid-Moschee 90
Rampur-Bushehr 114
Ranaki Vaava, Stufenbrunnen 187
Ranakpur 177, 178
   Adinath-Tempel 178
Ranchi 126, 131
Rang Mahal, Palast 101
Rangdum 110
   Gelbmützenkloster 110
Ranikhet 122
Ranimati 148
Ranthambhore Tiger Reserve 226
Renni 121
Renuka 113
Riasi 101
Rishikesh 118, 204, 218
Rivers Meet 132
Rizong, Kloster 109
Rourkela 132
Rudraprayag 120
Rumtek, Kloster 154

S

Sam 180
Samode 171
Sanchi 196
Sandakphu 145
Sani, Kloster 110
Sarahan 114
   Bhimkali-Tempel 114
Sariska-Nationalpark 170, 227
Sarnath 95, 208, 211
Sasan Gir-Schutzgebiet 189
Sasaram 127
   Sher Shah-Mausoleum 127
Sashur, Kloster 116
Saspol 109
Sat Tal 122
Satpura 188
Sattapani-Höhlen 209

255

REGISTER

Saurashtra **188-190**
Schwimmende Gärten 104
Schwimmender Markt 104
Seraikela 132
Serampore 146
Serchip 160
Shadiabad 197
  Ashrafi Mahal-Palast 197
  Baz Bahadurs-Palast 197
  Hindola Mahal-Palast 197
  Jahaz Mahal-Palast 197
  Jami Masjid-Moschee 197
  Nilkanth-Palast 197
Shah Jahan, Kaiser 51, 52, 73, 75, 85, 86, 87, 89, 101, 104, 146, 170, 174, 177, 197
Shalimar Bagh, Mogulgarten 104
Shamlaji 187
Shankaracharya, Tempel 104
Shantiniketan 147, 148
Shekhavati 171
Shergol 109
Shey, Kloster 109
Shilatse, Kloster 110
Shillong 156
Shilpgram, Dorfmuseum 177
Shimla 113
Shivpuri 195
Sikandra 87
Sikar 171
Sikh-Religion 50
Sikhs 50, 62, 80, 82, 113, 116, 121, 130
Sikkim 153-154
Siliguri 145
Silisehr 170
Singhbhum 126
Singla 144
Sirhind 82
Sirmur 113
Sitamarhi 131
Solan 113
Sonamarg 105, 108
Sonepur 131
Spiti, Stadt 116
Spiti-Tal 113, 114
Spituk, Kloster 109
Sravasti 208, 209, 211
Srinagar 101-104, 101, 108, 119, 120
  Bulbul Shah-Moschee 103
  Hari Parbat-Fort 103
  Hazratbal-Moschee 104
  Jama Masjid-Moschee 103
  Museum 102
  Patthar-Moschee 103
  Raghunath-Tempel 102
  Rozabal-Moschee 103
  Shah Hamadan-Moschee 102
Stagrimo, Kloster 110
Stakna, Kloster 110

Stok 109, 110, 213
  Palastmuseum 110
Sualkuchi, Seidenzentrum 155
Sufismus 50, 51
Sukhi 205
Sukrali, Tempel 101
Sulkeswar Janardhan-Tempelanlage 155
Sultanpur 81
Sunderbans-Naturschutzgebiet 147, 226
Surajkund 80, 205
Surat 187
Surinsar 100
Suru-Tal 104, 108, 110
Suwakholi 214

T

Taj Mahal 51, 73, 85, 197
Tamia 198
Tamluk 146
Tapovan 121, 206
Tarapith 148
Tarnetar 158
Tashi Chos Ling, Kloster 110
Tashiding Ningma, Kloster 154
Tawang, Kloster 160
Tehri 119, 204, 214
Tejapala, Tempel 178
Tensa 132
Thatyur 214
Theog 114
Tholkobad 132
Thongde, Kloster 110
Tigerhügel 145
Tikse, Kloster 109
Timur 73
Tiuni 114
Trekking 213-215
Tripura 157-158
Tulsida 49, 50
Tunganath, Tempel 120

U

Udaigiri-Höhlen 197
Udaipur 116, 158, 167, **176-177**
  Hindutempel 116
  Jadish-Tempel 177
  Museum 176
  Stadtpalast 176
  Tripura Sundari-Tempel 158
Udhampur 101
Ujjain 197, 220, 221, 222
Ukhimath 119
Umananda, Tempel 155
Unaikoti 158
Uttar Pradesh 84-95, 91, **118-122**
Uttarakhand 118, 119
Uttarkashi 119, 204

V

Vadodara 187
  Bhadra-Palast 187
  Laxmi Vilas-Palast 187
  Makarpura-Palast 187
  Museum 187
  Nazarbag-Palast 187
  Planetarium 187
  Pratap Vilas-Palast 187
Vaisali 127, 208, 209, 210
Vaishno Devi, Tempel 101
Valmikinagar 131
Varanasi 84, **93-95**, 220
  Alamgir-Moschee 95
  Asi Ghat 94
  Bharat-Kala-Bhavan-Museum 95
  Dashaswamedha Ghat 94
  Durga Kund-Tempel 95
  Harishchandra Ghat 94
  Kal Bhairav-Tempel 95
  Manikarnika Ghat 94
  Sankat Mochan-Tempel 95
  Shitala-Tempel 94
  Shiva-Tempel 94
  Tulsi Manas-Tempel 95
Veda, Schriften **22-25**, 30, 32, 41, 47, 234
Verinag 101
Vidisha 196
Vikramshila 127
Vimala, Tempel 178
Vindhya-Gebirge 17, 27
Vishnu, Gott 22, 177
Vishnuprayag 121
Vishnupur 147, 148
Vrindavan 90, 221
  Govind Deo 90
  ISCON-Tempel 90

W

Wadhwan 189
Westbengalen 144-148
Wildflower Hall 113
Wular-See 101, 105

Y

Yamnotri 118
Yamuna, Fluß 16, 27, 67, 84, 89, 93, 113, 118, 221, 234
Yamuna-Tal 118, 215
Yüldo 110
Yumthang 154
Yusmarg 105

Z

Zangla 110
Zanskar 110, 213
Zoji La, Paß 105, 108